D1327119

DER TEMPEL
IM ALTEN MESOPOTAMIEN
UND SEINE PARALLELEN
IN INDIEN

BINDING COPY

BEIHEFTE DER
ZEITSCHRIFT FÜR RELIGIONS-
UND GEISTESGESCHICHTE

IN VERBINDUNG MIT FRIEDRICH W. KANTZENBACH
UND JULIUS H. SCHOEPS HERAUSGEGEBEN VON
HANS-JOACHIM KLIMKEIT

XXV

DER TEMPEL
IM ALTEN MESOPOTAMIEN
UND SEINE PARALLELEN
IN INDIEN

Eine religionshistorische Studie

VON

KARL-HEINZ GOLZIO

LEIDEN
E. J. BRILL
1983

DER TEMPEL IM ALTEN MESOPOTAMIEN UND SEINE PARALLELEN IN INDIEN

Eine religionshistorische Studie

VON

KARL-HEINZ GOLZIO

LEIDEN
E. J. BRILL
1983

Gedruckt mit Unterstützung der Klopstock-Stiftung, Hamburg

BL
4
.Z48
sup.
vol. 25

ISBN 90 04 06830 9

Copyright 1983 by E. J. Brill, Leiden, The Netherlands

All rights reserved. No part of this book may be reproduced or translated in any form, by print, photoprint, microfilm, microfiche or any other means without written permission from the publisher

PRINTED IN THE NETHERLANDS

LIBRARY
McCORMICK THEOLOGICAL SEMINARY
1100 EAST 55th STREET
CHICAGO, ILLINOIS 60615

INHALTSVERZEICHNIS

VORWORT

Diese Arbeit versucht, einen Vergleich zwischen dem Tempel in den Keilschriftkulturen Mesopotamiens und dem hinduistischen Tempel Indiens zu leisten.

Der Begriff ,,Tempel'' wird hier mehr als religiöse Institution verstanden. Als Bauwerk wird er hier nur in seinen kosmologischen Aspekten und den daraus resultierenden religiösen Bedeutungen angesprochen; eine kunsthistorische Betrachtung erfolgt nicht.

Der Vergleich von ,,Gotteshäusern'' in zwei räumlich und zeitlich getrennten Kulturkreisen bedarf einer Erklärung. Ziel dieser Arbeit soll es sein, zunächst die kosmologischen Bedeutungsinhalte der Tempel beider Kulturkreise zu beleuchten, und bei Übereinstimmungen in speziellen Aspekten abzuklären, ob hier historische Abhängigkeiten oder strukturelle Parallelen vorliegen.

Ein weiteres Anliegen der Arbeit ist es, das Verhältnis von Tempel und Königtum zu untersuchen, wobei notwendigerweise eine historische Darstellung der Entwicklung von Tempel und Königtum bei gleichzeitiger Beachtung der Entfaltung kosmologischer Vorstellungen unabdingbar ist. Auch hier ist zu berücksichtigen, welche historischen Einflüsse möglicherweise vorliegen könnten und welche Parallelen strukturell oder aus der eigenen Geschichte allein erklärt werden können.

Fragen der speziellen Gliederung des Priestertums sowie der Tempelwirtschaft werden hier nur in dem Maße behandelt, wie sie das Verhältnis von Staat und Religion berühren.

Für die Anregung zu dieser Arbeit bin ich Herrn Prof. Dr. Hans-Joachim Klimkeit zu Dank verpflichtet. Ferner danke ich Frau Prof. Dr. Monika Thiel-Horstmann und Herrn Prof. Dr. Klaus Fischer, die mir eine Reihe wertvoller Hinweise gaben. Ganz besonderen Dank schulde ich Herrn Prof. Dr. Heinrich Schützinger, der mir bei zahlreichen akkadischen Texten sowie Sachfragen außerordentlich behilflich war. Für die Unterstützung der Klopstock-Stiftung (Hamburg) bei der Drucklegung dieser Arbeit möchte ich mich an dieser Stelle ganz besonders bedanken.

ABKÜRZUNGSVERZEICHNIS

AARP	Art and Archaeological Research Papers
ABL	Assyrian and Babylonian Letters
AcOr	Acta Orientalia
AfO	Archiv für Orientforschung
AJA	American Journal of Archaeology
ANET	Ancient Near Eastern Texts
AO	Der Alte Orient
AOR	Die Altorientalischen Reiche
AOS	American Oriental Series
AOTAT	Altorientalische Texte zum Alten Testament
ARM	Archives Royales de Mari
ArOr	Archiv Orientalní
BASOR	Bulletin of the American Schools for Oriental Researches
BE	Babylonian Expedition
BiOr	Bibliotheca Orientalis
BJB	Bonner Jahrbücher
BSOAS	Bulletin of the School for Oriental and African Studies
CAD	Chicago Assyrian Dictionary s. The Assyrian dictionary of the Oriental Institute of the University of Chicago
CII	Corpus Inscriptionum Indicarum
EI	Epigraphia Indica
ERE	Encyclopaedia of Religion and Ethics. Ed. by James Hastings, Vol. 1-12, Indexes, Edinburgh 1908-26
FWG	Fischer Weltgeschichte
HAR	Hundert ausgewählte Rechtsurkunden
HCIP	The History and Culture of the Indian People. Gen. ed.: R[amesh] C[handra] Majumdar, Vol. 1-11, London (2ff.: Bombay) 1951-77
HIED	History of India: (Elliot/Dowson)
IC	Indian Culture
IHQ	Indian Historical Quarterly
JAOS	Journal of the American Oriental Society
JASB	Journal of the Asiatic Society of Bengal
JBORS	Journal of the Bihar and Orissa Research Society
JCS	Journal of Cuneiform Studies
JESHO	Journal of the Economic and Social History of the Orient
JNES	Journal of Near Eastern Studies
JUPHS	Journal of the U.P. Historical Society U.P. = 1. United Provinces; 2. Uttar Pradesh
JRAS	Journal of the Royal Asiatic Society
KAH	Keilschrifttexte aus Assur historischen Inhalts
KAJ	Keilschrifttexte aus Assur juristischen Inhalts
KAV	Keilschrifttexte aus Assur verschiedenen Inhalts
MAOG	Mitteilungen der Altorientalischen Gesellschaft
MVAG	Mitteilungen der Vorderasiatisch-Aegyptischen Gesellschaft
OLZ	Orientalische Literatur-Zeitung
RA	Revue d'Assyriologie et d'Archéologie
RiA	Reallexikon der Assyriologie
SAHG	Sumerische und akkadische Hymnen und Gebete
SAK	Die sumerischen und akkadischen Königsinschriften
SII	South Indian Inscriptions

UET	Ur Excavations, Texts
VAB	Vorderasiatische Bibliothek
WO	Welt des Orients
ZA	Zeitschrift für Assyriologie
ZDMG	Zeitschrift der Deutschen Morgenländischen Gesellschaft

EINLEITUNG

Der Begriff des Tempels in Mesopotamien und Indien

In einem modernen Kontext, und als ein allgemeines Wort, das eine Reihe von verschiedenen Begriffen enthält, die für verschiedene Religionen kennzeichnend sind, ist der Tempel grundsätzlich ein sakrales Bauwerk, das für die Ausübung eines religiösen Kultes einer bestimmten Gemeinde errichtet wurde. Der Hinweis auf eine Kirche z.B. als ,,Haus Gottes'' bedeutet nicht oder nicht mehr die physische Gegenwart der Gottheit im Bauwerk, geschweige denn irgendein göttliches Besitzrecht.

Die Stellung des Tempels im alten Zweistromland wie in Indien ist davon gänzlich unterschieden. In beiden Kulturen ist der Tempel primär das Besitztum des Gottes. Das Heiligtum ist sein Haus, seine Wohnung, er ist physisch in ihm zugegen, er lebt in ihm und besitzt das Eigentumsrecht. Zum zweiten ist der Tempel ein dem Kult geweihtes Bauwerk, was im wesentlichen den Dienst im physischen Sinne des Wortes beim hausbesitzenden Gott bedeutet. Somit liegt der bedeutendste Unterschied zwischen einem Tempel und einem gewöhnlichen Haus in der Stellung seines Besitzers — Gott oder Sterblicher. Doch obwohl der Gott sein Haus in der gleichen Weise besitzt wie der Bürger es tatsächlich besitzt, kann der letztere über es verfügen, es verkaufen, verpfänden, vererben; während der erstere auch in der Theorie dies offentsichtlich niemals tun konnte. Daß der babylonische Tempel aber ein Haus ist, geht aus dem Wort hervor, das ihn bezeichnet: *é* = *bītum*. Der Unterschied zwischen *é* ,,Tempel'' und *é* ,,Haus'' besteht ausschließlich im Kontext, aber es besteht ein starker Verdacht, daß diese Unterscheidung lediglich unsere ist. Auch im indischen Kulturbereich sind einige der allgemeinen Bezeichnungen für Tempel *mandira*, d.i. ,,Wohnhaus'', ,,Wohnung'' und *devakula* ,,Gotteshaus''[1].

In Babylonien leben Götter und Bürger in Häusern (*é*), die Könige in ,,großen Häusern'' (*é-gal*). Sowohl Sumerer als auch Akkader benützen das Wort Haus (*é* = *bītum*) für den Tempel, doch nur die Sumerer benützen den Terminus ,,großes Haus'' (*é-gal*) für ,,Palast''. Das Akkadische kennt kein diesem entsprechendes *bītum rabium*, sondern entlehnt einfach *ekallum* vom Sumerischen. Das Akkadische scheint die semantische Beziehung von *é-gal* zu *é* nicht zu spüren, wahrscheinlich, weil zur Zeit des ersten Kontaktes zwischen den beiden Sprachen und Kulturen *é-gal* schon ein eingefrorener Begriff war, der einfach ,,Palast'' bedeutete und nicht mehr ,,großes Haus''[2]. Dennoch waren die Tempel durch spezielle

Namengebungen, durch ihre Monumentalität und Ausstattung von den Häusern der Normalbürger abgehoben.

In Indien wurden häufig Paläste wie Tempel mit den Terminus *prāsāda* (vom Verb *sad* + Präfix *pra* abgeleitet ist seine ursprüngliche Bedeutung die eines erhöhten Platzes) bezeichnet: *Harmyādi dhaninām vāsaḥ prāsādo deva-bhū-bhujām*[3] „Die Wohnung der Wohlhabenden ist mit Harmya usw. versehen, die der Götter und Könige ist der Prāsāda". Weitere Belegstellen finden sich im Mānasāraśilpaśāstra: „The building (*harmya*) includes *prāsāda, maṇḍapa*" usw. (Mānasāra III, 7-8)[4]. Und in IV, 23 heißt es: *Nṛpa-prāsāda-saṃyukta (bhumiḥ) samā caitya-samīpagā* „Die Erde, die mit dem Palast des Königs verbunden ist, ist gleich der, die sich in der Nähe eines Heiligtums (*caitya*) befindet"[5]. Stella Kramrischs Definition eines *prāsāda* lautet: „It denotes a settling down (pra-sad) and a seat made of that which has settled down and acquired concrete from, the form of a dwelling, a residence, the seat of God"[6].

Diese Namensgleichheit der königlichen und der göttlichen Wohnung hat nicht zuletzt ihre Ursache darin, daß die Könige sakrosankt geworden waren und sich mit dem Glanz religiöser Sanktion umgaben: „denn als der Repräsentant, der Agent der Gottheit, der eigentlich das Reich gehört, ja als ein Teil Gottes übertraf der König alle Wesen an Ruhm"[7].

Auch in Babylonien wurde der König als Repräsentant der Gottheit[8] und dessen Stellvertreter oder Statthalter angesehen, was speziell in solchen Königstiteln wie *šaknu* und *šakkanakku* (*GÌR.NITA*)[9] zum Ausdruck kommt, die beide etwa Stellvertreter, Vizekönig oder Gouverneur bedeuten. Der assyrische König Šamši-Adad I. (1749-1717 v. Chr.)[10] bezeichnete sich am Beginn einer Tontafel als „Šamši-Adad, König des Universums, Vizekönig des Ellil (*šakin Ellil*)"[11] Der Herrscher ist ein König dei gratia, der göttliche Beschlüsse ausführt, ein Instrument in der Hand des tatsächlichen Herrschers: „Die šaknu-Titulatur der assyrischen Könige ist somit ein Ausdruck demütiger Unterordnung unter die göttliche Gewalt"[12]. Und weil der König nichts als ein Repräsentant des göttlichen Herrschers ist, wird Rebellion nicht einfach als ein Akt des Ungehorsams gegenüber einem menschlichen Herrn, sondern als Auflehung gegen Gott selbst betrachtet[13]. Auch in Indien begegnen wir gelegentlich dieser Auffassung, so z.B. bei dem Orissa-König Kapilendra (1434-1467), der in seinen Inschriften bei Widerstand gegen seine Taten mit dem Zorn des Gottes Jagannātha drohte, als dessen Auserwählter er sich verstand[14].

In der alten nahöstlichen Welt war der Tempelbau die Aufgabe und das Privileg siegreicher Götter und Könige. In diesem Fall war die Verbindung zwischen den Welten der Götter und Menschen so direkt wie möglich, weil der König nicht nur als Repräsentant der Götter angesehen wurde, sondern ebenso als ein Mensch von sakralem Charakter und sehr oft von göttlicher Herkunft[15]. Wie nahe der himmlische und der irdische Tempel miteinander verbunden sein können, zeigt die Tafel VI des *Enūma eliš*, wo von der Schöpfung des Menschen und der Erbauung des Tempels Esagila durch den siegreichen Gott Marduk berichtet wird:

> ,,The Anunnaki opened their mouths
> And said to Marduk, their lord:
> ,Now, O lord, thou who hast caused our deliverance,
> What shall be our homage to thee?
> Let us build a shrine whose name shall be called
> ,Lo, a chamber for our nightly rest'; let us repose in it''
>
> (VI, 47-52)[16]

Als Marduk dies hört, glüht sein Gesicht wie der Tag und er antwortet:

> ,,Like that of lofty Babylon, whose building you have requested,
> Let its brickwork be fashioned. You shall name it ,The Sanctuary'''
>
> (VI, 57-58)[16]

Der große Tempel Esagila mit einem Stufenturm und einer Plattform für Marduk, Ellil und Ea wurde errichtet, und auf einem großen Festessen verkündet Marduk den Göttern, ,,seinen Vätern'': ,,This is Babylon, the place which you love!''[17]

Ein Gegenstück zu diesem Tempelbau unter Göttern bieten die Zylinderinschriften A und B des *ensí* Gudea von Lagaš (ca. 2080-2060 v. Chr.)[18], der durch einen Traum um Mitternacht (A I, 27), dessen Interpretation im Heiligtum der Göttin Gatumdu (A II, 26ff.) gegeben wird, den Auftrag erhält, für den Gott Ningirsu einen Tempel zu errichten. Die Ausführung des Tempelbaus bewirkt, daß Gudea unter die Götter in ihrer großen Versammlung aufgenommen wird. Er hat Teil an der Götterwelt, d.h. er ist eine Art vergöttlichter König.

Auch in Indien ist der Bau eines Tempels eine Tat, die dem Bauherrn einen Platz im Himmel — d.h. ein höheres Niveau der Selbstverwirklichung — verleiht[19]. Nur ist hier nicht nur der König Stifter und Bauherr eines Tempels, sondern es treten sehr häufig Berufsstände und Kasten als Tempelgründer auf, so z.B. die Webergilde, die im Jahre 437 n. Chr. in Daśapura (Mandasor) während der Herrschaft Kumāraguptas I. (415-455) einen Sonnentempel errichtete[20].

Diese Arbeit hat es sich zur Aufgabe gemacht, einen interkulturellen Vergleich zwischen zwei Kulturen anzustellen, die auf den ersten Blick nichts oder nur wenig gemeinsam zu haben scheinen. In der Tat zeichnen sich Babylonien und Indien gerade auf dem Gebiete der Religion mehr durch ihre Differenzen denn ihre Gemeinsamkeiten aus. Eine Ausnahme scheint mir hierbei die religiöse, politische und soziale Funktion des Tempels zu bilden. Er spielt in beiden Kulturkreisen und deren Religionen eine dominierende Rolle. In ihm ereignete sich in Babylonien und ab einem gewissen Zeitpunkt auch in Indien ein bedeutender Teil des religiösen Lebens des Volkes. In den großen Reichstempeln der Staaten der beiden Kulturen hatten bestimmte Kulte unter anderem auch staatstragende Funktion, zumal das Königtum als Ausdruck politischer Macht und Schützer und Förderer der Religion — genauer gesagt, der im jeweiligen Zeitraum und im jeweiligen Staat dominierenden religiösen Strömung — auftrat. Das besondere, beiden Kulturkreisen Gemeinsame in der religiösen wie in der politischen Entwicklung besteht in einer Reihe von Punkten. Es existierte nirgendwo eine einer Staatskirche oder dieser Institution ähnliche vergleichbare Organisation, vielmehr besaßen die religiösen Zentren mit einem Tempel als Mittelpunkt eine gewisse Autonomie, die von Epoche zu Epoche größer oder kleiner und von der bestehenden Staatsmacht mehr oder weniger abhängig war. Daraus resultiert, daß Tempelbedienstete über weite Zeiträume der Geschichte im weitesten Sinne Staatsbeamte oder -angestellte waren. Dies ist jedoch nur die eine Seite der Realität. Umgekehrt waren die Funktionäre der Religion — d.h. die Priester und das Tempelpersonal Bewahrer und Überlieferer ihrer Religion und bildeten somit eo ipso eine eigene Gruppe innerhalb der Gesamtgesellschaft, die ein nicht unbeträchtliches Ansehen und eine Machtposition besaß und diese gegebenenfalls gegen Könige, die vom bestehenden religiösen Rahmen zu sehr abwichen, einsetzten. Erinnert sei hier z.B. an die Marduk-Priesterschaft zur Zeit des neubabylonischen Königs Nabûnaʾid (555-539 v. Chr.), dem ungerechte Herrschaft (Verse account, I, 1-12), die Aussetzung des Neujahrsfestes (Verse account, II, 11) und Sakrilegien im Zusammenhang mit häretischen Neigungen (Verse account, V, 14-27) vorgeworfen wurde[21], während der achämenidische Eroberer Kuraš II. (Kyros d. Gr., 559-529 v. Chr.) als tolerant und nationale Traditionen respektierend betrachtet wurde, der nach der Eroberung Babyloniens den Tempeln, Festen und Riten den nötigen Respekt entgegenbrachte: ,,die babylonische Priesterschaft begrüßte den neuen König mit lautem Jubel und erkannte ihn auf der Stelle als den legitimen Machthaber an'' (Labat)[22].

Die Macht des indischen Königs erfuhr im religiösen Bereich ebenfalls gewisse Beschränkungen. Der legendäre Herrscher Veṇa, der die religiösen Vorrechte der Brāhmaṇen für sich beanspruchte, wird von Ṛṣis zu Tode gebracht, die aus seinem Körper zuerst seinen schlechten Geist erzeugen und dann Pṛthu, den ersten geweihten König und das Modell des Königs schlechthin. Pṛthu bewirkt Fülle, indem er sich gänzlich brāhmaṇischen Wertvorstellungen unterwirft[23]. Harihara I. (1336-1356), der Begründer des Reiches von Vijayanagar, war 1326 zusammen mit seinem Bruder Bukka in die Gefangenschaft des Sulṭāns von Delhi, Muḥammad ibn Tuġluq (1325-1351), geraten und zum Islām konvertiert. Um seine eigene Herrschaft inmitten einer Hindu-Bevölkerung etablieren zu können, beschloß er, zum Hinduismus zurückzukehren, bedurfte zu diesem Schritt aber eines geistlichen Führers, da die Hindu-Gesellschaft mehrfachem Religionswechsel reserviert gegenüber stand. Er fand diesen Führer in dem Weisen Vidyāraṇya, der seinen eigenen Guru Vidyātīrtha, den Vorsteher des Advaitamaṭha in Śṛṅgerī davon überzeugte, daß die Rekonvertierung des Harihara zur Bewahrung des Hindu-Dharma im Süden notwendig sei[24]. Diese Beispiele mögen schlaglichtartig erhellen, in welchem Maße die Vertreter des Staates und der Religion sich gegenseitig stützten, wenn auch der faktische Primat des Königtums in der Regel unbestritten bleibt[25].

Die Fragestellung

Wenn in dieser Arbeit von Parallelen zwischen dem Tempel in Mesopotamien und dem in Indien gesprochen wird, ist dabei zu berücksichtigen, daß der Begriff ,,Parallele'' hier für Analogie verwandt wird. Ernst Windisch hat versucht, eine unterscheidende Definition für Parallelen und Varianten zu liefern: ,,Die Parallelen... soll man sich nicht entgehen lassen, aber das Wort Parallelen in dem Sinne verstanden, den es eigentlich hat: Linien, die sich nicht berühren und nicht schneiden''[26]. Wenn aber schon dem Begriff ,,Parallele'' ein mathematischer Sinn unterlegt wird, ist zu bedenken, daß Parallelen a) selbständig entstehen können, b) durch Parallelverschiebung geschaffen werden. Beide Möglichkeiten müssen bei einem interkulturellen Vergleich in Betracht gezogen werden, da bei Parallelismus nicht ohne weiteres auf Abhängigkeit geschlossen werden darf.

Nun gibt es zweifellos — wie in der Arbeit aufzuzeigen sein wird — historische Abhängigkeiten der einen von der anderen Kultur, wobei manche Entlehnungen erst durch das Medium dritter ermöglicht wurden. Andererseits soll diese Arbeit nicht nur solche Parallelen behandeln, sondern auch typologische Übereinstimmungen herausarbeiten und werten, und zwar in der Weise, wie es oben schon ansatzweise vorgezeichnet wurde. Ziel der Untersuchung soll es sein, im Falle von Parallelität entweder (1.) äußere (also etwa Abhängigkeit) oder (2.) innere Gründe (z.B. religionssoziologische oder politische) dafür zu finden und somit allgemeiner gültige Ansatzpunkte zu gewinnen, die sich trotz aller ideen- und religionsgeschichtlichen Unterschiede als Gemeinsamkeiten erweisen. Darüber hinaus besteht die Möglichkeit einer Kombination beider Komponenten, d.h. eine Förderung bzw. Verstärkung einer einheimischen

Tradition durch externe Impulse, die zu einer Synthese zweier Strömungen führen kann. Dieser Fall ist wohl häufiger zu konstatieren als der einer völlig neu importierten Konzeption, für die zunächst der Boden bereitet werden müßte. Bedingung für den letztgenannten Fall wäre z.B. die durchschlagende Erkenntnis und Anerkenntnis der Überlegenheit gewisser externer Kulturgüter durch eine Führungsschicht der nehmenden Kultur. Ein schlagendes Beispiel in der Geschichte des 19. und 20. Jahrhunderts ist die mehr oder weniger rasche Rezeption der von Europa und Nordamerika ausgegangenen industriellen und technischen Revolution durch Länder der sogenannten Dritten Welt.

Dabei waren drei Grundtypen von Haltungen in der Auseinandersetzung mit dem einbrechenden Modernismus zu beobachten:

1. Die totale Ablehnung fremder Zivilisation, wie sie z.B. in den Worten des mongolischen Bannermanns Wo-jen (1804-1871) zum Ausdruck kommt, der in einer Eingabe geltend machte, daß Mathematik und Astronomie nicht in der Lage seien, eine Nation vor dem Verfall zu retten: ,,Die Entscheidung liegt in der Gesinnung des Volkes, nicht in technischen Tricks''[27]. Und in einer anderen Eingabe eines Zensors aus dem Jahre 1873 verwirft dieser die westlichen Modernismen: ,,Sie [die Europäer] haben einige zwanzig Verträge mit China abgeschlossen, die wenigstens zehntausend geschriebene Zeichen enthalten. Steht in einem von diesen auch nur ein Wort, das sich auf Ehrfurcht vor den Eltern und auf Pflege der Tugend, ein Wort, das sich auf Beobachtung der Zeremonien und Pflichten, auf Lauterkeit und richtiges Schamgefühl, die vier Grundsätze unseres Volkes bezieht? Nein, und wiederum nein! Alles, wovon sie sprechen, ist materieller Vorteil''[28].

2. Die selektive Aneignung fremden Kulturgutes, wobei von den Rezipienten zwischen ,,nützlichen'' und ,,schädlichen'' bzw. ,,unnützen'' (und daher abzulehnenden) Errungenschaften der anderen Kultur unterschieden wird. Beispiel hierfür bietet das Japan der Meiji-Restauration, die unter dem Motto ,,Rückkehr zur Vergangenheit'' (*fukko*) stand und die Modernisierung des Landes unter der Parole *fukoku-kyōhei* (den Staat bereichern und seine Streitkräfte stärken'') durchsetzte[29]. Eine Variante davon bildet die Behauptung, daß die einer Fremdkultur entlehnten Wissenschaften etc. eigentlich gar keine Novitäten für die eigene Kultur darstellen, sondern zumindest schon keimhaft in Texten der eigenen Literatur niedergelegt waren. Ein Beispiel dafür bietet Dayānand Sarasvatī, der Begründer des Ārya-Samāj, der durch seine Interpretation der Veden zu zeigen versuchte, daß in ihnen idolfreier Monotheismus und alle Erkenntnisse moderner Wissenschaft bis zu Dampfschiff, Eisenbahn und Elektrizität zugrundegelegt seien. In seiner Ṛgvedādibhāṣyabhūmikā findet sich unter anderem ein Kapitel über Schiffs- und

Flugzeugbau[30]. Kritisch dazu geäußert hat sich Max Müller: ,,*By the most incredible interpretations* Swāmī Dayānand succeeded in persuading himself and others that everything worth knowing, even the most recent inventions of modern Science, were alluded to in the Vedas. Steam-engines, railways, and steamboats, all were shown to have been known, at least in their germs, to the poets of the Vedas; for Veda, he argued, means knowledge, and how could anything have been hid from that?''[31].

3. Die bedingungslose Annahme fremder Kultur bei gleichzeitiger nahezu totaler Entfremdung von der eigenen.

Für die in dieser Arbeit zu betrachtenden Kulturen ist der dritte Grundtypus irrelevant, da er praktisch nur in Kulturkreisen vorkommt, in denen der eine den anderen massiv beeinflußt oder durchdringt — sei es durch eine Religion, eine Ideologie oder durch eine überlegene Technik. In dem hier zu behandelnden Zeitraum ist eher damit zu rechnen, daß aus einem fremdem Kulturkreis entlehnte Errungenschaften nicht als importiert gekennzeichnet werden, sondern im Gegenteil ohne besondere Vorbereitung unvermittelt und quasi selbstverständlich im kulturellen Kontext erscheinen. Dabei ist die Gestaltungsfreudigkeit der Bearbeiter bei der Vermittlung fremden Kulturgutes — sei es durch Literatur oder Kunst — in Rechnung zu stellen, da diese nur das ihnen wesentlich erscheinende aus fremden Kulturen übernahmen und dem fremden Stoff zugleich mit einer gewissen Freiheit gegenübertraten.

Ob eine Parallele kulturabhängig oder -unabhängig ist, muß in drei methodischen Schritten herausgearbeitet werden:

a) Der Befund einer Parallelen nach der historisch-kritischen Methode;
b) Interkultureller Vergleich zur Entscheidung über Kulturabhängigkeit oder -unabhängigkeit der in a) beobachteten Analogie;
c) Wertung der gefundenen Parallelen anhand historischer, religionsgeschichtlicher, soziologischer, architektonischer (kunsthistorischer) und gegebenenfalls literargeschichtlicher Kriterien.

Der interkulturelle Vergleich soll Erkenntnisse von kulturabhängigen und -unabhängigen Übereinstimmungen speziell im den Tempel betreffenden Problemkreis erbringen. Dabei muß in Rechnung gestellt werden, daß nicht immer eindeutig entschieden werden kann, ob bei Analogien Abhängigkeiten oder strukturelle Parallelen vorliegen.

Zunächst ist es daher notwendig, allgemeine historisch nachweisbare Verbindungen zwischen dem mesopotamischen und dem indischen Kulturraum aufzuzeigen und dann auf besondere Aspekte überzuleiten, die den Bereich des Tempels betreffen. Diesem vorbereitenden Teil folgt zwangsläufig eine Darstellung der Entwicklung des Tempels als Bedeutungsträger in Mesopotamien wie in Indien. Diese Gegenüberstellung der religiösen Funktionen des Tempels als Bauwerk ist jedoch nur ein

Aspekt, der besonders auf die architektonische Realisierung von Bedeutungsinhalten eingeht[32]. Weitere Schwerpunkte sollen hauptsächlich die Menschen sein, die mit dem Tempel in irgendeiner Weise etwas zu tun haben: das ist im Idealfall die Gesamtheit eines Volkes, wobei jedoch auf ihre unterschiedliche Stellung hingewiesen sei:

1. Kultpersonal
   a) Priesterklassen
   b) Kulthelfer
   c) kultische Prostituierte
2. Tempelbedienstete mit nichtkultischen Aufgaben. Darunter fallen Hörige, Bearbeiter des Tempellandes, Verwalter etc.
3. Das Königtum und sein „Erzwingungsstab"[33], das Protektor des Tempels ist und je nach Kulturkreis ebenfalls kultische Funktionen innehat und in bestimmten Epochen sogar den Anspruch auf Göttlichkeit erhob oder als Stellvertreter Gottes fungierte.
4. Die Kultgemeinde. Unter diesen Begriff fallen nicht nur die in ihrem beruflichen Leben dem Tempel fernstehenden Laien, sondern auch die Leute der Kategorie 2, deren spezielle Beziehung zum Tempel keine kultische ist.

Besonderes Gewicht soll hierbei auf das religiöse, soziale und politische Verhältnis der verschiedenen Gruppen zueinander und etwaige Bedeutungs- und Machtverlagerungen im Verlauf eines historischen Prozesses gelegt werden.

Die Materialien, anhand derer der Vergleich durchgeführt wird, sind zunächst die Bauwerke selbst, soweit sie von der Archäologie und Kunstgeschichte erschlossen sind sowie die dazugehörigen Bauhandbücher, die u.a. auch die religiöse Bedeutung der verschiedenen Teile eines Tempels explizieren. Diese Handbücher haben besonders in Indien eine bedeutende Tradition und sind unter dem Namen *śilpaśāstra* oder *vāstuśāstra* bekannt. Für den Bereich der mesopotamischen Kulturen sind uns solche Erklärungen eher durch Bauinschriften in diversen Partien der Tempel überliefert. Daneben geben Mobiliar, Kultgegenstände usw. und ihre Erwähnung in Literaturstellen aller Art Belege über die Funktion eines Tempels. Zu den wesentlichsten Primärquellen gehört das epigraphische Material, das sich untergliedert in Inschriften, Bauurkunden, Gedenksteine etc. Tatsächlich trägt die Heranziehung dieser Quellen häufig zu einem besseren Verständnis der Realien bei als die bedeutenden religiösen und epischen Werke, die die Ideen und damit auch die Ideologien einer bestimmten religiösen Strömung zu vermitteln suchen und daher in gewisser Weise auch idealtypisch sind. Es gilt aber, zu diesem Bereich eine gewisse Distanz zu gewinnen, und von religiösen und philosophischen Systemen, die zweifellos auch einen gewichtigen Beitrag zur Symbolik des Tempels geliefert haben, zu Tatsachen überzugehen. Der Soziologe Louis Dumont hat die Problematik treffend in Worte zu kleiden gewußt: ,,To pass from ideas to facts our inquiry should be supplemented by a long and painstaking study of the inscriptions''[34].

KAPITEL I

BEZIEHUNGEN ZWISCHEN MESOPOTAMIEN UND INDIEN

Beziehungen zwischen Mesopotamien und dem indischen Raum bestanden nachweislich schon seit dem 3. Jahrtausend v. Chr. Im Zusammenhang mit unserer Fragestellung interessiert jedoch nicht so sehr die Quantität dieser Beziehungen, sondern mehr die Qualität. Die frühesten Verbindungen entstanden ohne Zweifel zu einem einzigen Zweck: dem des Austausches von Handelsgütern. Dieses Motiv hat auch für die spätere Zeit die entscheidenden Impulse geliefert. Neben dem Austausch von Waren ist bei zunehmender Intensität der Beziehungen auch mit kulturellen Entlehnungen zu rechnen, sei es in der Kunst, der Kosmologie, der Astronomie/Astrologie oder auch bei gewissen — später noch zu erörternden — Vorstellungen vom Königtum.

Die älteste und zugleich am leichtesten zu bewältigende Handelsstraße zwischen Mesopotamien und Indien dürfte die Seeroute durch den Persischen Golf gewesen sein[35]. Daneben sind schon für prähistorische Zeiten Landverbindungen nachweisbar[36], die für unsere Fragestellung jedoch kaum relevant sind. Siegel der Industalkultur wurden auf dem Boden Mesopotamiens in Tell Asmar, Agrab, Kiš, Lagaš, Susa und Ur gefunden[37], während es zweifelhaft ist, ob eine in Mohenjodaro gefundene Keramik eine sumerische Inschrift enthielt[38]. Von den in Mesopotamien gefundenen Indus-Siegeln datieren zwei aus der altsumerischen Periode, d.h. aus der Zeit vor der Herrschaft des Šarrukīn von Akkad (2276-2220 v. Chr.)[39]. Šarrukīn [Sargōn] berichtet in einer seiner Inschriften, daß für Dilmun, Magan und Meluḫḫa bestimmte Schiffe im außerhalb seiner Hauptstadt Akkad gelegenen Hafen vor Anker lagen[40]. Narām-Sîn (2195-2159 v. Chr.) unterwarf Magan und tötete Manui, den Herrn von Magan. In den Gebirgen Magans baute er Steine ab, die nach Akkad gebracht wurden, um Statuen herzustellen[41]. Der neusumerische Herrscher Gudea von Lagaš (ca. 2080-2060 v. Chr.) brachte *na4ESI* (wahrscheinlich Diorit) aus den Bergen von Magan nach Lagaš, wo es benutzt wurde, um eine Statue des Herrschers anzufertigen. Aus Meluḫḫa importierte er *ušu*-Holz, Goldstaub und *GUG. GI. RIN. E*, eine Art Stein (vielleicht Karneol)[42].

Die Identifizierung Dilmuns oder Tilmuns mit der heutigen Insel Baḥrain und der dazugehörigen arabischen Gegenküste hat hohe Wahrscheinlichkeit[43]. Oppenheim betont, daß diese Landschaft der Umschlagplatz des Handels zwischen Mesopotamien und Magan/Meluḫḫa war[44]. Herzfeld[45] und Eilers[46] haben angenommen, daß Magan beiderseits des Golfes von ᶜUmān lag und setzten diese Region teilweise mit Makrān gleich, das die südlichen Regionen von Balučistān bezeichnet. Im Altakkadischen kann man Magan auch als Makan mit g oder k wechselweise lesen[47]. Die babylonische Version der dreisprachigen Bisōtun-Inschriften des achämenidischen Großkönigs Dārayavauš I. (521-485 v. Chr.) gibt Ma-ak[48], das Altpersische Maka[49]. Das Volk von Maka wird bei Herodot III, 93 als Mykoi zusammen mit den Utioi (vom Altpersischen Yutiya) erwähnt, die unter Dārayavauš I. eine Satrapie bildeten[50], die Satrapie Maka der Inschriften[51].

Zur Identifizierung Meluḫḫas mit der nordwestindischen Küste hat Leemans die Argumente für und wider sorgfältig gegeneinander abgewogen[52], wobei er lexikalische Texte, die Inschriften des Gudea und Wirtschaftstexte aus der Zeit der III. Dynastie von Ur (2047-1939 v. Chr.) speziell der Regierungsperiode des Ibbi-Sîn (1963-1939 v. Chr.) miteinander vergleicht. Die Tatsache, daß sich Elfenbein, Gold und möglicherweise Ebenholz unter den Artikeln von Meluḫḫa befanden, zeigt, daß es entweder in Indien oder Ostafrika lag. Die unbestrittene Tatsache der späteren Identifizierung mit Nubien und Äthiopien entkräftet nicht die Argumente für die Gleichsetzung Meluḫḫas mit Nordwestindien in der akkadischen, neusumerischen und der Larsa-Zeit. Wenn diese Annahme korrekt ist, ist das in Frage kommende Gebiet nicht jener Teil der sogenannten Industalkultur, wo Städte wie Mohenjodaro und Harappa blühten, die weit im Inland lagen, sondern eher die Küstenregion: ,,Discoveries in 1957 showed that the (Indus) civilization extended at least as far southward as the estuaries of the Narbada and the Tapti, giving an Indus coastline (to date) of 800 miles''[53]. Für die Gleichsetzung sprechen die relative Nähe der Indusmündung im Gegensatz zur ostafrikanischen Küste, die durch Siegel bezeugten Beziehungen zwischen der Industalkultur und Mesopotamien in der akkadischen Periode und der neusumerischen Zeit sowie das Fehlen einer künstlerisch und technisch entwickelten Zivilisation in Ostafrika zu dieser Zeit. Besonders dieser letzte Punkt ist bemerkenswert: der Schiffsbau muß bekannt gewesen sein, da Schiffe von Meluḫḫa nach Akkad kamen. Schiffe ähnlicher Bauart, wie sie die Sumerer benutzten, um über das Meer zu fahren, wurden von den Trägern der Industalkultur verwandt[54]. Im Industal wurde Elfenbein zu Kunstgegenständen verarbeitet[55], und zu diesen gehört offensichtlich der in Sumer beliebte *GÙN-mušen Me-luḫ-ḫa*, ,,der vielfarbige Vogel aus Meluḫḫa''[56], womit vielleicht der in der Keramik von Harappa so oft vorgefundene Pfau gemeint sein könnte[57]. Ebenfalls begehrte Importartikel in Ur waren Elfenbeinkämme (*ga-zum zú-am-si*)[58] und Elfenbeinstäbe (*PA.KUD zú-am-si*)[59], die auch im Industal gefunden wurden[60]. Eine schwierige Frage ist die des *GIŠ.A.AB.BA*, eines Holzes von Meluḫḫa. Im Sumerischen bedeutet *A.AB.BA* ,,Meer'' und daher ist dieses Wort vielleicht mit ,,Meeresholz'' zu übersetzen. Die Armeen Alexanders d.Gr. trafen auf ihrem Rückmarsch von Indien nach Persien, als sie entlang der Küste des östlichen Gedrosien (dem gegenwärtigen Ost-Balučistān) nach Westen marschierten, auf einen interessanten Baum. Arrian beschreibt in seiner Anabasis (VI, 22, 6-7) diese Bäume als solche, deren ,,Blätter dem des Lorbeers ähnlich seien, und diese wüchsen in den vom Meere überspülten Gegenden. Bei Ebbe blieben diese Bäume auf dem Trockenen zurück; wenn aber die Flut wieder käme, dann sähe es aus, als ob sie im Meere wüchsen... Es seien manche dieser Bäume hier wohl 35 Ellen hoch. Sie hätten in jener Jahreszeit gerade geblüht; ihre Blüte sei der des weißen Veilchens sehr ähnlich, aber ihr Duft übertreffe diese weit''[61]. Dies ist eine genaue Beschreibung der gemeinen Mangrove (*Ceriops candallearia*), die in den Untiefen und Stromausläufern entlang der Küste von Sindh und der östlichen Küste Ost-Balučistāns wächst[62]. Mangrovenholz ist sehr hart und wird für Bootsbau, Hauspfähle und zur Herstellung von Möbeln benutzt. Das *A.AB.BA*-Holz wurde dazu verwendet, zur Zeit des Ibbi-Sîn von Ur Stühle und für Ilušuma von Assyrien (ca. 1915-1899 v. Chr.) einen Thron herzustellen[63].

Zur Klärung der Lage von Meluḫḫa trägt auch ein altbabylonisches Sprichwort aus Nippur bei, das etwa um 1800 v. Chr. angesetzt wird:

i-mi-ir an-ša-ni-[*im*]
ma-ar-gi4 pa-ra-aḫ-[*še*]
šu-ra-an me-luḫ-[*ḫa*]
pi-i-ir ša-ad-di-[*im*]
ša ṣa-ar-ba-tam ki-ma ka[*rāšim*]
i-ḫa-ra-[*su*][64]

,,Der Esel von Anšan,
? von Paraḫše,
die Katze von Meluḫḫa,
der Elefant der Steppe, der die Weiden
abgrast, als ob sie Lauch wären.''

Meluḫḫa lag demnach in einer Region hinter zwei iranischen Landschaften in der Nähe eines Landes, wo Elefanten hausten. Außerdem wird in einer Inschrift, die wahrscheinlich unter Šarrukīn II. von Assyrien (721-705 v. Chr.) kopiert wurde und Landschaften aus den Eroberungszügen und der Zeit des Šarrukīn von Akkad beschreibt, festgestellt, daß die Distanz zwischen dem Wasserbassin des Euphrat und der Grenze von Meluḫḫa, wo ein Land Mari liegt, 120 *bēru* (1283 km) beträgt[65]. Diese

Strecke, gemessen vom Sumpfsee des Euphrat aus, führt in östlicher Richtung aber zu den Regionen von Makrān und Balučistān[66].

Meluḫḫa ist möglicherweise mit dem Sanskritwort *mleccha* in Verbindung zu bringen, das zuerst in Śatapathabrāhmaṇa III, 2.1.24 bezeugt ist[67] und als barbarische Sprache, die von den Asuras benutzt wurde, galt. Im Mahābhārata wird *mleccha-* in Gegensatz zu *ārya-* gestellt und kommt als Glied eines Kompositums vor, z.B. *mleccha-bhāṣā* ,,Mleccha-sprache'' oder *mleccha-vāk* ,,barbarisch sprechen''[68]. Mayrhofer weist auf Variationen im Pāli (*milakkha-*, *milakkhu-*, *milāca-*) und Ardhamāgadhī (*miliccha-, milakkhu-, mĕccha-, miccha-*) hin und nimmt ein fremdes Wort oder einen fremden Stammesnamen als wahrscheinlichste Quelle an[69]. Die Lage des Mleccha-Landes wird nicht einheitlich angegeben: das Mahābhārata plaziert es im Norden, Westen und Osten, das Rāmāyaṇa bezeichnet die Matsya in Rājputāna als Mleccha und Varāhamihira (505-587) gibt in seiner Bṛhatsaṃhitā (XIV, 21) die Regionen jenseits des Sindhu (Indus) als Mleccha-Gebiet an[70].

Wenn die gegenwärtige Einschätzung richtig ist, wurden die Küstenregionen des östlichen Balučistān sowie das Gebiet des Indus-Delta von den Mesopotamiern bis zum Beginn des 2. Jahrtausends mit Meluḫḫa identifiziert, als die dortigen Handelshäfen möglicherweise von Kaufleuten der vorarischen Industalkultur kontrolliert wurden[71]. Näheres über die Intensität und Qualität der Beziehungen zwischen Mesopotamien und der Industalkultur auszusagen, ist beim gegenwärtigen Stand der Forschung — besonders aufgrund der bisherigen Nichtentschlüsselbarkeit der Industalschrift — nicht möglich, ohne sich zu sehr auf das Gebiet der Spekulation zu begeben[72]. Im Gegensatz zu Mesopotamien gab es anscheinend keine Götterstatuen und keine Anzeichen für Tempelbauten, was nahelegt, daß Religion eine private Angelegenheit war[73].

Nach dem Sturz der III. Dynastie von Ur (1939 v. Chr.) brechen die Nachrichten von Kontakten nach Meluḫḫa ab. Möglicherweise hängt dies auch mit dem Untergang der Industalkultur etwa Mitte des 2. Jahrtausends v. Chr. zusammen, dessen Ursache noch immer umstritten ist. Jedenfalls treten im geographischen Raum Indiens in der Folgezeit die Indo-Arier auf, während in den Vorderen Orient seit dem 17. Jahrhundert v. Chr. die Kassiten, Mitanni und Hethiter einbrechen, deren Sprachen enger verwandt mit dem Indo-Arischen sind als etwa das Iranische[74]. Nach der Aufspaltung eines wohl vordem bestehenden sprachlich und kulturell relativ einheitlichen Verbandes in mehrere Zweige und deren Migration in verschiedene geographische Räume endete auch der Kontakt der nun weit voneinander getrennten Gruppen. Die Kassiten in Babylonien assimilierten sich sehr rasch der babylonischen Kulturwelt und verloren im 13. Jahrhundert v. Chr. ihre dominierende politische Stellung in Mesopotamien.

Mit dem 1. Jahrtausend v. Chr. begann eine Phase erneuter Beziehungen zwischen Mesopotamien und Indien. Eine interessante Nachricht datiert aus dem Jahre 738 v. Chr.: in seinen Annalen, Z. 156, berichtet der assyrische Herrscher Tukulti-apil-Ešarra III. (745-727), daß sich unter seinen Tributen *iṣṣūr šamê muttaprišuti ša agappīšunu ana takilti ṣarpu*[75] ,,geflügelte Vögel des Himmels, deren Flügel purpurblau gefärbt waren'' befanden. Bei diesem in Mesopotamien offensichtlich bisher nicht bekannten Vogel dürfte es sich um den Pfau gehandelt haben, dessen Heimat Indien ist[76]. Quintus Curtius (IX, 1.13) berichtet, daß Alexander der Große ihn dort in wildem Zustand vorfand. *Nemus, opacum arboribus alibi invisitatis agrestiumque pavonum multitudine frequens*[77]. Es spricht einiges dafür, daß der assyrische König diese seltenen Vögel nicht direkt aus Indien erhielt, sondern aus Südarabien[78]. Aus einer indischen Quelle, dem Bāveru-Jātaka, wird berichtet, daß indische Kaufleute den Pfau (*mayūra*) in das Land Bāveru exportierten[79]. Bāveru ist ohne Zweifel mit Bābilu, d.i. Babylon, zu identifizieren[80]. In westlichen Sprachen scheint das Wort für Pfau (pers. *tavus*, griech. ταώς) von Tamil *tōkai* entlehnt zu sein[81].

Nach den Nachrichten aus den Jātakas betrieben indische Kaufleute aus dem westlichen Indien Handelsfahrten zu den Küsten des persischen Golfs und seinen Flüssen sicher seit dem 5., vielleicht schon im 6. Jahrhundert v. Chr. Nach dem Saṅkha-Jātaka[82] reiste ein Brāhmaṇe von Benares nach dem Goldlande, wobei sein Schiff auf hoher See zerbricht. Die Meeresgöttin Maṇimekhalā[83] erschafft ihm als Geschenk ein neues aus Gold und Edelsteinen. Es ist ein sehr großer hochgebauter Dreimaster mit Rudern und Steuer. Im Sīlānisaṃsa-Jātaka[84] retten sich Schiffsbrüchige aus Benares auf eine Insel, und ein Geisterschiff der Maṇimekhalā bringt sie nach Hause zurück. Das Suppāraka-Jātaka[85] berichtet von einem erblindeten Kapitän, der ein Kauffahrerschiff von Bharukacha [Skt. Bhṛgukaccha, griech. Barygaza) an der indischen Westküste durch sieben Meere führt, die Delbrueck[86] teilweise mit realen Meeren zu identifizieren versuchte: das erste Meer (*Pakatisamudda*) ist das heimische bei Bharukacha, das zweite (*Khuramālasamudda*) und dritte (*Aggimālasamudda*) liegen zwischen diesem und dem vierten (*Dadhimālasamudda*), das als weißglänzend geschildert wird und eine Übereinstimmung mit dem Bericht des Agatharchides von Knidos (2. Jahrhundert v. Chr.) hat, der das Meer an der Küste des Sabäerlandes als weiß bezeichnet[87]; er schildert auch ein blendendes Meer, das dem dritten Meer des Jātaka entspräche[88]. Das fünfte Meer (*Nīlavaṇṇakusamālasamudda*) wird als grasgrünes Meer, wo es Smaragde gibt, beschrieben und entspräche damit der grünen Meeresfarbe am Südausgang des Roten Meeres, in dessen Nähe der *mons Smaragdinus* liegt. Auch Agatharchides[89] erwähnt die tiefgrüne Farbe des Meereswassers. Das sechste Meer (*Nalamālasamudda*) ist voll Schilf mit bambusfarbigen Korallen oder Edelsteinen und an der Somaliküste zu suchen. Artemidor (bei Strabon XVI, 4.14, 774)[90] berichtet von Papyrussümpfen, die dem Bambusmeer entsprechen könnten:

> ἡ μέν ἁλμυρου ὕδατος, ἣν καλοῦσι θάλατταν, ʽη δὲ γλυκέος, ἥ τρέφει καὶ ἵππους ποταμίους καὶ κροκοδεῖλους, περὶ τὰ χεῖλη δὲ πάπυρον.

Das siebte Meer (*Vaḷabhāmukhasamudda*) hat riesige Wellen, die den Wogen des Ozeans jenseits von Kap Aromata (heute: Guardafui) entsprechen könnten.

Weitere Hinweise für frühe Seefahrt der arischen Inder finden sich in den beiden ältesten Dharmasūtras, dem des Baudhāyana und dem des Gautama[91]. In Baudhāyana-Dh.S. II, 2, 2 ist für orthodoxe Brāhmaṇen bei Kastenverlust (*patanīya*) verboten, Seereisen zu unternehmen (*samudrasaṃyātanam*)[92]: als Sühne muß der einer solchen Verfehlung Schuldige zwei Jahre als Kastenloser leben (*teṣāṃ tu nirveśaḥ patitavṛttir dvau saṃvatsarau*). Doch wird in I, 2, 4 zugestanden, daß solches Gebahren bei den nördlichen Ariern üblich war (*athôttarata ... samudrasaṃyānam iti*)[93]. In I, 18, 14 wird für Schiffseigner eine Steuer auf Güter, die auf dem Seewege importiert wurden, festgelegt (*sāmudra-śulko varaṃ rūpam uddhṛtya daśapaṇaṃ śatam*)[94], ebenso bei Gautama X, 33 (*nau-cakrīvantaś ca*)[95].

Aus Mesopotamien gibt es ebenfalls weitere Quellen, die auf Beziehungen zwischen beiden Kulturkreisen hindeuten. Herzfeld hat betont, daß *sindā* (*^{iṣ}si-in-da-a*), ein Holz, das der assyrische König Sîn-aḫḫē-erība (704-681 v. Chr.) für Säulen und Türen seiner Paläste benützte[96], als Sind-Holz zu lesen sei[97]. Im gleichen Text erscheint *^{iṣ}mis-ma-kan-na*, d.i. *misu*-Holz von Makan[98]. Zwei andere Produkte, ein Duftstoff namens *baluḫḫu* (*^{riq}baluḫḫu*) und dessen Harz *ḫīl baluḫḫi* sind in assyrischen Medizintexten als Heilmittel angegeben[99]. *Baluḫḫu* wurde als Galbanum identifiziert, einem Extrakt der Pflanze *Ferula galbaniflua*, die in Ostiran und Afghanistan beheimatet ist.

Das Wort *baluḫḫu* scheint eine annehmbare Weiterentwicklung von Meluḫḫa durch Austausch von *m* und *b* zu sein. Es ist in diesem Zusammenhang nützlich zu wissen, daß die Assyrer das mit Galbanum identifizierte Produkt *baluḫḫu* aus Regionen, die nahe unseres angenommenen Meluḫḫa liegen, erworben haben[100]. Die Möglichkeit, daß sich aus *baluḫḫu* Baluč entwickelte, ist nicht auszuschließen. In diesem Falle ist es wahrscheinlich, daß das iranische Volk, das heute Baluč genannt wird, den alten Namen des Landes, in dem es siedelte, angenommen hatte[101]. Nur ist diese Identifizierung nicht zwingend, sondern das Wort kann —

wie Bailey gezeigt hat — auch iranischen Ursprungs sein, eine Möglichkeit, die jedoch auch auf unsicherem Boden steht[102].

Der Name *sindû* ist aus sumerischen und altbabylonischen Texten nicht bekannt. Nach Wolfram von Soden ist er vom Sanskritwort *sindhu* abgeleitet und bezeichnet die Steineiche[103] (so auch Thompson[104]). Da die Bezeichnung *sindhu* indo-arisch ist und z.B. für den Indus und die dortige Landschaft verwandt wurde, ist das Fehlen dieses Wortes in älteren mesopotamischen Texten, d.h. aus der Zeit vor dem Auftreten der Indo-Arier in Indien, durchaus erklärlich.

Es ist möglich, daß indische Kaufleute, die Mesopotamien in der spätassyrischen oder neubabylonischen Periode besuchten, bestimmte mythologische Besonderheiten mitbrachten und sie in ihre religiösen Werke einarbeiteten. In Atharvaveda V, 13 wird ein Zauber gegen die Schlange Taimāta, die Tochter von Urugūlā ausgesprochen[105]. Tilak hat versucht, Taimāta mit dem aus der babylonischen Mythologie bekannten Chaosdrachen Tiāmat und Urugūlā als sumerisches *uru-gal* ,,große Stadt'' zu identifizieren[106]. Die in derselben Passage als Vater und Mutter von Taimāta genannten Ȃligī und Víliḡī betrachtete er als Korruption der Götter Bēl und Bēl-gi[107], doch erscheinen in diesem Fall die Ableitungen von *liṅg-* ,,umschlingen'' mit Präfixen *ā́-* und *ví-* als wahrscheinlicher[108]. In Ṛgveda VIII, 13, 2 wird Indra mit dem Beinamen Apsujít ,,Bezwinger des Apsu'' bedacht, wobei *apsu* für Wassermasse steht und es zweifelhaft ist, ob damit der urzeitliche babylonische Wasserdämon Apsu in Verbindung gebracht werden kann. Falls hier Einflüsse aus Mesopotamien vorliegen, sind diese sehr isoliert und ohne größere Wirkung für die indische Kulturwelt geblieben.

Gesicherter erscheint die Einführung eines Tieres, auf dem ein Gott steht (Skt. *vāhana*) in die Ikonographie Indiens. In Mesopotamien war die Darstellung von Göttern, die auf Tieren stehen und dadurch ihr Reich oder ihre Macht betonen, sehr verbreitet[109]. Auf Zylindersiegeln ist die babylonische Göttin Ištar häufig auf einem Löwen abgebildet[110]. Auch Diodorus Siculus (II, 9) berichtet noch von einer Göttin im Tempel des Bēl zu Babylon, die Löwen als Symboltiere besitzt[111]: ἐπὶ δὲ τῶν γονάτων αὐτῆς [ʽΡέα] εἱστήκεσαν λέοντες δύο. Bei seiner Beschreibung der syrischen Göttin Atargatis in Περὶ τῆς Συρίης θεοῦ, 31 berichtet Lukian von Samosata (um 120-185), daß diese Göttin von Löwen getragen wurde[112]: ἀλλὰ τὴν μὲν Ἥρην λέοντες φέρουσιν, ὁ δὲ ταύροισιν ἐφέζεται, dasselbe Macrobius (um 400 n. Chr.) in seinen Saturnalia I, 23.19[113]: *Adargatidis simulacrum sursum versum reclinatis radiis insigne est monstrando radiorum vi superne missorum enasci quaecumque terra progenerat. sub eodem simulacro species leonum sunt, eadem ratione terram esse monstrantes qua Phryges finxere Matrem Deum id est terram leonibus vehi.*

Auf einer Münze des Śaka-Königs Sapaleizes ist der Name der Göttin Nenaia mit einem Löwen in Verbindung gebracht worden[114]. Diese auch unter dem Namen Nanā bekannte Göttin wurde auf Kuṣāna-Münzen häufig als auf einem Löwen stehend abgebildet[115]. Nanā oder Nanāja war wie Ištar eine Göttin des Geschlechtslebens und weist viele verwandte Züge mit ihr auf. Sie ist seit der Ur-III-Zeit in Mesopotamien bezeugt[116]. Ein Hymnus an diese Göttin für König Samsu-iluna von Babylon (1685-1649 v. Chr.) hebt sie unter allen Göttinnen hervor[117]. Einen Löwen als *vāhana* besitzt nicht nur Nanā, sondern nach der Hindu-Ikonographie auch die Göttin Ambā[118] sowie Durgā[119].

Einige mythologische Elemente mögen ihren Weg von Babylonien nach Indien gefunden haben. Es sei hier die Möglichkeit einer Verbindung zwischen der Figur des Enkidu aus dem Gilgameš-Epos und der des Ṛṣyaśṛṅga oder Isisiṅgiya erwogen. Ṛṣyaśṛṅga[120] ist der Sohn einer Gazelle (*mṛgī*), ein Waldasket, der mit Tieren zusammenlebt und keine Berührung mit Frauen hatte. Eine Kurtisane (nach den Jātakas eine Prinzessin) verführt ihn und bringt ihn damit vom asketischen Leben ab. Sein Namen Ṛṣyaśṛṅga (Einhorn) deutet auf seine Abkunft von einer Gazelle hin. Auch Enkidus Leben in der Wildnis zusammen mit wilden Tieren wurde durch eine Kultdirne des Tempels von Samḫat verändert: nach vollzogenem Beischlaf meiden ihn die bisher mit ihm vertrauten Tiere[121]. Nach einem Fragment aus Sultantepe war auch Enkidus Mutter eine Gazelle (*ṣabītu*)[122]:

> (*ilEn-*) [*ki-dù ib-ri umm*]*a-ka ṣabītu a-ka-a-nu a-bu-ka i*[*b. nu-u*](*-ka ka-a-ša*)
>
> Enkidu, [my friend], thy mother a gazelle, a wild ass thy father, c[reated] thee.

Die Abhängigkeit des Ṛṣyaśṛṅgasagenkomplexes von der sogenannten Hierodulen-Episode des Gilgameš-Epos gewinnt noch an Wahrscheinlichkeit, wenn man bedenkt, daß die ursprüngliche Verführerin keine Königstochter, sondern eine Kurtisane war[123].

Ohne Zweifel hat die mesopotamische Flutgeschichte das indische Gegenstück in Śatapathabrāhmaṇa I, 8, 1[124] angeregt. Manu wird wie Utnapištim oder Ziusudra vor der drohenden Flut gewarnt und angehalten, ein Schiff zu bauen und am Ende der großen Flut auf einem Berg zu landen, der dann *Manor avasarpaṇam* (Herabsteigen des Manu), im Mahābhārata *naubandhanam* genannt wird[125]. Der große Fisch (*jhaṣa*), der Manu rettet, entspräche dann dem ichthyomorphen babylonischen Gott Ea (sumerisch Enki), der Utnapištim rettet. Nach der Flut opfert Manu den Wassern wie Utnapištim den Göttern.

Mit der Gründung des iranischen Großreiches, das auch Babylonien und Nordwestindien in seinen Staatsverband inkorporierte, und erst recht seit dem Zeitalter des Hellenismus wurden die Kontakte zwischen Mesopotamien und Indien verstärkt. Die Einflußnahme verlor ihren bisher doch mehr oder weniger sporadischen Charakter, was unter anderem auch seinen Niederschlag in der hier besonders interessierenden Übernahme einer neuen Kosmologie sowie der babylonischen Astronomie durch Indien fand. Es scheint daher angebracht, an dieser Stelle auf die spezielle Problematik der kosmologischen und ideologischen Konzeptionen des Tempels und seiner Träger in Babylonien sowie die mögliche Übertragung derselben nach Indien überzuleiten.

KAPITEL II

DER TEMPEL ALS BEDEUTUNGSTRÄGER IN MESOPOTAMIEN

Entwicklung und kosmologische Bedeutung des Tempels

Die erste bekannte Form des Staates in Mesopotamien war der Stadtstaat. Das Zentrum eines jeden dieser Staaten bildete der Tempel des jeweiligen Stadtgottes. Der Tempel war aber nicht nur das Zentrum des religiösen Lebens der sumerischen Stadt, sondern auch der Kern des Staates[126]. Bei der Betrachtung der frühesten sumerischen Kosmogonien fällt auf, daß die Weltschöpfung in einer ,,Urstadt'' ihren Anfang nahm, in der Vater- und Muttergötter auf dem *du-ku*, dem heiligen Hügel, wohnen, wo sie den Himmelsgott und später den Landesgott hervorbringen.

Gerade für die Frühzeit der sumerischen Stadtstaaten läßt sich feststellen, daß noch keine einheitliche Kosmogonie und Mythologie für den gesamten Bereich Mesopotamiens existierte, sondern jede Stadt einen eigenen Kosmos, eine ,,Welt für sich'' bildete. Selbstverständlich bedeutete dies keine völlige Isolierung der Stadtstaaten untereinander, pflegten diese doch sowohl Handels- als auch kriegerische Beziehungen. Dies führte in der frühdynastischen Periode der sumerischen Geschichte (ca. 2750-2276 v. Chr.) zur temporären Hegemonie des nordbabylonischen Stadtstaates von Kiš[127], die immerhin lange genug gewährt haben muß, um den Titel eines ,,Königs von Kiš'' zum Prestigetitel auch für andere Hegemonialfürsten werden zu lassen, die nicht aus Kiš kamen. Für die Stadtstaaten bedeutete das zwar realiter eine Ausdehnung ihres Gesichtskreises, zeitigte jedoch erst nach und nach eine Uminterpretation ihrer lokalen Mythen bis zur Schöpfung eines ,,Reichsmythos'' als Konsequenz der Ablösung der Stadtstaaten durch den Flächenstaat, wie er spätestens seit Bildung des Reiches von Akkad durch Šarrukīn (2276-2220 v. Chr.) auftrat und dann in solchen Titeln wie ,,König von Sumer und Akkad'' oder ,,Herr der vier Weltgegenden'' seinen Niederschlag fand.

Ursprünglich aber war die eigene Stadt für den sumerischen Menschen Kosmos, und in ihr hatte speziell wieder der Tempel die gleiche Funktion. Als Belege dafür seien die Bezeichnungen *ub-imina*, *da-imina* und *giparu-imina* für die Stadt Uruk angeführt[128]. Die Bedeutung ist in allen drei Fällen die gleiche, nämlich 7 Umfassungsmauern oder 7 Innenräume, wobei *ub* etc. seine akkadische Entsprechung in *tubuqtu* hat. So bedeutet *tubqat bīti* Außenwand des Hauses[129]. Hier hat diese Bezeichnung aber kosmologischen Charakter in der Bedeutung der 7 Weltzonen und wird sowohl auf die Stadt Uruk im Namen *gipar-imina*^{ki}, d.i. die ,,(Stadt mit den) 7 inneren Abteilungen'' als auch auf den Tempel Uruks mit dem Namen *É-gipar-imina*, d.i. ,,Tempel der 7 inneren Abteilungen'' angewendet.

Bei Jensen liegt aber wohl eine Überinterpretation vor, wenn er im Falle der Stadt Uruk annimmt, daß die 7 Umfassungsmauern und die 6 Räume zwischen den Mauern real existierten[130], wofür es keinerlei Anhaltspunkte gibt[131]. Vielmehr muß mit Hehn[132] angenommen werden, daß die Bezeichnungen 7 *ub* etc. für das Wort *kiš* (akkad. *kiššatu*)[133], d.i. Fülle, Menge, Gesamtheit verwandt wurden. Entgegen Hehn scheint mir aber gerade die Verwendung dieses Terminus eine kosmologische Grundvorstellung aufzuzeigen, die nur baulich in Uruk nicht zum Tragen kam. Es sei an dieser Stelle auf die weitere Tradierung dieser Konzeption in viel jüngerer Zeit nur hingewiesen: Die 7 Mauern von Egbatana (Herodot I, 98), die Planetentempel der Ṣābiʾa-Religion[134], die Wälle der Königsstadt Kusāvatī im Mahāsudassana-Sutta des Dīghanikāya[135], die 7 Kuppeln des Palastes des Sasanidenherrschers Bahrām Gōr im Haft Paikar des iranischen Dichters Niẓāmī[136]; eine eingehendere Betrachtung erfolgt an gegebener Stelle.

Diese Konzeption fand in Mesopotamien ihren architektonischen Niederschlag im Stufenturm des Tempels (*ziqquratu*). Seit der postakkadischen Zeit existierten im Zweistromland aber zwei Tempeltypen: neben der Ziqqurat, die sich in der Ur-III-Zeit (2047-1939 v. Chr.) herausbildete und die Funktion eines Hochtempels besaß, entwickelte sich der Tieftempel in der Form eines Langhauses. Beide Typen wurden stets gemeinsam auf einem geheiligten Bezirk in Korrelation zueinander errichtet.

Lange Zeit hindurch war die Funktion der Tempel sehr umstritten, zumal auch hier kein statisches Verharren, sondern eine Entwicklung zu beobachten war. Denn die Tempelzweiheit ist nicht ursprünglich.

Die archaischen Tempel der Uruk VI-IV- (ca. 2900-2800 v. Chr.) und der Ǧamdat-Naṣr-Zeit (ca. 2800-2700 v. Chr.) weisen einerseits schon auf die spätere Entwicklung zur Ziqqurat hin, da z.B. das Enki-Heiligtum von Eridu, welches bereits in vorgeschichtlicher Zeit (d.h. in der Uruk- oder ʿUbaid-Periode) bestand, immer wieder an derselben Stelle wiederaufgebaut wurde. Der Tempel muß ,,nach jeweiliger Planierung oder Ummantelung allmählich zu einem ,Hochtempel', d.h. zu einem Tempel auf unverhältnismäßig hohem Podest geworden sein und damit zu dem Urbild der später für die sumerisch-babylonische Architektur so bezeihnenden Zikkurat''[137]. Dabei wurde der alte Tempel bei Errichtung des neuen durch Auffüllen der Terrasse ,,begraben'', da die jeweilige Gottheit als Grundeigentümerin betrachtet wurde und für alle Zeiten im Besitz des ihr zugewiesenen Areals blieb, so daß das darauf errichtete Heiligtum nie säkularisiert werden konnte; Oberhuber bezeichnet diese Eigentümlichkeit als ,,Kultbaukonstante''[138].

Zum anderen deutet das Vorhandensein einer Cella[139] in diesen Tempelanlagen darauf hin, daß sie quasi auch Prototypen der späteren Tieftempel waren, die als Erscheinungshäuser der Gottheiten fungierten[140]. Die ersten Schöpfungen waren schlichte quadratische Einraumtempel mit nur 3 m Seitenlänge[141], Urformen der späteren sakralen Großanlage mit Hof (*kisalmaḫ/kisalmāḫum*), in der man die Götter, dargestellt durch Kultsymbole oder Statuen auf einem Kultsockel (sum. *bará*, akk. *parakkum*), zu erreichen suchte. Die ursprüngliche Einfachheit der Kultanlagen und ihre unmittelbare Zugänglichkeit spiegeln wohl die Unmittelbarkeit und Nähe der gesamten Kultgemeinde zum Göttlichen oder Numinosen wider. Leider existieren aus jener frühen Zeit keine schriftlichen Zeugnisse, die uns darüber Aufschluß geben könnten, doch scheint mir die weitere Entwicklung in reichem Maße Indizien für den Wandel zu liefern. Schon während der Mesilim-Zeit (ca. 2700-2600 v. Chr.) begegnet uns z.B. im sogenannten Tempel-Oval von Tutub (heute Ḫafāǧi) die neue Bauweise, den heiligen Bezirk außer durch die Gründungsmauer (*asurrû*)[142] noch durch eine zweite oder wie in Tutub durch einen Zingel von der Außenwelt abzusetzen; es ist dies der Beginn der deutlichen Scheidung von Göttlichem und Profanem[143].

Die Parallele dazu dürfte die Herausbildung einer spezialisierten Priesterschaft gewesen sein, und in Uruk finden wir das Amt des *ēn*-Priesters, der an der Spitze der Priesterhierarchie stand, mit dem des Stadtherrschers verquickt, was in den anderen Stadtstaaten nicht der Fall war, wo das Amt der Herrschers (*ensí* oder *lugal*) von dem des Oberpriesters getrennt war[144].

Die Institution des Königtums ist ebenfalls nicht ursprünglich, sondern entwickelte sich aus einer Regierungsform, die Thorkild Jacobsen als ,,Primitive democracy'' bezeichnete, in der die politische Macht bei einer Vollversammlung (*puḫrum*) aller erwachsenen Freien gelegen hatte, aus der sich ein Ältestenrat (*šībūt āli*, die ,,Ältesten der Stadt'') rekrutierte und die nur in kritischen Zeiten dem Herrscher uneingeschränkte Machtbefugnis gestattete[145].

Tendenzen zur Vergöttlichung des Herrschers zeigen sich schon sehr früh bei den Königen Mesilim (ca. 2600 v. Chr.), der sich als geliebter Sohn der Göttin Ninḫursag (*Dumu-ki-àg Nin-sag-ḫur*)[146] bezeichnete, und Eannatum von Lagaš (ca. 2405 v. Chr.), der Ninḫursag als seine Mutter (*Ama-*[*mu*] *Nin-ḫur-sag-ra*)[147] benannte[148]. Diese Titulaturen, die in späterer Zeit im Gottkönigtum gipfelten, hoben den Herrscher gleichsam aus der irdischen Sphäre heraus, so wie der Gott seit der Errichtung von Ziqqurats und Tieftempeln durch die III. Dynastie von Ur (2047-1939 v. Chr.) nicht mehr in der menschlichen Umgebung residierte. Andrae hat das Erschweren des Sichtbarwerdens der Gottheit im Erscheinungstempel durch Verdoppelung und Verdreifachung des Torraumes bei assyrischen und spätbabylonischen Kultbauten als letzten Schritt zur Entmündigung der Kultgemeinde angesehen, die das Göttliche nur aus angemessener Entfernung von den Wissenden vermittelt bekommt: ,,Es ist der Schritt von Abraham dem Patriarchen, der sich in freier Natur mit Jahwe besprach, zu Salomo, der ihm einen Tempel mit verschlossenem, nur dem Hohenpriester zugänglichen Allerheiligsten baute''[149].

Die Vergöttlichung des Königs ist erstmals bei dem akkadischen Herrscher Narām-Sîn (2195-2159 v. Chr.) bezeugt[150], dessen Dynastie auch den Titel des ,,Königs der 4 Weltgegenden'' (*šar kibrātim arbaʾim*), der den Anspruch auf Universalherrschaft beinhaltet, angenommen hatte, was auch den Wandel vom demokratisch-oligarchischen Stadtstaat zum absolutistisch regierten Großreich schlaglichartig erhellt.

Andrae hat in seiner Monographie über das Gotteshaus auf die große Bedeutung hingewiesen, die im sogenannten ,,Babylonischen Lehrgedicht über die Schöpfung'' der Erdaufschüttung beigemessen wurde[151], zu einem Zeitpunkt, als außer den Göttern und dem Meer nichts existierte:

Marduk amam ina pān mê irkus
eperi ibnīma itti ami išpuk[152]
bēlum Marduk ina pāṭ tâmtim tamlâ umalli
[...*n*]*a apa namala iškun*
......*uštabši*
[*qanâ ibt*]*ani iṣa ibtani*[153].

Marduk fügte zusammen ein Floß auf der Oberfläche des Wassers,
Bildete Erde und schüttete (sie) beim Floß aus.
Der Herr Marduk füllte am Rande des Meeres eine Terrasse auf,
[....], Röhricht, Rohrstand(?) legte er hin
[....] ließ er entstehen
[Rohr sch]uf er, Holz schuf er[154]

Dieser Text ist zwar relativ jungen Datums, geht aber ohne Zweifel auf ältere Vorlagen zurück, da in ihm Urformen des Bauens im altmesopotamischen Raum angesprochen werden wie etwa der Bau aus Röhricht mittels Erdaufschüttungen, erste Hinweise der Erhebung der Kultur über die feindliche Natur, zugleich aber auch auf den Lebensraum der frühen Siedler: die Schilfsümpfe[155]. Hier sammelte der Bewohner des frühen Mesopotamien seine Erfahrungen mit der feindlichen Umwelt, die, wie Jacobsen schreibt, von gewalttätiger Kraft war: ,,Euphrat und Tigris ... können plötzlich und unversehens übertreten, die Deiche der Menschen zerstören und ihre Ernten ertränken. Versengende Winde gibt es hier, die einen im Staub zu begraben und zu ersticken drohen; Wolkenbrüche verwandeln allen festen Grund in ein Meer von Schlamm und berauben den Menschen jeglicher Freizügigkeit — wer reist, landet im Morast''[156].

In solch einer Landschaft mußte die Bedrohlichkeit der chaotischen Mächte besonders intensiv sein und ihre Bemeisterung konnte nur mit Hilfe der ordnenden Hände der Götter gelingen, die überhaupt erst die Kultur gebracht hatten. Denn im Lehrgedicht ist es der babylonische Reichsgott Marduk, der jene Terrasse, auf dieser wohl eine Rohrhütte und darauf (CT XIII, 37, 35-40) die Städte errichtete. Die Städte Mesopotamiens waren die Wohnstätten der Götter, und jede dürfte sich in der frühsumerischen Zeit als ,,Urstadt'' (*uru-ul-la*) betrachtet haben, wo die Vater- und Muttergötter ihre Wohnung auf *du-ku*, dem heiligen Hügel errichtet hatten; sie begegnen uns als ,,Herr/Frau Erde'', ,,Herr/Frau Berg'', ,,Herr/Frau Hirte'', ,,Herr/Herrscherin über den heiligen Hügel'', ,,Herr/Herrscherin über die kultischen Normen'' etc.[157].

In dieser Aufschüttung des Heiligen Hügels dürfen wir mit Recht die Anfänge der Tempelarchitektur sehen. Grabungen in Nippur (Nibru), aber auch in Tell al-ᶜUbaid bei Ur[158], die bis ins 4. Jahrtausend v. Chr. zurückreichen, haben gezeigt, daß die ersten Erhebungen noch sehr klein und die Abhänge dieser geschütteten Hügel noch sehr flach waren. Aus den angegebenen Belegstellen geht außerdem hervor, daß sie Wohnstätten der Gottheiten waren, d.h. diese wohnten inmitten der menschlichen Siedlungen. Heinrich Lenzen hat geltend gemacht[159], daß die Tempelanlagen der frühesten Periode nicht die Wohnstätten der Götter, sondern Stätten der Verehrung durch die Menschen waren, da die Götter zu dieser Zeit zwar schon anthropomorph gedacht, aber nur durch Symbole dargestellt wurden und somit auch die Errichtung einer Gotteswohnung nicht sinnvoll gewesen wäre. Als Belege dafür führt er die Änderung der Tempelgrundrisse im 3. Jahrtausend v. Chr. an, die mit einem Wandel der kultischen Vorstellung einher gegangen sei.

Diese Beobachtung ist ohne Zweifel richtig, nur scheint mir die Darstellung der Gottheiten durch Symbole als Grund dafür nicht stichhaltig zu sein, zumal diese Behauptung sachlich nicht haltbar ist, da Darstellungen des Gottes Dumuzi (Tammuz) und der Göttin Inanna (Innin) mit Hörnermütze (akkad. *agê qarnī*, dem Symbol für eine Gottheit) gefunden wurden[160], außerdem ein Kultrelief ihrer semitischen Parallele Ištar aus dem archaischen Ištartempel von Aššur, das von einer Kultnische umrahmt ist[161]. Lenzens Vergleiche der ältesten Tempel mit den Tempelgrundrissen der zeitlich viel späteren Ziqqurats, bei denen sich überraschend viele Gemeinsamkeiten ergaben, zeigen in eine andere Richtung. Lenzen zitiert zwei Ritualtexte aus seleukidischer Zeit[162], aus denen hervorgeht, daß den Himmelsgottheiten Anu und Antum zu gewissen Zeiten Opfer auf dem Ziqqurat-Tempel dargebracht wurden, um so die Begegnung mit dem Göttlichen zu ermöglichen. Anscheinend war dieser Hochtempel nicht der permanente Wohnsitz der Gottheiten, sondern nur eine Stätte der Begegnung, während die eigentliche Wohnstatt außerhalb liegend gedacht wurde. Im Gegensatz dazu existierten im Tieftempel der gleichen Anlage (es handelt sich um das Anu-Heiligtum von Uruk) Kultbilder (*ṣalmu*) von Anu und Antum, denen ebenfalls Opfer dargebracht wurden, d.h. im letzteren Fall sind es Wohntempel, was auch aus ihrer Entwicklung aus dem Herdhaus hervorgeht. Dieser Satz kann allerdings nur bedingt gelten: Denn offensichtlich wandelten sich die Wohntempel zu ebener Erde seit der neusumerischen Zeit zu Erscheinungstempeln, ohne ihren ursprünglichen baulichen Charakter zu verlieren. Außerdem müssen wir bei solchen religionsgeschichtlichen Phänomenen immer berücksichtigen, daß dem logischen Verstand widersprüchlich erscheinende verschiedene Konzeptionen durchaus nebeneinander existieren konnten.

Die kultische Verschiedenheit beruht aber sowohl in archaischer als auch in späterer Zeit, wo beide Formen miteinander verquickt sind, nicht auf der symbolhaften Darstellung der Götter, sondern auf den Konzeptionen zweier Kulturstufen, die sich in Mesopotamien begegneten und deren Hintergrund sich auch in den Mythen widerspiegelt: einmal die bäuerliche Bevölkerung, für die die Fruchtbarkeit vom Wasser der Quellen herrührte und deren Lebensprinzip daher chthonisch war, zum anderen die Hirten auf den trockenen Steppen, für die der spärliche Regen entscheidend war, so daß sie kosmisch orientiert waren, da der Regen ja vom Himmel kam. Dadurch erklärt sich auch die Doppelfunktion vieler Gottheiten, die zugleich chthonisch wie astral ausgerichtet waren wie etwa Inanna-Ninni, die als Venusstern eine Tochter des Mondgottes (Inanna, die Himmelsherrscherin) und als Schilfrohr die Tochter Enkis, des lebensspendenden Wassers, war.

Vereinfacht dargestellt gab es demnach: 1. Kultanlagen chthonischer Gottheiten mit Kultbild und Cella, 2. solche astraler Götter mit Kultsockeln bis hin zur Herausbildung von Hochtempeln und 3. synkretistische Tempelformen, in denen beide Konzeptionen verwirklicht waren.

Literarischer Beleg für die Existenz von Kultstätten astralen Charakters in archaischer Zeit ist eine Textstelle in der assyrischen Version der Zwölftafelfassung des Gilgameš-Epos des Sîn-lēqe-unnini (III, Col. II, 1-

9), wo die Hohepriesterin Ninsun nach Darbringung eines Schüttopfers auf der Erde auf dem Dach dem Sonnengott Šamaš Räucherwerk und Weihegaben anbietet:

[*Ninsun ina maštakiša*] *irrub*
........*tullal*
[*iltabbiš*]...*simat p*[*ag*]*riša*
[*iltabbiš*]...*simat irteša*
.....[*k*]*ab(?)ma agâša aprat*
.....*qaqqara ipiranni*
iš....*īteli ana ūri*
īli a[*na*]....*Šamaš qutrinna iškun*
iškun surq[*inni ana m*]*aḫar Šamaš idūšu išši*[163]

[Ninsun] tritt [in ihr Gemach] ein,
[Für ihren Leib nahm sie] Seifenkraut,
[Sie legte ein Gewand an], wie's ziemt ihrem Leib,
[Ein Geschmeide auch], wie's ziemt ihrer Brust,
Sie hat angetan [Gürtel] und Königsmütze,
[Sprengt Wasser aus Schalen] auf Erde und Staub.
Die Stie[ge be]trat sie, erklomm den Söller,
Erstieg [das Dach], brachte Weihrauch dar vor Šamaš, Sie vollzog das Schüttopfer, vor Šamaš hob sie die Arme empor[164].

Oberhuber hat darauf hingewiesen, daß jede Stätte, die durch ein numinoses Erleben ausgezeichnet worden war, dadurch zwangsläufig verehrungswürdig und Kultstätte wurde[165]. An einer solchen Stelle entstanden jedoch nur in selteneren Fällen die großen Tempel des Stadt- oder Reichsgottes, sondern hauptsächlich Kultstätten kleinerer Gottheiten. Zu einer kurzen Charakterisierung dieser Kultstätten und -formen sei hier nochmals Oberhuber herangezogen, der als Grundform der Kultstätte den Kultsockel (sum. *bará*, akk. *parakkum*) ansieht, der ursprünglich wohl nur ein erhöhter, herausgehobener Ort war und erst sekundär zum Träger eines Gottesstandbildes (*ṣalmu*) oder -emblems wurde. Neben den Tempeln mit einer Cella und einer Vorcella (sum. *kisal*, akk. *kisallum*), dem Sanctissimum einer Gottheit gab es Kapellen oder Betstätten (*ešertum*) und offene Kultstätten sowie Altäre aus Rohr (*guḫšû*) und Ziegeln (*garakkum*) auf einem Sockel unter freiem Himmel, in den Straßen (*sūq*), in Mauernischen (sum. *ub-líl-lá*, akk. *ibratum*), wovor sich besonders Frauen einfanden, da ein sumerisches Sprichwort besagt: ,,Dieweil meine Schwester sich beim Straßen-Kultschrein aufhält und meine Mutter am Fluß plaudert, muß ich Hungers sterben''[166].

Ferner existierten unterirdische Heiligtümer oder Kultstätten in Privathäusern, wo es sich hauptsächlich um Kultsockel auf dem Dach oder im Hof handelte, die bisweilen so niedrig waren, daß man versehentlich über sie hinwegtrat und dann eine kultische Übertretung begangen hatte. Diese kurze Darstellung gewährt uns einen Einblick in die alltägliche religiöse Praxis des gewöhnlichen Sterblichen, für den letztlich jede Naturerscheinung beseelt war und ihm als ein Du entgegentrat[167]. Seine Anliegen betrafen eher die kleineren numinosen Größen und Gottheiten, und zu ihnen hatte er eine viel persönlichere Beziehung als zum großen Stadtgott, der zwar viel mächtiger war, gerade darum aber nicht mit den unbedeutenden Angelegenheiten des Normalbürgers behelligt werden konnte. Hier ist auch ein weiterer Grund dafür zu suchen, daß mit zunehmender Ausgestaltung des Kultus der großen Götter zu Staatskulten das Volk immer mehr Abstand zu diesen gewann, wenngleich es selbstverständlich an den großen Feierlichkeiten wie z.B. dem Neujahrsfest regen Anteil nahm. Aber die konkrete Berührung mit dem großen Gott erschöpfte sich in der Praxis in den Kultfesten. Eine persönlichere Beziehung zum Stadtgott muß man bei dem Herrscher und seinen hohen Staatsbeamten suchen, was im Extremfalle dazu führen konnte, daß der Monarch den Universalgott[168] als seinen Privatgott ansah.

Jedenfalls gibt und das Vorhandensein von zwei Kulttypen Aufschluß über die Existenz der Kulturformen des Ackerbauern und des Hirten, wobei diese beiden nicht notwendigerweise zwei verschiedenen Ethnien angehörten. Leider sind wir über die älteste Zeit zuwenig unterrichtet, um überhaupt Aussagen über die Volkszugehörigkeit der Kulturträger zu machen, bei denen es sich möglicherweise zum Teil um vorsumerischen Volksgruppen handelt.

Die älteste mesopotamische Kultstätte größeren Ausmaßes ist der Tempel des Wasser- und Weisheitsgottes Enki in Eridu in der Nähe des Persischen Golfes, der als langrechteckiger Bau (bis 24 × 12,5 m) auf einer künstlichen Terrasse errichtet ist[169]. Zwei Seitentrakte flankieren dabei einen Mittelraum mit Altar und Postament (s. Abb. 1). Dieses Heiligtum des Enki liefert ein anschauliches Beispiel für die bereits erwähnte ,,Kultbaukonstante'', da in Eridu nicht weniger als 19 übereinanderliegende Tempelbauten (ca. 5000-3000 v. Chr.) nachgewiesen werden konnten[170]. Dies weist wieder darauf hin, daß die Gottheit Grundeigentümerin des Tempels und des dazugehörigen Tempellandes und außerdem nach der chthonischen Konzeption auch Bewohnerin des Heiligtums war, was in solchen Tempelnamen wie ,,Haus-Berg'' (*É-kur*, Name des bedeutenden Ellil-Tempels in Nippur), ,,Haus-Urwohnung'', ,,Der Ort, wo die Götter zu leben anfingen'', ,,Götterurwohnung'' (*únu-gal*), ,,Der runde Ort'' (*ki-šár*) etc. zum Ausdruck kommt[171]. Eine weitere Konstante sind Opferfunde, die meist aus Fischen bestanden und damit auf den Gott Enki oder dessen Prototyp hinweisen, der auf späteren Kunstwerken als besonderes Merkmal von seinen Schultern ausgehende Wasserstrahlen besitzt, in denen Fische schwimmen[172].

Eines der gewaltigsten Monumente der Frühzeit aus der Schicht Uruk V begegnet uns im sogenannten Kalksteintempel von Uruk (75 × 29 m), der siebenmal so groß ist wie der letzte Tempel der ʿUbaid-Stufe in Eridu. Das auffälligste Merkmal dieses Heiligtums ist die Verwendung von Kalkstein, also eines dauerhafteren Materials als die sonst üblichen Ziegel, der etwa 60 km weit vom Steilabfall der Arabischen Tafel herbeigeschafft werden mußte. Im Grundriß folgt der Tempel dem Schema der Eridu-Tempel mit Mittelraum und zwei Seitentrakten, doch ist die T-förmige Gestalt des Mittelraumes (62 × 11,5 m) neu, ebenso der querliegende Kopfbau mit drei Räumen, von denen der mittlere wahrscheinlich

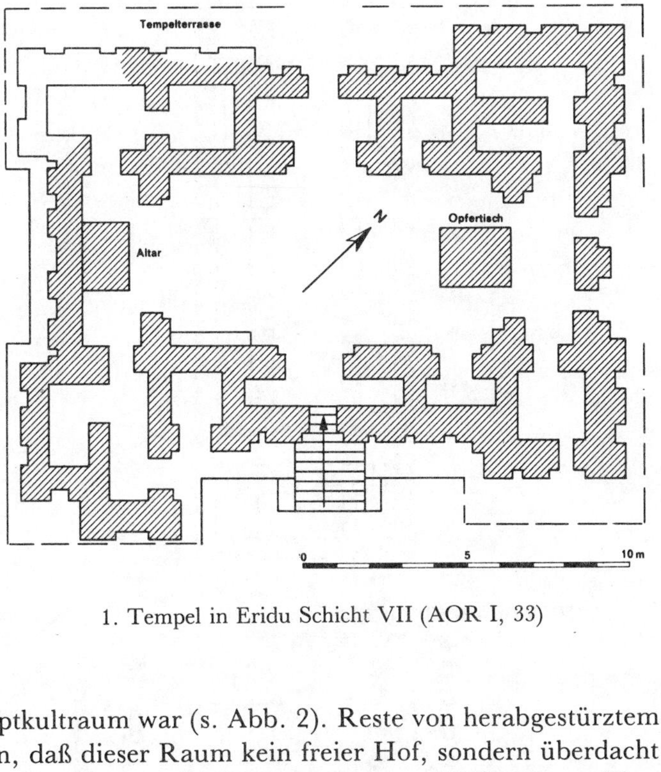

1. Tempel in Eridu Schicht VII (AOR I, 33)

der Hauptkultraum war (s. Abb. 2). Reste von herabgestürztem Gebälk zeigen an, daß dieser Raum kein freier Hof, sondern überdacht war[173].

Ebenfalls in Uruk wurde der sogenannte „Weiße Tempel" ausgegraben, der aus der Ǧamdat-Naṣr-Periode stammt, aber einige Vorläufer hatte, die bis in die Uruk-Periode zurückreichen und ungefähr die gleichen Grundrisse besaßen. Der Tempel ist auf einer Terrasse errichtet, deren Nordteil aus einem freien Platz besteht. Das Heiligtum selbst steht auf rechteckigem, etwa 22 × 17 m langem Sockel und besitzt einen langgestreckten mittleren Raum mit einer Reihe von Nebenräumen, in dessen Mitte ein Stufenpostament (vielleicht ein Altar) steht; die Kurzseiten des Hofes sind von je zwei Türen durchbrochen. Der eigentliche Eingangsraum zum Tempel befindet sich an der Südseite und ist bequem über eine Stufe zu erreichen (s. Abb. 3).

Der Aufriß dieses An-Tempels, der sich ziemlich sicher anhand der noch hoch anstehenden Ruinen und eines steinernen Tempelmodells aus Uruk rekonstruieren läßt, gibt ein anschauliches Bild (s. Abb. 4) über den direkten Vorläufer der späteren Ziqqurāti[174].

In der darauffolgenden Zeit ist die Herausbildung des Herdhaustempels und die fortschreitende Abkapselung des Tempelareals zu beobach-

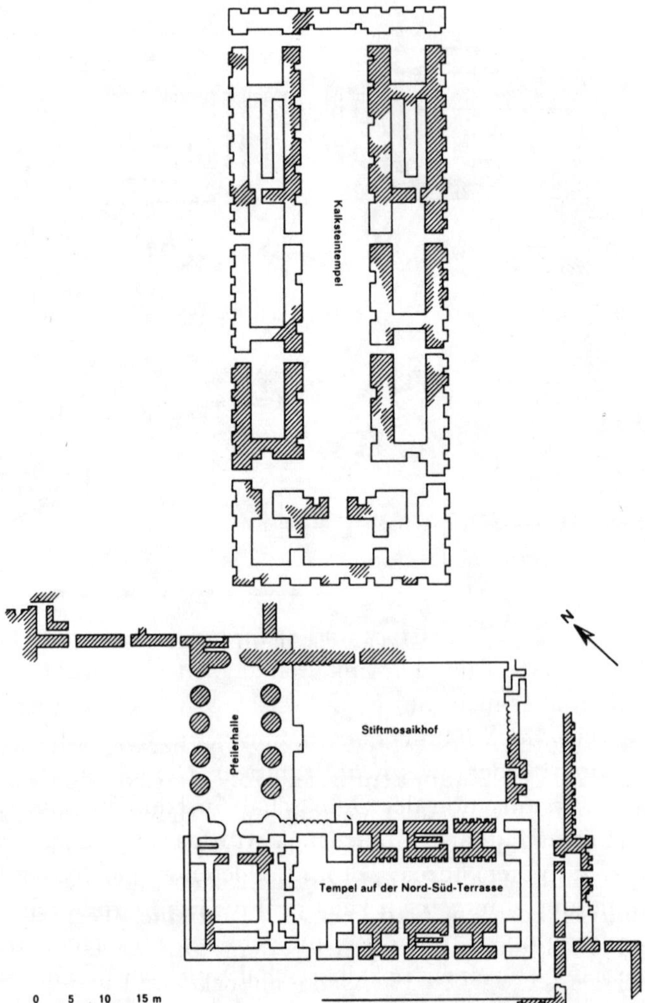

2. Tempel in Uruk Schicht V-IV (AOR I, 39)

ten, die Hand in Hand mit religiösen, sozialen und politischen Veränderungen ging, bis hin zum Auftreten der klassischen Formen des Hoch- und Tieftempels seit der Ur-III-Zeit.

Als älteste uns bekannte politische Institution Mesopotamiens wird die sogenannte Primitive Demokratie bezeichnet, die Henri Frankfort wie folgt charakterisierte: „It has recently been established that the oldest political institution in the country was the assembly of all free men; that they left power to deal with current matters in the hands of a group of elders; and that in times of emergency they chose a ‚king' to take charge for a limited period"[175]. Die Gesellschaft war demnach eher lokal denn stammesmäßig strukturiert, so daß die soziale Stellung einer Person in

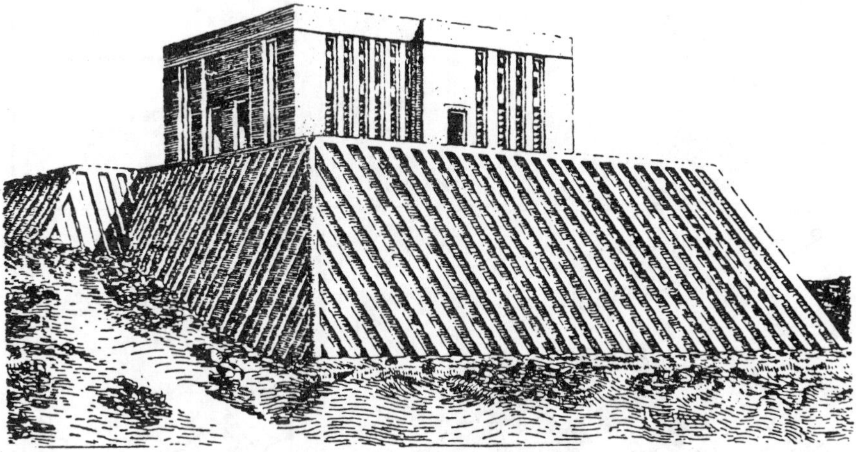

3. Der weiße Tempel in Uruk (Moortgart, Die Entstehung der sumerischen Hochkultur, 63)

erster Linie von der Heimatstadt und nicht durch Verwandtschaftsbeziehungen bestimmt wurde. Die mit den täglichen Aufgaben betrauten Ältesten waren aber nicht nur einflußreiche Mitglieder der Gesellschaft, sondern zugleich auch Familienoberhäupter, was darauf hindeutet, daß sie Verbindungsblieder zwischen Primitiver Demokratie und der ursprünglichen Organisation der Gesellschaft in Familien und Klans waren. In der Eigenschaft als Familienchefs wurden sie im Sumerischen mit dem Wort *abba* (Vater) bezeichnet und bildeten als Stadtväter (*abba uru*) die Versammlung (sum. *unken*). Die Primitive Demokratie war jedoch für eine Ausbreitung über größere Räume denkbar ungeeignet, weil sie die Autonomie jeder einzelnen Lokalherrschaft mit sich brachte und keine Organe besaß, durch die eine allgemeine Autorität ausgeübt werden konnte. Denn die Handlungsfähigkeit der Versammlung konnte nur durch Einstimmigkeit erreicht werden, da man Abstimmung und Unterordnung aller unter den Willen der Mehrheit nicht kannte. Streitfragen wurden durch eine allgemeine Diskussion geklärt — ,,gegenseitiges Befragen'' (*šitūlum*) nannten es die Babylonier[176]. Diese schwerfällige Prozedur förderte nach Frankfort[177] das Bedürfnis nach Handlungsfreiheit und Führertum, woraus sich ein parasitäres Wachsen von persönlicher Macht entwickelte, welches schließlich das ursprüngliche Regierungssystem zerstörte. Doch noch in der Zeit der Dynastie von Akkad

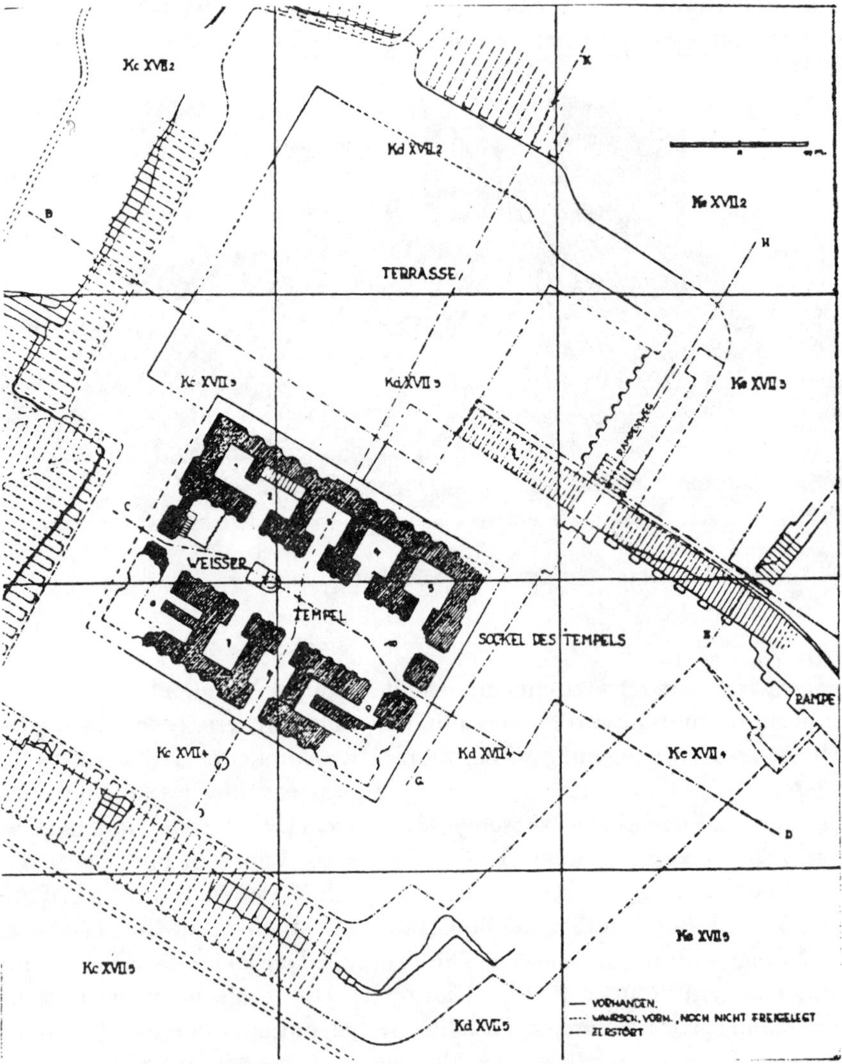

4. Aufriß des weißen Tempels (Moortgat, *ibid.*, 65)

begegnen uns Relikte der Macht der Versammlung in der Stadt Kiš, die sich gegen Narām-Sîn erhob und es innerhalb ihrer Autorität betrachtete, einen König zu wählen: ,,*ina Ugār-Ellil birīt Esabad bīt Gula Kiši ipḫurma Ipḫurkiš awīl Kiši... ana ša[r]rū[t]im iššūma*[178]: in der Feldflur des Ellil, einem Feld, (gehörig) zu Esabad, dem Tempel des Gula, versammelte sich Kiš, und Ipḫhurkiš, den Bürger von Kiš... erhöhten sie zum Königtum.''

Trotz dieses Zeugnisses ist jedoch festzustellen, daß die politische Macht der Versammlung in historischer Zeit nahezu bedeutungslos war. Kramer vermutet, daß das vorhistorische Sumer eine Militäraristokratie war[179], und Wittfogel erwägt die Existenz frühsumerischer beratender Versammlungen, die er mit den Kriegerversammlungen der arischen Eroberrepubliken vergleicht[180], basierend auf sumerischen Legenden, nach denen der sagenhafte König Gilgameš zuerst den Rat der Versammlung einholte, bevor er seine Entschlüsse faßte: *dGIŠ-BIL-ga-mes igi ab-ba uru-na-ka [KA] ba-an-gar*[181]: Gilgameš sprach vor den Ältesten seiner Stadt...

Mythen enthalten jedoch erdichtete und wahre Elemente, und Franz Boas hat überzeugend dargelegt, daß in ihnen die realistischen Züge übertrieben und in Dichtung umgewandelt werden können[182]. In historischen Zeiten über die Versammlungen in keinem sumerischen Stadtstaat die Herrschaft aus; das Beispiel der Wahl des Ipḫurkiš ist vereinzelt und stellt außerdem einen Ausnahmefall dar, da seine Wahl im Gefolge einer Rebellion gegen den Oberherrn stattfand. Jacobsen hat diese Entwicklung folgendermaßen charakterisiert: ,,The political development in early historical times seems to lie under the spell of one controlling idea: concentration of political power in as few hands as possible''[183] und ,,in each such state one individual, the ruler, united in his hands the chief political powers: legislative, judiciary, and executive[184]. Der Herrscher übte sein Regiment durch eine effiziente weltliche und priesterliche Bürokratie aus; Kramer bezeichnet die ,,Hof- und Tempelverwalter und Intellektuellen'' als den Kern der ,,herrschenden Kaste''[185].

Auch im zeitlich späteren Babylonien beherrschten der König und seine Leute Verwaltung, Heer und Steuerwesen[186]. Als Gesetzgeber hielten der König und seine Leute auch die entscheidenden Posten im Gerichtswesen besetzt. Als Diener des Königs sprachen ,,Richter des Königs'' in Übereinstimmung mit der ,,Rechtspraxis des Königs'' (*ṣimdat šarrim; ṣimdatum* bedeutet eigentlich ,,königliche Verordnung'')[187]. Bei der Behandlung lokaler Fragen stützten sich diese Richter zumeist auf die lokalen Versammlungen: ,,L'assemblée des notables formait une sorte de jury civil. Elle fonctionnait sous le contrôle du roi: en cas de déni de justice, elle recevait du roi des instructions qui étaient notifiées en même temps aux juges chargés sans doute''[188]. An diesen Versammlungen nahmen verschiedene Gruppen teil: ,,Les assemblées de justice (*puḫrum*) que préside le maire de la ville, ou parfois le gouverneur, se composent des anciens (*šibutum*), ou des notables (*awīlum*), ou des marchands (*tamqarum* [*tamkārum*]) avec leur chef (*akil tamqari* [*akil tamkāri*]), ou encore des hommes de la porte (*mari bābtim*). Ces groupes se réunissent suivant les cas séparément ou collectivement''[189].

Der (*w*)*akil tamkāri* war nach Krückmann der Obmann der Finanzbeamten, in dessen Händen die Verwaltung der Staatssteuern lag; ihm unterstanden die anderen Kaufleute, die Handelsexpeditionen unternahmen, ,,mitunter auch ausschließlich im Interesse der Krone''[190]. Ein Teil dieser Kaufleute (sum. *damkara*) arbeitete auch für den Tempel, sowohl in der sumerischen wie in der babylonischen Periode; der sumerische *gal-damkara* (,,großer Kaufmann'') war wohl der Vorläufer des *akil tamkāri*, stand in enger Verbindung zum Stadtfürsten (*ensi*) und leitete den staatlichen Handel[191]. In Sippar hatten die *nadītum*-Priesterinnen einen Großteil des Handels in ihrer Hand und standen in engem Kontakt zu den dortigen *waklū tamkāri*[192]. Gerade hier in Sippar vollzog sich zur Zeit des Ḫammurapi (1728-1686 v. Chr.) relativ spät der Umschwung der bisher noch autonomen Tempelwirtschaft, die jetzt staatlicher Kontrolle unterstellt wurde[193]. In sumerischer Zeit war der *ēn* (etwa ,,Priesterherr'') Leiter der Tempelwirtschaft und häufig auch Inhaber der politischen Macht[194]. Die Kontrolle der Tempelwirtschaft in babylonischer Zeit — wenn auch nicht immer in vollem Maße durchführbar — bedeutete mithin ein weiteres Anwachsen der königlichen Gewalt.

In sumerischer Zeit herrschte ein politisches System vor, das auf der Souveränität des einzelnen Lokalstaates beruhte und daher politischer Einheit nicht förderlich war. Dennoch existierte das Bewußtsein eines nationalen Zusammenhalts im Wissen um die gemeinsame Herkunft und Kultur. Seinen kultischen Mittelpunkt besaß Sumer in der Stadt Nibru (Nippur), das die Stellung einer Amphyktionie wie das griechische Delphi innehatte[195]. Bis in die Zeit der III. Dynastie von Ur leisteten die Fürsten innerhalb eines bestimmten Teiles des Nibru umgebenden Landes turnusmäßig Abgaben an das Heiligtum dieser Stadt; solch einen Turnus nannte man *bala*, was soviel wie ,,Amtszeit'' bedeutete[196]. Die Sumerer zählten auch das Königtum als *bala*, ein Amt, das von jedem Inhaber nur für eine begrenzte Zeit besetzt wurde[197]. Gleichermaßen wurde das Königtum für eine gewisse Zeit einer Stadt und ihrem Gott gegeben und dann einer anderen Stadt und deren Gott übertragen. Die Periode, während der die beiden Städte Inannas, Kiš und Akkad, die Herrschaft über das Land ausübten, war die *bala* der Inanna: ,,*Šarrukīn šar Agade ina palê Ištar ilamma*''[198]: Šarrukīn, der König von Akkad, trat in der Amtszeit der Ištar auf.

Man wird wohl nicht fehlgehen, wenn man unterstellt, daß die Priesterschaft des Ellil in Nibru, das außerdem auch Tempel der anderen großen Götter Sumers in seinen Mauern beherbergte[199], es als ihr Recht betrachtete, die Politik des jeweiligen Hegemons mitzubestimmen und Angriffe auf ihre Privilegien zurückzuschlagen. Ich glaube, nicht zu weit zu gehen, wenn ich der Priesterschaft von Nibru unterstelle, eine Ideologie entwickelt zu haben, nach der die Landesherrscher als Stellvertreter ihres Stadtgottes ihre Amtszeit aus den Händen des Gottes Ellil wie ein Lehen empfingen. Deutlich wird diese Vorstellung in der Dichtung ,,Fluch über Akkade'' (*Sag-ki-gíd-da*), wo zu Beginn Ellil Šarrukīn von Akkad die Herrschaft verleiht:

sag-ki-gíd-da-da-^{d}*en-líl-lá-ke*$_4$
kiš^{ki} *gu*$_4$*-an-na-gim i-im-ug*$_5$*-ga-a-ta*
é-ki-unu^{ki}*-ga gu*$_4$*-maḫ-gim saḫar-ra mi-ni-ib-gaz-a-ta*
KI. UD-ba ^{d}*šar-ru-kīn lugal-a-ga-dè*^{ki}*-ra*
sig-ta igi-nima-šè ^{d}*en-líl-le*
nam-en nam-lugal mu-na-an-sum-ma-a-ta

Als der zornige Blick Enlils
Kiš wie den Himmelsstier getötet hatte,
das Haus des Ortes Uruk wie einen riesigen Stier geschlagen hatte, (daß es) im Staube liegt,
damals, als Enlil Šarrumkīn, dem König von Akkade,
von unten bis oben
die en-schaft (und) das Königtum übergeben hatte...[200]

Ellil, der Gott von Nibru, erlangte mehr und mehr die Stellung eines Nationalgottes, was auch in dem Epos ,,Enmerkar und der ēn von Aratta'' zur Erinnerung an das goldene Zeitalter Sumers zum Ausdruck kam (136-146):

u$_4$*-ba muš nu-gál-àm gír nu-gál-àm*
ka nu-gál-àm ur-maḫ nu-gál-àm
ur-zír ur-bar-ra nu-gál-àm
ní-te-gá su-zi-zi-i nu-gál-àm
lú-lu$_6$ *gaba-šu-gar nu-tuku*
u$_4$*-ba kur-šubur [ki-ḫa]-ma-zí*^{ki}
eme-ḫa-mun ki-en-gi kur-gal-me-nam-nun-na-ka
ki-uri kur-me-te-gál-la
kur-mar-tu ú-sal-la-ná-a
an-ki-nigín-na uku-sag-sì-ga
^{d}*en-líl-ra eme-aš-àm ḫé-en-na-da-[si-il]*

Once upon a time there was no snake, there was no scorpion,
There was no hyena, there was no lion,
There was no wild dog, no wolf.

There was no fear, no terror,
Man had no rival.
Once upon a time the lands Shubur (and) [Ha]mazi,
Many-tongued Sumer, the great land of the decrees of princeship
Uri, the land having (all) that is appropiate,
The land Martu, resting in security,
The whole universe, the people in unison,
To Enlil in one tongue [gave praise][201].

In späterer Zeit ist Ellil nicht nur Nationalgott, sondern Universalherrscher und ,,Gott'' schlechthin. Aus dem babylonischen Weltschöpfungslied Enūma eliš, wo an seine Stelle Marduk, der Stadtgott Babylons, getreten ist, geht hervor, daß er seine Machtvollkommenheit von der Versammlung der Götter erhielt, wobei nur jene Götter als Vollbürger des Universums anerkannt wurden, die Naturkräfte repräsentieren, ,,deren Macht den Mesopotamier mit Ehrfurcht und Schrecken erfüllte''[202]. Hier finden wir einen Nachhall der Primitiven Demokratie und gleichzeitig den Übergang zum permanenten Herrschertum im Weltreichsstaat, das seine Legitimation aus dem Anwachsen der anstehen Aufgaben bekam (Enūma eliš II, 123-129):

šummama anāku mutēr gimillikun
akammi Tiāmatma uballaṭ kâšun
šuknāma puḫra šutērā ibâ šīmti
ina Ubšukkinna mitḫāriš ḫadîš tišbāma
ipšu pîja kīma kâtunuma šīmāta lušim[ma]
lā uttakkar mimmū abannû anāka
ajja itur ajja ininnā siqar šaptīja[203]

Wenn ich, euer Rächer,
Tiāmat bezwingen soll, euch das Leben erhalte,
Macht eine Versammlung, macht übergewaltig mein Schicksal,
in Ubšukkinna setzt euch insgesamt freudig nieder,
Mein Befehl bestimme statt eurer die Schicksale,
Unveränderlich sei alles, was ich erschaffe,
Unwandelbar, unwiderruflich der Befehl meiner Lippe sei!

Wenn dieses Lied auch eine Komposition ist, die frühestens in der späten Kassitenzeit und wahrscheinlich erst ab der Zeit des Königs Nabû-kudurri-uṣur I. (1124-1103 v. Chr.), einem Herrscher der II. Dynastie von Isin zu datieren ist[204], so schöpft es doch aus viel älteren Quellen, hauptsächlich aus dem chthonischen Mythenkreis von Eridu und dem kosmischen von Nibru und Uruk[205]. Die zitierte Stelle des Enūma eliš ist im Grunde genommen eine Projektion politischer und gesellschaftlicher Verhältnisse, die ab einem gewissen Zeitpunkt einer Veränderung unterlagen: mit dem Wachsen der Gemeinden wurden auch die anstehenden

Probleme größer und konnten schließlich nicht mehr durch nur zeitweise Delegierung der Herrscherfunktion gelöst werden. Schnelle und entschlossene Handlungsweise war geboten, sobald die Siedlungen aufhörten, klein und isoliert zu sein, da dies die Möglichkeiten eines Konfliktes zwischen den einzelnen Staatsgebilden erhöhte. Zum anderen machten die Anforderungen von Kanalisation und Bewässerung jede Gemeinde von der Zusammenarbeit mit ihren Nachbarn abhängig; außerdem erforderten diese Gemeinschaftsarbeiten ein hohes Maß an Organisation, was die Herausbildung einer Beamtenschaft notwendig machte. Das Graben von Kanälen war von jeher eine Hauptaufgabe mesopotamischer Herrscher gewesen, ,,die eine solche Tat sogar für würdig hielten, ein Jahr danach zu datieren''[206]. Im Mythos ist es der ,,Landmann Enkimdu'' (*engar dEn-ki-im-du*), der ,,Feldarbeiter, der die Pflanzen kultiviert'' (*mu-un-gàr gu gùn-gùn-a-da*), der uns als ,,König der Kanäle und Deiche'' (*lugal-e-pa-re*) gegenübertritt[207].

In ariden Gebieten ist es lebenswichtig, auf das Anschwellen der Flüsse und Kanäle vorbereitet zu sein. Bei richtigem Verhalten der Träger einer ,,hydraulischen Kultur'' (Wittfogel) bringt die Flut Fruchtbarkeit und Leben, läßt aber, wenn man die Wassermassen nicht bändigt, Vernichtung und Tod zurück: ,,Die Deiche müssen zur rechten Zeit ausgebessert werden, damit sie dem Hochwasser standhalten; und die Kanäle müssen gereinigt werden, damit das Wasser angemessen verteilt werden kann... Die Notwendigkeit, die periodisch überschwemmten Felder neu zu verteilen und den Umfang der hydraulischen und sonstigen Großarbeiten zu bestimmen, bot eine fortwährende Anregung für die Entwicklung von Geometrie und Arithmetik... Die Pioniere und Herren der hydraulischen Gesellschaft waren offenbar einzigartig qualifiziert für die Entwicklung zweier großer miteinander verbundener Wissenschaften, der Astronomie und Mathematik. In der Regel lagen die Aufgaben der Zeitberechnung und des wissenschaftlichen Zählens und Messens in den Händen von Staatsbeamten oder von geistlichen oder weltlichen Fachleuten, die mit dem hydraulischen Regime verbunden waren''[208].

Zur Zeit der sumerischen Stadtstaaten geschah die Anlage und Instandhaltung von Kanälen und Feldgräben durch Fronarbeit der Tempelbediensteten[209]. Der Wasserschöpfer (sum. *eren-aka-a* bzw. *lu-a-bal*, akkad. *dālu*) und sein Gerät, der Schöpfeimer, waren feste Bestandteile der mesopotamischen Agrikultur[210], ebenso wie der Kanalinspekteur (*gugallu*)[211].

Göttlicher Überwacher der Flüsse, Kanäle und Bewässerungsanlagen und Organisator der Produktionskräfte des Landes, beauftragt von Anu und Ellil, ist Enki, was aus einem Hymnus an ihn aus der Zeit des Königs Urninurta von Isin (1864-1837 v. Chr.) hervorgeht (6-12):

a-a-zu an lugal en numun-i-i ukù ki-gar-gar-ra
me-an-ki sag-kešda-bi-še ma-ra-an-sì nun-bi-šè
^{i7}*idigina* ^{i7}*buranuna ka-kù-bi dug-ù nì-ka-zal si-si*
im-diri-sír-re a-ḫé-gál-la sì-mu a-gàr-ra šèg-šèg
^{d}*ašnan ab-sín-na sag-íl-íl-i* ^{ú}*šim eden-na TAR* [ ]
pú ^{giš}*SAR* ^{giš}*lam-bi ki tag-ga tir-gim sù-sù-e*
an lugul-dingir-re-e-ne-ke$_4$ *á-bi mu-e-da-a-ág*[212]

Dein Vater An, der König, der Herr, der den Samen hat ausgehen lassen, der die Menschen auf die Erde gesetzt hat,
hat dir die ,göttlichen Kräfte [*me*] von Himmel [*an*] und Erde [*ki*] in Obhut gegeben, hat dich zu ihrem Fürsten erhöht'.
Daß du dem Tigris und Euphrat den reinen ,Mund öffnest', sie mit Wonne füllst,
daß du die schwere Regenwolke Wasser des Überflusses spenden, sie über alle Fluren regnen läßt,
daß du die Getreidegöttin das Haupt der Saatfurche stolz erheben, würzige Kräuter in der Steppe sprießen läßt,
daß du in Obstpflanzung und Garten Stecklinge wie zu Wäldern hochwachsen läßt,
hat dir An, der König der Götter, aufgetragen[213].

Bis in neubabylonische Zeit ist der König oberster Kanalinspektor: Nabû-kudurri-uṣur II. (604-562 v. Chr.) bezeichnet sich selbst als ,,heldenhafter Kanalinspektor, Bewässerer der Felder'' (*gugallum qardam mumakker qarbātim*)[214].

Fauth erwägt, daß die Aufsicht des Königs über die ,,vier Viertel der Welt'' (*kibrātim arbaʾim*) soviel bedeutete wie das ordnende und wachstumfördernde Wirken im viergegliederten Raum des kosmischen Paradieses[215]. Sackville-West führt in diesem Zusammenhang den geometrischen Charakter persischer Gärten auf ein kosmologisches Schema des alten Vorderasien zurück: den ,,Weltgarten'' als Bild der bewohnten Erde, der durch vier große Ströme kreuzförmig aufgeteilt ist[216]. Schon die prähistorische Keramik von Samarra präsentiert primitive Muster dieses Schemas, besonders bei einem Schalenfragment mit einer stilisierten Zeichnung von Baum und Vogel in jedem der vier ,,Beete'', die durch zwei sich kreuzende Kanäle gebildet werden[217].

Die Ziqqurat als Abbild des Welt- und Paradiesberges (s. unten) war häufig mit Bäumen bepflanzt (die sprichwörtlichen ,,Hängenden Gärten der Semiramis''); der Tempel besaß einen ,,Süßwasserozean'' (*apsū*), d.h. ein Becken, das diesen symbolisierte, literarisch belegt vom frühdynastischen Herrscher Ur-Nanše von Lagaš[218] bis zu Aššur-bāni-apla (668-632 v. Chr.)[219] und Nabû-kudurri-uṣur II.[220].

Aus der frühdynastischen Periode sind drei verschiedene Herrschertitulaturen bekannt. Der Terminus *lugal* (*lú-gal*) bedeutet wörtlich auf sumerisch ,,Großer Mann'' und konnte ebenso zur Bezeichnung des Herrn eines Sklaven wie für den Besitzer eines Feldes[221] verwandt werden, was darauf schließen läßt, daß sich die Gemeinschaft selbst vollständig in die Hand des Herrschers begeben hatte. Lugal bezeichnet den Herrscher über ein ausgedehntes Territorium, während der Titel *ensi* entweder einen souveränen Herrscher, der aber nur über eine Stadt und ihre nähere Umgebung regierte, oder einen in mittelbarer Abhängigkeit stehenden Stadtfürsten benannte. Die Beschränktheit des Ensi-Titels geht aus einer Inschrift des Königs Eannatum von Lagaš (ca. 2400 v. Chr.) hervor, der berichtet, daß er neben dem Ensitum (*nam-ensi*) von Lagaš auch das Königtum (*nam-lugal*) von Kiš besessen habe[222]. Überhaupt beinhaltet der Titel eines ,,Königs von Kiš'' in der Frühdynastischen Periode den Anspruch der Suzeränität über das gesamte Territorium Mesopotamiens, analog dem späteren Titel ,,König des Landes (Sumer)'' (*lugal-kalama*)[223].

Außer diesen beiden Titeln ist noch die Bezeichnung *ēn* überliefert, der als Herrschertitel allerdings nur auf die Stadt Uruk beschränkt war: ,,Enmerkar, Lugalbanda und Gilgameš werden in der Epen- und Hymnenliteratur als ‚ēn von Kulaba' (Kulaba ist ein Teil von Uruk) bezeichnet, ebenso in der Königsliste Meskianggašer, der Ahnherr der I. Dynastie von Uruk, und wieder Gilgameš''[224].

Seit der Akkad-Zeit (2276-2095 v. Chr.) ist der *ēn*-Titel in Ur stark verbreitet, den dort die Oberpriesterin des Mondgottes Nanna, der zugleich Stadtgott war, trug[225]. Der *ēn* von Uruk vereinigte in seiner Stellung das Amt des Oberpriesters mit dem des Stadtherrschers, was bei den Fürsten, die den Titel *lugal* oder *ensi* trugen, möglicherweise nicht immer der Fall war. Doch kann zumindest für die historische Zeit festgestellt werden, daß auch diese kultische Funktionen besaßen. Dies trifft insbesondere für den *ensi* zu, der der oberste menschliche Diener des Stadtgottes war. Der Stadtgott war ja der eigentliche Herr der Stadt und im Bewußtsein der Stadtbewohner lebte er ständig mitten unter ihnen. Sein Tempel war meist der größte Landbesitzer des Staates[226], der seine ausgedehnten Besitzungen durch Dienstverpflichtete (*eren*) und Arbeiter (*guruš*) bewirtschaften ließ[227]. Der *ensi* war nach den Vorstellungen vom Besitztum des Gottes lediglich der ,,Manager des göttlichen Gutshofes'' (Jacobsen)[228], tatsächlich aber seit der historischen Zeit der Leiter der Tempelwirtschaft, die früher in den Händen des *sanga* gelegen hatte[229].

In den Aufgabenbereich des *ensis* gehören Tempelverwaltung, Überwachung von Recht und Ordnung, Oberbefehl über das Heer und Unterhandlungen mit den *ensis* anderer Stadtstaaten. Um den Willen seines

Herrn zu erfahren, gab es für den *ensi* zwei Möglichkeiten: einmal konnte sich der Stadtgott in Omina offenbaren, zum anderen konnte sein Wille in der Leberschau eines Tieres abgelesen werden. Der unmittelbarste Weg war jedoch die Botschaft durch einen Traum.

Aus den frühesten Mythen geht hervor, daß keiner der Götter ursprünglich allmächtig war. Das sumerische Wort *dingir* bedeutet nicht nur Gott, sondern wird auch für nicht personifizierte Gegenstände benutzt, die ,,göttlich'' sind. *Dingir* bedeutet also im weitesten Sinne das dynamische Element, ,,die Macht'', und die Götter selbst sind nichts anderes als personifizierte Naturphänomene. Alle wesentlichen Züge der Natur, so wie sie sich den Mesopotamiern darstellte, wurden auf die anthropomorphen Götter übertragen. Diese Götter sind außerordentlich mächtig, aber nicht allmächtig, sondern nur so mächtig wie das Naturphänomen, das sie vertreten. Daher steht ihr Machtgebiet in direktem Verhältnis zu dem Machtgebiet dieser Phänomene. So ist Ellils (,,Herr Sturm'') Machtgebiet der Luftraum und seine Dynamis beruht auf den ihm aufgrund seiner Funktion zustehenden Waffen, die er in der Dichtung gegen die Mächte des Chaos einsetzte, ebenso wie Enkis Herrschaftsbereich die Erde und die Quellwasser sind[230]. Gleichzeitig besitzen die Götter aber auch Macht über historische Ereignisse und sind wie Ellil auch ,,Herr der fremden Länder'' oder wie Enki Gott der Weisheit. Jeder dieser Götter hatte eine bestimmte Stadt Sumers als Wohnstätte, aber darüberhinaus waren einige Götter infolge ihrer Funktion als übermächtige Naturkräfte in der sumerischen Religionswelt besonders bedeutend. Dies trifft vor allem für die Gottheiten An, Ellil, Enki und Inanna zu, die schon früh überregionale Bedeutung gewonnen hatten.

An ist der personifizierte Himmel und flößte als solcher dem mesopotamischen Menschen ein Gefühl von Erhabenheit und Majestät ein: ,,In ihm liegt das Erlebnis der Größe, sogar des innerlich Erschütternden; man wird sich lebhaft der eigenen Unbedeutendheit bewußt, der unüberbrückbaren Ferne''[231]. Nach der theologischen Theorie ist er der höchste der Götter, ja sogar die Gottheit schlechthin[232], und in dem Schöpfungsmythos U4-ri-a (,,An jenem Tag'') begegnet er uns als Schöpfergott: es ist der Tag, an dem alles Leben und die Vegetation ihren Anfang haben. Himmel und Erde haben sich getrennt (8: *an ki-ta ba-ra-bad-du-a-ba*) und befruchten einander (10: [*nu*]*mun-nam-lú-*u_x*-lu ba-gar-ra-a-ba*)[233]. Bis zu diesem Zeitpunkt hatte es auf der Erde noch nicht geregnet, und die irdischen und astralen Gottheiten existierten noch nicht. In einer anderen Tafel heißt es:

sar-àm te-me-nam
ki-bùru(da) a šè-ma-si
an en-nam šul-le-šè al-gub

an-ki tés-ba sig_4 *an-*gi_4*-*gi_4
u_4*-ba en-ki eridu*^{ki} *nu-*si_{12}
^{d}*en-líl nu-ti*
^{d}*nin-líl nu-ti*
u_4*-da im-ma*
ul [?] *im-m*[*a*]
u_4 *nu-zal-*[*zal*]
ì-ti nu-è-è

(Alors), un trou dans la terre remplit d'eau
les rigoles du jardin (et) l'enclos
An, comme En, se dressa comme un jeune héros,
An et Ki échangeaient des cris, l'un avec l'autre.
Ce jour-là, Enki (et) Eridu n'avaient pas commencé à exister,
Enlil ne vivait pas encore,
Ninlil ne vivait pas.
La splendeur (des champs) éta[it] poussière,
la floraison éta[it] poussière,
les jours ne luisaient pas,
les nouvelles lunes ne montaient pas au ciel[234].

Nach der Trennung von Himmel und Erde trifft der Regen ein, eine gewaltige Urzeitflut und die Katastrophe, die zum Prototyp aller späteren Katastrophen wurde:

u_4 *na-*du_7*-*du_7
nin na-gír-gír
[*è*]*š*?*-nibru*^{ki}
u_4 *na-*du_7*-*du_7
nin na-gír-gír
an-né ki-da
inim an-da_5*-e*
ki-an-da [*in*]*im an-*da_5*-e*

l'orage s'abattait
les éclairs étincelaient
(Sur) le [sanctu]aire de Nippour
l'orage s'abattait,
les éclairs étincelaient:
(c'était) le ciel (An) qui parlait
avec la terre (Ki)
(c'était) la terre (Ki) qui parlait avec le ciel (An)[235].

In dieser Kosmogonie ist die Trennung von Himmel und Erde von einer Naturkatastrophe begleitet, die als Vereinigungs- und Befruchtungsakt zu verstehen ist. Denn Gemahlin des An ist die Erdgöttin Ki, an deren Stelle später die Sterngöttin Inanna-Ištar tritt, die förmlich zur Himmelskönigin erhoben wurde:

ašariš Ištar ana šarrūtu napḫaršunu rutabbīma
Innin atti lū nabiṭsunūma Ištar kakkabē liqbûki[236]

Dort, Ištar, beim Königtum übertriff sie alle,
Du, Innin, sei die glänzendste von ihnen, Ištar der Sterne sollen sie dich heißen.

Aus den Prädikaten ,,König der Götter'', ,,König des Himmels'', ,,König der Länder'', der ,,Große und Erhabene'' geht seine Herrscherrolle hervor[237], die er aber nicht immer besessen hatte. Denn für die frühdynastische Periode gilt der Satz, daß Ellil fast alles, Anu sehr wenig bedeutete[238]. An (akkad. Anu) sollte erst im Gefolge politischer Machtverschiebungen wieder eine größere Bedeutung erlangen, doch im Enūma eliš (I, 14.15) ist er, obgleich der Deszendenz nach der erste der Götter, in der Bedeutung hinter Marduk (für den wohl ursprünglich Ellil figurierte) weit zurückgetreten.

Die referierte sumerische Schöpfungsmythe befaßte sich wie alle frühen Mythen Mesopotamiens nur mit Teilaspekten der Schöpfung und versuchte nicht, möglichst alle Phänomene dieser Welt in einem Epos zu erklären. Zudem muß diese Mythe noch als recht einfach bezeichnet werden, da lediglich von einer Trennung von Himmel und Erde berichtet wird, mithin eine Dreiteilung des Kosmos annimmt, ohne eine weitere Differenzierung vorzunehmen, die auf astronomische Kenntnisse schließen ließe[239].

Enki von Eridu (akkad. Ea) ist der König des Süßwasserozeans (*apsū*), weshalb er auch den Beinamen Apsī trägt[240]. Anscheinend ist der Anfang des Enūma eliš einer chthonischen Überlieferung der Stadt Eridu entlehnt, die allerdings bislang noch nicht gefunden wurde; jedenfalls spielt hier Enki eine bedeutende Rolle[241]. Am Beginn des Schöpfungsepos wird die Welt gezeigt, wie sie in der Urzeit existierte, bestehend aus drei Elementen, Apsū, Tiāmat und Mummu (sum. Mum). Weder war der Himmel schon ,,mit Namen benannt'' noch ,,ward an den festen Grund gedacht'' (I, 1.2), was bedeutet, daß diese Dinge noch nicht existierten. Apsū stellte das Süßwasser im Untergrund dar, von dem die Quellen und Flüsse ausgingen, quasi ein Süßwasserozean in der Tiefe.

Tiāmat ist der Ozean des Salzwassers, so wie er sich den Mesopotamiern als Persischer Golf präsentierte. Mummu, das dritte Element, galt in der Forschung lange als rätselhaft: ,,Jacobson spekulierte noch, daß es sich hierbei um ein drittes wässriges Element handele wie Wolkenbänke und Nebeldunst[242]. Wie van Dijk entwickelt hat, ist Mummu die forma intelligibilis der Materie, denkende Materie und formendes Prinzip[243]. Die Materie selbst galt als nicht geschaffen und ewig, ebenso wie Mummu als das jeglicher Materie innewohnende Ordnungsprinzip. Mummu ist das, was der Neuplatoniker Damaskios (5.-6. Jahrh. n. Chr.) als νοητὸς κόσμος bezeichnete[244], das Prinzip, welches die Wahrnehmung der Welt erst ermöglicht, da es der Welt Form gibt und sie dadurch sinnlich erfaßbar macht. Da die Materie ewig ist, gab es keine Schöpfung ex nihilo: das Universum entwickelte sich selbst und aus sich selbst, und bei dieser Entwicklung war Mummu das dritte notwendige Prinzip.

Aus dem Wasserchaos entstanden dann mehr zufällig als gewollt zwei neue Wesen (Enūma eliš I, 10):

> *Laḫmu Laḫamu uštapū šumê izzakrū*[245]
> Laḫmu (und) Laḫamu traten ins Dasein, wurden mit Namen benannt.

Jacobsen und van Dijk stimmen überein, daß die Entstehung dieser beiden Wesen nichts anderes ist als das Wissen um die Genesis des südlichen Mesopotamien, das sich im Laufe von Jahrtausenden aus den Schlammablagerungen von Euphrat und Tigris gebildet hat, ein Vorgang, der sich noch heute täglich wiederholt. Laḫmu und Laḫamu sind also nichts anderes als der Triebsand, der bei der Vermischung des Süß- mit dem Salzwasser unter Einbeziehung des Mummu Form annimmt und aus dessen Zweiheit wiederum zwei neue Wesen entstehen: Anšar und Kišar als zwei Aspekte des Horizonts: Anšar ist der männliche Horizont des Himmels (An), der als solcher noch nicht existiert, da eine Trennung von Himmel und Erde noch nicht vollzogen ist; somit bildet Anšar die Grenze der Urozeans, so wie das weibliche Gegenstück Kišar die Grenze der Erde (Ki), gedacht als Urinsel, darstellt. Nach den Vorstellungen der Mesopotamier waren diese Horizonte gewaltige Triebsandscheiben, an deren Innenrand sich ständig neuer Sand ablagerte, während sie „lebten viele der Tage und fügten Jahr sich zu Jahr". Das Enūma eliš läßt nun Anšar den Himmelsgott Anu erzeugen, den er sich selbst gleich macht, wobei die Gleichheit in dem Rundsein besteht. Anu wiederum erzeugt Nudimmut nach seinem Bilde; dieser Name ist nur eine andere Bezeichnung für Ea bzw. den sumerischen Enki, den „Herrn des Erdboden". Der Abbruch der paarweisen Entwicklung mit Anu und Nudimmut ist eine Besonderheit des Enūma eliš, das mit Nudimmut-Enki als dem Vater Marduks den männlichen Aspekt der Erde betont. Ursprünglich folgen wohl auf Anšar-Kišar — wie wir aus dem bereits zitierten Mythos U-ri-a ersehen konnten — als deren Kinder An, der Himmel, der noch nicht von der Erde getrennt ist und Nammu (Ki), die Muttererde. Beide bildeten sich als feste aufeinanderliegende Materie heraus, quasi als eine Landmasse oben und eine Landmasse unten.

Mit Anu und Ea (Enki) sind endgültig die schöpferischen Elemente in den Vordergrund getreten, die jetzt in Widerstreit zu den untätigen Mächten Apsū und Tiāmat geraten. In diesem Kämpfen spiegelt sich die geschichtliche Entwicklung Mesopotamiens wider, das sich von den Formen der Primitiven Demokratie zur Organisation eines Staates wandelte, in dem es einen Herrscher und verschiedene staatliche Organe gab, die sowohl durch ihre Autorität als auch durch Gewalt imstande waren, notwendige Gemeinschaftsaufgaben durchzusetzen. Es sind also die ordnenden Faktoren, die zum Kampf gegen die chaotischen, untätigen und desorganisierten Kräfte angetreten sind.

Dies wird deutlich an der Beunruhigung Apsūs durch die zum Tanz zusammengekommenen Götter, Beunruhigung in des Wortes ureigenster Bedeutung, da er sich in seiner trägen Ruhe gestört gefühlt. Aus diesem Grunde sinnt Apsū auf die Vernichtung der Götter (Enūma eliš I, 35-40):

Apsū pâšu ipušamma
ana Tiāmat elletuma izakkarši
imtarṣamma alkatsunu elīja
urriš lā šupšuḫāku mušī lā ṣallāku
lušḫalliqma alkatsunu lu sappiḫ
qūlu liššakinma i niṣlal nīni[246]

Apsū öffnete seinen Mund,
zu Tiāmat sprach er, der glänzenden:
Ihr Wandel mißfällt mir,
tagsüber habe ich keine Ruhe, nachts schlafe ich nicht.
Ich will sie verderben, ihre Wege zerstreuen,
Stille soll hergestellt werden, wir wollen schlafen!

Diesen Plänen Apsūs kommt jedoch Ea zuvor, indem er diesen durch einen Zauberspruch einschläfert und ihn dann tötet; danach errichtet Ea auf ihm seine Wohnstatt unf fesselt Mummu, dem er einen Strick durch die Nase zieht. Dieser Mythos sagt zweierlei aus: Apsū, das Süßwasser, ist in einen unterirdischen Todesschlaf gesunken, in dem er sich noch heute befindet, während Ea oder Enki, der Herr des Erdbodens auf ihm seine Wohnung — das Erdreich — aufbaut. Zum anderen hat Ea mit der Überwindung Apsūs sich dessen Funktion angeeignet; er ist nunmehr nicht nur der Gott der Erde, sondern gleichzeitig das Quellwasser, das die Erde befruchtet. Das Wasser aber läßt die Form der Wesen hervortreten, macht seine Schöpfungen zu nützlichen Dingen und ist deshalb untrennbar mit Mummu, der forma intelligibilis, verbunden. So wie Mummu vor der Tötung Apsūs dessen Diener war, ist er jetzt durch den Nasenstrick an Ea-Enki gebunden. Infolge der Immanenz Mummus hat das Wasser als ein formgebendes Lebensprinzip etwas Heiliges an sich, was in den Waschungen im *apsū* (sumer. *abzu*) genannten Bereich des Tempels zum Ausdruck kommt, die die lebensspendende Macht des

Wassers übertragen sollen. Der *abzu* war im Tempel gewiß ein Becken oder ein anderer Behälter mit Süßwasser, vergleichbar dem ehernen ,,Meer'' im salomonischen Tempel[247].

Der Tempel Eengurra des Enki in Eridu muß lange Zeit hindurch das führende Kultzentrum der sumerischen Welt gewesen sein, bis er seinen Platz an das Inanna-Heiligtum in Uruk abtrat[248]. Der Kult der Inanna-Ištar muß noch im Zusammenhang mit der im Tempel gefeierten Heiligen Hochzeit (ἱερὸς γάμος), deren literarisch ältester Beleg allerdings erst aus der Zeit des Königs Iddin-dagan von Isin (1910-1890 v. Chr.) stammt[249], gesondert behandelt werden. Die herausragendste Stellung in der sumerischen Götterwelt hatte ohne Zweifel Ellil, der Gott von Nibru (Nippur). Sein Name ist wohl eine sumerisierte Form eines präsumerischen Illil[250], bedeutete aber im Sumerischen ,,Herr des Windes''. Tatsächlich ist schon in der ältesten Zeit der Sturmwind das eigentliche Element des Gottes[251]. Als Repräsentant dieser mächtigen Naturkraft besitzt er einen unheimlichen Charakter und hat kaum gütige Züge; seine Stürme wirken sich verheerend für Land und Leute aus, und häufig sind mit ihnen nicht nur die natürlichen, sondern auch die kriegerischen Völker-,,Stürme'' gemeint.

Seine genealogischen Beziehungen zu anderen Göttern wurden mit der Zunahme seiner Bedeutung immer komplexer[252]. Ein anschauliches Beispiel für seine Verbindungen ist der Mythos von Ellil und Ninlil, der die Entstehung und Stellung des Mondes und seiner Brüder erklären soll, die allesamt Unterweltsgötter sind. Das Gedicht beginnt mit der Beschreibung der Stadt Nippur und ihrer Bewohner Ellil, Ninlil und deren Mutter Ninšebargunu, die die Schwester Ellils ist. Ninšebargunu warnt Ninlil davor, im Kanal von Nippur zu baden, da sie von einem jungen Mann erblickt und vergewaltigt werden könne. Dennoch geht sie dort hin:

[*n*]*a mu-un-ni-in-de*$_5$*-ga mu-uš-túg-IGI mu-na-zé-èm*
[*i*$_7$*-kù-g*]*a-àm munus-e i*$_7$*-kù-ga-àm a im-ma-ni-tu*$_5$*-tu*$_5$
[^{d}*nin-líl*]*-le gú-i*$_7$*-gú nun-bi-ir-du-ka i-im-DU-dè*[253]

Die ihr Unterweisung gab, gibt (gab) ihr Einsicht.
Der Fluß ist rein(igend), — diese Frau, — der Fluß ist rein(igend), badet darin,
Ninlil, die am Ufer des Inunbirdu geht[254].

Es kommt, wie die Mutter vorhergesagt hat: Ellil sieht sie, beschläft sie, und sie geht mit dem Mondgott Sîn schwanger. Doch muß Ellil für seine Tat büßen. Er wird auf dem Kiur, dem offenen Tempelhof von Nippur, verhaftet und vor die Versammlung der fünfzig großen Götter und der sieben, deren Meinung von entscheidendem Gewicht ist, gebracht. Diese verurteilen ihn zur Verbannung aus der Stadt und damit aus dem Reich der Lebenden, so daß er sich auf den Weg in die Unterwelt begibt. Auf diesem Wege folgt ihm jedoch Ninlil, und er befürchtet, daß andere Männer das Mädchen unterwegs genauso mißbrauchen könnten wie er es tat. Deshalb nimmt er dreimal andere Gestalt an: die des Hüters des Stadttores, die des Mannes des Unterweltflusses und die des Unterweltfergen. Jedesmal zeugt er einen weiteren Gott, die alle wie der Mond der Unterwelt angehören. Nachdem dies geschehen ist, endet der Text mit einem kurzen Hymnus:

^{d}en-líl an-[na] ^{d}en-líl lugal-[àm]
en du$_{11}$-ga-ni níg-nu-kúr-ru
du$_{11}$-ga-ni sag-dù-dù-a šu nu-bal-e-dè
zà-mí-du$_{11}$-ga ama ^{d}nin-líl-le-šè
a-a ^{d}en-líl zà-mí[255]

Enlil, im Himmel..., Enlil, Herr(scher) ist er!
Herr, an dessen Ausspruch nicht(s) geändert wird!
Seinen Ausspruch, der den Anfang macht, ändert er nicht!
Zur Mutter Ninlil gesprochenes (zà-mí)-Preislied
Vater Enlil (sei) Preis[256].

Es mutet merkwürdig an, daß Ellil, ein Gott der Oberwelt, unterweltliche Kinder zeugt. Jacobsen versucht dies mit Ellils eigener Natur, die gewalttätig ist, zu erklären und führt außerdem an, daß Enlil Ninlil zum Beischlaf überredete, indem er darauf verwies, die Kinder dieser Verbindung gehörten der Unterwelt an. Seine Schlußfolgerung daraus ist, daß die Kinder nur deshalb Unterweltsgötter sind, weil Ellils Wort unwiderruflich ist. Ganz richtig führt Kirk an[257], daß diese Interpretation Jacobsens unbefriedigend sei, da er die Erzeugung der Unterweltsgötter nur aus der widersprüchlichen Natur Ellils und seines Willens erklärt, ohne daß eine echte kosmische Verbindung zwischen Ellil und seinen Söhnen bestehe. Das aufgeworfene Problem ist wohl nur historisch zu erklären. Die Priesterschaft der Amphiktyonie von Nippur war ständig darauf bedacht, die Macht Ellils — und damit ihre eigene Macht — immer weiter auszudehnen. Allem Anschein nach war die Priesterschaft sogar so mächtig, auch ausländische Völker zur Herrschaft über Mesopotamien ins Land zu rufen, wenn sie mit der Politik einheimischer Dynasten nicht zufrieden war. Die zur Ur-III-Zeit verfaßte Tendenzdichtung ,,Fluch über Akkad''[258] beschuldigt den Akkaderkönig Narāmsîn, er habe den Tempel Ekur zu Nippur zerstört, um die Macht der aufständischen Stadt zu brechen. Die Reaktion Nippurs habe darin bestanden, daß ,,Ellil die wilden Guti oder Martu aus den Gebirgsregionen''[259] ins Land rief, d.h. die Priesterschaft sich mit diesen verbündete und somit den Untergang Akkads herbeiführte. Historisch haltbar ist diese Behauptung nicht, da Narāmsîn noch am Ekur baute und die Guti erst unter seinem Nachfolger Šarkališarrī (2158-2134 v. Chr.) eine ernsthafte Bedrohung darstellten und die Könige Dudu (2131-2110) und Šu-DURUL (2110-2095) ebenfalls noch Herrscher von Akkad waren[260]. Erst mit dem letztgenannten ging die Dynastie und die Stadt Akkad durch die Guti unter, die Nachfolger dieser Herrscher wurden und das ,,Land Akkad'' beherrschten. Mit der Ausdehnung von Ellils Macht wurden auch verschiedene Götter aus bedeutenden sumerischen Städten in das Pantheon von Nippur eingegliedert, unter anderen auch Nanna (Suʾen, Sîn) von Ur. Es ist zwar einsichtig, daß dieser in der Unterwelt geboren wird, nicht aber seine Abstammung von Ellil. Diese hat keinen ätiologischen Charakter, sondern einen eminent politischen, da Nippur wohl auch am Untergang der III. Dynastie von Ur durch Išbi-erra von Isin (1959-1927 v. Chr.) entscheidenden Anteil hatte, geschah die Zerstörung von Ur doch auf Veranlassung von An und Ellil[261]: ,,The evil, afflicting storm, the command of Enlil, the storm unceasingly undermining the land (*u4-ḫul-gig-dug4-ga-ᵈen-líl-lá u4-kalam-ta-ba-ba*)[262]. Jacobsens Deutung ist lediglich die der Priesterschaft von Nippur, die Ellil mit Sîn in Verbindung zu bringen trachtete[263].

Ellil war nicht nur der Gott Sumers, er war universal. Seine Universalität kommt auch in dem Appellativ *lugal-kur-kur-ra* ,,*König der Länder*'' zum Ausdruck, und diesem Titel entsprechend wurde er als der Herr des ganzen Landes und jeder einzelnen Stadt betrachtet[264]. Denn der Lokalgott ist zwar Eigentümer der Stadt, aber über ihm steht Ellil, dem auch er untergeordnet ist. So erscheint der Stadtgott Ningirsu von Lagaš auf der Statueninschrift D I, 1-3 des *ensi* Gudea (ca. 2080-2060 v. Chr.) gewissermaßen nur als Stellvertreter Ellils, als ,,der starke Krieger Ellils'' (*ᵈNin-gír-su ur-sag kal-ga ᵈEn-líl-lá*)[265]. An einer anderen Stelle (Gudea, Cylinder A XXIII, 26) wird er als ,,König, durch dessen Name das Land [oder: die Welt] befriedet ist'' (*lugal mu-ni-šù kúr ku-ku-e*)[266] bezeichnet. Aber auch König Entemena von Lagaš (ca. 2365 v. Chr.) nannte sich schon ,,beschenkt mit dem Zepter von Ellil'' (*pa-sum-ma ᵈen-líl-lá*)[267]. Eine Angleichung des Königstitels an Ellils Herrschertitel vollzog sich mit der Vereinigung ganz Sumers unter dem Usurpator Lugalzaggisi von Umma (ca. 2285 v. Chr.), der eine ganze Reihe von Titeln unter seinem Namen vereinigte: so war er ,,Reinigungspriester des An'' (*išib an-na*), d.h. Herrscher von Uruk, ,,Alt-ensi des Ellil'' (*en-si-gal ᵈen-líl*), d.h. Oberherr von Nippur, ,,Großwazīr des Suʾen'' (*sukkal-maḫ ᵈSuʾen* (EN.ZU)), d.h. Oberherr von Ur und ,,Statthalter des Utu'' (*ug-uš* (GÌR. NITA) *ᵈUtu*), d.h. der Machtausübende in Larsa[268]. Der diesen Bezeichnungen übergeordnete Titel aber ist der des ,,König des Landes'' (*lugal-kalama*), der ihm von Ellil, dem König der Länder (*lugal-kur-kur-ra*) verliehen wurde, damals, ,,als er vor dem Land ihn zurecht geführt hatte, seiner Macht die Länder (*kur-kur*) unterworfen hatte, und als vom Aufgang bis zum Untergang er erobert hatte, damals vom unteren Meere(über) den Tigris und Euphrat bis zum oberen Meere, hat er die Wege ihm geebnet''[269].

Die letzte Steigerung erfuhr der Königstitel dann in der semitischen Dynastie von Akkad, deren Gründer Šarrukīn von sich behauptete, die ,,Vier Weltgegenden'' (eine akkadische Wendung für das Weltall) durchzogen zu haben[270], während Narāmsîn sich als Herr der vier Weltgegenden (*šar kibrātim arbaʾim*) bezeichnete. Diesem Titel liegt die Konzeption des aus 4 Weltquadranten (*kibru* oder *tubqu*) bestehenden Kosmos zugrunde[271], und in der Tat diente er zur Bezeichnung des Universalherrschers. Hier begegnet uns die endgültige Durchsetzung des monarchischen Prinzips, wobei der König eine Aura des Übermenschlichen erhielt. Narāmsîn vollzog als erster mesopotamischer Herrscher seine eigene Deifizierung, indem er sich die Bezeichnung ,,Gott von Akkad'' (*ilu akkadim*^{ki})[272] zulegte, vor seinen Namen das Gottesdeterminativ (^{d}*na-ra-am-*^{d}*Sîn*) schreiben ließ und auf einer Siegesstele die Hörnerkrone der Götter trug. Auch das Symbol der Hörnerkrone deutet auf gleichartige Vorstellungen bei Göttern und Königen hin: beide werden häufig als ,,Führender Wildstier'' und ,,Hirt'' (sumer. *sipa*, akkad. *rēʾûm*) bezeichnet, was auf ihre Führungsrolle in der Gesellschaft, die als Herde angesehen wird, hinweist[273]. Die Vergöttlichung des Königs wurde aber ab jenem Zeitpunkt nicht von jedem Herrscher angenommen, und Frankfort hat mit Recht darauf hingewiesen, daß dies keine semitische Eigentümlichkeit sei, da nach Narāmsîn sowohl die neusumerische III. Dynastie von Ur als auch die semitische I. Dynastie von Isin (1959-1735 v. Chr.) die Vergöttlichung für sich beanspruchten, außerdem einige Stadtherrscher, einige Könige von Ešnunna sowie König Rīmsîn von Larsa (1758-1698 v. Chr.) in seinem 23. Jahr (1736 v. Chr.), jedoch nicht sein großer Gegenspieler Ḫammurapi, nach diesem nur noch Samsuiluna von Amurru (1685-1648 v. Chr.) und einige Kassitenherrscher, nicht aber die Assyrer und Neubabylonier[274]. Die Vergöttlichung bedeutete für den Herrscher, der sie beanspruchte, keineswegs eine Änderung seines Wesens, sondern nur seiner Funktion, da er jetzt selbst die Rolle des Schöpfers und Ordners übernahm und bei Verträgen bei sich selbst schwören ließ[275]. Auf der Ebene der Götter besaß Ellil entsprechend einen großen Hofstaat, zu dem neben dem Oberpriester und dem Minister auch Türschließer, Köche, Bäcker usw. nicht fehlten[276]. Tatsächlich bedeutet die Deifizierung des Königs nur die Inthronisation seiner Statue unter denen der Götter im Tempel[277]: ,,Im übrigen bleibt der

König schwacher Mensch..."[278]. Nach Engnell bedeutet das Gottkönigtum, daß der König „is the human maintainer of the divine ideology... and the king has — as ‚executive king' — to represent, especially in the cult, one or several divine characters"[279].

Vor diesem Hintergrund müssen Entwicklung und Funktion der Tempel betrachtet werden. Die Klärung ihrer religiösen Funktion wird durch das fast völlige Fehlen kultischer Texte und Tempelhymnen für die Zeit bis zum Ende der Dynastie von Akkad erschwert, da die Ergebnisse der Ausgrabungen nur begrenzte Aussagemöglichkeiten zulassen. So läßt die Bildung eines Hochtempels für die Göttin Inanna am Eanna-Heiligtum von Uruk zur Zeit der Periode Uruk III (d.i. Ǧamdat-Naṣr-Zeit) nur den Schluß zu, daß eine Änderung der religiösen Vorstellung erfolgt war. Die bisher rein chthonische Gottheit Ninni (der Name bedeutet „Schilfrohr") ging eine Verbindung mit einer astralen Gottheit ein und wurde zu Inanna („Himmelsherrin"), ohne ihr bisheriges Symbol — das Ringbündel aus Schilf — zu verlieren[280]. Ihre Herkunft aus einem anderen Bereich wird noch in ihrer Erhöhung zur Himmelskönigin und der damit verbundenen Aufnahme in das Astralpantheon deutlich[281]. Anscheinend wurde sie zu diesem Zeitpunkt gleichwertig neben Anu Stadtgöttin von Uruk[282]. Aus der Periode Uruk IV stammt auch eine Alabastervase, auf der in drei Bildfriesen eine kultische Prozession dargestellt wird, die Opfernde und Opfertiere sowie Diener mit Früchten, Körben und Schalen zeigt, die von einem Mann im Netzrock angeführt werden, der von einer Göttin empfangen wird, die vor zwei Ringbündelstandarten beim Eingang des Tempels steht: offenbar zeigt der Fries Inanna oder ihre Vertreterin, die ihren Bräutigam, den Hirten und halbmythischen König von Uruk, Dumuzi, zur Heiligen Hochzeit am Neujahrstag empfängt, wobei an die Stelle Dumuzis im kultischen Geschehen der ēn-Priester oder der *ensi* trat[283]. Diese Deutung ist allerdings nur durch spätere Texte, insbesondere aus der Ur-III-Zeit ermöglicht worden.

Weiterhin ist eine immer größere Ausgestaltung der Tempelanlagen zu beobachten, wofür schon die Tempel in Eridu und Uruk anschauliche Beispiele liefern. Lenzen hat den Erweis erbracht[284], daß sich zwei verschiedene Tempelformen in Sumer und im Osttigrisland herausbildeten, beide ausgehend von einem ursprünglichen Rechteckbau mit kleinem Postament (offering table). In Sumer erhielt der Tempel mit fortschreitender Entwicklung Nebenräume und einen Hof. Schließlich wurde der Opfertisch aus dem Raum in den Hof verlagert, der damit kultisches Zentrum wurde, um das sich die übrigen Räume gruppierten (z.B. Tempel in Eridu Schicht VII, s. Abb. 1)[285]. Aus dem Osttigrisgebiet nimmt Lenzen die Tempel von Tepe Gaura als Beispiel für die andere Entwicklung, bei der der Opfertisch immer im Raum bleibt und daher das kultische Zentrum ein überdeckter Raum ist, an den ebenfalls Nebenräume angegliedert sind. Möglicherweise war die verschiedene Entwicklung klimatisch bedingt, so daß im kälteren und regnerischen Osttigrisland ein überdeckter Raum der Hauptkultort blieb[286].

Dieser Tempeltyp des Nordens wird als Herdhaustempel bezeichnet, da sich das Kultpodest wie beim Wohnhaus der Herd an einer der Schmalseiten der Tempelcella, der Eingang an der Längsseite nahe der dem Kultpodest gegenüberliegenden Schmalseite befindet[287]. Dieser Typus trat auch im Diyālagebiet auf, und eine Cella dieser Art wurde sogar in Nippur aus der Periode Frühdynastisch II gefunden[288].

Ein weiteres Kennzeichen der Tempel in der Frühdynastischen Zeit ist das Verschmelzen von Tempel und der ihn tragenden Erde, die durch das Setzen von Mauern in ausgehobenen Baugräben tief in die Erde vollzogen wurde. Die unverrückbare Befestigung des Tempels wurde durch Gründungsfiguren unterstrichen, die die Form von Pflöcken in menschlicher Figuration besitzen und an den vier Ecken der Gebäude angebracht wurden, wohl als magischer Schutz gegen dämonische Kräfte[289].

In der Mesalimzeit[290] erfolgte erstmals die Errichtung einer weiteren Mauer neben der Gründungsmauer, quasi eine Stützmauer, die *kisū* genannt wird[291]. Seit dieser Zeit ist eine Trennung des Göttlichen und Profanen zu beobachten, was auf einen beginnenden Dualismus in der Weltanschauung hindeutet, da das Tempelareal von der Außenwelt abgeschlossen wird. Dieser Dualismus kommt auf der staatlichen Ebene im Bau eines Palastes, d.h. einer Wohnung und Verwaltungszentrale eines Fürsten, die in Kiš gefunden wurde, zum Ausdruck[292].

Für die Betrachtung der Weiterentwicklung der Cella sind wir auf Tempelanlagen aus dem Diyālagebiet angewiesen, insbesondere auf die Sîn-Tempel von Tutub[293]. Der Prototyp dieses Tempels aus Schicht I besitzt eine räumliche Dreiteilung, die sowohl an die Anlagen von Uruk und Eridu als auch an Tepe Gaura erinnert. Der Hauptraum hat an beiden Seiten Raumtrakte, die von diesem aus zugänglich sind. In ihm befindet sich an der nordwestlichen Schmalseite ein Kultpodest. Nach Nordosten wird die Cella von drei Nebenräumen flankiert, von denen die beiden kleineren Eingangsräume, der größere wohl eine Art Sakristei sind (Abb. 5). Die Eingangsräume sind möglichst weit weg vom Allerheiligsten und zwangen den Gläubigen, eine Drehung um 90° zu machen, wollte er das Standbild der Gottheit anschauen. Der lange Raum der Südwestseite der Cella wurde sicherlich als Treppenraum benutzt. Lenzen sieht in dieser Treppe einen Zugang zum Dach, damit auf diesem Opfer dargebracht werden können und führt als Beleg die oben (S. 24) zitierte Passage aus dem Gilgameš-Epos (III, 2, 1-9)[294] sowie die Darstellung einer Prozession von Priestern aus dem Tempel von Tell ᶜUqair an, die auf das Tempeldach hinaufsteigt[295]. Demgegenüber führt Heinrich an, daß diese Treppe keinerlei Spuren von Benutzung zeige und auch gar nicht betretbar wäre, da sie erst ziemlich hoch über dem Fußboden beginnt[296]. Seiner Ansicht nach hat sie die Funktion einer Göttertreppe, die die Verbindung zwischen Götter- und Menschenwelt herstellen soll, was auf einen gedachten Verkehr in der Priesterprozession hindeuten würde. Letztere Ansicht scheint wahrscheinlicher, da sich das Kultpodest im Tempelinneren befindet und außerdem an der Nordostseite vor dem Eingang des Tempels auf einem dort geschaffenen Hof offensichtlich eine runde Opferstätte existierte. Die Treppe scheint als Zugang des Gottes in sein Haus gedacht zu sein, während die Priester (wenn auch nur symbolisch) eine Art Empfangskomitee für den herabsteigenden Gott bildeten.

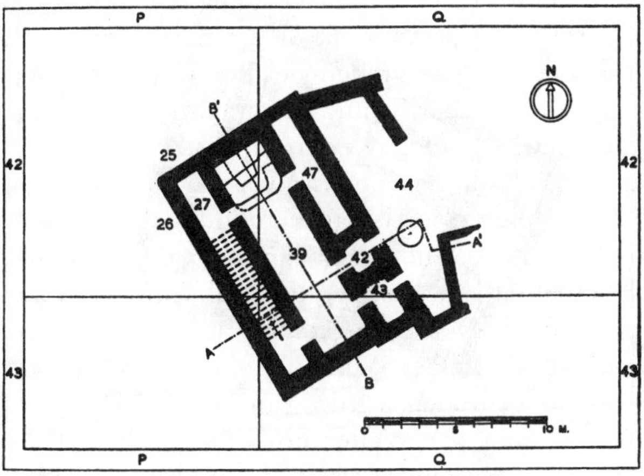

5. Sîn-Tempel in Ḫafāǧi, I (Moortgat, Die Kunst des alten Mesopotamien, 30)

Die Errichtung eines Hofes ist ein weiterer Schritt der Abkapselung nach außen und findet im Tempel der Schicht V, der als Hofhaus gebaut ist, einen vorläufigen Abschluß. Der Tempel der Schicht VI besitzt gegenüber seinem Vorgänger eine straffere ausgeglichenere Gliederung (Abb. 6). Die Räume sind hier alle um einen Hof gruppiert, der über eine Freitreppe und einen großen Torraum zugänglich ist. Die Südseite des Hofes beherbergt mehrere kleine Räume für die Priester. Die Cella hat ihre Form behalten und ist immer noch nur vom Ende einer Langseite zu erreichen, weit weg vom Postament an der nördlichen Kurzseite. Die Eingangsräume bilden eine Vorcella, während die Sakristeiräume nördlich der Cellen liegen. Somit ist das Allerheiligste der am schwersten zugängliche Ort des Tempels, wo der Gott vom Priesterpersonal die ihm zustehenden Verehrungen und Opfergaben entgegennimmt. Nach Moortgat bilden die Tempel ,,nicht mehr wie in der Frühgeschichte eine große Gemeinschaft mit dem Volke, eine Tempelstadt, sondern ähneln eher Klöstern, die sich vor der profanen Welt und dem Herrscherpalast abschließen''[297].

Eine ähnliche Entwicklung läßt sich beim Abu-Tempel von Ešnunna beobachten. Verstärkt wird die Abkapselung nach außen noch im sogenannten Tempeloval von Tutub, wo der Hochtempel von zwei ovalen Zingeln umgeben ist, zwischen denen das Priesterhaus liegt (Abb. 7).

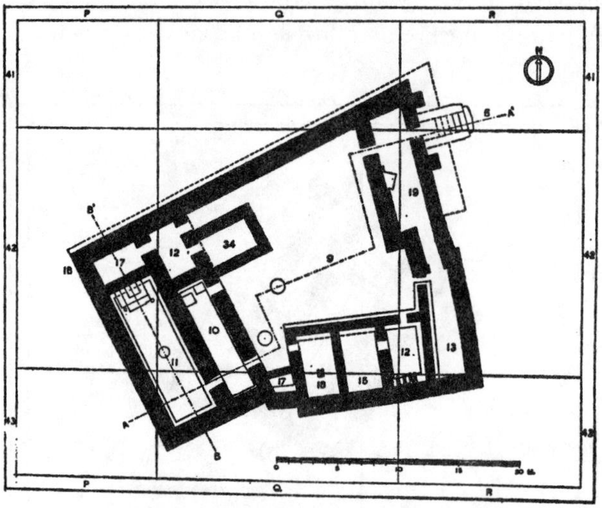

6. Sîn-Tempel in Ḫafāǧi, VI (*ibid.*, 30)

Die Bauform des Ovaltempels trat aber in der folgenden Zeit zugunsten des Rechtecktempels vollkommen zurück. Die Cella selbst war durch ihre Lage in Dunkelheit gehüllt, in das kein Tageslicht eindrang, da dies als eine Ungeheuerlichkeit galt, wie aus einigen Prophetien über gewaltsame Zerstörungen von Tempeln hervorgeht: ,,Die Heiligtümer des Landes werden zusammenstürzen und ihr Inneres wird Tageslicht schauen'' oder ,,die Sonne wird in die zerstörten Heiligtümer des Fürsten hineinschauen, in die zerstörten Kulträume der Leute''[298].

Es sei an dieser Stelle nochmals an eine parallele Entwicklung im Königtum erinnert, wo sich der Fürst vom primus inter pares über den autokratischen Stadtherrscher zum unnahbaren Universalherrscher wandelte. Eine in einigen Stadtstaaten bestehende Trennung von politischer und religiöser Macht wurde de facto im Weltreich von Akkad wieder aufgehoben und das Priester- dem Königtum eindeutig untergeordnet.

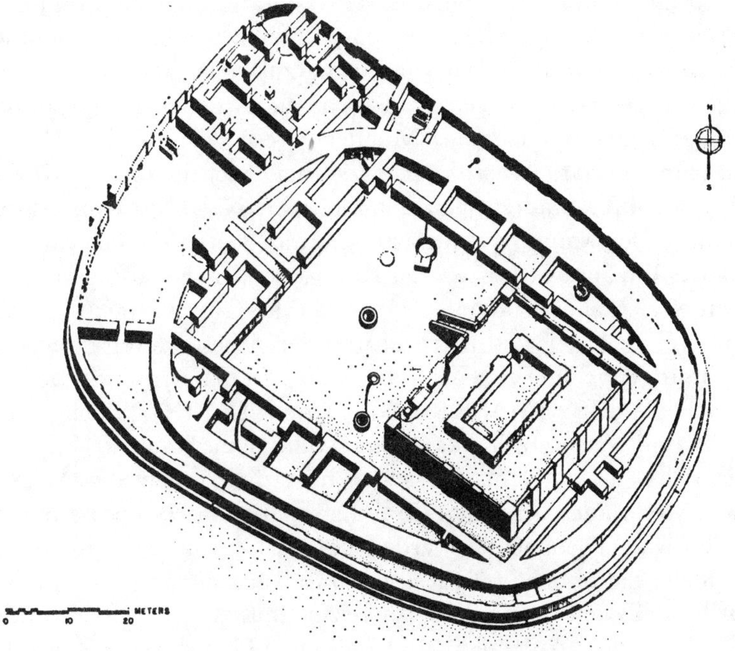

7. Tempel-Oval in Tutub (*ibid.*, 27)

Šarrukīn hatte die Tempelländereien in königlichen Besitz gebracht und versuchte, die Macht der einzelnen *ensis* endgültig zu brechen und einen konsequenten Zentralismus durchzusetzen[299].

Šarrukīn betrieb sogar regelrechte Religionspolitik, als er seine Tochter Enḫeduanna[300] zur ēn-Priesterin des Mondgottes Nanna in Ur machte[301]. Böhl bezeichnet dieses Amt als das einer „Ober-Hierodule" und irdischen Gemahlin des Mondgottes. Über 1200 Jahre später nannte sich der Usurpator Adad-apla-iddina (1067-1046 v. Chr.), dessen Tochter ebenfalls ēn-Priesterin in Ur wurde, Schwiegervater des Nanna[302]. Narāmsîn setzte diese von Šarrukīn begründete Tradition fort:

^{d}na-ra-am-^{d}sîn	Narāmsîn
dingir a-ga-dè^{ki}	dieu d'Akkad;
en-men-an-na	Enmenana
e[n ^{d}nanna]	la grande-prêtresse de Nanna
dumu-[ni]	sa fille
LU-x-[ ]	LU...,
dub-[sar]	le scribe,
arad-da-[ni]	(est) son serviteur[303].

Neben dieser Besetzung wichtiger Priesterämter durch Familienangehörige versuchten die Akkader einen Synkretismus der semitischen Ištar[304] mit der sumerischen Inanna herzustellen, was ein besonderes Anliegen dieser Dynastie sein mußte, da sie ihre Regierungsperiode als Ära (*bala*) Ištars bezeichnete. Möglicherweise war die Beziehung des Reichsgründers Šarrukīn zu seiner Gottheit noch intensiver als das bei den *ensis* zu ihrer Stadtgottheit der Fall war. Nach der Königsliste war Šarrukīn („Der wahre [d.i. legitime] König") ursprünglich nur Mundschenk des Urzababa, des zweiten Königs der III. Dynastie von Kiš, gegen den er sich aber auflehnte. Mit Hilfe der Göttin Ištar, die auch die Funktion einer Kriegsgöttin erfüllt und deren besonderer Zuneigung er sich rühmte, errichtete er sein Weltreich[305]. In einer Inschrift bezeichnete er sich als *rābiṣu* (MAŠKIM.GI$_4$) *Ištar* (^{d}INNIN) „Sachwalter der Ištar"[306] und erbaute mit Akkad eine völlig neue Hauptstadt.

Leider lassen sich wenig Aussagen über die Tempel der Akkad-Zeit machen, wenn auch an vielen Grabungsstellen das Weiterbestehen früherer Bauwerke beobachtet werden konnte. Zusammenfassend soll an dieser Stelle die übliche Gliederung eines Tempelkomplexes ausgehend vom Allerheiligsten (seine diversen Bezeichnungen s. S. 21, Anm. 139) dargestellt werden. Auf einem altakkadischen Plan wird der Zentralraum als *ki-tuš* (akk. *šubtum*), d.i. „Wohnung" bezeichnet[307]. In ihm befindet sich der Kultsockel (*bará/parakkum*) mit dem Götterbild, das entweder ein Standbild war oder als Sitzstatue auf einem Sessel (*^{giš}gu-za/kussû*) saß[308]. Die Cella war jedoch nicht der einzige Ort für Postament und Thron, sondern auch der *gú-en-na* benannte Raum (konventionell mit „Thronsaal" übersetzt) war ein Ort für den Götterthron[309]. Neben dem Kultbild besaß der Tempel Libationsgefäße und Embleme (wie z.B. *šár-ur*, die Keule des Ningirsu) sowie einfache Stühle, Tische, Kästen und Truhen. Im Schlafzimmer (*ki-ná, é-ná-da*, akk. *bīt eršim*) befand sich das Bett der Gottheit (*^{giš}ná/eršu*), doch hat von Soden darauf hingewiesen[310], daß es in frühdynastischer Zeit keinen Schlafraum gab und auch später dieser nicht immer vorhanden war. Links oder rechts — manchmal auch zu beiden Seiten — der Cella gab es einen *é-šà* genannten kleineren Raum, der nur durch die Cella zugänglich war und in dem wahrscheinlich der Tempelschatz aufgehoben wurde. An das Allerheiligste schloß sich eine Vorcella bzw. ein Hof (*kisal, kisal-maḫ/kisalmāḫum*) an. Im Hof befanden sich Götterbilder der dem Hofstaat des Hauptgottes angehörigen Gestalten und ein Wasserbecken (*kun*), auch *ki-a-nag*, „Ort, der Wasser trinken läßt", genannt[311]. Berühmt ist das 70 cm hohe Becken des Gudea, Abbild des apsū. Außerdem existierten dort die großen Vorratshäuser mit Abrechnungsstellen (*bīt makkūri*), ein Baderaum (*bīt rimki*) sowie Werkstätten des Tempelhandels und -handwerks[312]. Den Eingang des Tempels bildete ein Torbau (*dub-lá*) mit einem Tor (*ká/bābum*), flankiert von paarweise liegenden oder stehenden Tieren in Rundskulptur[313]. Alfred Jeremias verglich die gesamte Anlage nicht unzutreffend mit einem hinduistischen Tempel[314]. Diese hier zunächst nur vom äußeren Anschein getroffene Feststellung gewinnt noch an Bedeutung, wenn man bedenkt, daß in beiden Kulturen eigentlich nur die Cella (Sanskrit: *garbhagṛha*) als konstitutives Grundelement eines Tempels immer vorhanden war. Es sei hier vorausgeschickt, daß in diesem Fall wohl kaum historische Abhängigkeiten geltend gemacht werden können, sondern die Übereinstimmungen struktureller Natur sind.

Der erste echte Hochtempel (*ziqquratu*) wurde unter der III. Dynastie von Ur, d.h. in der sumerisch-akkadischen Restaurationsperiode, in Korrelation zum Tieftempel errichtet.

Der Gründer des Reiches von Ur, Urnammu (2047-2030 v. Chr.), war ursprünglich Militärgouverneur (*šagin*) des Königs Utuḫengal von Uruk (2052-2046 v. Chr.) in Ur, unter dessen Herrschaft er sich selbständig machte[315]. Schon bald geriet auch Uruk in seinen Machtbereich, wie die Nachricht ,,Der Sohn des Urnammu wurde als ēn-Priester der Inanna in Uruk berufen'' (*mu en ^{d}ninni unu(g)^{ki}-a dumu ur^{d}nammu lugal-a maš-e ba-pa(d) da*) zeigt[316]. Er vereinigte unter seiner Herrschaft nicht nur das nach dem Fall des Reiches von Akkad in Stadtstaaten zersplitterte Sumer, sondern griff auch auf akkadisches Gebiet über, so daß auch das Diyāla-Gebiet, der Mittellauf des Euphrat (Zentrum Mari) und der des Tigris (Zentrum Aššur) dauerhafter Bestandteil der Reiches Ur III wurden[317]. Die damit verbundene Herrschaft über zwei verschiedene Bevölkerungen, Sumerer und Semiten (Akkader), kam auch ideell im Titel ,,König von Sumer und Akkad'' (*lugal ki-en-gi ki-uri-ge*) zum Ausdruck[318].

Das Königtum von Ur III war absolutistisch und zentralistisch, wenn auch Wilcke glaubt, der Ratsversammlung großen Einfluß auf die Politik einräumen zu müssen[319]. Der König war oberster Richter, Oberhaupt aller Verwaltungszweige und Herr über Krieg und Frieden[320]. Die Städte des Reiches wurden von *ensis* regiert, die aber nicht mehr souveräne Stadtherrscher, sondern vom König ernannte Beamte waren, denen jedes eigenmächtige politische Handeln untersagt war. Lokaler Machtbildung der *ensis*, gar auf dynastischer Grundlage, wurde häufig durch wiederholtes Versetzen dieser Beamten in andere Städte begegnet.

Urnammu ließ die besterhaltenste Ziqqurat Mesopotamiens errichten, die des Mondgottes Nanna in Ur (Abb. 8), die ihren guten Erhaltungszustand der dicken Schale aus Backsteinen verdankt, mit denen der Herrscher den Kern des Baues ummanteln ließ[321]. Die 4 Ecken wurden genau nach den Himmelsrichtungen orientiert, was auf einen zunehmenden Einfluß der Kosmologie der Semiten schließen läßt. Der Eingang zur Ziqqurat führte von Nordosten her durch ein monumentales Tor über einen Vorhof zu einem höheren Innenhof, wo sich die Ziqqurat selbst befindet, deren untere geböschte Stufe auf einer Grundfläche von 62,50 × 43 m steht und ebenso wie die drei im Nordosten aufeinandertreffenden Treppen vollständig erhalten ist, während von der zweiten Stufe nur noch Reste existieren und die Rekonstruktion aller übrigen Partien lediglich Produkt reiner Vermutung ist[322], wenn auch bekannt ist, daß es noch eine dritte Stufe mit einem Heiligtum darauf gab.

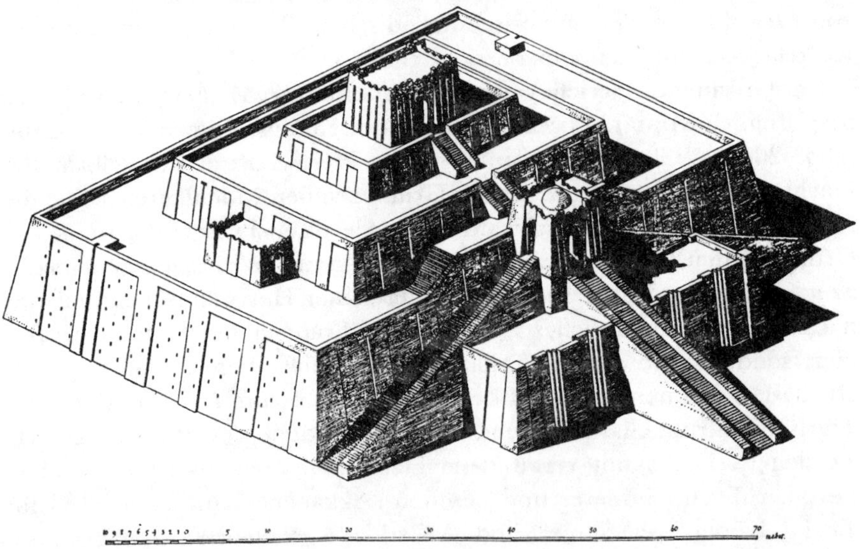

8. Rekonstruktion der Nanna-Ziqqurat aus der Ur-III-Zeit. Die Gliederung der Eckbastionen in den Treppenwinkeln ist falsch. (Strommenger-Hirmer, *Ur*)

Die Funktion des Heiligtums auf einer Ziqqurat (*gegunnû*) darf als geklärt gelten. Die archäologisch erschlossenen Kultbauten besitzen einen Innenraum, in dem an einer Kurzwand eine Art Bühne oder Podest errichtet ist, das nach seinen Dimensionen als Lagerstätte geeignet ist. Herodot (I, 181) berichtet bei seiner Beschreibung der Ziqqurat von Babylon über die Einrichtung und Funktion dieses Heiligtums[323]:

ἐν δὲ τῷ τελευταίῳ πύργῳ νηὸς ἔπεστι μέγας· ἐν δὲ τῷ νηῷ κλίνη μεγάλη κεῖται εὖ ἐστρωμένη καί οἱ τράπεζα παράκειται χρυσέη. ἄγαλμα δὲ οὐκ ἔνι οὐδέν αὐτόθι ἐνιδρυμένον· οὐδὲ νύκτα οὐδεὶς ἐναυλίζεται ἀνθρώπων ὅτι μὴ γυνὴ μούνη τῶν ἐπιχωρίων, τὴν ἄν ὁ θεὸς ἕληται ἐκ πασέων, ὡς λέγουσι οἱ Χαλδαῖοι, ἐόντες ἱρέες τούτου τοῦ θεοῦ.

Es handelt sich bei diesem Raum um die Wohnung des Gottes Marduk mit Mobiliar, was sich auch durch die sogenannte Esagila-Tafel des Anubēlšunu vom 12. Dezember 229 v. Chr. bestätigt (Z. 34): *eršu 9 ammate šiddu 4 ammate pūtu eršu u k[us]sû tarṣu eršu šanīta [ina] kisalli nadāti*[324]: ,,Das Bett (hat) 9 Ellen Länge, 4 Ellen Breite. Bett und Thron stehen (einander) gegenüber. Ein zweites Bett ist [im] Hof aufgestellt''.

Die Erwählung einer Frau durch den Gott ist nichts anderes als der Vollzug der Heiligen Hochzeit im Gemach des Gottes auf der Tempelspitze, wo die Begegnung und Vereinigung des Menschlichen mit dem Göttlichen stattfindet. Über die kultische Bedeutung der sogenannten ,,Heiligen Hochzeit'' wird noch in den Kapiteln über den Kult und die sakrale Prostitution eingegangen.

Die Bezeichnung *gegunnû* für den Hochtempel auf der Ziqqurat begegnet uns in Elam als *kukunnum* für den Hochtempel der von dem elamischen König Untaš-napir-iša (ca. 1275-1240 v. Chr.) errichteten Ziqqurat in Dūr-Untaš (heute Čoga-Zambīl) wieder[325].

Verschiedentlich wurde schon die kosmologische Bedeutung der Ziqqurat als ihr konstituierendes Moment hervorgehoben. Dabei muß berücksichtigt werden, daß diese Bedeutung mit astronomischen Fakten angereichert wurde, deren Kenntnis aber erst seit akkadischer Zeit vorausgesetzt werden darf. Diese Einsicht deckt sich aber mit der Tatsache, daß echte Ziqqurats erst seit der neusumerischen Periode errichtet wurden. Die Abhängigkeit vom Lauf der Gestirne seit dem 2. Jahrtausend v. Chr. bis in die neubabylonische Zeit hinein ist auch beim Tempelbau zu beobachten: ,,Hast du einen Tempel zu bauen, so beginnst du zur Zeit des Neujahrsfestes, d.h., wenn nach der Tag- und Nachtgleiche du den Mond zum erstenmal wieder erblickst. Vor Sonnenaufgang zeichnest du den Grundriß des Tempels auf den Erdboden. Dabei verleihst du der Hauptachse die Richtung auf den und den Stern (oder Richtkreis am Himmel)''[326].

Obwohl sich nun aber sowohl der assyrische als auch der babylonische Tempel nach denselben Fixsternen orientierten, wich die Richtung der erstgenannten (ca. Nordwesten) von denen der babylonischen (ca. Südwesten) um ca. 90° ab, d.h. die Achsen der jüngeren Tempel sind gegenüber denen der älteren gegen den Uhrzeigersinn gedreht[327]. Die Unterschiede in der Ausrichtung der Tempelachse erklären sich durch das astronomische Phänomen der Präzession, die bewirkt, daß das siderische Jahr, d.h. die Rückkehr der Sonne zu demselben Fixstern, etwa 20 Minuten länger dauert als das tropische Jahr, d.h. der Zeitraum z.B. von einer Tag- und Nachtgleiche des Frühlings bis zur nächsten. Diese Differenz macht in 72 Jahren schon einen Tag aus, in 2000 Jahren aber fast einen Monat. Die Menschen des 3. Jahrtausends v. Chr. sahen die Frühlingssonne im Sternbild des Stieres, die des 2. im Widder. Seit der Zeitenwende steht die Frühlingssonne im Sternbild der Fische und wird in nicht allzuferner Zukunft im Wassermann stehen. Die Entdeckung dieses Phänomens verdanken wir dem Babylonier Kidinnu (gräzisiert Kidenas), der im 4. Jahrhundert v. Chr. lebte, und auf den Hipparch seine Beobachtungen stützt[328]. Die genaue Sternbeobachtung früherer Zeiten hatte jedoch in der Praxis schon eher zur erwähnten Verschiebung der Tempelachsen geführt.

Auf die Bedeutung der Ziqqurat als Abbild des Kosmos ist schon mehrfach hingewiesen worden, ebenso auf die Namensgebung. So bedeutet Etemenanki (*É-temen-an-ki*), der Name der Ziqqurat des Tempels Esagila in Babylon ,,Haus der Grundfeste des Himmels und der Erde''[329]. Im Ausdruck *temen* (akk. *temmēnu*, *temennu*), d.i. ,,Grundfeste'', ,,Grundstein'', ,,Gründungsurkunde'' kommt die Bedeutung des Tempels als Grundlage, als gewaltiger Unterbau von Himmel und Erde zum Ausdruck; er will besagen: ,,Das, was das Universum trägt, worauf dieses ruht'' (Hehn). Der assyrische König Sîn-aḫḫe-erība (705-681 v. Chr.) sagt, ,,daß der für die Dauer bestimmte temennu nach seinem Grundriß von Urzeit her mit der Schrift des Himmels (Gestirne) eingeritzt worden sei''[330]. Ein anderer Name für den Grundriß ist *iṣurtu* oder *uṣurtu* (sum. *giš-ḫur*), was soviel wie Zeichnung (eines Grundplans) bedeutet und sich vom Verb *eṣēru*, ,,zeichnen'', ableitet[331]. Ellil wird z.B. *muṣṣir eṣurat šamê u erṣetim*, ,,der die Pläne für Himmel und Erde zeichnet'' genannt[332].

Herrscher des Universums ist der Gott, der auf der Tempelspitze residiert bzw. dort eine Wohnstätte hat. Nach einer Konzeption, die am häufigsten belegt ist, dachten sich die Mesopotamier das Universum aus 7 Abteilungen (*tubuqāti*) bestehend, entsprechend den 7 Planeten, die sich nach babylonischer Vorstellung um das Erdzentrum bewegten. Es existierten allerdings auch andere Vorstellungen, die von einer Dreiteilung nach den Wegen (*ḫarrānu*) der Götter Anu, Ellil und Ea am Himmel ausgehen bzw. fünf Himmeln nach den fünf Planeten Venus, Merkur, Mars, Jupiter, Saturn[333]. Die 7 Planeten und ihre Sphären waren die Machtbereiche verschiedener Götter und hatten eigene Farben zugeordnet: Dilbat (Venus) der Göttin Ištar (*burrumu*, ,,farbig''), Bibbu (Mars) dem Nergal (*sâmu*, ,,rot''), Kajjamānu (Saturn) dem Ninurta (*ṣalmu*, ,,schwarz''), Muštarîlu (Merkur) dem Nabû (*arqu*, ,,grün''), Dapinu (Jupiter) dem Marduk (*peṣû*, ,,weiß'') sowie Šamaš (die Sonne) mit der Farbe *ḫuraṣânu* und Sîn (Mond)[334]. Die 7 *tubuqāti* der Erde haben eine Entsprechung in der Unterwelt, da Ištar auf ihrer Fahrt in die Unterwelt 7 Tore durchschreiten mußte[335], was 7 Mauern und damit 7 *tubuqāti* voraussetzt, die Unterwelt also quasi zum Spiegelbild der Oberwelt machte, die beide von Planetenbahnen durchzogen sind (s. Abb. 9)[336]. Die mikrokosmische Projektion dieser Weltall-Konzeption ist die Ziqqurat. Am deutlichsten wird dies bei den 7stufigen Ziqqurāti. Henry Rawlinson erkannte an der Ziqqurat von Borsippa (*E-ur-imin-an-ki*) an einzelnen Stufen noch Spuren der Planetenfarben, so an der untersten schwarze, an der dritten Reste roter Färbung und für eine der obersten blaue Farbe[337]. Auch beim Tempelturm von Dūr-Šarrukīn sollen die Ausgrabungen Spuren von weiß, schwarz und rot festgestellt haben[338]. Herodot berichtet von den 7 Mauern der medischen Hauptstadt Egbatana und deren Farben (I, 98):

οἰκοδομέει τείχεα μεγάλα τε καὶ καρτερά, ταῦτα τὰ νῦν ʼΑγβάτανα κέκληται, ἕτερον ἑτέρῳ κύκλῳ ἐνεστεῶντα... κύκλων δʼ ἐόντων τῶν συναπάντων ἑπτά...τοῦ

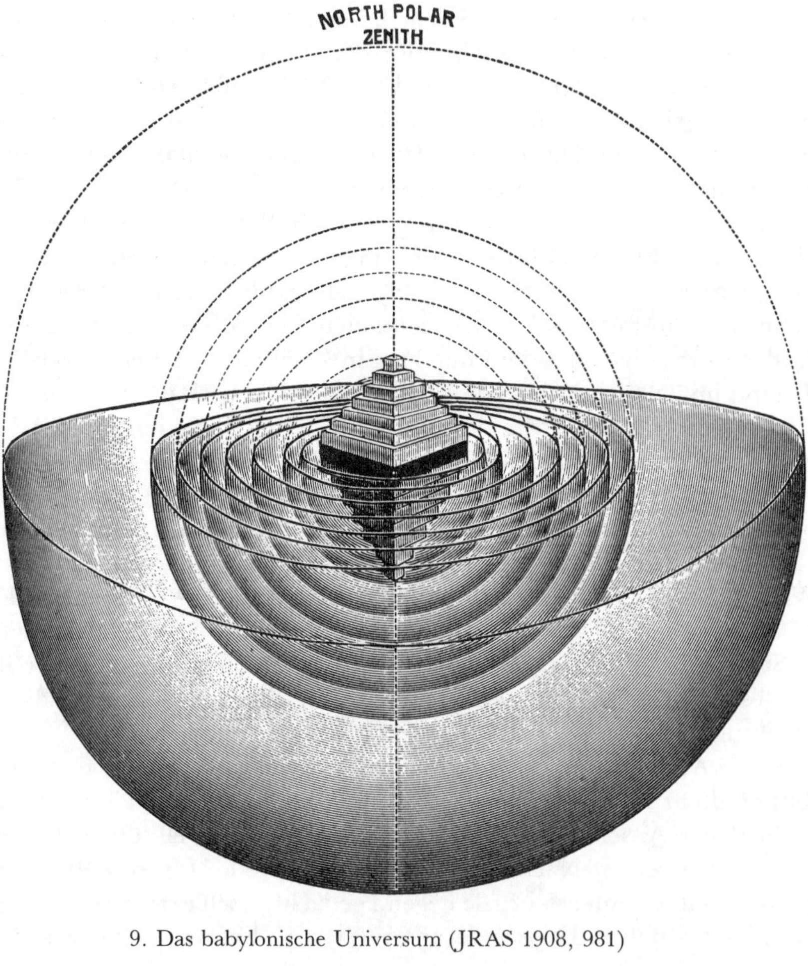

9. Das babylonische Universum (JRAS 1908, 981)

μὲν δὴ πρώτου κύκλου οἱ προμαχεῶνές εἰσι λευκοί, τοῦ δὲ δευτέρου μέλανες, τρίτου δὲ κύκλου φοινίκεοι, τετάρτου δὲ κυάνεοι, πέμπτου δὲ σανδαράκινοι...δύο δὲ οἱ τελευταῖοί εἰσι ὁ μὲν καταργυρωμένους, ὁ δὲ κατακεχρυσωμένους ἔχων τοὺς προμαχεῶνας.[339]

Polybios berichtet dagegen im Jahre 209 v. Chr., daß Egbatana überhaupt keine Mauern gehabt habe (X, 27, 6):

κεῖται μὲν οὖν ὑπὸ τὴν παρὰ τὸν 'Ορόντην, ἀτείχιστος οὖσα, ἄκραν δ' ἐν αὐτῇ χειροποίητον ἔχει, θαυμασίως πρὸς ὀχυρότητα κατεσκευασμένην.[340]

Zumindestens ideell darf aber wohl auch hier eine kosmologische Konzeption angenommen werden.

Der Etemenanki wird in der Esagila-Tafel (§7) bei der Aufzählung der Geschosse mitsamt Hochtempel als siebenstufig genannt[341]. Es muß jedoch festgestellt werden, daß nicht alle Turmtempel die 7 Etagen des Kosmos architektonisch verwirklicht hatten, somit also Zweifel an der allgemeinen Gültigkeit der Konzeption der Ziqqurat als Abbild des Kosmos auftauchen könnten. Da die Siebenzahl aber für den Kosmos steht und damit gleichsam zum Synonym für Gesamtheit und Kosmos wurde und die Ziqqurat die gleiche Funktion hatte, erachtete man es nicht immer für notwendig, dies baulich zum Ausdruck zu bringen (Das gleiche Phänomen beobachten wir beim *śikhara*, dem indischen Tempelturm, der als Abbild des Weltberges Meru von 7 Ringkontinenten umgeben gedacht wurde, was sich aber nur selten in der Architektur realisiert findet). Neben anderen kosmologischen Konzeptionen wie die Drei- oder Fünfteilung des Kosmos ist noch die Einteilung in 4 *tubuqāti* oder *kibrāti* nach den 4 Haupthimmelsrichtungen als Weltquadrant zu beobachten[342], wobei jeder dieser Weltteile unter der Herrschaft eines Planetengottes steht: Marduk (Osten), Ninurta (Süden), Nabû (Westen) und Nergal (Norden)[343]. Von daher erklärt sich auch der Titel eines Weltenherrschers als *šar kibrātim arba'im.* Auf einem Relief aus Ninua (Ninive) ist ein vierstufiger Turm abgebildet[344], wobei es nicht verwundern darf, daß die 4 Weltteile, die ja an sich — rein schematisch gesehen — 4 nebeneiander befindliche Teile bilden, hier übereinanderliegend dargestellt werden: der Stufenbau drückt primär die Zusammenfassung der 4 Weltteile zum gesamten Kosmos aus[345], die Lage derselben ist von sekundärer Bedeutung.

Daß die Annahme eines einheitlichen Weltbildes der alten Mesopotamier unhaltbar ist, darauf hat schon Jensen im Zusammenhang mit den verschiedenen Anschauungen über den Sitz der Unterwelt (des Totenreiches) hingewiesen[346]. Nach dem Warrenschen Modell (s. Abb. 9) wurde die Unterwelt als unter der Erde liegend gedacht, doch existierte auch die Vorstellung von ihrer Lage im fernen Westen[347]. Ein weiterer Aspekt der

Gleichsetzung von Kosmos und Ziqqurat ist die in den vorhergehenden Ausführungen nicht so stark betonte Vorstellung vom Weltberg, der unter verschiedenen Bezeichnungen bekannt ist: *šad mātāti*, ,,Berg der Länder'', Harsag(gal)kurkura, der nach Jensen ,,ursprünglich und eigentlich die Erde als einen Berg bezeichnet''[348], der ,,auf dem apsū, dem Weltwasser'' ruht, sich dann aber auch zu der Bedeutung ,,Berg auf der Erde'' entwickelt hat, eine Vorstellung, auf die der Ausdruck *šad aralī* und eine von Jensen zitierte Bēls-Hymne hinweist, wo von dem ,,großen Berg des Bēl (*šadû rabû Bēl*), dem Himmelsberg, dessen Gipfel den Himmel erreicht, dessen Fundament [im] klaren apsū begründet ist'' die Rede ist[349]. Dieser kosmische Berg lag nach der Vorstellung der Babylonier im Norden, wobei wir uns hier wieder mit einer anderen Weltkonzeption vertraut machen müssen, nach der die nördliche Hälfte der Erde die Oberwelt, der Süden hingegen die Unterwelt darstellte[350].

Seine Entsprechung fand der ,,große Berg der Länder'' im assyrischen Eḫarsagkurkurra, dem ,,Haus des Länderberges''. Für den Assyrerkönig Tukulti-apal-Ešarra I. (1112-1074 v. Chr.) war ein Sitz in ihm gleichbedeutend mit Macht und Herrschaft, wie aus seiner Zylinderinschrift I, 24-27 hervorgeht: *taqīšāšu šīmat bēlūtīšu* (24) *ana kiššūti u zēr šangûtišu* (25) *ana manzāz Eḫarsagkurkurra* (26) *ana dāriš tašqurā* (27)[351]: ,,Ihr[352] schenktet ihm das Geschick der Herrschaft zur Machtausübung und sagtet dem Samen seines Priestertums einen Platz in Eḫersagkurkurra für immer zu''. Aššur-bāni-apla (668-632 v. Chr.) berichtet in seiner Zylinderinschrift C, X, 10-11, daß er Eḫarsaggalkurkurra vollendete: ,,das Haus Aššurs, meines Herrn, machte ich fertig'' (*Eḫarsaggalkur*[*kurra agm*]*ura bīt Aššur bēlīja ušaklil*)[353].

Zum *apsū* als Ozean ist zu bemerken, daß er sowohl unterirdisch als auch oberirdisch wie auch überhimmlisch gedacht wurde[345]. Auf ihm ruht nicht nur die Erde, sondern er umfließt auch das Himmelsgewölbe, d.h. es existiert zweimal ein *nagab apsī*, ein Ursprungsort oder ,,Grundwassertiefe des Apsū''. Letztlich dürfte es aber nur einen einzigen, den Kosmos umgebenden *apsū* gegeben haben. Die Bezeichnung Himmelsgewölbe trifft genau den Kern der Sache, da es als ein Ringwall (*šupuk šamê*), wörtlich ,,Himmelsgründung'' gedacht war, der die Erde vor den Wassermassen schützen sollte[355]. Im Enūma eliš (IV, 137-140) ist es der Urozean Tiāmat, der von Marduk in zwei Hälften gespalten und zu Wasser oben und Wasser unten wird:

iḫpišīma kīma nūn maštê ana šinīšu
mišlušša iškunamma šamāmi uṣṣallil
išdud maška maṣṣāra ušaṣbit
mêša lā šuṣā šunūti umtaʾir[356]

„Er hälftete sie wie einen Stockfisch in zwei Teile,
Und setzte ihre (eine) Hälfte hin, den Himmel bedeckte er (damit)
Er zog eine Haut, postierte Wächter,
Ihre Wasser nicht herauszulassen, bestellte er sie".

Die Himmelskuppel wird also auch hier abgesichert, nämlich durch Schleusen und Wächter, und nur von Zeit zu Zeit fällt Wasser als Regen auf die Erde. Im allgemeinen wird der Kosmos jedoch von *apsū*, dem Süßwasserozean, und nicht von der salzigen *tiāmat* (*tâmtu*, *tiamtu*) umflossen gedacht. Doch so wie es einen *apsū* (sum. *abzu*) genannten Tempelbereich gab, existierte im Tempel des Marduk zu Babylon ein *tâmtu*[357].

Weiterhin geht aus dem Enūma eliš die darauffolgende Gestaltung des Kosmos hervor, nämlich die Errichtung von Marduks Tempel Ešarra (IV, 142-146) oder Esagila (VI, 47-49), dem Apsū-Palast des Ea gegenüberliegend, dem er nachgebildet ist. Diese Ordnung der Welt bedeutete die endgültige Überwindung des Chaos und die Schaffung jener Welt, die die Mesopotamier kannten und deren Phänomene sie täglich beobachten konnten. Folgerichtig erstellt Marduk einen Kalender (V, 1-4) — was stets die Aufgabe der Herrscher war — und bringt zu diesem Zweck Sternbilder und -gruppen am Himmel an, an deren Auf- und Untergang Jahr, Monate und Tage bestimmt werden können. Auch den Göttern werden von ihm ihre Aufgabenbereiche zugewiesen, doch fühlen sie sich bald durch beschwerliche Arbeiten allzusehr belastet. Um sie von ihrer Mühsal zu befreien, erschafft er zum Abschluß der Schöpfung den Menschen. Nach dieser Entlastung setzt Marduk die Götter endgültig in ihre Positionen ein, dreihundert zu Wächterdiensten im Himmel, dreihundert mit Aufgaben auf der Erde. Die Dichtung endet mit einer neuen Versammlung der Götter, Erledigung der Staatsgeschäfte und einer Bestätigung Marduks in seinem Amt, die verbunden ist mit der Aufzählung seiner fünfzig Namen, die die Aspekte seines Wesens ausdrücken, welches die Organisierung des Kosmos bedeutet. Schon mehrmals ist auf das irdische Königtum als Abbild des göttlichen hingewiesen worden. Der irdische König hat dieselben Funktionen wie der göttliche — nämlich Organisierung des Weltallstaates. Seine Aufgaben sind sowohl politischer als auch religiöser (kultischer) Natur, und dementsprechend ist sein politischer Kosmos der eigenene Staat (d.h. aber theoretisch die gesamte Erde), sein religiöser der Tempel als Mikrokosmos. Zudem leitete sich das irdische Herrschertum vom göttlichen ab, wie z.B. aus der neuassyrischen Version der Etanalegende (14-21) hervorgeht:

ina ūmīšuma [*lā kaṣrat kubšum meānu*]
u ḫaṭṭum uqniam [*lā ṣaprat*]
lā banâ kibrāti ištēniš
sibittum eli ummāni uddilū [*bābāni*]

eli dadmē uddilū
āla Igigi šutasḫurū
Ištar rē'am
u šarram iše'ī[358]

,,In jenen Tagen [war keine Tiara zusammengefügt, noch eine Krone]
und [kein] Zepter mit Lapislazuli [besetzt],
die Regionen nicht einmal geschaffen,
die göttlichen Sieben verschlossen gegen das Volk [die Tore],
verschlossen sie gegen die Wohnstätten,
die Stadt umgaben die Igigi [mit Mauern?].
Ištar sucht einen Hirten [für das Volk],
einen König [für die Stadt].

Gudea von Lagaš wurde von seinem Gott Ningirsu zum gesetzlichen Hirten im Lande erwählt (Statue B, III, 8-9) und von Urnammu von Ur heißt es in einem Lied auf Ellil (3-6):

ᵈnu-nam-nir dingir-ki-lugal[*-gub kin-sig unú-gal-ba*]
un-gá igi mi-ni-in-líl sipa [*ᵈur-ᵈnammu-šè igi mu-ši-bar*]
kur-gal ᵈen-líl-le KIB(?) šár-ra-ni-a im-ma-ni[*-in-dug₄*]
sipa ḫé-a ᵈnu-nam-nir-ra-ka ní-ḫuš im[*-ma-ni-gùr*]

Nunamnir, god on the royal [seat, at the great evening meal]
Raised his eye over the assembly (and) [looked favorably] on Shepherd [Urnammu]
The ,Great Mountain' Enlil (from) among his people in throng pro[claimed]:
,,Let him be shepherd! He shall [carry] the (majestic) radiance of Nunamnir[359]

Bemerkenswert an diesem Text ist außerdem die Bezeichnung ,,Großer Berg'' (*kur-gal*) für Ellil, was an eine direkte Identifizierung des Gottes mit dem Kosmos denken läßt.

Ilse Seibert hat in ihrer Studie[360] die Gleichsetzung des Königs mit dem Hirten, aber auch die Verwendung des Baumes als Bild für den König oder das Königtum aufgezeigt. Dieser Baum ist entweder ein sakraler Baum oder der Weltenbaum, wobei das eine das andere nicht ausschließen muß, keinesfalls aber ein ,,Lebensbaum'', da dieser Terminus quellenmäßig nicht belegbar ist[361].

Das Bild des Königs kann durch das eines sakralen Baumes ersetzt werden, der in diesem Falle den Souverän und dessen Schutzfunktionen symbolisiert. Dieses Motiv begegnet uns auf zahlreichen Siegeln, die Tiere (Ziegen, Rinder, Antilopen) darstellen, welche von Löwen und Adlern angegriffen werden und sich schutzsuchend einem Baum zuwenden. Die Tiere stehen hierbei für das schwache, schutzbedürftige Volk, das nur von einem starken König (Hirten, Baum) Lebenssicherung erwarten kann. Auf die Bedeutung des Baumes als Ordnungssymbol hat Friedlich Wilhelm König in seiner Studie über den Bronzehelm von Sardur II. von Urartu (ca. 850-828 v. Chr.) mit seine 11 Baumstelen, die möglicherweise 11 Kommandeure repräsentieren, hingewiesen[362].

Einen Textbeleg für die Gleichsetzung von König und Baum besitzen wir in einem Lied auf Inanna für König Urninurta von Isin (1858-1831 v. Chr.):

ᵍⁱˢeren-suḫ me-te-kisal-é-kur-ra
ᵈUr-ᵈNin-urta kalam-ma gizzu-zu ní ḫé-eb-ši-te-en-te-en
kur-kur-re sipa-zi-bi ḫé-me-en[363]

,,Auserlesene Zeder, Zier im Hofe des Ekur,
Urninurta, das Land Sumer möge deinen Schatten scheuen,
aller Länder guter Hirte seist du''[364].

Wenn auch diese Zeder im Hof des Ellil-Tempels zu Nippur steht, ist es fraglich, ob man hier ohne weiteres zur Gleichsetzung mit dem Weltenbaum, der an anderer Stelle für den Tempel steht, berechtigt ist. Bei Gudea (Zylinder A XXI, 22) ließ man den Tempel sich ,,wie den *gišgana*-Baum des Abzu in allen Ländern erheben'' (*ᵍⁱˢgán abzu-dìm kúr-kúr-ra sag-ba-ni-íb-íl-ne*)[365]. Der Tempel ist nicht nur Symbol des kosmischen Baumes, er ist der Baum selbst. König Išme-dagan von Isin (1889-1870 v. Chr.) vergleicht die Stadt Lagaš mit einem ,,großen Mast'' (*dim-gal*):

lagašᵏⁱ gir-suᵏⁱ dim-gal-kalam-ma-ka
é-malga-sud kidur-kenag-za
tar-sir-sir é nam-nin-a-ka bara-maḫ-zu mi-ni-ri[366]

,,In Lagasch, in Girsu, dem ,großen Mast' des Landes Sumer,
hat er dich [die Göttin Baba] im ,Haus des weitreichenden Rates', deiner geliebten Wohnstätte,
im Tarsirsir, deinem königlichen Haus, deinen Hochsitz aufschlagen lassen''[367].

Die Vorstellung vom Weltenbaum ist auch aus einer sumerischen Fassung des Gilgameš-Epos belegt, wo dieser nach seiner Entwurzelung von Inanna in ihrem Garten zu Uruk gepflegt wird. Doch als der Baum groß geworden war, konnte Inanna ihn nicht abschlagen, um sich daraus ein Bett zu machen, weil in seinen Wurzeln ein Drache, gegen den keine Beschwörung half, Wohnung genommen hatte, in seinem Wipfel der Anzu-Vogel, in seinem Stamm die Dämonin Lilit. Doch Gilgameš gelingt es, den Drachen zu töten und dadurch Anzu und Lilit zur Flucht zu veranlassen. Er fällt darauf den Baum und stellt ein Bett für Inanna her[368].

Der Baum entspricht hier dem Kosmos, wie auch aus der Mythe vom schwarzen *kiškanû*-Baum (sum. GIŠ-KÍN) von Eridu[369] hervorgeht, dessen Wohnung die Unterwelt und dessen Krone die Erdoberfläche ist. Die Fällung des Baumes und die Herstellung eines Bettes durch Gilgameš, der hier die Funktion eines Urzeitgottes besitzt, stellen die Gestaltung des Kosmos dar. Zur Untermauerung dieser These sei noch eine Passage aus dem Epos vom Pestgotte Erra (*Šar gimir dadmē*) des Kabti-ilāni-Marduk herangezogen, das evtl. aus dem Anfang des 7. Jahrhunderts v. Chr. stammt und möglicherweise die Verwüstung Babylons durch den Assyrerkönig Sîn-aḫḫe-erība im Jahre 689 v. Chr. reflektiert. In Tafel I, 147-152 spricht der Gott Marduk:

ša mēsu elmēši ašaršun unakkirma ul u...
enna aššu šipru šâšu ša taqbû qurādu [Erra]
ali mēsu šīr ilāni simat šarri kīma
iṣṣu ellu itqu ṣīru ša šūluku ana bē[lūti]
ša ina tâmtim rapāštim mê 1 me bēru išidsu (!)... *šuppul aral[lê]*
qimmatsu ina elâti emdetu šamê ša [Anim][370]

,,Den Ort der elmešu-Bäume habe ich verändert und nicht...
Nun, wegen der Angelegenheit, von der du gesprochen hast, Held [Erra]:
Wo ist der mēsu-Baum, das Fleisch der Götter, des Königs Zier, wie...
Das heilige Holz, das erhabene Vlies, das zur Herrschaft gereichen läßt,
Dessen Wurzel im weiten Meer 100 Doppelstunden (entfernt)... die Tiefe der Unterwelt...
Dessen Wipfel im Zenit den Himmel [Anus] erreicht?

Der Baum ist also das ,,Fleisch der Götter'' (*šīr ilāni*), die großen Götter aber wiederum sind die personifizierten kosmischen Elemente. Daraus ergibt sich zwangsläufig, daß der Baum der Kosmos selbst ist, der sich vom weiten Meer und der Unterwelt bis an das Himmelsgewölbe erstreckt. Nun darf nicht von vornherein eine Identifizierung des sakralen Baumes, der den König repräsentiert, mit dem Weltenbaum, der Abbild des Kosmos und Symbol für den Tempel ist, vorausgesetzt werden, doch ist eine sehr starke Affinität nicht zu leugnen.

Der Tempel repräsentiert demnach den Kosmos in seinen diversen Modifikationen als Weltall, Weltenbaum oder auch einfach als Wohnstätte eines Gottes oder der Götter, deren Domizil aber gleichzeitig auch der gesamte Kosmos ist. Vorstellungen von einer gewissen Ortsgebundenheit einer Gottheit konkurrieren keinesfalls mit dieser Vorstellung. Durch Opfer und den Kultbetrieb überhaupt wird die Weltordnung aufrechterhalten, da anderenfalls die Götter zornig werden könnten, was Unheil für die Menschheit nach sich ziehen würde.

Exkurs: Tempel und Königtum

Auf den steigenden Einfluß des Königtums auf den Tempel seit der akkadischen Periode wurde schon oben eingegangen. Dabei ist mehr der politische und wirtschaftliche Aspekt der königlichen Macht angesprochen worden, weniger die kultische Rolle des Königs. Da auch diese während eines rund 2000 Jahre umfassenden Zeitraumes und zudem noch in verschiedenen Staatsgebilden und Kulturlandschaften Mesopotamiens — es sei hier nur an die Grobunterteilungen Sumer, Akkad, Babylonien und Assyrien erinnert — natürlicherweise nicht gleich war bzw. nicht gleich blieb, ist auch hier eine differenzierte Betrachtungsweise angebracht.

Grundsätzlich ist jedoch festzustellen, daß das Königtum — abgesehen von einigen Staaten der frühsumerischen Epoche, wo Priester- und Königtum noch nicht getrennt waren (z.B. der *en* von Uruk) — eine vom Priestertum getrennte Institution war. Kraus hat darauf hingewiesen, daß in altbabylonischer Zeit[371] bei gewissen Königen zwar vereinzelt Titel, die auch von Priestern getragen wurden, vorkamen, sich aber nicht auf die Ausübung priesterlicher Funktionen bezogen, sondern eher auf die Stiftung von Götterstatuen und den Bau von Tempeln[372].

Der Herrscher war jedoch gehalten, in eigener Person an verschiedenen Festlichkeiten und Riten teilzunehmen. Er war auch für Bau und Erhaltung eines Tempels in letzter Instanz zuständig. Nach altorientalischer Anschauung haben die Götter die Menschen geschaffen, damit diese für sie arbeiten, sie selbst aber Ruhe haben[373]. Die sumerische Überlieferung zeichnet im großen und ganzen ein positives Bild vom Menschen, obwohl sein Leben von Arbeit und Mühsal erfüllt ist. Denn er hat Anteil am Göttlichen, und nach einigen Mythen ist er sogar nach dem Ebenbild Ans oder Ellils geschaffen, was z.B. von König Šulgi von Ur III (2029-1982 v. Chr.) ausgesagt wird (Šulgi-Hymne 15-20):

nam-bi-éš É-kur-ra SIG$_7$ *mi-ni-g̃ar* ^{d}*Aš-im*$_4$*-babbar-re,*
a-a-ni ^{d}*En-líl inim-ma bí-sì ama sá ama sá-da mi-ni-in-gub,*
é-du$_{10}$*-ga* ^{d}*Nanna dumu-nun-ni nig̃ al ba-ni-du*$_{11}$*,*
en-ni šà-tur-šè-g̃ál-la-na lú-zi mi-ni-ù-tu,
^{d}*En-líl siba á-kala-ga-ke*$_4$ *mes-e pa bí-è,*
dumu nam-lugal bára-gi$_4$ *hé-du*$_7$ ^{d}*Šul-gi lugal-àm.*

To that end Ash-im-babbar put on beauty in Ekur,
formed a mental image of his father Enlil, and made a comparable mother step up;
in the bedroom the thing was requested of the princely son, Nanna,
and the entu gave birth to a good householder from what he placed in her womb.

A (little) Enlil, a shepherd of strong arm, a hero, she made appear,
a child suitable for kingschip and throne-dais — it was king Shulgir.[374]

Die Götter begnügen sich nicht mit der Erschaffung des Menschen, sondern segnen ihn auch mit der Zivilisation[375]. Viel pessimistischer wird das Bild des Menschen in der akkadischen Tradition gesehen. Die negative Betrachtung des menschlichen Daseins kommt z.B. in den Worten der Schenkin an Gilgameš in der akkadischen Zwölftafelversion des Gilgameš-Epos zum Ausdruck (X, 3, 1-5):

Gilgameš êš tadâl
balāṭam ša tasaḫḫuru lā tutta
inūma ilāni ibnû awīlūtam
mūtam iškunū ana awīlūtim
balāṭam ina qātīšunu iṣṣabtū[376]

Gilgameš, wohin läufst du?
Das Leben, das du suchst, wirst du nicht finden!
Als die Götter die Menschheit erschufen,
setzten sie den Tod für die Menschheit ein,
behielten das Leben in ihrer Hand.

Die Zwangsarbeit, die die Götter nach der Schöpfung zunächst auf sich nehmen mußten, wird diesen abgenommen, indem man beschließt, einen der ihren zu töten (den Gott Geštu'e nach von Soden[376a] im Atramḫasīs-Epos I, 223-224). Aus diesem Gott wird durch die Göttin Mami der Mensch geschaffen und diesem die Arbeit (*dullu*) aufgebürdet (Atramḫasīs-Epos I, 237-241):

[ši]pra taqbiānimma
ušaklil
ilam taṭbuḫā qadu ṭēmīšu
kabtam dullakunu ušassik
šupšikkakunu awī[l]am ēmid[377]

,,Ihr habt mir einen [Auf]trag gegeben,
ich führte ihn aus,
einen Gott habt ihr geschlachtet samt seinem Verstand[378];
eure schwere Arbeit schaffte ich ab,
euren Tragkorb lud ich dem Menschen auf''.

Im Enūma eliš (VI, 31-34) wird der Mensch aus dem Blut des Frevlers Kingu, des zweiten Gemahls der Tiāmat, geschaffen und ebenfalls mit der schweren Arbeit der Götter bedacht:

ikmûšuma maḫriš Ea ukallūšu
annam īmedūšuma dāmēšu iptar'û
ina dāmēšu ibnâ amēlūtam
īmid dulli ilīma ilī umtaššer[379]

Sie banden ihn und führten ihn [Kingu] vor Ea;
Strafe erlegten sie ihm auf und schnitten seine Blut(ader) durch.
Aus seinem Blut schuf (Ea) die Menschheit,
lud ihr die Arbeit der Götter auf und befreite die Götter (davon).

In sumerischen und akkadischen Mythen herrscht Übereinstimmung darüber, daß den Menschen die schwere Arbeit übertragen wurde, und immer wieder stoßen wir auf Abbildungen, die den König mit Tragkorb beim Tempelbau darstellen[380]. Von Gudea hieß es, daß er beim Tempelbau des Eninnu

é-e dusu-bi men-kù sag-gá mu-ni-gál
uš mu-gar á-gar ki im-mi-tag[381]

,,den Tragkorb für das Haus, als wäre er die heilige Krone, aufs Haupt nahm,
das Fundament legte, die Mauer in die Erde eingreifen ließ''[382].

Auch der Kultus ist demgemäß Arbeit und wird im Akkadischen durch dieselbe Vokabel (*dullu*) widergegeben. In einem Schwur heißt es:

ūmu u warḫu lā nibṭili
ša lā dullu u nēpeši[383]

,,Weder am Tag noch an Monaten wollen wir aufhören
mit Kultus und Ritus''.

Die Erbauung von Tempeln war in früher Zeit z.T. noch Privatsache, die man unternahm, um vielleicht Gelübde zu erfüllen, oder auch, um Geschäfte zu machen. Zur Zeit des Königs Sumu-ilu von Larsa (1829-1801 v. Chr.) ,,erbaut'' ein gewisser ,,Nūr-ilīšu einen Tempel seinen Göttern Lugal und Šullat und fügt noch 1 Musar großes Haus seinen Göttern für sein Leben hinzu. Puzur-Šamaš ist allein Priester (*šangûm*) des Tempels. Nūr-ilīšu wird wegen des Priesteramtes nicht Klage erheben''[384]. Hier war also die Errichtung eines Tempels noch eine rein private Angelegenheit. Der König spielte eine wichtige Rolle im sogenannten Neujahrsfest (*akītu*). Er ist nicht nur nominell der Führer des Festes als Haupt des Staates, sondern wird mit Marduk oder Aššur identifiziert[385]. In Babylon erschien der König alljährlich vor Marduk und empfing aus dessen Händen beim *akītu*-Fest aufs Neue sein Amt, nachdem er vorher die Königsinsignien ablegen mußte und symbolisch erniedrigt worden war[386]. Bezeugt ist sein Auftreten während des Festes erst für den 5. Nisan, kurz nach der Ankunft des Gottes Nabû (Text zum babylonischen Neujahrsfest, 413-414):

mê qātē šarri ušbâʾūnimma
[ana Esag]il ušerribūšu[387]

,,Mit Wasser werden sie die Hände des Königs übergießen,
nach Esagila bringen sie ihn.''

Am 8. Nisan, zur großen Neujahrsprozession aller Götter zum Neujahrsfesthaus (*bīt akīti*), gab der König durch Anfassen der Statue Marduks das Zeichen zum Aufbruch, ein wichtiger Vorgang, wie die Vorzeichentafeln zeigen:

[šumma] šarru qāt ili iṣbatma lu ina
aṣêšu lu ina erēbišu izkir amāt lemuttim
itti šarri šiṭpat[388] *šarru ajjābšu ikaššad*[389]

,,[Wenn] der König die Hand des Gottes ergreift —
sei es bei seinem Auszug oder seinem Einzug —
und ein Wort des Schlechten spricht mit dem König...
wird der König ihm Feindliches erlangen.''

Jeder mesopotamische Herrscher ging alljährlich nach Babylon, um das große Kultfest zu feiern, falls nicht politische Gründe dazu zwangen, das Fest ausfallen zu lassen. So wird in einer babylonischen Chronik über die Zeit des Königs E-ulmaš-šākin-šumi (1003-987 v. Chr.) berichtet (Kol. II, 18):

ina Nisannu ša šattu XV Bēl ul uṣâ[390]

,,im Nisan des Jahres 15[989 v. Chr.] ging Bēl nicht heraus''.

Während der Regierungszeit des Nabû-mukīn-apli (977-942 v. Chr.) bewirkten kriegerische Verwicklungen den Ausfall des Festes (Kol. III, 4-5):

ina Nisannu ša šattu VII Aramu nakir
šarru ana Bābili lā ell[a]mma Nabû lā illiku[391]

,,im Nisan des Jahres 7 [971 v. Chr.] wurden die Aramäer feindlich,
der König ging nicht nach Babylon hinauf, Nabû kam nicht''.

Das *akītu*-Fest wurde nicht nur in Babylon begangen, sondern auch in zahlreichen anderen mesopotamischen Städten[392]. Manchmal konnte der König durch einen Stellvertreter beim Fest vertreten werden, wie aus einem Brief des Sîn-Priesters Adad-Ea hervorgeht (Vs. 10-18, Rs. 1-7):

šarru bēlī
ṭēmu liškun
guzippi lidd[inūn]i
[is]sīja lu[bilūni]
eršaḫungû ina [muḫḫi]
[ip]paš ana šarri bēlīja
ikar[rab]

balāṭ napišti
ūmē rūq[u]ti
ana šarri bēlīja
iddan
qurbute
[is]sīja
[liš]purū
[ana] pān
rēṣute[393]

,,der König, mein Herr, möge Bescheid erteilen; ein Gewand mögen sie mir schicken, zu mir sollen sie es bringen; der Bußpsalm-Kult (*eršaḫungû*) wird durchgeführt; für den König, meinen Herrn, wird er segnen. Das Leben möge verlängert werden bis in ferne Zukunft! Anstelle des Königs, meines Herrn, wird er geben. Einen Gardisten möget ihr zu mir zur Hilfe schicken.''

Zuweilen feierte der König das Fest auch in anderen Städten als in Babylon[394].

Nichts mit dem Neujahrsfest hat die Einsetzung eines Ersatzkönigs (*šar puḫi*) zu tun, die immer dann erfolgte, wenn dem echten König durch schlechte Vorzeichen Unheil angedroht wurde, das auf die durch einen Ritus zum Ersatzkönig aufgestiegene Person abgelenkt werden sollte[395]. Dieser Ritus wurde also nicht jährlich oder in regelmäßigen Abständen vollzogen, sondern lediglich, wenn durch ein Omen Unheil angekündigt war. Der Ersatzkönig konnte bis zu 100 Tagen ,,regieren''; war bis zu diesem Seitpunkt kein Unglück eingetroffen, wurde der *šar puḫi* getötet, in anderen Fällen wahrscheinlich nicht[396]. Einer der bekanntesten Fälle eines Ersatzkönigs ist der des Ellil-bāni aus der Dynastie von Isin, der durch den Tod des Königs Erra-imittī (1804-1797 v. Chr.) vom Ersatz- zum tatsächlichen König aufstieg:

Erra-imittī šarru Ellil-bāni nukarribu ana ṣalam nigsagilê ina kussîšu ušēšib agâ šarrūtišu ina qaqqadišu ištakan. Erra-imittī ina ekallišu pappāsu emmetu ina sarāpišu imtut. Ellil-bāni ina kussî ūšibi ul itbi ana šarrūtišu ittaškan[397].

,,König Erra-imittī setzte Ellil-bāni den Gärtner als Bild der Vertretung auf seinen Thron und die Krone seines Königtums setzte er auf dessen Haupt. Als Erra-imittī (darauf) in seinem Palast einen heißen Gerstenbrei hinunterschlürfte, starb er. Ellil-bāni setzte sich auf den Thron und obwohl nicht ernannt, begründete er sein Königtum.''

In diesem Falle darf man wohl davon ausgehen, daß das drohende Unheil vom regierenden König als nicht abgewendet interpretiert wurde und damit Ellil-bāni ab sofort als legitimer König (1797-1774 v. Chr.) galt.

Die Abwehr böser Vorzeichen durch einen Ersatzkönig geht aus einem Ritualbruchstück aus Ninive hervor (Kol. IV, 5ff.): *amēlu ša ana puḫi šarri taddinu imâtma [ana ša]rri šuatu idātu lemnētu ul iṭeḫḫâšu* [....]-*BI išallimmma u matsu iššer*: ,,der Mensch, den du als Ersatz des Königs hingegeben hast, stirbt. Dann werden sich diesem König die bösen Kräfte nicht nähern, sein(?) [....] wird gesund werden, und sein Land wird in Ordnung kommen''[398].

Dies alles unterstreicht die Bedeutsamkeit des Königs sowohl für den weltlichen wir für den religiösen Bereich, wobei diese Unterteilung eher eine moderne denn eine zeitgenössische ist.

Der Einfluß des Priestertums hing sehr von der Macht oder Ohnmacht des Staates ab. Im allgemeinen standen beide Institutionen in einem gewissen Gegensatz. War der Staat stark, so hatten die Priester keinen großen Einfluß, aber in Zeiten politischer Ohnmacht erhob die Priesterschaft ihr Haupt. In Babylonien hatte die Priesterschaft zudem immer mehr Macht als in dem straff verwalteten Assyrien. Schon in sumerischer Zeit hatten die Stadtherrscher häufig die Kontrolle über das Tempelland, das als Gottesbesitz galt, an sich gerissen und beuteten es für ihre Zwecke aus. Urukagina, der in Lagaš die Herrschaft usurpierte (ca. 2295 v. Chr.), nahm für sich in Anspruch, die diversen Übergriffe des Staates abgeschafft und die Säkularisierung des Tempellandes rückgängig gemacht zu haben. Hruška hat aber darauf hingewiesen, daß die sogenannten Reformen des Urukagina zumeist propagandistischer Natur waren. Die Tempelwirtschaft wurde weiterhin kontrolliert oder zumindest in ihre Verwaltung eingegriffen, und aus einem Text vernehmen wir, daß Šaša, die Frau des Urukagina, zwei Wollschafe in den Palast wegführte, obwohl diese der Göttin Baba, d.h. dem Tempel, gehörten[399].

Šarrukīn von Akkad brach die Macht der *ensís* und eroberte Lagaš ,,in der Schlacht'' (*in tâḫazim*)[400], wo er auch den Tempel der Ba-Ú zerstörte, was dadurch belegbar ist, daß die Dokumente des Tempels mit dem Zeitpunkt der Eroberung Lagašs durch Šarrukīn abbrechen[401]. Er stärkte die politische und ökonomische Einheit des Landes und brachte auch die Tempelgüter unter königliche Kontrolle. Hand in Hand damit ging der Versuch, die lokalen Herrschaften sowohl in ihrer Struktur als auch ideologisch zu überwinden. Die Könige von Akkad umgaben sich mit einer neuen militärischen und bürokratischen Nobilität. Die neue Titulatur (,,König der vier Weltgegenden'') sowie die Vergöttlichung des Narām-Sîn sowie aller Könige von Akkad im nachhinein bekräftigen die Zäsur, die mit Beginn der Herrschaft von Akkad angedeutet werden soll[402]. Ähnliche Vorgänge sind bei der Entstehung anderer zentralisierter Großreiche zu beobachten: erinnert sei an dieser Stelle nur an Aśoka Maurya (268-232 v. Chr.) und Ch'in Shih-huang-ti (Qin Shihuangdi)[403] (246/221-210 v. Chr.).

Während der gesamten akkadischen Epoche (2276-2095 v. Chr.) hatten die Könige mit aufrührerischen *ensís* zu kämpfen, und schließlich brachten die Guti das Reich auf ,,Geheiß Ellils'' (und damit Nippurs und seiner Priesterschaft) zu Fall.

Das Reich von Ur III errichtete ebenfalls einen stark zentralisierten Staat. Unter seinem letzten König Ibbisîn (1963-1939 v Chr.) erhob sich Išbi-erra, einer seiner Funktionäre. Er beruft sich auf einen konkreten Auftrag Ellils, der von Puzurnumušda, dem Stadtfürsten von Kazallu, an Ibbisîn weitergeleitet wurde. In diesem Brief wird die Begründung des Išbi-erra angegeben (A 3, 7-14):

> ,,Enlil, mein Herr, hat das Hirtenamt über Sumer eingeklagt.
> Die Ufer des Tigris, des Euphrat, des *abgal*-Kanals und des *ME-*^{d}*en-líl-lá*-Kanals,
> ihre (d.i. der dort lebenden Menschen) Städte, ihre Götter und ihre Heere
> vom Lande Ḫamazi bis zum Meer von Magan
> vor Nininsina hin (in ihren Tempel) eintreten zu [lassen],
> Isin zum Speicherhaus Enlil's schlechthin zu machen, es einen (berühmten) namen tragen zu lassen,
> es (d.i. das Land) zu ihrer Beute zu machen, sie die Städte dort bewohnen zu lassen,
> hat Enlil mir gesagt.''[404]

Wilcke macht geltend, daß der Auftrag Ellils nur auf dem Wege der Opferschau ergangen sein kann[405] und demnach durch die Priesterschaft Ellils in Nippur vermittelt wurde. Auch Wilcke will eine Manipulation des Omens zugunsten von Išbi-erra durch die Priester nicht ausschließen[406]. Jedenfalls erkennt Ibbisîn den Orakelspruch in seinem Antwortbrief an Puzurnumušda an (A 3b, 15-21):

> ,,Früher hat Enlil Sumer gehaßt
> und einen Affen, der gerade von seinem Gebirge herunterstieg,
> zum Hirtenamt über Sumer erhoben;
> jetzt hat Enlil dem herumreisenden Asa-foetida-Krämer,
> Išbi'erra, der nicht sumerischer Abkunft ist, die Königswürde verliehen.
> Wohlan! Die Ratsversammlung der Götter und Sumer hat er zersprengt —
> der Vater Enlil, den man bei seinem Wort nehmen kann.''[407]

Das Enlilorakel bewirkte schließlich das Überwechseln der meisten Stadtfürsten zum neuen König Išbi-erra (1953-1921 v. Chr.), der auch Nippur besetzte. Die endgültige Zerstörung des Reiches Ur III erfolgte dann aber 1939 v. Chr. durch die Elamiter[408].

Der Einfluß eines unabhängigen Orakelwesens — gleichviel, ob im konkreten Fall des Kampfes zwischen Ibbisîn und Išbi-erra von der Priesterschaft zu Nippur manipuliert wurde oder nicht — zeigt, daß das Königtum einer bestimmten Dynastie oder Stadt im Konfliktfalle auch ideologisch bzw. religiös angefochten werden konnte. Der Abfall vieler Stadtfürsten Nordbabyloniens ist ein konkreter Beleg für diesen Einfluß, unabhängig davon, daß manche aus politischen Gründen vielleicht sowieso dem neuen Machthaber zuneigten. Gleichzeitig bedeutet dies, daß allen Zentralisierungsbestrebungen zum Trotz offensichtlich noch keineswegs eine totale Kontrolle des Staates über die einzelnen Tempel des Staates erreicht worden war, wobei es dahingestellt sei, ob die Könige aus religiöser Pietät nicht davor zurückschreckten, das Orakelwesen in ihrem Sinne umzufunktionieren.

Der Autonomie und Autarkie der Tempel wurde unter Ḫammurapi von Babylon (1728-1686 v. Chr.) ein Ende gesetzt. Vor seiner Zeit bezeichneten sich Tempelbedienstete und -administratoren als Diener eines Tempels[409]. Unter Ḫammurapi wechselt die Bezeichnung und die Sache selbst: Ein *sanga* der Göttin Ṣarpanitum bezeichnet sich nicht mehr als Diener eines Tempels oder eines Gottes, sondern als der Diener des Ḫammurapi; etwa drei Generationen später bezeichnet sich ein gewisser Etel-pī-Nabium als *sanga* des Aja und Diener des Königs Ammiditana (1619-1583 v. Chr.)[410]. Eingriffe des Staates auf den Tempel waren zwar in Mesopotamien nichts Neues, doch waren sie bisher nicht durch eine solche quasijuristische Maßnahme legitimiert. Unter Ḫammurapi mußten die Tempel auch Abgaben an den Staat zahlen. Seinen Statthalter in der südbabylonischen Stadt Larsa fordert er auf, ,,alle Tempelvorsteher und den Hirten des Šamaštempels nebst ihrer Abrechnung zu sich kommen zu lassen und sie dann nach Babylon zu senden, damit man ihre Abrechnung vornehme''[411].

Das bedeutete jedoch nicht, daß der Tempel grundsätzlich zu einer willkommenen Einnahmequelle des Staates herabgewürdigt wurde[412]. Vielmehr erhielt er auch weiterhin reichlich Stiftungen durch den König.

Die Säkularisierung des Tempels wurde dadurch vollzogen, daß Einnahmen, die mit bestimmten Priesterämtern verbunden waren, sich in privater Hand befanden und Familieneigentum waren. Schon in Ur III konnten der König oder die *ensís* Tempelpfründen verleihen und damit Privatpersonen Einnahmequellen verschaffen.

Faktisch geriet mit der staatlichen Kontrolle über den Tempel dessen Landbesitz zunächst ebenfalls zur Masse des Kronlandes (*eqlāt ekallim*)[413]. Dieses Kronland unterteilte sich aber wiederum in drei Kategorien: das eigentliche Kronland (*eqlum ša rēš ekallim ukallu*), das sich aus Weideland und Reservelandbesitz zusammensetzte, dann das Verteilerland (*eqlum kurummatum*), das an königliche Beamte, Handwerker, Soldaten und Priester verteilt wurde; und schließlich Land, das kleinen Farmpächtern zugeteilt wurde (*eqel biltim*)[414].

Inhaber von Ländereien der zweiten Kategorie (*eqlum kurummatum*) mit Ausnahme der Soldaten konnten Land unter der Bedingung verkaufen, daß der oder die Käufer ein entsprechendes Amt im königlichen Dienst innehatten. Aus altbabylonischer Zeit existieren z.B. Texte von Landverkäufen bzw. -verpachtungen durch *ugbabtum*-Priesterinnen; möglicherweise handelt es sich bei den Landstücken um sogenanntes Mitgift (*šeriktum*)-Land dieser Priesterinnen[415]. Häufig wurden Pfründe, die vererbbar waren, im Laufe von Generationen als privates Eigentum betrachtet. Renger sieht als einen entscheidenden Faktor beim Erwerb von Reichtümern durch Angehörige der Oberschicht das Bestreben des Palastes an, ,,möglichst viele Wirtschaftsoperationen gegen einen festen Satz an ,private' *entrepreneurs* zu ,verpachten', um sich selbst von der kostspieligen und aufwendigen Durchführung zu entlasten''[416]. Diese Entwicklung führte gerade in Babylonien mit seiner wechselvollen politischen Geschichte, in der das Königtum immer wieder geschwächt wurde, dazu, daß die im Laufe der Zeit altehrwürdig gewordenen Heiligtümer zugleich zu einem bedeutenden Reichtum wie auch zu einem großen religiösen Ansehen gekommen waren. Nach dem Sturz der Kassiten, die Enlil von Nippur bevorzugt hatten, erlebte der Mardukkult unter der II. Dynastie von Isin (1156-1025 v. Chr.), insbesondere unter Nabû-kudurri-uṣur I. (1124-1103 v. Chr.) eine ungeheure Aufwertung, auch im Vergleich zu seiner Bedeutung unter Ḫammurapi[417]. In der Folgezeit erlebte Babylonien eine neue Schwächeperiode unter häufig wechselnden Dynastien (1024-732 v. Chr.) und ständiger Bedrohung durch Elamer, Assyrer und Aramäer. Die Dynastien hatten ihren Ursprung in verschiedenen Regionen Babyloniens wie dem Meerland (1024-1004) oder aus Bazi (1003-984), östlich auf den Höhenzügen jenseits des Tigris. Die Autorität der babylonischen Könige war je nach den politischen Wechselfällen oft auf ein Minimum beschränkt. In der Zeit der assyrischen Hegemonie im 8. und 7. Jahrhundert v. Chr. wurden die Könige nicht selten von den Assyrern gestellt, während in Südbabylonien (im Meerland und in Bīt-Jakīn) die aramäische und chaldäische Bevölkerung häufig durch eigene Könige, die alle treue Anhänger des Marduk- und des Nabû-Kultes waren, diesen Bestrebungen Widerstand leistete.

Während dieser Periode der Lähmung des babylonischen Königtums konnten sich die großen Heiligtümer von Babylon, Borsippa und Kutha fast von jeglicher politischen Bindung befreien. Priesterliche Behörden verwalteten die Tempel mit ihren Ländereien, Lehen und ihrem Personal: ,,Diese drei Städte waren sehr viel mehr als nur die nationalen Kultorte der babylonischen Könige; es waren heilige Städte geworden, denen das gesamte semitische Mesopotamien, ob nun Assyrer, Aramäer oder Chaldäer, seinen Kult zuwandte''[418].

Unter sehr starker Kontrolle des Königs waren hingegen die Tempel in Assyrien. Beim assyrischen Königsritual wurde zwischen dem Königtum des Gottes und dem Handeln irdischen Herrschers unterschieden[419]. Der *šangû* des Gottes Aššur rief beim Eintritt in den Tempel: ,,*Aššur šarru Aššur šarru*'' [*adi*] *bāb Azue iq*[*a*]*bbi*[420]: ,, ,Aššur ist König, Aššur ist König', [bis] zum Tor des Azu'u sp[ri]cht er (es)''.

Der König hat auch priesterliche Funktionen, wie aus dem gleichen Krönungsritual hervorgeht, wo der das Ritual Vollziehende dem Herrscher die Tiara auf den Kopf setzt, indem er spricht:

mā kulūli ša qaqqadika mā Aššur [*N*]*inlil bēlē ša*
kulūlika 100 šanāte līt[*epp*]*irūka*
šepka ina Ekur u qātēka [*in*]*a irat Aššur ilika lu ṭāb*
ina maḫar Aššur ilika šang[*ût*]*ka u šangûta*
ša mārēka lu ṭāba[*t*] *ina ešarte*
ḫaṭṭika māt rapi[*š*] [*q*]*abâ šemâ magāra*
kitta u sa[*lī*]*ma Aššur liddinaku*[421]

,,Die Tiara deines Hauptes mögen Aššur (und) Ninlil, die Herren deiner Tiara, für 100 Jahre dir [auf]setzen!
Möge dein Fuß im Ekur gesichert sein und deine Hände auf der Brust Aššurs, deines Gottes.
Das Wohlgefallen Aššurs, deines Gottes, möge dein Priester[tum] und das Priestertum
deiner Söhne finde[n]! Mit deinem gerechten
Zepter sollst du dein Land ausdehne[n]! [Ra]schen Gehorsam,
Recht und Fri[ed]en möge Aššur dir geben!

Bemerkenswert ist hierbei das Hervortreten des Priestertums (*šangûtu*) des Königs. Aššur-naṣir-aplu II. (883-859 v. Chr.) sagt in seinen Annalen (Kol. I, 11-12): *ša šangûssu eli ilūtika rabîti iṭībuma*[422] ,,dessen Priestertum das Wohlgefallen deiner großen Gottheit gefunden hat''. Tukulti-Ninurta I. (1243-1207 v. Chr.) bezeichnet sich als *šangû Aššur šarru ša epšētūšu eli ilāni ša šamê erṣetim iṭībāma*[423] ,,Priester Aššurs, der König, dessen Taten das Wohlgefallen der Götter des Himmels (und) der Erde gefunden haben''. Aššur-naṣir-aplu II. stellt sich in seinen Annalen (Kol. I, 24-25) als *rubû kēnu ša ana šutēšur parṣī ekurrāte mātišu pitqudu kajjānu ša epšēt qātišu u nadān zībīšu ilānī rabûti ša šamê erṣetim irāmuma šangûssu ina ekurrāte ana dāriš ukinnu*[424] ,,der legitime Fürst, der umsichtig dauernd die Kulte der Tempel seines Landes überwacht, dessen Wirken und Opfern die großen Götter des Himmels (und) der Erde liebgewonnen und dessen Priestertum sie in den Tempeln für immer festgegründet haben''.

Das Priestertum des Königs wird häufig damit begründet, daß der König die Herrschaft über das Land Assyrien an Stelle und im Auftrag Aššurs betrachtete[425]. Häufig steht *šangûtu* im Sinne von Herrschaft des

Königs: *ina šurri šangûtīja* „zu Beginn meiner Herrschaft" heißt es in einer Inschrift (Kol. I, 27) des Šulmānu-ašarēd I. (1273-1244 v. Chr.)[426]. Der assyrische König ist also im Gegensatz zum babylonischen Herrscher selbst Priester und steht im Kultus von Anfang an im Mittelpunkt des Geschehens. Hier fehlt auch vollkommen der demütigende Ritus, dem sich der babylonische König unterziehen muß[427].

Im Königsritual (s.o.) erhielt der assyrische König den Auftrag, sein Land auszudehnen. Adad-nirāri I. (1305-1274 v. Chr.) nannte sich *murappiš miṣri u kudurri*[428] „Erweiterer der Gebiete und Grenzen". Unter seinen Nachfolgern erinnert Tukulti-apil-Ešarra I. (1112-1074 v. Chr.) daran, daß *Aššur ilāni rabûti mušarbû šarrūtīja ša kiššūta u danāna ana išqīja išrukūni miṣir mātišunu ruppuša iqbiūni* (Zyl. Inschr. I, 46-49)[429] „Aššur (und) die großen Götter, die mein Königtum groß gemacht haben und Macht und Stärke als meinen Besitz schenkten, beauftragten mich, die Grenzen ihrer Länder auszudehnen".

In der Folgezeit verstärkt sich das Bild des von einem Gott beauftragten Herrschers. Aššur-naṣir-aplu II. (883-859 v. Chr.) behauptet (Ann. I, 42), *mātāti ḫuršāni dannūti ana pêle šuknuše u šapari aggiš umaʾʾarranni ina tukulti Aššur bēlīja*[430] „er (Aššur) befahl mir ergrimmt, die Länder (und) die starken Berg(länder) zu beherrschen, zu unterwerfen und zu leiten durch die Hilfe Aššurs, meines Herrn". Auch Adad-nirāri III. (809-782 v. Chr.) stellt sich in ähnlicher Weise dar (No 3, 14-18): *mār māri ša Aššur-naṣir-aplu ardu qardu murappiš dadmi perʾe Adad-nirāri rubû naʾdu ša Aššur Šamaš Adad u Marduk rīṣū illikūma urappišū mässu*[431] „Sohn des Sohnes von Aššur-naṣir-aplu, der tapfere Held, der die bewohnten Gebiete erweitert, Sprößling des Adad-nirāri, dem Aššur, Šamaš, Adad und Marduk zu Hilfe kamen und dessen Land sie vergrößerten".

Garelli hat die Frage gestellt, welchen Vorteil der Gott oder der Tempel aus der Eroberungspolitik zieht, und sie mit ideologischen Faktoren des assyrischen Königtums und dem Willen zur Universalherrschaft, der sich seit dem 13. Jahrhundert v. Chr. entfaltet und durch die Invasionen der Aramäer noch verstärkt wird, erklärt; außerdem macht er noch ökonomische Faktoren wie die Tempelwirtschaft und die Verteilung der Kriegsbeute geltend und verweist in diesem Zusammenhang auf eine neue Tradition seit Tukulti-apil-Ešarra I., nach der die Schenkungen an Tempel aus Kriegsbeute detailliert aufgeführt werden, angefangen von Wertgegenständen über Tiere bis hin zu Frauen, Königssöhnen und -töchtern und deportierten Göttern[432]. Die Schenkung von Viehherden erwähnt als einziger ausdrücklich Tukulti-apil-Ešarra III. (745-727 v. Chr.): *sīsī alpī sēnī uqnû ṭib šadî*... [*ana ilāni*] *rabûti bēlīja aqqi*[433] „Pferde, Rinder, Schafe, Lapislazuli, das Beste des Gebirges ... opferte ich [den] großen [Göttern], meinen Herren". Die Tradition der Deportation fremder Gottheiten geht auf Tukulti-apil-Ešarra I. zurück. Nach dem aramäischen Einfall unter Aššur-rabi II. (1010-970 v. Chr.), unter dessen Nachwirkungen Assyrien noch in der Zeit von Tukulti-apil-Ešarra II. (966-935) zu leiden hatte, deportierten alle Könige außer Adad-nirāri III. und seinen unbedeutenden Nachfolgern Götterstatuen[434]. Diese kamen wahrscheinlich nicht in die Tempel der eigenen Götter, wenn auch Tukulti-apil-Ešarra I. in einer Passage seiner Inschrift (Kol. IV, 32-39): *ina ūmīšuma 25 ilāni ša mātāti šinātina kišitti qātīja ša alqâ ana utuʾut bīt Ninlil ḫirte rabîte namaddi Aššur bēlīja Anim Adad Ištar Aššurīte ekurrāt ālīja Aššur u ištarāt mātīja lū ašruk*[435] ,,Zu dieser Zeit nahm ich 25 Gottheiten dieser Länder, die ich mit meiner Hand erbeutet hatte, zum Pfortendienst des Tempels der Ninlil, der großen Gemahlin, der Geliebten Aššurs, meines Herrn und schenkte sie den Tempel Anus, Adads und der Ištar von Assyrien und denen meiner Stadt Aššur und den Göttinnen meines Landes''.

Ein an der Nordseite der kleinen Ziqqurat von Aššur gefundener Siegelzylinder des Šulmānu-ašarēd III. (858-824 v. Chr.) beschreibt den Transport von Beutestücken aus dem Tempel des Gottes Šēri in Malaḫa, der Stadt des Königs Hazael von Damaskus nach Aššur[436]. Möglicherweise wurde ein Teil der Beute dem Tempel übergeben.

Garelli hat mit aller Deutlichkeit aber darauf hingewiesen, daß dieses Beutegut nicht die Quelle der Einkünfte eines assyrischen Tempels darstellte; es bestand zumeist aus kostbarem Holz, das für den täglichen Gebrauch nicht genutzt wurde und somit wie die fremden Götter das Schatzhaus des Tempels bereicherte[437].

Bis zur Herrschaft von Šamši-Adad V. (832-811 v. Chr.) wurden die Einkünfte des Tempels im wesentlichen vom König gesichert. So versichert z.B. Tukulti-apil-Ešarra I. (Zyl. Inschr., Kol. VII, 13-16): *puḫādē immerē nabnīt libbišunu ana biblat libbīja itti niqêja ebēbete šattišamma ana Aššur bēlīja lū attaqi*[438] ,,Lämmer, Schafe und deren Nachwuchs opferte ich als meinen Herzenswunsch zusammen mit reinen Opfer(tieren) alljährlich Aššur, meinem Herrn''. Adad-nirāri I. (1305-1274 v. Chr.) berichtet in einer Inschrift über Säulen aus Zedernholz aus Naḫur, *niqê ša ūmi 5*^{kám} *ana šallum[e] ana libbi āli ebera[n]ni*[439] ,,... um die Opfer des 5. Tages zu vollführen, kam er (der König) nach der Innenstadt herüber''. Tukulti-Ninurta I. (1243-1207 v. Chr.) nennt eine Quelle für die Opferzurüstungen (Inschr. No 15, 46-48): *ina ḫiṣib mê patti šuāti ginâ ana ilāni rabûti bēlēja ana dāriš lū arkus* ,,aus dem Ertrag der Wasser dieses Kanals rüstete ich das ständige Opfer für die großen Götter, meine Herren, auf immerdar''[440].

Weidner erläuterte den Ertrag des Wassers (*ḫiṣib mê*) als Gerechtsame aus der Fischerei und Abgaben für die Benutzung des Wassers[441]. Auch

Aššur-naṣir-aplu II. (Großer Monolith, Kol. V, 9-10) berichtet: *rēšēte ana Aššur bēlīja u ekurrāt mātīja aqqi*[442] ,,Das Beste opferte ich für Aššur, meinen Herrn, und die Tempel meines Landes''. Ninurta-tukulti-Aššur (1132 v. Chr.) hat trotz seiner kurzen Regierungszeit verschiedenen Gottheiten Schafe gespendet, so z.B. *1 immeru ana pān Šerua niqû Ninurta-tukulti-Aššur*[443] ,,1 Schaf vor Šerua als Opfer des Ninurta-tukulti-Aššur''. Und Šulmānu-ašarēd III. verteilte *dām erinnu ... ša šalimutte ša Šulmānu-ašarēdu šar kiššati šar māt Aššur bīt Aššur ekurrātešu*[444] ,,Zedernharz ... als Tempelabgabe(?) des Šulmānu-ašarēd, des Königs der Gesamtheit, des Königs von Assyrien im Tempel Aššurs (und) seiner Heiligtümer''. Aus solchen Texten glaubt man erschließen zu können, daß die Spenden aus Nahrung und Opfertieren aus königlichem Besitz stammten. Zusätzliche Tribute kamen von den unterworfenen Völkern. Adad-nirāri II. (909-889 v. Chr.) rechtfertigte seine Unternehmungen gegen zwei Städte mit folgendem Argument: *biltu madattu ana Aššur bēlīja iklû*[445] ,,Tribut (und) Abgaben für Aššur, meinen Herrn, hielten sie zurück''. Und Tukulti-apil-Ešarra I. berichtet von einigen Ländern, die vor fünfzig Jahren *naš bilti u madatte ša Aššur bēlīja iṣbatūni*[446] ,,Tribute und Abgaben für Aššur, meinen Herrn, zahlten''. Dies war selbstverständlich nur metaphorisch gemeint, da jeder Tribut an den König gezahlt wurde, der die Interessen des Gottes vertrat. Ein Teil des Tributes kam wohl tatsächlich den Tempeln zu. Sicherte der König die notwendige Kultausstattung, so kamen diese Zuwendungen sicherlich aus seinen Einkünften. Außerdem sicherte er wohl den Unterhalt des Tempelpersonals, wie aus einer Stiftungsurkunde des Tukulti-Ninurta I. hervorgeht, wo die Anteile des Kronprinzen (*mār šarri*), der Priester der Šarrat-nipḫa von Kār-Tukulti-Ninurta, der Hierodulen (*kezrāti*), des Tempelverwalters (*šatammu*), der *šangû*-Priester, der Bierwürzer (*sirašû*), der Obersänger (*nargallu*) und der Kultdiener (*kurgarrû*) an Brot- und Fleischportionen sowie an Häuten festgesetzt wurden[447]. Diese Einkünfte bildeten wohl nicht das gesamte Einkommen des Personals, das wahrscheinlich genauso seinen eigenen Besitz gehabt haben dürfte wie alle Funktionäre. Wichtig ist die Tatsache, daß sich der König direkt in diesen Bereich einschaltete.

Seit Šamši-Adad V. und Adad-nirāri III. sind die assyrischen Könige Tempeln gegenüber freigebiger geworden, was möglicherweise eine Folge des Bürgerkriegs in Assyrien in der Zeit von 827 bis 820 v. Chr. war, in dessen Gefolge der assyrische Adel eine stärkere Stellung gewann. Seit 850 v. Chr. waren assyrische Könige auch häufig auf Pilgerfahrten nach Babylonien, nachdem Šulmānu-ašarēd III. den Thron des babylonischen Königs Marduk-zākir-šumi I. (851-827 v. Chr.) gerettet hatte und bei dieser Gelegenheit den Heiligtümern von Kuta, Babylon und Borsippa seinen Respekt zollte[448]. Babylonien war zu dieser Zeit faktisch in drei

Machtbereiche untergliedert: den des Königs mit seinem Zentrum Diyāla und Dēr, den der Stadtheiligtümer, die von Bürgern verwaltet wurden und von der Freigebigkeit und der Macht der Chaldäer lebten, die als dritte Macht im Süden ziemlich unabhängig waren[449]. Die assyrischen Könige wurden zu jener Zeit in Babylonien immer sehr gut empfangen und übertrugen die Organisation der babylonischen Tempel nach Assyrien.

In seiner Balāwāt-Inschrift VI, 4 berichtet Šulmānu-ašarēd III. von seinen Stiftungen für die babylonischen Tempel und seiner Großzügigkeit gegenüber den Einwohnern von Babylon und Borsippa: *ana bābili u barsip ṣābē kidenni šubarê ša ilāni rabûti qerīte iškunma akalē kurunna iddinšunūti birmē ulabbiš*[450] ,,Für (die Bewohner von) Babylon und Borsippa, die privilegierten Bürger, die Freien der großen Götter, bereitete er Gastmähler und gab ihnen Brot (und) Feinbier, bekleidete (sie) mit bunten Kleidern''. Daraus geht hervor, daß die Bürger bestimmter Städte in staatsrechtlicher Beziehung auch in den folgenden Jahrhunderten eine exzeptionelle Stellung, eine Art Privileg (*kidennūtu*) besaßen, das die assyrischen Könige verliehen[451]. Im Gegensatz zu den ziemlich abhängigen assyrischen Tempeln erfreuten sich die babylonischen in jener Zeit recht großer Unabhängigkeit, die durch zahlreiche Schenkungen assyrischer Herrscher nur noch gestärkt wurde. Zum Teil wurden die assyrischen Tempel nach dem Bürgerkrieg von 827-820 v. Chr. indirekt vom König versorgt. Der mächtig gewordene Adel erhielt häufig Freiländer und war davon befreit, dem Staat Dienste zu leisten, mußte aber dafür bestimmten Heiligtümern Unterhalt zahlen. Šarrukīn II. (721-705 v. Chr.) schenkte dreien seiner Statthalter umfangreiche Ländereien, die diese an Stelle des Landbesitzes, den ihre Väter von Adad-nirāri III. erhalten hatten, bekamen, da dieser Grundbesitz für den Bau der neuen Hauptstadt Dūr-Šarrukīn benötigt wurde; den Besitzern wurde lediglich die Auflage gemacht, wie ihre Väter jährlich eine Abgabe von 10 emār Gerstengraupe für die Götter Aššur und Bau zu entrichten[452]. Besiegten Aramäern machte Šarrukīn II. folgende Auflage (Annalen, 260-261): *ṣibit alpēšunu ṣēnīšunu ana Bēl amēl Bēl ukîn šattišam*[453] ,,die Einnahme von ihren Rindern (und) Schafen setzte er jährlich für Bēl, den Sohn Bēls (= Marduk) fest''. Sîn-aḫḫē-erība (704-681 v. Chr.) berichtet in seinen Annalen (I, 61-64) von seinen Auflagen für die unterworfene Stadt Ḫirimmu: *ištēn alpu 10 immerē 10 emār karāni 20 emār suluppi rēšētišu ana ilāni māt Aššur bēlēja ukîn dārišam*[454] ,,ein Rind, 10 Schafe, 10 emār Wein (und) 20 emār Datteln, das Beste davon setzte ich fest für die Götter des Landes Assyrien, meine Herren, auf immerdar''.

Der König war also nicht mehr gehalten, die religiösen Einkünfte zu sichern, und die Götter erhielten trotzdem weiterhin das, was sie brauchten. Als *šangû* hatte der König die Aufgabe, das Territorium des Gottes Aššur zu vergrößern und durfte es gerade deshalb nicht für den Gewinn des Tempels aus der Hand geben. Direkt oder indirekt ist er der Hauptverteiler der kultischen Ressourcen. Im Grunde genommen sicherte er die Opfer und den Unterhalt des religiösen Personals durch Einkünfte aus seinen Bestiztümern. Das bedeutete natürlich eine extreme Machtkonzentration in Assyrien, wie sie in Babylonien nicht ohne weiteres möglich war. Die Priesterschaft Babylons kollaborierte seit Einführung einer assyrischen Doppelmonarchie durch Tukulti-apil-Ešarra III., der als Pūlu 729-727 v. Chr. auch König Babyloniens war (ebenso sein Nachfolger Šulmānu-ašarēd V. als Ululaju 726-722 v. Chr.) bzw. der Einsetzung assyrischer Prätendenten häufig gegen die Suprematie Assyriens trotz reichlicher Schenkungen seitens der Könige. So hatte z.B. Marduk-apla-iddin II. von Bīt-Jakīn (732-694 v. Chr.) die Königskrone Babyloniens 11 Jahre (721-710 v. Chr.) inne und beunruhigte auch danach bis zu seiner Niederlage von 694 v. Chr. immer wieder die assyrische Herrschaft über Babylonien. Sîn-aḫḫē-erība äußerte sich zornig über die Bestechung der Elamer durch den babylonischen König Mušēzib-Marduk (692-689 v. Chr.) mit dem Tempelschatz des Esagila für eine antiassyrische Koalition (Prisma Inschr., Kol. V, 31-34): *bīt makkūri ša Esagila iptûma ḫurāṣa kaspa ša Bēl u Ṣarpanitum bušâ bīt ilānišunu ušēṣūni ana Ummān-menānu šar māt Elamti ša lā išû ṭēmu u milku ušebiluš ṭaʾtu*[455] ,,Das Schatzhaus von Esagila öffneten sie, das Gold und Silber von Bēl und Ṣarpanitum, den Besitz der Tempel ihrer Götter, brachten sie zu Ummān-nenānu, dem König des Landes Elam, der weder Verstand noch Urteilskraft besaß, und sandten es ihm als Bestechungsgeld''. Sîn-aḫḫē-erība beantwortete diese ständige Feindseligkeit im Jahre 689 v. Chr. mit einem beispiellosen Akt der Zerstörung und Verwüstung Babylons, bei dem auch Götterstatuen nicht geschont wurden (Bavian-Inschr. 48): *ilāni āšib libbišu qātā nišēja ikšussunūtima ušabbirūma [bušâ]šunu makkūrašunu ilqūni*[456] ,,Die Hände meiner Leute ergriffen die Götter, die in ihrem Innern [d.i. der Stadt Babylon] wohnten, und zerschmetterten sie; ihre [Besitztümer] und Güter nahmen sie an sich''. Die Zerstörung von Götterstatuen ist ein geradezu unerhörtes Ereignis und deutet auf Bestrebungen hin, Babylon nicht nur politisch, sondern auch religiös zu vernichten. Doch bereits der Nachfolger des Verwüsters von Babylon, Aššur-aḫa-iddina (680-669 v. Chr.), der nochmals die Verwendung des Tempelschatzes für die antiassyrische Koalition verurteilte[457], betrieb wieder eine babylon-freundliche Politik. Dadurch wurden dann die großen Schäden, die babylonischen Tempeln zugefügt worden waren, letztlich doch nur zu einem temporären Ereignis. Mit dem Untergang des assyrischen Reiches nahm dann der Tempelbesitz in Babylonien unter der chaldäischen Dynastie (625-538 v. Chr.) noch zu. Die verpachteten Ländereien des Ištar-Tempels von Uruk umfaßten 15884 *kur*, das sind mehr als 20600 ha[458]. Das Pachtland, das 555 v. Chr. einem gewissen Innin-šuma-uṣur gewährt wurde, erstreckte sich über 150 km: *eśrû ša Bēlet ša Uruk ša ultu Uruk adi Bābili ultu muḫḫi nār šarri adi muḫḫi Puratti eqlu ša Bēlet ša Uruk ša ina Dūr-ša-Bīt-Dakkūru*[459] ,,Zehntland der Bēlet von Uruk, das sich von Uruk bis nach Babylon, vom Königskanal bis zum Euphrat (erstreckt); das Feld der Bēlet von Uruk, das sich in Dūr-ša-Bīt-Dakkūru (befindet)''. Daraus und aus zahlreichen anderen Dokumenten[460] geht aber auch hervor, daß die Mehrzahl der Tempelgüter nicht von den Tempeln selbst bewirtschaftet, sondern verpachtet wurden. Der König erhielt von diesen Liegenschaften den Zehnten, und seine Verwaltung sorgte dafür, daß er reichlich genug ausfiel. Vom König ernannte Zivilbeamte (*šakin ṭēmi*) hatten nicht selten den Vorrang vor dem Bevollmächtigten (*qīpu*) des Tempels. Da die Ergiebigkeit der Tempelgüter gewöhnlich nicht sehr groß war, wurde die Staatsaufsicht durch Kontrolleure (*bēl piqitti*) verschärft, die dann auch eine geregelte Landwirtschaft veranlaßten und Generalpächter mit riesigen Domänen zwischen den Tempel und die Kleinpächter einschalteten. Einer der größten Generalpächter war der Bankier Šum-ukīn, der schon für das Jahr 582 v. Chr., also unter der Herrschaft von Nabû-kudurri-uṣur II. (604-562 v. Chr.) belegt ist[461]. Diese Generalpächter schuldeten dem Tempel nur einen festen Pachtzins für die Ernte. Der höheren Priesterschaft waren diese Pachten und damit das Übergreifen der königlichen Autorität auf die Verwaltung der Tempelgüter ein Ärgernis[462]. Diese Entwicklung fand ihren Höhepunkt in einem Erlaß von 549 v. Chr., in dem der Kronprinz Bēl-šar-uṣur im Namen seines Vaters Nabûnaʾid (555-538 v. Chr.) die Pflichten und Aufgaben der Generalpächter genauestens festlegte[463]. Es dürfte sicher sein, daß der König und sein Apparat sich damit in Priesterkreisen noch unbeliebter machten. Bei Nabûnaʾid kam noch die Bevorzugung des Mondgottes Sîn von Ḫarrān dazu, besonders, nachdem die Perser unter Kuraš II. (559-530 v. Chr.) 553 Medien unterworfen hatten und Babylonien Ḫarrān seinem Machtbereich eingliedern konnte. Diese Vorliebe Nabûnaʾids rührt offensichtlich von seiner Mutter Adad-guppī her, die in einer Inschrift davon spricht, daß sie von Jugend an (*ultu meṣḫerūti*) eine Verehrerin des Sîn von Harrān war und ihre Trauer über die Zerstörung seines Tempels Eḫulḫul bei der Einnahme der Stadt Ḫarrān, des letzten assyrischen Königssitzes, im Jahre 610 v. Chr. durch Bußübungen zum Ausdruck gebracht habe[464]. Nabunaʾid selbst behauptete: *Sîn ana šarrūti [i]bbanni ina šat mūši šutta ušabranni umma Eḫulḫul bīt Sîn ša Ḫarrāni ḫanṭiš epuš mātāte kalâšina ana qātēka lumalla* (10-14)[465] ,,Sîn berief mich zur Königsherrschaft. Zur Nachtzeit ließ er mich einen Traum sehen, (wobei er?) folgendermaßen (sprach): „Eḫulḫul, den Tempel des Sîn in Ḫarrān, errichte eiligst. Alle Länder will ich dir in die Hand geben"[466]. Doch offensichtlich fand der Kult des Königs nicht den rechten Anklang bei seinem Volk und vor allem den Priestern, denn der Bericht fährt unmittelbar fort (14-18): *nišē mārē Bābili Barsip Nippuri Uri Uruk Larsa šangê nišē māḫāzi Akkadî ana ilūtišu rabîti iḫṭûʾima išēṭiū ugallilū lā idû ezzissu galtu ša šar ilāni Nannari*[467] „Die Leute, Bürger von Babylon, Borsippa, Nippur, Ur, Uruk, Larsa, Priester, Leute von den Wohnstätten Akkads verfehlten sich gegen seine große Gottheit und frevelten verächtlich in Unkenntnis des furchtbaren Zornes des Königs der Götter Nannar"[468]. Die Konsequenz aus dieser feindseligen Haltung war der Zug des Königs in verschiedene Oasenstädte Arabiens und die langjährige Statthalterschaft seines Sohnes Bēl-šar-uṣur. Aus der sogenannten persischen Vers-Erzählung geht hervor, daß die orthodoxe Priesterschaft die Bevorzugung des Sîn von Ḫarrān vor Marduk und den anderen Göttern Babyloniens ihrerseits als Frevel betrachtete (Kol. V, 14): *iballal parṣī idallaḫ tērēti*[469] „er brachte die Kultordnung durcheinander, störte die Orakel". Sîn von Ḫarrān wurde von dieser einflußreichen Gruppe als ein Gott betrachtet, den *lā iptiqu Ea mummu ul īdi zikiršu ummânum Adapa* (Kol. II, 2-3)[470] „den weder Ea, der Schöpfer ersonnen noch der Weise Adapa mit Namen gekannt hat". Im sogenannten Kyros-Zylinder (6-7) wird Nabûnaʾid dann auch vorgeworfen, er habe einen fremden Kult gefördert und die herkömmlichen religiösen Riten eingestellt: *paraṣ lā simātišunu taklīm lā mēsī šillata lā paliḫ ūmīšamma iddenebbub u ana magrītim šattuku ušabṭili ulappit pilludê lā ṭābta istakkan Marduk šar ilī igmur karšuššu* „Eine Kultordnung, die ihnen nicht entsprach, eine (Opfer)darbringung, deren Kult gar nicht existierte, (setzte er ein), indem er Frevlerisches ehrfurchtlos tagtäglich spracht, und als Bosheit ließ er die regulären Opfer einstellen, griff in die Kultordnungen ein. Unheil richtete er fortwährend in den Kultstätten an. Die (Ehr)furcht vor Marduk, dem König der Götter, tilgte er aus seinem Innern"[471]. Als neuer Liebling Marduks wird im Kyros-Zylinder der persische König Kuraš II. genannt, den man auch als Herrn von Gutium bezeichnet[472]. Mit Gutium wird möglicherweise bewußt an den Einfall der Guti in das Reich von Akkad 1500 Jahre früher erinnert, die ebenfalls kamen, um einen Frevel des einheimischen Königs zu strafen.

Mit der Unterstützung des persischen Königs hatte die Priesterschaft nach ihrem Selbstverständnis keinen Landesverrat begangen, sondern sich im Gegenteil um die Restauration der nach ihrer Ansicht gefährdeten nationalen Kulte verdient gemacht. Nach der theologischen Interpretation hatte sich der König, der eigentlich die Kulte fördern und beschützen sollte, gegen diese gerade vergangen. Aus einer objektiveren Sicht erscheint der Vorwurf der Häresie zwar nicht haltbar, doch genügte einer mächtigen Priesterschaft und ihrem nicht geringen Anhange das Aufstreben eines noch nicht etablierten Kultes, um auf das Heftigste gegen den König zu polemisieren. Diese zweifellos mächtige Opposition wäre aus eigener Kraft wahrscheinlich dennoch nicht in der Lage gewesen, den ihrer Ansicht nach häretischen Kult des Sîn von Ḫarrān wirksam zu bekämpfen, wenn sich nicht aufgrund der politischen Konstellation die Gelegenheit zum Sturz Nabûna'ids und damit gleichzeitig eines selbständigen babylonischen Staates ergeben hätte. In Assyrien wäre eine solch mächtige Opposition von seiten der Priesterschaft allein wegen der starken königlichen Kontrolle nicht so leicht möglich gewesen.

In der Relation zwischen Königtum und Tempel bzw. Staat und Kultus ist auch die Konkurrenz zwischen verschiedenen Göttern und Kulten und deren praktische Auswirkungen zu berücksichtigen. Grundsätzlich kann von einer Anerkenntnis der Kulte anderer Gottheiten sowohl im eigenen als auch im fremden Kulturbereich ausgegangen werden. Eine Konkurrenz zu Göttern anderer Kulturbereiche (z.B. Syrien-Palästina, Hethiterreich, Ägypten) scheidet von vornherein aus, da keiner der Kulte aufgrund seines volksreligiösen Typus missionarisch wirksam wurde. Eine offene Konkurrenz der Gottheiten und ihrer Kulte im eigenen Kulturbereich ist auch nicht gegeben, da alle zum gleichen Pantheon einer polytheistischen Religionswelt gehören, womit keineswegs das Bild einer einheitlichen Religion und Theologie postuliert werden soll. Erwachsen aus den Kulten bestimmter Städte erlangten gewisse Gottheiten aufgrund ihrer Eigenschaften und/oder der Bedeutung ihres Staates überregionales Gewicht, und in bestimmten historischen Perioden gewann ein bestimmter Gott die religiöse Suprematie über die anderen Gottheiten — seien es nun Ellil, Marduk oder Aššur als Nationalgötter Sumers, Babyloniens oder Ištar und Sîn als Dynastengottheiten von Akkad, Ur III oder des letzten neubabylonischen Königs Nabûnaʾid. Die Konkurrenz der Gottheiten und ihrer Anhängerschaft ist hier eher latent und zielt nie auf die Bekämpfung oder gar Vernichtung eines anderen Kultes, sondern auf die Zurückdrängung seines Einflusses und die Unterordnung der anderen Gottheit unter die eigene. Paul Hacker hat für diese Praxis im Hinduismus den Begriff ,,Inklusivismus'', d.h. die Akzeptierung anderer Gottheiten bei gleichzeitiger Unterordnung unter die eigene, als Hauptgottheit betrachtete Figur, geprägt[473], und er erscheint mir auch hier durchaus anwendbar. Allenfalls könnte man zur Unterscheidung hier den Begriff ,,latenter Inklusivismus'' verwenden, da andere Gottheiten sich nie expressis verbis einem Hauptgott unterordnen, sondern der Betrachter je nach der jeweiligen religionshistorischen Phase direkt mit dem Faktum konfrontiert wird. Veränderungen der Bedeutung eines

Kultes geschahen meist im Gefolge politischer Machtverschiebungen: war ein Kult erst einmal jahrhundertelang in seiner Bedeutung gewachsen wie der des Marduk von Babylon, konnten auch machtpolitische Verschiebungen an seiner Stellung nur schwerlich etwas ändern. Allenthalben war es zwar üblich, die Gottheiten einer eroberten Stadt zu entführen, doch geschah dies, um die Stadt ihres Schutzes zu berauben und wurde so auch von den Unterlegenen interpretiert. Theologisch gesprochen war diese Verschleppung ein freiwilliger Auszug des Gottes ins Exil wegen der Verfehlungen der Menschen in seiner Heimatstadt. In einer Prophetie aus Mari wird der König Zimrī-Lim (1716-1695 v. Chr.) davor gewarnt, gegen Ḫammurapi zu Felde zu ziehen; die Seherin Adad-dūrī erhält in einem Traum ein Omen: *ina šuttīja ana bīt Bēlet-ekallim ērubma Bēlet-ekallim ul wašbat u ṣalmānu ša maḫrīša ul ibaššû* (ARM X 50, 8-11)[474] ,,in meinem Traume betrat ich den Tempel der Bēlet-ekallim, aber die Bēlet-ekallim saß nicht (auf ihrem Platz), und die Statuetten, die vor ihr (standen), waren nicht (mehr) vorhanden''. Diesem Traum folgt ein zweiter, der noch schlimmeres verheißt, da eine Stimme ruft *tūra Dagan tūra Dagan* (19-20)[475] ,,Komm zurück, Dagan, komm zurück, Dagan''. Der Ruf bedeutet, daß der Feind die Stadt eingenommen und der Hauptgott Dagan sie verlassen und damit seines Schutzes entzogen hat[476]. Marduk wurde nach theologischer Interpretation auf seinen eigenen Wunsch dreimal weggeführt: zunächst ins Hethiterreich, womit auf die Eroberung Babylons durch Muršilis I. 1530 v. Chr. angespielt wird; angeblich wurde die Statue von dem Kassitenkönig Agum II. 24 Jahre später wieder nach Babylon zurückgeführt; das zweite Mal wurde die Mardukstatue unter Tukulti-Ninurta I. (1243-1207 v. Chr.) im Jahre 1233 v. Chr. zusammen mit dem kassitischen König Kaštiliaš IV. weggeführt[477], das dritte Mal durch den Elamer Kuter-Naḫḫunte II. 1157 v. Chr. Bei dieser dritten Wegführung wird Babylon im Elend zurückgelassen, doch in der Marduk-Prophezeiung gleichzeitig auf einen babylonischen Herrscher hingewiesen, der Marduk im Triumph wieder zurückführen wird, womit zweifellos Nabû-kudurri-uṣur I. (1124-1103 v. Chr.) gemeint ist, der die Mardukstatue auch tatsächlich aus Elam heimführte[478].

Möglicherweise deutet auch das Erra-Epos — falls es sich auf diese Ereignisse bezieht — auf die triumphale Heimkehr Marduks und das Wiedererblühen Babyloniens unter Nabûkudurri-uṣur I. hin, nachdem es durch den Pestgott Erra gründlich verwüstet und in das Elend gestoßen worden war. Nach dieser Auffassung wäre das Erra-Epos zur Zeit der II. Dynastie von Isin, also im 11. Jahrhundert v. Chr. entstanden[479]. Gössmann vermutet dagegen die Zerstörung Babylons durch den Assyrerkönig Sîn-aḫḫē-erība im Jahre 689 v. Chr. als historischen Hintergrund für dieses Epos eines gewissen Kabti-ilāni-Marduk[480].

Der jahrhundertelang praktizierte latente Inklusivismus der diversen Gottheiten des babylonisch-assyrischen Pantheons fand eine jähe Unterbrechung in dem Versuch des Sîn-aḫḫē-erība zusammen mit der Schleifung Babylons auch den Mardukkult zu vernichten und durch den des assyrischen Nationalgottes Aššur zu ersetzen. Dieser Versuch ist von einer national geprägten Politik bestimmt, die Assyrien auch religiös und ideologisch an die Spitze stellen wollte. Diesem Zwecke diente auch die Ersetzung des Namens von Marduk durch Anšar im Weltschöpfungsepos Enūma eliš, da die assyrischen Theologen Aššur, um ihm den allerhöchsten Rang zu geben, mit dem Urgott Anšar gleichsetzten[481]. Wolfram von Soden hat nachgewiesen, daß der Text KAR 143, den Zimmern als eine Wiederauferstehungsmythe Marduks deuten wollte[482], ein Ordal über Marduk darstellt, in dem Aššur als Ankläger auftritt. Marduk spielt hier eine ganz und gar klägliche Rolle und wird sogar geschlagen und eingesperrt, sein Kult eingestellt[483]. Ob der hier in assyrischer Manier Bēl genannte Marduk tatsächlich hingerichtet wird, ist nicht klar ersichtlich, doch fürchten sowohl seine hier Bēlet-Bābili genannte Gattin (Z. 10, s. Soden, S. 134) als auch Šamaš (Z. 37, s. Soden, S. 136) um sein Leben. Es handelt sich also bei diesem Text, der allen Menschen bekannt gemacht werden soll, um ein antibabylonisches Machwerk, worauf auch die assyrische Sprache hindeutet. Sicherlich ist es auf Initiative des Sîn-aḫḫē-erība entstanden, um sein fürchterliches Zerstörungswerk nicht nur politisch, sondern auch religiös zu rechtfertigen.

Vorsichtiger sollte Sodens Aussage, daß ,,dem ohnehin schon recht abwegigen Vergleich mit Jesu Tod und Auferstehung'' ,,damit aber auch die letzte Grundlage entzogen'' wird[484], bewertet werden. Die Interpretation Zimmerns ist nach dieser gründlichen Neubearbeitung Sodens natürlich hinfällig, zumal ein solcher Wiederauferstehungsglaube ziemlich unvermittelt ohne irgendeine Vorbereitung aufgetaucht wäre und dann eine zentrale Stellung in der Religion und im Kult eingenommen hätte; in diesem Falle hätte man aber auch noch mehr Textbelege finden müssen. Sieht man jedoch diesen gegenüber dem Mardukkult negativen Text als einen Baustein in der Entwicklung der religionsgeschichtlichen Figur Marduk an, muß man auch das Umfeld und die Entwicklungslinien einer solchen Gestalt sowie die Kombinationsfähigkeit verschiedener Mythen und religionsgeschichtlicher Texte im Zusammenhang mit den jeweiligen politischen Gegebenheiten berücksichtigen.

Der Marduk der Amurru-Zeit war ein anderer als der der II. Dynastie von Isin, und dieser ist wiederum von dem der neubabylonischen Dynastie zu unterscheiden. Der erste war zunächst lediglich der Stadtgott von Babylon und wurde aufgrund der politischen Bedeutung seiner Heimatstadt aufgewertet; der zweite erlebte einen Aufstieg zum Reichsgott Babyloniens und zur zentralen Figur des Weltschöpfungsepos Enūma eliš; der dritte schließlich nimmt universale Züge an. In einem spätbabylonischen Text[485] erscheinen die anderen Gottheiten wie Attribute oder Aspekte des Marduk („Nergal ist der Marduk des Kampfes" usw.). Verweilen wir noch einen Augenblick bei dem Versuch Sîn-aḫḫē-erības, den Mardukkult auszulöschen. Dieser Versuch schlug offensichtlich fehl. Denn schon sein Sohn Aššur-aḫa-iddina interpretierte die Plünderung Babylons durch seinen Vater wieder in der theologisch herkömmlichen Weise der Mardukpriesterschaft, wenn auch mit einem deutlichen Vorwurf an die Adresse Babylons wegen der Tempelplündrung zur Bestechung Elams: *īgugma Ellil ilāni Marduk ana sapān māti ḫulluqu nišē(ša) iktapud lemuttim* „Da ergrimmte der Enlil (Herr) der Götter, Marduk; um das Land niederzuwerfen und seine Bewohnerschaft zu verderben, sann er Böses"[486]. Wir werden weiter informiert, wie dieser göttliche Plan ausgeführt wird: *70 šanāti minût nidûtišu išṭurma rēmēnû Marduk surriš libbašu inūḫma eliš ana šapliš ušbalkitma ana 11 šanāti āšabšu iqbi* „Obgleich er 70 Jahre als die Frist seiner Entvölkerung (auf die Schicksalstafeln) geschrieben hatte, hat der barmherzige Marduk, nachdem sein Herz alsbald zur Ruhe gekommen war, die Ziffern vertauscht und seine Wiederbebauung im 11. Jahre befohlen"[487]. Damit war Marduk gleichsam rehabilitiert, andererseits war der andere Text, der von seiner Gefangenschaft und (ihm zumindest drohenden) Hinrichtung berichtet, damit ja nicht einfach beseitigt, sondern dürfte sich bei national eingestellten Assyrern großer Beliebtheit erfreut haben, und war wohl nicht gänzlich in Vergessenheit geraten. Metaphorisch gesprochen erlebte Marduk nach dem großen Desaster von 689 v. Chr. tatsächlich eine Auferstehung. Daraus nun eine leibliche Auferstehung Marduks in der religiösen Vorstellung der Babylonier im unmittelbaren zeitlichen Anschluß an den Wiederaufstieg des Mardukkultes ableiten zu wollen, wäre in der Tat abwegig. Doch sollten noch einige andere Fakten berücksichtigt werden. Im Erra-Epos konnte der Pestgott Erra seine Verwüstungen nur anrichten und auch überhaupt nur herrschen, wenn Marduk — obgleich nur vorübergehend — die Oberwelt verließ (Erra-Epos I, 189-190). Marduk behält also eindeutig den Primat. Erra kann die Menschen nur „niederwalzen" (*sapānu*), wenn es ihm gelingt, Marduk „in Wut zu versetzen" (Š-Stamm von *agāgu*) und ihn von seinem Sitz „aufzuscheuchen" (*dekû*) (I, 118). Prinzipiell wird die Weltordnung dadurch gewährleistet, daß Marduk die „Zügel von Himmel und Erde" (*ṣerret šamê u erṣetim*) in Händen hält. Am Schluß dieses Werkes wird Babylonien dann allerdings eine glänzende Zukunft verheißen, und es bedarf kaum einer Erläuterung, daß dies nur unter der erneuten Herrschaft Marduks geschehen wird. Gleichviel, ob dieses Epos nun im Anschluß an den elamitischen Überfall von 1157

v. Chr. oder die assyrische Verwüstung von 689 v. Chr. entstand, bleibt als Faktum der Bericht vom Abstieg Marduks in die Unterwelt, allerdings nicht, um zu sterben, sondern um seine Kleidung reinigen zu lassen. Es bleibt also festzuhalten, daß zwischen dem Bericht über die Hinrichtung und dem seines temporären Verschwindens in die Unterwelt eine gewaltige Diskrepanz besteht. Dennoch erhebt sich die Frage, ob in der weiteren religionsgeschichtlichen Entwicklung nicht eine Annäherung der beiden Berichte im Bereich des Möglichen liegt. Die einzige bis zur Niederschrift des Textes KAR 143 bekannte Mythe von der Hinrichtung eines Gottes ist die bereits zitierte des Frevlers Kingu, und diese Hinrichtung wird beim Neujahrsfest in Form eines Schafopfers nachvollzogen: *immeru ina muḫḫi kinūni innaddu ina girri iqammušu Kingu šū kī ina išāti iqammu*[488] ,,Ein Schaf wird auf das Kohlebecken gelegt, das im Feuer verbrennt; das ist Kingu, wie man ihn im Feuer verbrennt''. Offensichtlich diente ein Schaf oder Lamm aber auch als Ersatzopfer für einen Menschen[489], und steht somit im direkten Bezug zur Hinrichtungsmythe, denn aus Kingus Blut wurden bekanntlich die Menschen geschaffen. In der Babyloniaka des Berossos (Fragment 12) ist es aber der Gott Bēl, der an Kingus Stelle tritt und sich selbst das Haupt abschlägt: τοῦτον τὸν θεὸν ἀφελεῖν την ἑαυτοῦ κεφαλήν, καὶ τὸ ῥυὲν αἷμα τοὺς ἄλλους θεοὺς; φυρᾶσαι τῇ γῇ, καὶ διαπλάσαι τοὺς ἀνθρώπους· διὸ νοερούς τε εἶναι καὶ φρονήσεως θείας μετέχειν[490].

Die Wandlung der ursprünglichen Mythe ist hier ganz deutlich belegbar; der oberste Gott tötet sich selbst und begründet damit gleichzeitig die Gottähnlichkeit des Menschen[491], eine Vorstellung, die der sumerischen Überlieferung von der Menschenschöpfung und dem Menschenbild näher kommt. Aus dem 8. oder 7. Jahrhundert v. Chr. stammt ein assyrischer Siegelzylinder[492], auf dem die Schlachtung eines nackten Mannes durch den Gott Aššur und einen Helfer dargestellt ist, wohl eine Szene aus der assyrischen Rezension des Enūma eliš. Zweifellos ist der Geschlachtete Kingu, und die Möglichkeit seiner Ersetzung durch Marduk während einer antibabylonischen Phase der assyrischen Religionspolitik ist nicht nachweisbar. Bei Berossos tötet sich Marduk denn ja auch selbst, und es muß offen bleiben, auf welche Weise sich der Wandel in den religiösen Vorstellungen Babyloniens vollzug. Begnügen wir uns zunächst mit der Tatsache, daß sich ein Wandel eingestellt hatte. Über die religiösen Vorstellung und Praktiken der Babylonier unter den Achämeniden lassen sich sowieso nur spärliche Angaben machen.

Feststeht, daß der Mardukkult über 200 Jahre nach den Aktionen Sînaḫḫē-erības durch den Achämeniden Xšayārša I. (486-465 v. Chr.) einen ähnlichen Schlag empfing. Wieder war es ein Aufstand, diesmal durchgeführt von einem gewissen Šamaš-erība. Klassische Autoren (Herodot

I, 184, Strabo XVI, 738, Arrian, Anabasis III, 16, 4) berichten, daß Xšayārša die rebellische Stadt nach mehrmonatiger Belagerung einnahm, Esagila und andere Tempel bis auf die Grundmauern niederbrannte und die Statue Marduks zerstörte[493]. In seiner berühmten Daiva-Inschrift sprach der persische Großkönig dann ein Verbot der sogenannten *daiva*-Stätten, d.h. der Kulte der nichtarischen Götter in den aufrührerischen Provinzen, aus und zerstörte ihre Stätten[494]. Es ist sehr wahrscheinlich, daß zu diesen Daiva-Stätten (*daivadāna*) auch die babylonischen Kultstätten gehörten[495]. Anders als 200 Jahre früher erlebte der Kult Marduks keine rasche Renaissance. Der persische Großkönig nannte sich nach seinem 10. Jahre (476 v. Chr.) nicht mehr *šar Bābili* und erkannte nach dieser schroffen Wendung zur alleinigen Verehrung des Ahura Mazdā in Marduk nur noch einen Götzen. Vor allen Dingen war es aber fernerhin unmöglich, das Neujahrsfest zu feiern, an dem der König Babyloniens die Hand des Gottes ergriffen und aus ihr seine Investitur empfangen hatte. Darüber hinaus wurde der Mardukkult nicht weiter verfolgt, doch war die Situation viel ernster als je zuvor. Die Statue war nicht bloß verschleppt, sondern auch zerstört worden, eine praktische Ausübung der großen Feierlichkeiten unmöglich[496]. Es liegt nahe, eine der neuen Situation angepaßte Reaktion der Theologen zu erwarten. Falls der Ordaltext aus der Zeit des Sîn-aḫḫē-erība noch bekannt war — und zumindest eine mündliche Tradierung könnte im Bereich des Möglichen liegen —, hätte er jetzt aktualisiert werden können, da eine tatsächliche Verfolgung Marduks vorlag. Es darf zwar damit gerechnet werden, daß die zerstörte Statue bald durch eine neue ersetzt wurde, doch bedeutete dies ja keineswegs eine Wiederherstellung der gesamten alten Kultordnung, die zumindestens in wichtigen Partien lahmgelegt war. Würde man strenge theologische Deutungen erwarten, dann herrschte auf der Erde Chaos und Marduk befände sich nicht auf ihr. Ein solches Modell war schon im Erra-Epos vorgegeben zusammen mit der Verheißung einer strahlenden Zukunft für Babylonien. Leider fehlen uns Quellenangaben für diese Interpretation wie überhaupt für die Weiterentwicklung der Marduk-Theologie. Wäre nicht das Zeugnis des Berossos, wüßten wir auch nichts von der Selbsttötung Marduks; hier fehlen also ebenfalls Quellen über die Zwischenglieder einer religionshistorischen Entwicklung. Immerhin liegt zwischen der Zerstörung durch Sîn-aḫḫē-erība und dem Bericht des Berossos ein Zeitraum von ca. 400 Jahren.

Kommen wir jetzt zu einem Vergleich der verschiedenen Mythen und Texte über Marduk mit der Figur Jesu. Das Bindeglied der verschiedenartigen akkadischen Texte ist die Person Marduks selbst, und dieser Tatsache sollte die ihr gebührende Achtung gezollt werden:

1. In dem Ordaltext wird Marduk angeklagt, verfolgt, geschlagen und (wahrscheinlich) getötet. Mit ihm wird eine andere Person als Missetäter zur Ordalstätte geführt und hingerichtet[497]. Rein formale Übereinstimmungen mit dem Leiden Jesu können nicht geleugnet werden.

2. Im Erra-Epos geht Marduk in die Unterwelt und überläßt dem Pestgott Erra, einem echten Diabolos im eigentlichen Wortsinn („Durcheinanderwerfer") das Regiment auf der Erde. Parallelen zur Rolle und Funktion des hebräischen Satan scheinen mir keineswegs konstruiert, da auch dieser in den wenigen Belegstellen des AT (1. Chronik 21, 1; Hiob 1, 6-2, 7; Sacharja 3, 1f.) mit zum Hofstaat Jahwehs gehörte[498] wie Erra zum babylonischen Pantheon. Erst in späterer Zeit wurde Satan zur Gegenmacht und zum Widersacher des Göttlichen. Die Interpretation des Aufenthaltes Jesu in der Hölle/Unterwelt als Herrschaft Satans ist eine deutliche Parallele zur Herrschaft Erras während der Abwesenheit Marduks.

3. Das Bild des Opferlammes für den negativ bewerteten Gott Kingu: Bei Berossos ist Kingu durch Marduk ersetzt, der sich selbst tötet, damit durch sein Blut die Menschen des Göttlichen teilhaftig werden. Auch Jesus vergoß sein Blut für die Menschen, damit diese erlöst werden können und damit Anteil am Göttlichen gewinnen.

4. Das angebliche Grab Bēls. Schwierig zu deuten ist in diesem Zusammenhang ein Kultkommentar zu einem Beschwörungstext Marduks, in dem es heißt: *[ša]niš ša ina bīt bakî amēlu ina qabrišu lā ikarrabu*[499]; Lambert übersetzt diese Passage wie folgt: „[Sec]ondly, as he does not bless a man in his grave in the House of Weeping"[500]. In seinen Anmerkungen weist er auf die Schwierigkeit hin, ob *amēlu* (Mensch) Subjekt oder Objekt zu *ikarrabu* (segnen, beten) ist. Ganz klar ist auch nicht, wessen Grab gemeint ist, das des Menschen oder das Marduks; wahrscheinlich wohl doch das Grab des Menschen. Bei Strabon, Gēographika XVI, 1,5 erscheint zwar das Grab des Gottes Bēl: ἔστι δὲ καὶ ὁ τοῦ Βήλου τάφος αὐτόθι, νῦν μὲν κατασκαμμένος; doch beschreibt er es an gleicher Stelle: ἦν δὲ πυραμὶς τετράγωνος[501]. Offensichtlich betrachtete er den Turmtempel Etemenanki als Grabstätte des Gottes. Wahrscheinlich beruht diese Ansicht auf einem Mißverständnis. Bei Aelian, Var. Hist. 13, 3 ist die Geschichte vom Grab des Bēl mit der Niederreißung des Etemenanki durch Xšayārša I. kombiniert worden[502]. König hat darauf hingewiesen, daß hier wohl eine Verwechslung von ἡ πύελος (Sarg) mit ἡ πύλ(ε)η (Tor) vorliegt, und „das Tor" wahrscheinlich die ältere Überlieferung ist[503]. Es besteht also allenfalls die Möglichkeit, daß die Verwechslung bzw. falsche Deutung in hellenistischer Zeit zu einem Allgemeingut wurde und einen Rückkopplungseffekt in der Marduktheologie bewirkte; es sei aber vermerkt, daß dies sehr unwahrscheinlich ist.

5. Gerade zur Zeit der Achämeniden, aber auch danach war Babylonien zum Sammelbecken unterschiedlicher Menschen und Kulturen geworden. Die Onomastik bezeugt die Verehrung iranischer Götter wie Mitra und Baga, ägyptischer wie Isis und Harmachis, aramäischer wie Šemeš usw., ,,doch wo wir einen Beweis für religiösen Synkretismus haben, hat die babylonische Gottheit im allgemeinen die Oberhand''[504]. In Kleinasien wurde Ahura Mazdā, der iranische Hochgott, dem Bēl gleichgesetzt, Anāhita der Ištar und Mitra dem Sonnengott Šamaš[505]. Wenn der schon abgegriffene Begriff Synkretismus benutzt wird, dann ist er hier in der Tat angebracht. Dieser iranisierte Bēlskult oder babylonisch durchsetzte Mazdaismus hat naturgemäß von der iranischen Seite eine starke dualistische Theologie; gerade in den ersten beiden vorchristlichen Jahrhunderten entstand außerdem noch eine ganz spezielle Apokalyptik, insbesondere im Zusammenhang mit den sogenannten ,,Orakeln des Hystaspes''[506]. Damit ist aber ein Sprung ins Gebiet der Iranistik und besonders der iranischen Religionsgeschichte der parthischen Periode und ihrer möglichen Auswirkung auf Juden- und Christentum gewagt, der hier nicht weiter fortgesetzt werden soll[506a]. Ein Einfluß babylonischer Vorstellungen auf das Judentum ist nichts ungewöhnliches. Neben der Übernahme des Weltbildes sei nur auf die (jüngere) Parallele vom 70jährigen Exil der Juden bei Jeremia 25, 11f. zu der 70jährigen Sklaverei Babylons im früher zitierten Text des Aššur-aḫa-iddina hingewiesen[507]. Auch nach der Exilszeit wohnten noch zahlreiche Juden in Mesopotamien, wie uns vor allem die Archive des Bankhauses Murašû in Nippur zeigen[508].

Man mag gegen die hier angeführten Parallelen zur Biographie Jesu einwenden, daß sie aus Texten unterschiedlicher Art und ganz verschiedener Epochen zusammengestellt wurden und eine Gesamtkomposition der diversen Handlungen mit ziemlicher Sicherheit nicht vorgenommen wurde. Dies ist nicht unbedingt eine Schwächung meiner Argumente. Wären die verschiedenen Komponenten der sich um die Gestalt Marduks rankenden Handlungsstränge zu einer gänzlich neuen Theologie umgeschmolzen und verarbeitet worden, hätte die Figur Jesu einen unmittelbaren Vorläufer gehabt und wäre somit lediglich eine Kopie gewesen. Gerade die noch nicht vereinten mythologischen und epischen Aussagen, deren gemeinsamer Nenner die Figur Marduks und seine Beziehung zu Verfolgung, Tod und Unterwelt samt den damit verbundenen Begleiterscheinungen ist, zeigen aber, daß eine solche Verschmelzung immerhin möglich war. Eine lückenlose Beweisführung zur Erhärtung des Gesagten ist beim gegenwärtigen Forschungsstand nicht möglich. Es soll an dieser Stelle auch nur dargelegt werden, daß ein solcher Vergleich und eine evtl. Abhängigkeit der Leidensgeschichte Jesu nicht einfach als *ohnehin abwegig* (Soden) abgetan werden kann. Eine solche verneinende Aussage gilt absolut nur für den engen zeitgeschichtlichen Rahmen der Epoche Sîn-aḫḫē-erības, aber diesen Zeitpunkt und den Beginn der christlichen Ära trennen etwa 700 Jahre. Eine Änderung der Marduktheologie ist nicht unwahrscheinlich, da sich die äußeren Bedingungen gründlich gewandelt hatten. Der Kult entbehrte seit Xšayārša I. des königlichen Schutzes (den er erst unter den Seleukiden wiedergewann) und erhielt auch nur noch spärliche Zuwendungen. Es ist denkbar, daß der Verlust äußeren Prestiges durch eine theologische Umgestaltung Marduks und seiner Religion, die beiden einen neuen Stellenwert gab, ausgeglichen werden sollte[509].

Das bringt uns wiederum zum Aspekt des theoretischen Weltherrschaftsanspruches sowohl Marduks als auch Aššurs, der sich real im babylonischen bzw. assyrischen Königtum zu verwirklichen suchte, dem aber seit dem Erlöschen des babylonischen Königtums unter Xšayārša I. die Grundlage entzogen war.

KAPITEL III

DIE ENDPHASE DER BABYLONISCHEN KULTUR UND IHR EINFLUSS AUF INDIEN

Mit der Eroberung Babylons durch den Achämeniden Kuraš II. d.Gr. im Jahre 538 v. Chr. endete die politische Herrschaft nationaler Könige in Mesopotamien. Doch hatte die Stadt ein anderes Schicksal als Ninive, das im Jahre 612 v. Chr. so vollständig zerstört worden war, daß Xenophon, der 401 v. Chr. nach der Schlacht von Kunaxa nordwärts marschierte, nur noch von einer Ruinenstadt Mespila an der Stelle der alten assyrischen Hauptstadt wußte (Anabasis, III, 4, 10). Lukian konnte im 2. Jahrhundert n. Chr. mit Recht sagen (Charōn, 23):

> Ἡ Νίνος μέν, ὦ πορθμεῦ, ἀπόλωλεν ἤδη καὶ οὐδὲ ἴχνος ἔτι λοιπὸν αὐτῆς, οὐδ᾽ἂν εἴποις ὅπου ποτ᾽ἦν.[510]

Babylon wurde von Kuraš II. ohne Widerstand eingenommen (Nabûna᾽id-Chronik III, 19): *šulum ana āli šakin Kuraš šulum ana Bābili gabbišu qibi*[511] „Friede herrschte in der Stadt; Kuraš verkündete Frieden für Babylon".

Im folgenden Jahr besuchte Kambujīya (II.) als Repräsentant seines Vaters Esagila, um das *akītu*-Fest zu feiern[512]. Die Achämeniden setzten zunächst die Tradition der babylonischen Könige fort und nannten sich *šar Bābili šar mātāti* oder *šar Bābili u mātāti*[513]. Rechtlich existierte also weiterhin ein babylonisches Königreich, wenn auch unter Fremdherrschern. Doch schon 16 Jahre nach seiner Einnahme erhob sich Babylon zweimal, als nach dem Tode von Kambujīya II. (530-522 v. Chr.) mit Dārayavauš I. (522-486 v. Chr.) ein anderer Zweig der Achämeniden an die Macht kam. 522 v. Chr. machte sich ein gewisser Nidintum-Bēl als Nabû-kudurri-uṣur III. zum König Babyloniens, doch konnte Dārayavauš I. am 18. Dezember 522 Babylon zurückerobern. 521 v. Chr. brach erneut eine Revolte aus: ein Armenier namens Araḫu beanspruchte wie sein glückloser Vorgänger Nidintum-Bēl ein Sohn des Nabûna᾽id zu sein und nannte sich Nabû-kudurri-uṣur IV.[514]. Am 27. November 521 v. Chr. ereilte ihn das gleiche Schicksal wie diesen: beide wurden vom persischen Großkönig hingerichtet[515]. Die Stadt Babylon nahm während dieser kriegerischen Auseinandersetzungen keinen großen Schaden[516]. Die dritte Revolte unter Xšayārša I. (486-465 v. Chr.) führte dann zu der schon erörterten Katastrophe. Der Mardukkult erfuhr einen schweren Schlag, die Heiligtümer wurden zerstört und das babylonische Königtum abgeschafft. Ab diesem Zeitpunkt war Babylonien nur noch eine Provinz der iranischen Universalmonarchie, die sich von Ägypten und Ionein im Westen bis nach Zentralasien und Indien im Osten erstreckte. Xenophon (Kyrupädie VI, 2, 1ff.) behauptet, schon Kuraš II. habe bis nach Indien ausgegriffen:

> ἦλθον δ' ἐν τούτῳ τῷ χρόνῳ καὶ παρὰ τοῦ 'Ινδοῦ χρήματα ἄγοντες καὶ ἀπήγγελλον αὐτῷ ὅτι ὁ 'Ινδὸς ἐπιστέλλει τοιάδε.[517]

Sicher bezeugt sind aber erst die Erwerbungen unter Großkönig Dārayavauš I. In der Inschrift von Bīsōtun sind allerdings im Osten nur die Satrapien Gadara und Šatagu erwähnt (Kol. I, 6)[518]. Das deutet darauf hin, daß diese Provinzen schon zum Reich Kuraš II. gehörten. Ziemlich bald nach Abfassung dieser Inschrift (519-518 v. Chr.)[519], so hören wir von Herodot (IV, 44), begann mit der See-Expedition des Karers Skylax die Angliederung des unteren Induslaufes:

> Τῆς δὲ 'Ασίης τὰ πολλὰ ὑπὸ Δαρείου ἐξευρέθη, ὅς βουλόμενος 'Ινδὸν ποταμόν, ὅς χροκοδείλους δεύτερος οὗτος ποταμῶν πάντων παρέχεται, τοῦτον τὸν ποταμὸν εἰδέναι τῇ ἐς θάλασσαν ἐκδιδοῖ, πέμπει πλοίοισι ἄλλους τε τοῖσι ἐπίστευε τὴν ἀληθείην ἐρέειν καὶ δὴ καὶ Σκύλακα ἄνδρα Καρυανδέα.[520]

In späteren Inschriften erwähnt Dārayavauš I. dann auch folgerichtig neben Gadara und Šatagu die Satrapie Hidu. Hidu ist ohne Zweifel das spätere Sindh(u), also der Unterlauf des Indus. Gadara ist mit Gandhāra gleichzusetzen, d.h. der Landschaft, welche das Kābul-Tal bis nach Swat und Bunir umfaßt. Die Identifizierung von Šatagu ist problematischer. Sudhakar Chattopadhyaya glaubt, hierin das indische Wort *śatagau* ,,Hunderte von Rindern'' wiederzuerkennen und setzt es mit dem Tal des vedischen Flusses Gomatī (,,Rinder habend'') gleich[521]. Als andere Möglichkeit der Deutung von Šatagu führt Ojha die Medo-Pāli-Korruption des Sanskritbegriffes *sapta sindhu* und Altpersischen *hapta hidu* (*hapta hindu* in Vendidād 1, 18) an, also das ,,Land der sieben Flüsse''[522]. Klaus Fischer hat in Erwägung gezogen, dieses Gebiet mit dem Arġandāb und seinen sechs Nebenflüssen gleichzusetzen[523].

Das Problem bekommt noch einen zusätzlichen Aspekt, wenn man die ursprüngliche Bedeutung des Wortes *sindhu* heranzieht, dessen Verbindung zum Verb *syand*, ,,fließen'', das als Variante zu **syandh* angesehen wurde, nicht haltbar ist, da die Laryngal-Erklärung von -d- mit -H- sehr zweifelhaft ist[524]. *Sindhu* wurde ursprünglich nicht in der Bedeutung von fließendem Wasser verwandt, sondern bezeichnete die Wassermenge. Die Basis des Wortes ist *sedh-*, d.i. *sidh-* mit dem gewöhnlichen n-Infix[525].

Die Verbform *sedh-* ,,hochgehoben sein'' aber ist vom Vedischen *utsedhá* ,,Erhebung, Höhe'' abgeleitet, so z.B. in Śatapatha-Brāhmaṇa XIII,

2, 2, 9: *tasmād utsedham prajā bhaye 'bhisaṃśrayanti*[526] ,,deswegen versammeln sich die Leute bei Gefahr auf einem Hügel (erhöhten Platz)''. Im Kommentar wird das Wort als Gebirge, Palast oder Hochplatz erklärt. Somit kann nicht ausgeschlossen werden, daß *sápta síndhava* ursprünglich 7 Hochplätze bedeutete. Jedoch findet sich in den Belegstellen des Ṛgveda kein Hinweis mehr auf diese spezielle Bedeutung des Wortes *sindhu.* Lediglich Ṛgveda IV, 55, 3 *pastyàm áditim síndhum* glaubt Bailey diesen Sinn zulegen zu dürfen, da er es mit ,,the Áditi, the House (*pastyà*) with enclosing walls'' übersetzt[527].

Der Möglichkeit einer Übernahme des sumerischen *bàd imin*, das ein Land östlich von Sumer hinter Aratta bezeichnet (erwähnt im epischen Gedicht ,,Enmerkar von Uruk und der en von Aratta, Z. 288) und die Bedeutung von ,,7 enclosed places'' besitzt, durch Proto-Inder und Proto-Iranier als *sápta síndhava* und *hapta hindu* kann eine gewisse Wahrscheinlichkeit nicht abgesprochen werden[528].

Seit Dārayavauš I. gehörten jedenfalls diese drei indischen Gebiete zum Achämenidenstaat, und Herodot (III, 94) berichtet von indischen Tributzahlungen:

> 'Ινδῶν δὲ πλῆθός τε πολλῷ πλεῖστόν ἐστι πάντων τῶν ἡμεῖς ἴδμεν ἀνθρώπων καὶ φόρον ἀπαγίνεον πρὸς πάντας τοὺς ἄλλους ἑξήκοντα καὶ τριηκόσια τάλαντα ψήγματος. νομὸς εἰκοστὸς οὗτος.[529]

Von Herodot erfahren wir auch von indischen Kontingenten im Heer des Dārayavauš während seines Feldzuges gegen Griechenland im Jahre 490 v. Chr. (VII, 65):

> 'Ινδοὶ δὲ εἵματα μὲν ἐνδεδυκότες ἀπὸ ξύλων πεποιημένα, τόξα δὲ καλάμινα καὶ ὀϊστοὺς καλαμίνους.[530]

Schlaglichtartig wird hier auch enthüllt, daß das Reich der Achämeniden ein Vielvölkerstaat von bisher nicht gekannten Dimensionen war, in dem die der persischen Krone untertanen Nationen und Kulturen nicht mehr nur relativ isoliert nebeneinander existierten.

Belege für die Anwesenheit von Indern in Babylonien zur Zeit der Achämeniden liefert uns ein Wohnungsverzeichnis der Stadt Kiš. In diesem Dokument heißt es: *Iddina-aplu māru ša Mušēzib-Nabû apil Nūr-Sîn ina bīt Busasa ḫindu ita numidum ina Kiš*[531] ,,Iddina-aplu, der Sohn des Mušēzib-Nabû, der Sohn des Nūr-Sîn im Hause der Busasa, der Inderin, angrenzend an das *numidum* in Kiš''[532]. Eine Steuerurkunde aus der Zeit des Achämeniden Artaxšathra I. (465-424 v. Chr.) berichtet von einer Summe von 3,5 Minen Silber und anderen Abgaben für das Königshaus im 40. Jahr (426 v. Chr.) des ,,Königs Artaḫšassu vom Bogen [Lehnsland] des Qaddušu, Sohnes des Lābāši, in der Ortschaft der Inder'' (*Artaḫšassu šarru ša qaštu ša Qaddušu māru ša Lābāši ša ina āl ḫindājja*[533]). Cardascia erwähnt die Garnisonen ausländischer Völkerschaften im achämenidischen Großreich, unter denen sich auch Inder (*Indûmai*) befunden haben[534]. Das einigende Band des Reiches trug außerdem viel dazu bei, den Handelsaustausch der verschiedenen Landesteile zu erleichtern.

Eine neue Wende für Babylonien begann mit der Eroberungszug Alexanders d.Gr. von Makedonien. Er machte Babylon zur Metropole seines Reiches. Schon 331 v. Chr. hatte er den Befehl gegeben, die zerstörten Heiligtümer Babylons wieder aufzubauen (Arrian, Anabasis III, 16, 4):

> 'Αλέξανδρος δὲ παρελθὼν εἰς τὴν Βαβυλῶνα, τὰ ἱερὰ ἃ Ξέρξης καθεῖλεν ἀνοικοδομεῖν προσέταξε Βαβυλωνίοις, τά τε ἄλλα καὶ τοῦ Βήλου τὸ ἱερόν, ὃν μάλιστα θεῶν τιμῶσι Βαβυλώνιοι.[535]

Nach seiner Rückkehr von den Feldzügen im Osten 323 v. Chr. hatte der Wiederaufbau Esagilas und des Etemenanki noch keine großen Fortschritte gemacht (Arrian, Anabasis, VII, 17, 3):

> 'Επεὶ δὲ ἀποστάντος αὐτοῦ μαλθακῶς ἀνθήψαντο τοῦ ἔργου οἷς ταῦτα ἐπετέτραπτο, ὁ δὲ τῇ στρατιᾷ πάσῃ ἐπενόει τὸ ἔργον ἐργάσασθαι. Εἶναι δὲ τῷ θεῷ τῷ Βήλῳ πολλὴν μὲν τὴν χώραν ἀνειμένην ἐκ τῶν 'Ασσυρίων βασιλέων, πολὺν δὲ χρυσόν. Καὶ ἀπὸ τοῦ πάλαι μὲν τὸν νεὼν ἐπισκευάζεσθαι καὶ τὰς θυσίας τῷ θεῷ θύεσθαι. τότε δὲ τοὺς Χαλδαίους τὰ τοῦ θεοῦ νέμεσθαι, οὐκ ὄντος ἐς ὅ τι ἀναλωθήσεται τὰ περιγιγνόμενα.[536]

Offensichtlich waren die Besitztümer des Tempels wieder beträchtlich und seine Einnahmen reichlich. Unter dem Halbbruder Alexanders III. d. Gr., Philipp III. Arrhidaios, und seinem Sohn Alexander IV. wurden die Arbeiten für den Marduktempel vorangetrieben. In den folgenden Jahren erlebte Babylon mehrmals kriegerische Auseinandersetzungen: 318 wurde die Stadt von Eumenes genommen, 316 von Seleukos und dann von Antigonos I. Monophthalmos[537]. Die Eroberung des Antigonos brachte allerlei Zerstörungen über das Land (Diadochen-Chronik, Rs. 26): *bikīt u sipdu ina māti iššakkan*[538] ,,Weinen und Trauer legte sich über das Land''; und (Rs. 27): *ultu Bābili ūṣi ḫubut āli u ṣeri iḫbut būšu*[539] ,,Er kam aus Babylon, plünderte die Stadt und das Land, die Güter''. Nach der Zerstörung Babylons marschierte Antigonos nach Kilikien, nachdem er Peithon, den Statthalter von Sindh, zum Satrapen von Babylonien gemacht hatte. Doch das Jahr 312 v. Chr. sah Seleukos erneut gegen Babylon ziehen und seine Zitadelle belagern (Diodor XIX, 91):

> ὁ δὲ Σέλευκος συστησάμενος πολιορκίαν καὶ κατὰ κράτος ἑλὼν τὴν ἄκραν.[540]

Wieder hatte Babylon samt den ländlichen Regionen Plünderungen und Verwüstungen zu erdulden[541]. Nach der Wiedereinnahme Babylons dehnte Seleukos seinen Machtbereich ostwärts bis nach Indien aus. Doch in den Jahren 310 bis 309 v. Chr. sandte Antigonos seinen Sohn Demetrios Poliorketes nach Babylonien (Diodor XIX, 100):

> ὁ δὲ Δημήτριος ἐπειδὴ παραγενόμενος εἰς Βαβυλῶνα τὴν πόλιν ἐκλελειμμένην εὗρεν, πολιορκεῖν ἐπεχείρει τὰς ἀκροπόλεις. ὧν τὴν ἑτέραν ἑλὼν ἔδωκε τοῖς ἰδίοις στρατιώταις εἰς διαρπαγήν.[542]

Die Kämpfe zogen sich bis zur Schlacht von Ipsos 301 v. Chr. hin, in der Antigonos von Seleukos besiegt und getötet wurde. Seinen Sieg konnte Seleukos mit Hilfe von indischen Kriegselefanten, die ihm der Maurya-Kaiser Candragupta (321-297 v. Chr.) zur Verfügung gestellt hatte, verwirklichen (Strabon, Geōgraphika, XV, 2, 9):

> τούτων δ' ἐκ μέρους τῶν παρὰ τὸν Ἰνδὸν ἔχουσί τινα Ἰνδοὶ πρότερον ὄντα Περσῶν, ἃ 'αφείλετο μὲν ὁ Ἀλέξανδρος τῶν Ἀριανῶν καὶ κατοικίας ἰδίας συνεστήσατο, ἔδωκε δὲ Σέλευκος ὁ Νικάτωρ Σανδροκόττῳ, συνθέμενος ἐπιγαμίαν καὶ ἀντιλαβὼν ἐλέφαντας πεντακοσίους.[543]

In Iustins Epitome zu den nicht mehr erhaltenen Historiae Philippicae des Pompeius Trogus erfahren wir ebenfalls aus klassischer antiker Quelle zum einen vom Aufstieg des Candragupta, zum anderen von dessen Vertrag mit Seleukos und seinen Folgen (XV, 4, 18-21):

> *Hoc prodigio primum ad spem regni inpulsus contractis latronibus Indos ad novitatem regni sollicitavit. Molienti deinde bellum adversus praefectos Alexandri elephantus ferus infinitae magnitudinis ultro se obtulit et veluti domita mansuetudine eum tergo excepit duxque belli et proeliator insignis fuit. Sic adquisito regno Sandrocottus ea tempestate, qua Seleucus futurae magnitudinis fundamenta iaciebat, Indiam possidebat, cum quo facta pactione Seleucus compositisque in Oriente rebus in bellum Antigoni descendit*[544].

Nach diesem Vertrag kam es zu einem regen Briefwechsel zwischen Seleukos und Candragupta[545]. Außerdem gelangte mit Megasthenes erstmals ein griechischer Gesandter bis tief nach Nordostindien, zur Maurya-Hauptstadt Pāṭaliputra; ihm verdanken wir eine noch in Fragmenten erhaltene Beschreibung Indiens[546]. Aber auch Ptolemaios II. Philadelphos (285-246 v. Chr.) hatte einen Gesandten in Indien: ...*verum et aliis auctoribus Graecis, qui cum regibus Indicis morati, sicut Megasthenes et Dionysius a Philadelpho missus, ex ea causa vires quoque gentium prodidere* (Plinius, Historia naturalis, VI, 58)[547].

Seleukos I. Nikator (312-281 v. Chr.) war aber nicht nur ein griechisch-makedonischer Herrscher, sondern auch König Babyloniens (*šar Bābili*). Seine von ihm geschaffene neue Ära (die sogenannte Seleukiden-Ära) datiert zudem von seinem ersten Einmarsch in Babylon im Jahre 312 v. Chr. an. Die Verwüstungen Babylons führten allerdings dazu, daß sich Seleukos 90 km nördlich von Babylon eine neue Hauptstadt erbaute. Viele Einwohner Babylons wurden in diese neue Stadt Seleukia überführt (Pausanias I, 16, 3):

> τοῦτο δὲ Σελεύκειαν οἰκίσας ἐπὶ Τίγρητι ποταμῷ καὶ Βαβυλωνίους οὗτος ἐπαγόμενος ἐς αὐτὴν συνοίκους.[543]

Dieser Aufstieg einer neuen Stadt war ein schwerer Schlag für Babylon, besonders nachdem Antiochos I. Soter (281-261 v. Chr.) Seleukia zur Hauptstadt gemacht hatte (275 v. Chr.): *Siluku*ʾ*a āl šarrūtu ša ina eli Idiqlat* (Antiochos-Chronik, Rs. 16)[549] „Seleukia, die Königsstadt am Tigris". Doch ließ der König zum Ausgleich im gleichen Jahr den Esagila-Tempel wiederaufbauen (Rs. 19). Seine probabylonische Politik kam aber auch in seiner Titulatur zum Ausdruck (Tonzylinder-Inschr. I, 1-6): *Anti*ʾ*ukus šarru rabû šarru dannu šar kiššati šar Bābili šar mātāti zānin Esagila u Ezida aplu ašarēdu ša Silukku šarri Makkadunājja anāku*[550] „Antiochos, der große König, der mächtige König, König der Gesamtheit, König von Babylon, König der Länder, Versorger von Esagila und Ezida, erstgeborener Sohn des Seleukos, des Königs, des Makedoniers, Königs von Babylon, bin ich". Diesem babylonfreundlichen König widmete Berossos, der Priester des Marduk in Babylon war, sein Werk, die Babyloniaka[551].

Auch dieser gräkobabylonische Herrscher erhielt Elefanten aus dem Osten (Antiochos-Chronik, Rs. 12): *20 pīrē ša mu*[*ma*]ʾ*ir Baḫtar ana šarri ušēbil*[552] „20 Elefanten, die der Satrap von Baktrien zum König schickte". Auch diese Elefanten stammten zweifellos aus Indien. Noch Seleukos I. hatte mit Deimachos nach Megasthenes einen weiteren Gesandten ins Maurya-Reich gesandt, zu König Bindusāra Amitraghāta (297-272 v. Chr.) (Strabon, Geographika II, 1, 9)[553]. In seinem in 5 Prakṛt-Versionen verfaßten 13. Felsedikt nannte der Maurya-Kaiser Aśoka Priyadarśin (ca. 268-236 v. Chr.)[554], der hier wie in anderen Edikten den *dharma* (*dhaṃma, dhrama, dhama*) — das bedeutet die buddhistisch geprägten Wert- und Moralvorstellungen — propagierte, fünf hellenistische Herrscher, denen er ebenfalls Kunde vom *dharma* zukommen ließ[555]. Einer von diesen war sein Grenznachbar Antiochos II. Theos (261-246 v. Chr.), im Text Aṃtiyoka bzw. Atiyoga genannt[556], wobei Nachbar nicht allzu wörtlich zu nehmen ist, lag doch zwischen der Residenzstadt der Seleukiden und dem indischen Grenzgebiet der gewaltige iranische Raum, der zu jener Zeit noch Teil des Seleukidenreiches war.

Schon vor der Maurya-Zeit waren nach Strabon (XVI, 1, 67) die Inder des Schreibens kundig:

> ἐπιστολὰς δὲ γράφειν ἐν σινδόσι λίαν κεκροτημέναις, τῶν ἄλλων γράμμασιν αὐτοὺς μὴ χρῆσθαι φαμένων.[557]

Aus den in indischen Prakṛts geschriebenen Aśoka-Inschriften sind zwei Schriftarten bekannt. Davon ist die linksläufige Kharoṣṭhī vermutlich ein aus dem Aramäischen entwickeltes Alphabet[558]. Die Brāhmī-Schrift scheint auf einem semitischen (phönizischen) Alphabet zu basieren, das durch die Vermittlung Mesopotamiens nach Indien gelangte[559]. Das aus den Aśoka-Inschriften bekannte Wort *dipi* für ,,Edikt'', das in Pāli und Sanskrit dann *lipi* und *dipi* lautet, kommt aus dem Altpersischen[560].

Das Vorbild für die Felsedikte waren zweifellos die altpersischen Inschriften von Bisōtūn und Naqš-i Rustam und anderen iranischen Orten. Deren Vorläufer und Vorbilder dürften aber assyrische und babylonische Felsinschriften gewesen sein, erinnert sei hier nur an die Inschriften des Sîn-aḫḫē-erība in der Bawiān-Schlucht. Einen weiteren Nachahmer der Tradition von Felsinschriften finden wir im ersten chinesischen Kaiser Ch'in Shih-huang-ti [Qin Shi-huangdi] (221-210 v. Chr.), der in den Jahren 219 bis 211 v. Chr. sechs Inschriften an verschiedenen Bergen seines Reiches anbringen ließ[561].

Einen weiteren Hinweis auf westlichen Einfluß lieferten die Ausgrabungen in Pāṭaliputra, die die Überreste einer Halle ans Tageslicht brachten, die der Halle der 100 Säulen in Persepolis ähnelt[562].

Noch unter der Regierung von Antiochos II. — so berichtet Apollodoros von Artemita nach dem Zeugnis des Iustin (XLI, 4, 5) — machten sich die Griechen in Baktrien um 250 v. Chr. unter Diodotos I. vom Seleukidenreich unabhängig[563].

Damit begann das Abbröckeln der seleukidischen Positionen im Osten; gleichzeitig bestand eine Bedrohung aus dem Westen: in den Jahren 246-245 v. Chr. gelang es dem Ptolemaier-König Ptolemaios III. Euergetes I. (246-221 v. Chr.), vorübergehend ganz Babylonien zu erobern[564]. Da Babylonien das Kernland des Seleukidenreiches war, strebten seine Könige danach, die Kontakte zu der einheimischen Bevölkerung dieses Landes und seiner Kultur zu intensivieren. Aus dem Jahre 173/2 v. Chr. (dem 139. Jahr der seleukidischen Ära) existiert die Kopie einer Stele aus dem Jahre 237 v. Chr., also aus der Zeit von Seleukos II. Kallinikos (246-226 v. Chr.), die von einer Schenkung des Antiochos II. Theos an seine Gemahlin Laodike und dessen Söhne Seleukos (Kallinikos) und Antiochos (Hierax) berichtet; diese Schenkung wurde von diesen dann an die drei großen Tempelstädte Babylon, Borsippa und Kuta weitergegeben[565]. Das bedeutete nicht unbedingt die Überschreibung von Ländereien an die Tempel der drei Städte, wohl aber an die Einwohnerschaft der drei Tempelstädte, wobei aber die Frage der unmittelbaren Verfügungsgewalt nicht geklärt ist; auf der Rückseite des Textes heißt es: *Bābilājja zērēšunu damqātum lizzakrū*, was Sarkisjan mit ,,Let the Babylonians declare their arable lands favourable (sacrosanct?)'' übersetzt[566]. Jedenfalls wird auch aus dieser Urkunde wie auch schon aus der früheren Zylinderinschrift des Antiochos I. über den Wiederaufbau der babylonischen Heiligtümer die babylonfreundliche Haltung der Seleukiden ersichtlich.

Diese wird auch durch die Errichtung eines Rēš-Heiligtums für Anu und Antum in Uruk im Jahre 244 v. Chr. dokumentiert: *Nisannu šattu 68 Siluku šarri Anu-uballiṭ māru ša Anu-ikṣur apil Aḫʾūtu šaknu ša Uruk ša Antiʾikusu šar mātāti Nikiqarqusu šumšu šanû iškunnu rēš bīt Anu u Antum* [etc.] *ēpuš ušaklil* ,,Im Nisān des Jahres 68 des Königs Seleukos hat Anu-uballiṭ, der Sohn des Anu-iḳsur, aus der Familie des Aḫʾūtu, der Statthalter von Uruk, dem Antiochos, der König der Länder, den Beinamen Nikarchos verliehen hat, das Rēš(-Heiligtum), den Tempel des Anu und der Antum [usw.] vollständig erbaut''[567]. Von einer Erweiterung des Heiligums erfahren wir aus einer Inschrift aus dem Jahre 201 v. Chr., die ebenfalls von einem Anu-uballiṭ mit dem griechischen Beinamen Kephalon (*Kiplunnu*) ausgeführt wurde, der als ,,der Große, der Stadtoberste von Uruk'' (*rabû rēš āli ša Uruk*) bezeichnet ist[568]. Der Brauch von Doppelnamen war im Uruk (griech. Orchoi) der hellenistischen Periode sehr beliebt; Rostovcev vermutet in Anu-uballiṭ-Kephalon einen Militärgouverneur (*epistates*) oder obersten Magistrat (*strategos*) einer gräko-babylonischen Gemeinde[569]. In der Seleukiden-Zeit blühten nach dem Zeugnis antiker Autoren an verschiedenen Tempeln Babyloniens miteinander konkurrierende Astronomenschulen; so berichtet Strabon (XVI, 1): 'Αφώριστο δ'ἐν τῇ Βαβυλῶνι κατοικία τοῖς ἐπιχωρίοις φιλοσόφοις τοῖς Χαλδαίοις προσαγορευομένοις, οἳ περὶ ἀστρονομίαν εἰσὶ τὸ πλέον· ...ἔστι δὲ καὶ τῶν Χαλδαίων τῶν ἀστρονομικῶν γένη πλείω· καὶ γὰρ 'Ορχηνοί τινες προσαγορεύονται καὶ Βορσιππηνοὶ καὶ ἄλλοι πλείους ὡς ἂν κατὰ αἱρέσεις ἄλλα καὶ ἄλλα νέμοντες περὶ τῶν αὐτῶν δόγματα[570]; und Plinius, Naturalis historiae, VI, 26, 120-123, gibt ähnliche Auskünfte: *Babylon, Chaldaicarum gentium caput... durat adhuc ibi Iovis Beli templum; inventor hic fuit sideralis scientiae... sunt etiamnum in Mesopotamia oppida Hipparenorum* [sic!; gemeint ist Sippar] *Chaldaeorum doctrina et hoc, sicut Babylon... muros Hipparenorum Persae diruere. Orcheni quoque, tertia Chaldaeorum doctrina, in eodem situ locantur ad meridiem versi*[571]. Diese Astronomenschulen verdienen wie überhaupt die babylonische Astronomie größte Beachtung, da von hier aus insbesondere die griechische Astronomie wesentlich beeinflußt wurde, diese aber ihrerseits die gewonnenen Kenntnisse in größerem Umfang weitervermittelte. Bevor auf diese Auswirkungen der Einflüsse eingegangen wird, ist es aber notwendig, zunächst den weiteren Verlauf der geschichtlichen Ereignisse zu verfolgen.

Es ist erwiesen, daß die Seleukiden auch Seehandel mit Indien trieben und in vielen Häfen Handelsfaktoreien besaßen. Die Tabula Peutingeriana verzeichnet im Land der Kaliṅgas einen Hafen Antiochia Tharmata; zweifellos bestand dort eine Kolonie seleukidischer Handelsherren[572].

Unter Antiochos III. d.Gr. (223-187 v. Chr.) wird dann die seleukidische Macht mit der vorübergehenden Unterwerfung Baktriens nochmals bis an die Grenzen Indiens ausgedehnt; nach seinen Niederlagen gegen die Römer und dem Frieden von Apameia 188 v. Chr. war die seleukidische Macht jedoch wieder entscheidend geschwächt[573]. Das gräko-baktrische Königreich konnte sich endgültig verselbständigen, während der Iran nach und nach unter die Herrschaft der Parther geriet.

Währenddessen expandierte das Reich der Gräko-Baktrer bis nach Indien, wo die Maurya-Dynastie 185 v. Chr. durch die Śuṅgas unter Puṣyamitra (185-149 v. Chr.) abgelöst worden war. Strabon XI, 11, 1 nennt die Griechenkönige Demetrios und Menandros als Eroberer Indiens:

> τοσοῦτον δὲ ἴσχυσαν οἱ ἀποστήσαντες Ἕλληνες αὐτὴν διὰ τὴν ἀρατὴν τῆς χώρας ὥστε τῆς τε Ἀριανῆς ἐπεκράτουν καὶ τῶν Ἰνδῶν, ὥς φησιν Ἀπολλόδωρος ὁ Ἀρταμιτηνός, καὶ πλείω ἔθνη κατεστρέψαντο ἢ Ἀλέξανδρος, καὶ μάλιστα Μένανδρος (εἴ γε καὶ τὸν Ὕπανιν διέβη πρὸς ἕω καὶ μέχρι τοῦ Ἰμάου προῆλθε) τὰ μὲν αὐτὸς τὰ δὲ Δημήτριος ὁ Εὐθυδήμου υἱὸς τοῦ Βακτρίων βασιλέως.[574]

Demetrios I. erneuerte Patala, den Indushafen Alexanders d.Gr. und besetzte das Königreich des Saraostos und das des Sigerdis (Strabon XI, 11, 1). Hinter Saraostos verbirgt sich die indische Landschaft Surāṣṭra auf der Halbinsel Kāthiāvaṛ[575], Sigerdis konnte nicht identifiziert werden. Der Periplus des Erythräischen Meeres (41) berichtet über Spuren von ,,Alexanders Heer'' in der Hafenstadt Barygaza (Sanskrit: Bhṛgukaccha)[576]; doch ist Alexander d.Gr. nie soweit vorgestoßen; an anderer Stelle (47) nennt der Periplus alte Drachmen der Könige Apollodotos und Menandros, die in Barygaza im Umlauf waren[577]. Altheim deutet das Vorkommen beider Namen damit, daß ihre Träger Nachfolger des Demetrios in Barygaza waren[578]. Demetrios von Baktrien scheint aber noch viel weiter nach Indien eingedrungen zu sein. Aus dem Yugapurāṇa, einem Teil des astrologischen Werkes Gargīsaṃhitā, kennen wir für das Zeitalter des Kaliyuga eine Prophezeiung ex eventu über eine griechischen Eroberungszug nach Pāṭaliputra (Yugapurāṇa 95): *yavanāś ca suvikrāntāḥ prāpsyanti kusumadhvajam*[579] ,,und die mutigen Griechen werden bis nach Kusumadhvaja (d.i. Pāṭaliputra) gelangen''. Dann ist vom Erreichen der Stadt (*puṣpapure prāpte*), einer Schlacht und dem Griechenkönig Dharmamīta (im Text *dharmamītatamā, dharmabhītatamā, dharmamītatathā* etc.)[580] die Rede, schließlich davon, daß sich die Griechen infolge eines Bürgerkrieges aus Zentralnordindien (*madhyadeśa*) zurückziehen mußten. Offensichtlich handelt es sich bei diesem Bürgerkrieg um die Erhebung des Eukratides, die die griechischen Eroberungen dann auf Nordwestindien beschränkten[581]. Eine Folge dieser griechischen Annexionen war eine Intensivierung des Handels mit dem seleukidischen Babylonien[582]. Das zeigte sich u.a. bei der Pompe von Antiochos IV. Epiphanes (175-164 v. Chr.) im Jahre 166 v. Chr. (Polybios, XXX, 25, 12):

> Τὴν δ' ἄλλην πομπὴν λέγειν ἐστὶ δυσέφικτον, ὡς ἐν κεφαλαίῳ δὲ λεκτέον. ἔφηβοι μὲν γὰρ ἐπόμπευσαν εἰς ὀκτακοσίους, χρυσοῦς ἔχοντες στεφάνους, βόες δ' εὐτραφεῖς περὶ χιλίους, θεωρίδες δὲ βραχὺ λείπουσαι τριακοσίων, ἐλεφάντων δὲ ὀδόντες ὀκτακόσιοι.[583]

Dieser Herrscher versuchte nochmals, die alte seleukidische Macht wiederherzustellen. In Babylon gründete er eine griechische Kolonie mit einem Theater und einem Gymnasion[584]. Schon während der gesamten vorhergehenden seleukidischen Ära war die Stadt Gerrha am Persischen Golf, eine Gründung chaldäischer Flüchtlinge, ein bedeutender Handelskonkurrent für die Seleukiden gewesen (Strabon XVI, 3, 3)[585], die auch eine bedeutende Station für den Indienhandel bildete[586]. Schon Antiochos III. wollte diesen Konkurrenten unterwerfen, begnügte sich dann aber mit einer Tributzahlung (Polybios XIII, 9, 4). Antiochos IV. versuchte, durch die Neugründung des auf Alexander d.Gr. zurückgehenden Charax (Charax-Alexandreia am Šaṭṭ al-ᶜArab) den Indienhandel unter seine Kontrolle zu bringen (Plinius, Naturalis historiae VI, 147: *nunc a Characene dicemus oram Epiphani primum exquisitam*)[587]. Mit seinem Tode während eines Feldzuges in der Persis 164 v. Chr. war die Ostpolitik der Seleukiden endgültig gescheitert. Von nun an ging es mit der seleukidischen Macht rapide bergab. Zunächst kam es zu neuerlichem Bürgerkrieg im Königshause, in dessen Verlauf es Timarchos, dem Satrapen von Medien, gelang, sich in den Jahren 161-160 v. Chr. zum König Babyloniens zu machen[588]. Erst 160 v. Chr. gelang es dem Seleukiden Demetrios I. Soter (162-150 v. Chr.), Babylon zurückzuerobern (Appian XI, 8, 47):

> καὶ Τίμαρχον ἐπανιστάμενον ἀνελών, καὶ τἆλλα πονηρῶς τῆς Βαβυλῶνος ἡγούμενον.[589]

Danach erfolgte jedoch der große Eroberungszug der Parther unter Mithradates I. (171-138 v. Chr.) in den Jahren 153-140 v. Chr. 141 v. Chr. entrissen die Parther dem Seleukiden Demetrios II. Nikator (145-139 und 129-126 v. Chr.) Babylon. Doch noch einmal gelang den Seleukiden mit Hilfe von Verbündeten ein Gegenschlag (Iustin, Epitoma XXXVI, 1, 4): *itaque cum et Persarum et Elymaeorum Bactrianorumque auxiliis iuvaretur, multis proeliis Parthos fudit*[590]. Bereits vorher hatten die Griechen und Makedonen in den oberen Satrapien Gesandtschaften an die Seleukiden geschickt (Josephus, Iudaïke Archaiologia, XIII, 5, 11):

Ὁ δὲ Δημήτριος διαβὰς εἰς τὴν Μεσοποταμίαν ἧκε, ταύτην βουλόμενος καὶ τὴν Βαβυλῶνα κατασχεῖν καὶ τῶν ἄνω σατραπειῶν ἐγκρατὴς γενόμενος ἐντεῦθεν ποιεῖσθαι τὰς ὅλης τῆς βασλείας ἀφορμάς. Καὶ γὰρ οἱ ταύτῃ κατοικοῦντες Ἕλληνες καὶ Μακεδόνες συνεχῶς ἐπρεσβεύοντο πρὸς αὐτόν, εἰ πρὸς αὐτοὺς ἀφίκοιτο, παραδώσειν μὲν αὐτοὺς ὑπισχνούμενοι, συγκαταπολεμήσειν δὲ Ἀρσάκην τὸν Πάρθων βασιλέα.[591]

Zu diesen oberen Satrapien zählte auch Baktrien. Demetrios II. trug deshalb — wenn Rostovcevs Deutung bezüglich der Zuordnung richtig ist — auf Münzen eine Elefantenhaut als Kopfschmuck[592]. Mit dieser militärischen Unterstützung gelang es Demetrios II. vorübergehend (Ende 141 oder Anfang 140 v. Chr.) Babylonien zurückzuerobern, jedoch siegte Mithradates I. Ende 140 oder Anfang 139 v. Chr. endgültig über Demetrios II., den er gefangennahm[593]. Danach wandte er sich offensichtlich den Verbündeten der Seleukiden zu (Iustin, XLI, 6, 8): *Unde reversus bellum cum Elymaeorum rege gessit, quo victo hanc quoque gentem regno adiecit imperiumque Parthorum a monte Caucaso multis populis in dicionem redactis usque flumen Euphratem protulit*[594]. Mit Kaukasus ist offensichtlich der indische Kaukasus gemeint, wodurch klar wird, daß die Parther auch Gräko-Baktrien unter ihre Kontrolle gebracht hatten[595]. Das neue Großreich war aber an seiner Westgrenze noch weiterhin Anfechtungen ausgesetzt. Diese Auseinandersetzungen berührten Babylonien unmittelbar. Der Seleukide Antiochos VII. Sidetes Euergetes (138-129 v. Chr.) eroberte in den Jahren 136-129 v. Chr. Teile der wesentlichen Besitzungen der Parther zurück und regierte 130-129 v. Chr. auch Babylon[596]. Antiochos VII. wurde aber 129 v. Chr. vom Partherkönig Phraates II. (138-128 v. Chr.) vernichtend geschlagen und getötet; doch gelang es einem seleukidischen Satrapen namens Hyspaosines, die Provinzen Characene und Mesene (das Gebiet des heutigen Šaṭṭ al-ᶜArab) zu einem unabhängigen Königreich mit der Hauptstadt Spasinu-Charax (dem alten Charax) zu machen[597]. Er nannte sich in einem Keilschrifttext Aspasinê und König von Babylon; in diesem Text wird Esagila, dessen *šatammu* und ein Priesterkollegium (*puḫru ša Esagil*) erwähnt; weiterhin berichtet diese Nachricht aus dem Jahre 127 v. Chr. von einem gewissen Itti-Marduk-balāṭu, der die kultischen Funktionen aufrechterhielt[598]. Hyspaosines konnte zwar einen Feldzug gegen Elam siegreich beenden, doch hatte Phraates II., der im Osten gegen die Skythen fiel, den Hyrkanier Himeros mit der Wiedereroberung Babyloniens betraut (Iustin, XLII, 1, 3): *Igitur Phrahates, cum adversus eos proficisceretur, ad tutelam regni reliquit Himerum quendam pueritiae sibi flore conciliatum, qui tyrannica crudelitate oblitus et vitae praeteritae et vicarii officii Babylonios multasque alias civitates inportune vexavit*[599]. Der siegreiche Feldherr zerstörte Babylon und andere Städte in Characene und Mesene gründlich und schickte viele Einwohner in die Sklaverei (Diodor, XXXIV, 603):

πολλοὺς δὲ τῶν Βαβυλωνίων...εἰς τὴν Μηδίαν ἐξέπεμψε...καὶ τῆς Βαβυλῶνος τὴν ἀγορὰν καὶ τινα τῶν ἱερῶν ἐνέπρησε καὶ τὸ κράτιστον τῆς πόλεως διέφθειρε.[600]

Athenaios (Deipnosophiston XI, 466b) berichtet, daß Himeros nicht nur über Babylon, sondern auch über Seleukia herrschte:

Ἵμερον τὸν τυραννήσαντα οὐ μόνον Βαβυλωνίων ἀλλὰ καὶ Σελευκέων[601].

Das genaue Datum dieser Eroberung kann nicht bestimmt werden, doch lag es mit Sicherheit zwischen 126 und 123 v. Chr.[602]. In den Jahren 124/23 v. Chr. prägte er seine eigenen Münzen, Tetradrachmen mit seinem Porträt und der Inschrift ΒΑΣΙΛΕΩΣ ΜΕΓΑΛΟΥ ΑΡΣΑΚΟΥ ΝΙΚΗΦΟΡΟΥ[603], was ihn wohl als Mitglied der parthischen Königshauses der Arsakiden ausweisen sollte. Seine Sonderherrschaft wurde aber 122 v. Chr. durch den neuen Partherkönig Mithradates II. (123-87 v. Chr.) beseitigt[604]. Damit gelangte Babylonien für über 200 Jahre endgültig unter die Kontrolle der Parther. Babylon hatte in der Zeit von 161 bis 122 v. Chr. neunmal den Besitzer gewechselt. Im Verlauf dieser — ganz abgesehen von früheren — Eroberungen wurde die Stadt nach und nach in Trümmer gelegt und entvölkert. Doch auch nach diesen Verwüstungen scheint das Land immer noch eine gewisse Attraktion gebildet zu haben. Der chinesische Geschichtsschreiber Ssu-ma Ch'ien [Sima Qian] berichtet im 123. Kapitel seines Geschichtswerkes Shih chi [Shi ji] vom Lande T'iao-chih [Tiaozhi], das westlich von An-hsi [Anxi], d.h. dem Partherreich, liegt und mit Mesopotamien identifiziert wird[605]. In seinem Expansionsdrang nach Innerasien und darüber hinaus hatte der Han-Kaiser Wu-ti [Wudi] (140-86 v. Chr.) durch seinen Gesandten Chang Ch'ien [Zhang Qian] versucht, Bündnisse mit verschiedenen Völkern gegen die Hsiung-nu [Xiungnu] zu schließen. Im Jahre 115 v. Chr. schickte er erneut Gesandtschaften in den Westen, darunter auch ins Land T'iao-chih[606].

Die letzte einheimische Quelle über Babylon datiert aus dem Jahre 93 v. Chr., dem 155. Jahr der Arsakiden-Ära, und berichtet, daß Teile von Esagila noch immer für kultische Zwecke benutzt wurden und auch noch Opfer im Tempel stattfanden[607]. Doch muß wohl davon ausgegangen werden, daß nach den Zerstörungen des Himeros nur noch ein kleiner Teil Babylons bewohnt war. So berichtet Diodor (II, 9), daß es ihm unmöglich sei eine genaue Beschreibung des Zeus-Tempels (d.i. Esagila) zu geben, da dieser in Ruinen zerfallen sei:

καὶ τοῦ κατασκευάσματος διὰ τὸν χρόνον καταπεπτωκότος, οὐκ ἔστιν ἀποφήνασθαι τἀκριβές

Weiterhin führt er aus, daß der größte Teil des Areals innerhalb der Stadtmauern in Ackerland umgewandelt wurde:

τῶν δὲ βασιλείων καὶ τῶν ἄλλων κατασκευασμάτων ὁ χρόνος τὰ μὲν ὁλοσχερῶς ἠφάνισε, τὰ δ'ἐλυμήνατο· καὶ γὰρ αὐτῆς τῆς Βαβυλῶνος νῦν βραχύ τι μέρος οἰκεῖται, τὸ δὲ πλεῖστον ἐντὸς τείχους γεωργεῖται

Ganz ähnlich äußert sich auch Strabon (XVI, 1, 5):

καὶ δὴ καὶ νῦν ἡ μὲν γέγονε Βαβυλῶνος μείζων, ἡ δ' ἔρημος ἡ πολλή...ἐρημία μεγάλη 'στιν ἡ Μεγάλη πόλις.[608]

Pausanias, der im 2. Jahrhundert n. Chr. lebte, berichtet, daß der Tempel des Bēl noch immer bestand, sonst aber außer den Mauern nichts übrigblieb (VIII, 33, 3):

Βαβυλῶνος δὲ τοῦ μὲν Βήλου τὸ ἱερὸν λείπεται, Βαβυλῶνος δὲ ταύτης, ἥντινα εἶδε πόλεων τῶν τότε μεγίστην ἥλιος, οὐδὲν ἔτι ἦν εἰ μὴ τεῖχος.[609]

Angesichts der vielen Zerstörungen ist diese Nachricht allerdings mit einem gewissen Zweifel zu betrachten. Dennoch kann der endgültige Verfall der Stadt Babylon nicht früher als ins 1. Jahrhundert n. Chr. datiert werden. Ein Weiterleben der babylonisch-assyrischen Religion ist aber bis ins 3. Jahrhundert n. Chr. zumindestens für Aššur nachweisbar. In aramäischen Inschriften aus den Jahren 511 bis 539 einer Ära, die sehr wahrscheinlich die der Seleukiden ist[610] (womit sie für die Jahre 199/200-227/28 n. Chr. anzusetzen sind), begegnen uns die alten Götter Assor (Aššur), Serūī (Šeruʾa), Nabû, Nergal und Nanai (Nanā) und selbstverständlich Bēl[611]. Jensen hat auf das überraschende Phänomen hingewiesen, daß hier — zu Beginn des 3. nachchristlichen Jahrhunderts — griechische und römische Götternamen völlig und reinaramäische sowie überhaupt semitische nichtbabylonisch-assyrische Götternamen fast völlig fehlen — und das über 800 Jahre nach dem Sturz des assyrischen Reiches[612]. Das Jahr 539 der Seleukiden-Ära (227/28 n. Chr.) ist gleichzeitig auch das Datum der letzten datierten Münze des Partherreiches, und es ist nicht auszuschließen, daß die Sāsāniden in diesem Jahr Aššur oder zumindestens das Aššur-Assor-Heiligtum zerstörten[613]. Mit diesem Jahr enden auch alle Quellen über ein Weiterleben der babylonisch-assyrischen Kultur und Religion.

Bisher wurden lediglich der Niedergang der babylonischen Kultur und die äußeren Beziehungen zwischen dem Zweistromland und Indien unter Berücksichtigung der griechischen Vermittlung behandelt, um die Vielfalt der Möglichkeiten einer Beeinflussung aufzuzeigen.

Von besonderem Interesse sind dabei Abhängigkeiten der Kosmologien, der Astronomie und evtl. religiöser Vorstellungen und Inhalte.

Eine solche für Indien neue Vorstellung ist offensichtlich die von den 4 Weltaltern oder *yuga*. Das Kṛta- Tretā- Dvāpara- und Kali-Yuga bilden zusammen ein Mahāyuga oder eine große Weltperiode und entsprechen dem goldenen, silbernen, ehernen und eisernen Zeitaltern der klassischen Antike[614]. In der vedischen Zeit waren diese Zeitalter nicht bekannt, doch erwähnt je eine Stelle im Aitareya-Brāhmaṇa (VII, 15) und in der Prāṇa-Upaniṣad schon die Yugas[615]. Albrecht Weber nennt auch Vājasaneyi-Saṃhitā XXX, 18 und Taittirīya-Brāhmaṇa III, 4, 18 als weitere Belegstellen für frühe Erwähnungen des Yuga-Systems[616]. Die inhaltliche Füllung der Weltalterkonzeption beginnt aber erst in der Zeit der Purāṇas, wo sie wie im Mahābhārata und in der Manusmṛti allenthalben erscheinen. Dies ist aber auch die Zeit der intensiven Kontakte Indiens mit dem Westen. Wie in der klassischen Antike bedeutete jedes neue Zeitalter eine Verschlechterung der Zustände gegenüber dem vorhergenden; auch nimmt die Länge eines jeden neuen Zeitalters jeweils um ein Viertel der Zeitspanne des ersten Yuga, des Kṛta (das sind 1 728 000 Jahre) ab, also um 432000 Jahre. Nach dieser Lehre befinden wir uns gegenwärtig (seit dem Jahre 3102 v. Chr.) im Kaliyuga, in dem der Verfall von Religion und Moral mit permanenten kriegerischen Einfällen von Barbaren (Yavanas [= Griechen, später allgemeine Bezeichnung für Landfremde], Śakas, Hunnen u.a.) einhergeht. Die Lehre von der Verschlechterung der physischen und moralischen Bedingungen in jedem Zeitalter könnte eine Entlehnung aus dem griechischen Kulturkreis sein. Besonders beachtenswert sind aber die angegebenen Zeiträume dieser Weltalter samt ihren Dämmerungen, deren Millionenbeträge zunächst wie bloße Zahlenspielereien anmuten. Sie seien des besseren Verständnisses wegen aber hier angegeben:

Yuga	ohne Dämmerungen	Dämmerungen	mit Dämmerungen
Kṛta	1440000	288000	1728000
Tretā	1080000	216000	1296000
Dvāpara	720000	144000	864000
Kali	360000	72000	432000
Mahāyuga	3600000	720000	4320000

Exakt die gleichen Zahlen außer denen des vollen Kṛtayuga und den Dämmerungen der beiden letzten Zeitalter finden sich aber schon bei Multiplikations- und Divisionstafeln aus Nippur aus dem Beginn des 2. Jahrtausends v. Chr., wobei die Multiplikation einer Zahl aus der linken Kolumne mit der entsprechenden aus der rechten immer die Platonische Präzessionszahl 12960000 ergibt (z.B. 3 × 4320000, 9 × 1440000, 10 × 1296000 usw.)[617].

Auf eine weitere Übereinstimmung hat Alfred Jeremias hingewiesen. Ein Text aus der Bibliothek des assyrischen Königs Aššur-bāni-apla[618] zählt abteilungsweise Göttergruppen mit ihren kalendarisch-mythologischen Zahlenwerten auf, wohl um sie als Repräsentanten bestimmter kosmischer Kreisläufe zu charakterisieren. Multipliziert man die Zahlen der kosmischen Trias Anu (60), Ellil (50) und Ea (40) mit der Jahreszahl der in Babylonien bekannten Fünferwochen (*ḫamuštu*), nämlich 72, und fügt dem Ergebnis jeweils zwei Nullen hinzu, ergeben sich ähnlich überraschende Deckungen. Gleiches geschieht bei der Multiplikation der Kreislauftrias Sîn (30), Šamaš (20) und Adad (6) mit 72 = 2160, 1440 und 432. 432000, die Zahl des Kaliyuga, stimmt bei Streichung einer Null außerdem mit der Regierungszahl des 3. vorsintflutlichen Königs En-me-en-lù-an-na, 288000 mit der des 6. Urkönigs En-sib-zi-anna überein[619].

Die zwölf Tierkreiszeichen und ihre Bezeichnungen sind ebenfalls unzweifelhaft mesopotamischen Ursprungs. Der Zodiak war im Zweistromland spätestens um 700 v. Chr. bekannt: die erste Tafel der astronomischen Serie ᵐᵘˡAPIN führt insgesamt 18 Konstellationen des Mondweges auf[620]. Der Text stellt außerdem fest, daß nicht nur der Mond, sondern auch die Sonne und andere Planeten sich auf diesem ,,Weg des Mondes'' bewegen, wobei die Konstellationen Perseus (*šību*) gleichzeitig mit Aries (*agru*), Auriga (*gamlu*) und Orion (*ᵐᵘˡsíb.zi.an.na*) mit Taurus (*ᵐᵘˡgu₄.an.na*) auftauchen. In einem spätbabylonischen Text ist die Zahl der Tierkreiszeichen dann auf 12 reduziert[621]. Die Griechen führten den Zodiak nach dem Zeugnis des Plinius (Nat. Hist. II, 31)[622] ein, ohne lange vorherige Beobachtungen gemacht zu haben[623]. Die Übernahme wird klar durch einen Vergleich der beiden Zodiakalsysteme, wo es nur geringe Unterschiede gibt:

babylon. Zodiak	akkad. Bedeutung	Bedeutung	Zodiak
^{lú}ḫun.gá	agru	Mietarbeiter	Aries
gu_4.an.na	alû	Stier des Anu	Taurus
maš.tab.ba.gal.gal	māši rabûti	Große Zwillinge	Gemini
al.lul	allutu	Krebs	Cancer
ur.a	nēšu	Löwe	Leo
absin		Kornähre der Göttin Šala	Virgo
	zibānītu	Waage	Libra
gír.tab	zuqaqīpu	Skorpion	Scorpio
pa-bil-sag			Sagittarius
suḫur-máš	suḫurmāšu	Ziegenfisch	Carpicornus
gu-la			Aquarius
zib	rikis nūni	Band der Fische	Pisces

Einzelne Unklarheiten wie *pa-bil-sag* oder *gu-la*, die sich nicht übersetzen lassen, werden aber durch zodiakale Abbildungen eines als geflügelter Kentaur dargestellten Schützen und eines wasserausgießenden

Gottes ausgeräumt und dienen zur weiteren Untermauerung des Nachweises der Abhängigkeit des griechischen vom babylonischen Tierkreiszeichensystem[624]. Im Bṛhajjātaka des Varāhamihira (I, 8), einem Werk aus dem 6. Jahrhundert n. Chr., findet sich dann eine direkte Übernahme der griechischen Zodiaknamen[625]:

Κριός	Kriya
Ταῦρος	Tāvuru
Δίδυμοι	Jituma
Καρχίνος	Kulīra (Karkin)
Λέων	Leya
Παρθένος	Pāthona
Ζυγόν	Jūka
Σκορπίος	Kaurpya
Τοξότης	Taukṣika
Αἰγοκερως	Ākokera
Ὑδροχόος	Hṛdoga
Ἰχθυς	Ittha

In diesem Fall liegt also keinesfalls eine unmittelbare Entlehnung aus dem babylonischen Kulturbereich vor, doch sollte deutlich hervorgehoben werden, daß die Griechen im Grunde genommen nur Vermittler des babylonischen Zodiakalsystems waren. Während die Griechen aber die babylonischen Begriffe in ihre Sprache übersetzen, behielten die Inder die griechische Worte bei.

Besonders zwischen dem 3. Jahrhundert v. Chr. und dem 1. Jahrhundert n. Chr. wurde die bisher recht einfache indische Astronomie durch Elemente und Methoden der babylonischen Astronomie bereichert. Es folgte in Indien eine Periode, die durch das Auftreten der *tithi* (des lunaren Tages) charakterisiert wird, welche eine Zeiteinheit zum Gebrauch der babylonischen Tafeln darstellt und dem dreißigsten Teil eines synodischen Umlaufs des Mondes mit annähernder Dauer eines Tages entspricht[626].

Nach Ansicht von Billard sind auch die astrologischen Angaben des Vāsiṣṭhasiddhānta babylonischer Herkunft und wurden im 1. Jahrhundert n. Chr. übernommen, um sich dann zur Zeit der Kuṣāṇaherrschaft in Nordindien auszubreiten[627].

Beim indischen Tempel sind in diesem Zusammenhang hauptsächlich die kosmologischen Vorstellungen und die Frage ihrer Herkunft relevant. In den indischen Handbüchern über die Baukunst, den *vāstuśāstra* oder *śilpaśāstra*, wird der Tempel als Mikrokosmos und Leib der Gottheit bezeichnet (Agnipurāṇa LXI, 11): *vairāja-rūpaṃ taṃ dhyāyet prāsādasya sureśvara / tataḥ puruṣavat sarvaṃ prāsādaṃ cintayed budhaḥ*[628]. Für den Gläubigen ist der Tempel eine Meditationstätte, dessen wichtigster Teil das

Götterbild im *garbhagṛha* (Cella) als Zentrum des Heiligtums ist. Der ursprünglich einfache Tempel, dessen Uranfänge beim vedischen Opferaltar zu suchen sind, wurde im indischen Mittelalter bergartig überhöht. Diese Überhöhung repräsentiert den Weltberg Meru (oder Sumeru), der ein wesentliches Element in der indischen Kosmologie darstellt. Ausgehend von der Bedeutung der Kosmologie für den indischen Tempel, der Abbild des Makrokosmos ist, muß die Frage erhoben werden, ob die kosmologischen Vorstellungen der Inder autochthon sind oder aus einem anderen Kulturbereich entlehnt wurden. Kirfel hat ausgeführt, daß sich die frühe indische Literatur mit rein spekulativen weltfremden Ideen beschäftigte und eine Abneigung gegen historische und reale Dinge hatte: ,,Würden sich die Inder nun ganz selbständig ihr kosmographisches System aufgebaut haben, so müßten sie hierzu eine Reihe von Erfahrungstatsachen gesammelt und sich deswegen längere Zeit hindurch rein theoretisch mit geographischen, astronomischen und ähnlichen Dingen beschäftigt haben, mochte diese Forschung auch mit den primitivsten Mitteln ausgeführt worden sein und auch nur halbrichtige Resultate geliefert haben''[629]. Dieses Fehlen einer komplizierteren Kosmologie bei den älteren indischen Schriften und die Tatsache, daß das in der jüngeren indischen Literatur vorgefundene komplexere Weltbild nicht von den Indern selbst entwickelt, sondern nur übernommen wurde[630], deuten auf eine Abhängigkeit von der Kosmologie eines anderen Kulturkreises hin. Alle Indizien sprechen für die mesopotamische Hochkultur. Eines der schlagendsten Beispiele kosmologischer Parallelen ist die Einteilung der Welt in 7 Zonen oder Weltteile. Diese Einteilung finden wir außerhalb Babyloniens, Irans und Indiens nur noch bei dem antiken Astronomen und Naturwissenschaftler Klaudios Ptolemaios (ca. 100-170 n. Chr.), der von den 7 *klímata* spricht (diese Bezeichnung wurde als *aqālīm* von den islamischen Arabern übernommen)[631]. Da sich dieses Weltbild nur in den genannten drei geographisch relativ eng benachbarten Kulturen nachweisen läßt, sonst aber nirgendwo bei Indogermanen oder Semiten, folgert Jensen: ,,Wir dürfen also mit gutem Grund schließen, daß diese sonderbaren Ideen nicht an drei, auch nicht an zwei Orten unabhängig entstanden sind, sondern, daß eines von den drei Völkern der Inder, Perser und alten Babylonier diese Anschauungen zu den anderen gebracht hat''[632]. Da von diesen die Kultur Mesopotamiens zweifellos die älteste ist, muß man hier auch den Ursprung dieser Idee suchen. Jedenfalls wird man solche kosmologischen Vorstellungen in der älteren vedischen Literatur Indiens, d.h. in den Saṃhitās und Brāhmaṇas, vergeblich suchen. Früheste Belegstellen finden sich im 10. Buch des Taittirīya-Āraṇyaka, das aber eine spätere Hinzufügung ist[633]. Taittirīya-Āraṇyaka X, 10, 1 berichtet von den 7 *prāṇas* (vital airs, Winde), die sich in den 7 Welten befinden[634], und den dazugehörigen 7 Meeren und 7 Gebirgen. In X, 27 u. 28 werden die 7 übereinanderliegenden Weltschichten namentlich erwähnt[635], die dann laut dem Kommentar des Sāyaṇa durch jedes Aussprechen der heiligen Silbe *om* bezeichnet werden. Paul Deussen hat in seiner Philosophiegeschichte eine Chronologie der Upaniṣaden nach sprachlichen und inhaltlichen Kriterien erstellt[636]. Dabei hat er die 14 ältesten Upaniṣaden in drei verschiedene Gruppen unterteilt, zu deren mittlere die Mahānārāyaṇa-Upaniṣad gehört[637]. Die Zeit dieser mittleren Upaniṣaden wurde von Gonda auf etwa 400 v. Chr. angesetzt[638], wobei diesem Datum wie allen übrigen zeitlichen Angaben in Indien mit der gebührenden Vorsicht zu begegnen ist.

Schon Albrecht Weber hat sich darüber ausgelassen[639], daß das indische Dvīpa-System (d.h. die Vorstellung von 7 Ringkontinenten um den Berg Meru gruppiert) vielleicht ,,gleichzeitig mit den sieben Planeten und der siebentägigen Woche, in der seleucidischen Zeit von den Chaldäern nach Indien übergegangen ist''. Dieser Angabe ist großes Gewicht beizumessen und sollte auch bei der Datierungsfrage der Mahānārāyaṇa-Upaniṣad berücksichtigt werden, deren genannte Zitate bei einer zeitlichen Angabe von ca. 400 v. Chr. ziemlich isoliert dastehen. Sonst erscheint das später in den Purāṇas konstituierte Weltbild im Mahābhāṣya des Patañjali (I, 1, 1, 5)[640]: *saptadvīpa vasumatī trayo lokāḥ*, ,,aus 7 Kontinenten besteht die Erde, drei Welten gibt es''. Diese Stelle macht gleichzeitig deutlich, daß die ältere Kosmologie nicht gänzlich verdrängt wurde, sondern wie in diesem Falle mit den neuen Vorstellungen kombiniert wurde. Denn die 3 Welten bezeichnen die drei übereinanderliegenden Weltschichten des vedischen Weltbildes: Erde, Luftraum und Himmel (*bhūr, bhuvas, svar*). Häufig zerfallen diese Weltschichten nochmals in drei Teile, wie z.B. in Ṛgveda I, 108, 9, wo von der untersten, mittleren und höchsten Erde gesprochen wird[641], so daß ein Kosmos aus insgesamt 9 Schichten angenommen wird.

Die Erwähnung der 7 Kontinente in Patañjalis Mahābhāṣya ist zeitlich genauer zu bestimmen, da in diesem Werk ein König Puṣpamitra und die Invasion eines griechischen Königs nach Indien genannt werden, was auf den Śuṅga-König Puṣyamitra (185-149 v. Chr.) und den Feldzug des Demetrios I. von Baktrien oder des Menandros hinweist und damit zu einem zeitlichen Ansatz von ca. 150 v. Chr. berechtigt[642].

Es erübrigt sich, an dieser Stelle nochmals auf die kosmologischen Systeme in Mesopotamien und deren Alter, insbesondere das System der 7 Planetensphären, einzugehen. Wichtig ist allerdings die dazugehörende Farbsymbolik, die für Mesopotamien ebenfalls schon erörtert und mit der Beschreibung der 7 Ringmauern Ekbatanas durch Herodot (I, 98) verglichen wurde. Eine auffällige Parallele dazu findet sich im

Mahāsudassana-Suttanta (I, 4) des Dīghanikāya: *Kusāvatiyā Ānanda rājadhāniyā sattahi pākārehi parikhitta ahosi. Tattha eko pākāro sovaṇṇamayo, eko rūpimayo, eko veḷurimayo, eko phalikamayo, eko lohitaṅkamayo, eko masāragallamayo, eko sabbaratanamayo.*[643] ,,Die Königsstadt Kusāvatī, Ānanda, war von sieben Wällen umgeben. Von diesen war ein Wall aus Gold, einer aus Silber, einer aus Beryll, einer aus Kristall, einer aus Achat, einer aus Koralle, und einer aus allen Arten von Steinen''. Auch Kirfel hat in anderem Zusammenhang darauf hingewiesen, daß die 7 Mauerfarben die 7 Planetenfarben darstellen und zudem identisch mit den Farben der Böder 7 Pātāla (Unterwelt, Höllenart) in den Purāṇas sind. Die folgende Tabelle (nach Kirfel[644]) soll die Übereinstimmung verdeutlichen:

Namen der Pātāla in der Version des Viṣṇupurāṇa	Die Farben der Pātāla	Die Farben Herodots
Atala	schwarz (*kṛṣṇa*)	weiß (Venus)
Vitala	weiß (*śukla*)	schwarz (Saturn)
Nitala	rot (*rakta*)	purpurrot (Mars)
Gabhastimat	gelb (*pīta*)	blau (Merkur)
Mahā(tala)	kieselig (*śarkara*)	sandelfarben (Jupiter)
Sutula	steinern (*śaila*)	silbern (Mond)
Pātāla	golden (*kāñcana*)	golden (Sonne)

Außer der Vertauschung von weiß und schwarz fällt als wesentliche Differenz nur die Zuordnung der Farbe gelb statt blau für den Merkur bei den Indern auf, was aber durch Matsyapurāṇa XCIV, 4 ff. erklärt wird, wo dem sonst blauen Merkur die gelbe (*pīta*) Farbe zukam.

Neben der Vorstellung von 7 Welten oder 7 Kontinenten ist auch die Idee eines Weltberges, um den sich diese gruppieren, den Indern seit der Zeit der Purāṇa-Literatur mit den Mesopotamiern gemeinsam. In Mesopotamien hieß dieser Berg Ḫarsaggalkurkurra und bedeutete den Kosmos, der in 7 Welten gegliedert war; die Ziqqurats waren die baulichen Manifestationen dieses Weltberges[645]. In Indien heißt dieser Weltberg *Meru* oder *Sumeru* und steht in der Sammlung der altindischen Bergnamen isoliert da[646]. Die Herkunft des Namens ist nicht geklärt, doch gibt es Erwägungen, ihn mit den örtlichen Namen für den Nanga Parbat in Kāśmīr in Verbindung zu bringen, der im Burushaski *Di.əmur* und im Shina *Di.amer* lautet[647]. A. Pinnow-Harder hat außerdem an einen Vergleich mit modernen Bergnamen wie *Pāmir* oder *Tīrič Mīr* gedacht, gleichzeitig aber auch eine Herkunft aus dravidischen Sprachen nicht ausgeschlossen, da *mēru* im Tamil ,,Berg'' schlechthin bedeutet[648]. Ungeachtet der Schwierigkeiten der Namenserklärung bleibt aber festzuhalten, daß diese Idee eines Weltberges ebenfalls ein Novum ist.

Unzweifelhaft wäre die Übernahme neuer kosmologischer Konzeptionen unterblieben, wenn diese keine attraktiveren Erklärungsmodelle des Kosmos dargestellt hätten. Nicht zuletzt ist diese Attraktation wohl auch durch die scheinbare Überprüfbarkeit des Modells der 7 Welten in Form der 7 Planeten und deren Sphären gegeben.

In der Architektur begegnen wir in Indien gerade zu jener Zeit mehrgeschossigen Schreinen, die unter den Namen *jārūka, aiḍuka* oder *eḍūka* bekannt sind. V. S. Agrawala[649] und U. P. Shah[650] vermuten hinter diesen Wörtern das akkadische Wort *ziqqurat*. Shah vergleicht außerdem die Basis einer Ziqqurat mit der mehrgeschossiger indischer Schreine[651], ebenso Agrawala, der ein *eḍūka* mit einem Śivaliṅga als Spitze aus Ahicchatrā beschreibt[652]. Dies wird auch durch Viṣṇudharmottarapurāṇa III, LXXXIV, 1-4 bestätigt[653]. Im Mahābhārata erscheinen die *eḍūkas* als Kultstätten der Häretiker. So heißt es in Āraṇyakaparva CLXXXVIII, 64 u. 66: *eḍūkān pūjayiṣyanti varjayiṣyanti devatāḥ* ,,Sie werden ihre Götter aufgeben und die *eḍūkas* verehren'' und: *eḍūkacihnā pṛthivī na devagṛhabhūṣitā* ,,Die Welt wird übersät sein mit *eḍūkas*, nicht (aber) geschmückt mit den Häusern der Götter''[654]. Offensichtlich sind in diesen Passagen mit *eḍūkas* buddhistische Stūpas gemeint. Wie aber schon oben erwähnt, bezeichnete dieses Wort nicht nur buddhistische Schreine.

Der Gedanke des Weltberges Meru ist architektonisch durch die bergartige Überhöhung des Tempels in Form eines Tempelturms (*śikhara*) verwirklicht, doch fehlt in den meisten Fällen die Ausgestaltung des Turmes in 7 Geschosse bzw. wird durch andere kosmologische Konzeptionen ersetzt. Das Nebeneinander verschiedener Konzeptionen zeigt sich auch beim buddhistischen Stūpa, der häufig in Form des kosmischen Welteneies (*brahmāṇḍa*) erscheint. Oft ist er mit *chattras* (Ehrenschirmen, Symbolen der Macht) gekrönt, deren Anzahl je nach Konzeption zwischen 7, 9 oder mehr schwankt[655]. Eine besondere Eigenart des Stūpa findet sich in Poḷoṇṇaruva of Sri Lanka (Ceylon) im Typ des Satmahalprāsāda (,,Palast'' der 7 Stufen) aus dem 12. Jahrhundert, der stark an die Ziqqurat-Bauweise erinnert[656]. Er hat in Hinterindien seine Entsprechung im Stūpa San Mahaphon in den Ruinen von Vat Kukut bei Lamphun (das alte Haripuñjaya) in Nordthailand, erbaut von König Ādityarāja (ca. 1120-1150). Paranavitana vertritt die Ansicht, daß beide Bauten auf ältere Vorlagen aus Indien zurückgehen, welche heute allerdings nicht mehr existieren[657]. Diese These wird durch den Bericht des chinesischen Pilgers Sung-yün [Songyun] untermauert, der im Jahre 518 n. Chr. den berühmten 13stufigen Stūpa von Peshawar besuchte[658]. Dieses Bauwerk wurde von dem bedeutenden Kuṣāṇa-Herrscher Kaniṣka errichtet, der aufgrund einer eigenen Datierung bisher immer noch nicht genauer als in den Zeitraum vom 1.-2. Jahrhundert n. Chr. eingeordnet werden kann[659].

Aus jener Zeit datieren auch Gandhāra-Stūpas, die statt einer kreisrunden Basis einen quadratischen Sockel erhalten, der bald mehrstufig wird und an vier Seiten Treppen erhält, die zu dem Prozessionspfad am Fuß des eigentlichen Stūpa führen. Dieses Motiv des quadratischen, gestuften Sockels mit Treppenläufen — im mesopotamischen Ziqqurat-Bau zu gewaltiger Monumentalität gesteigert — dürfte wohl durch die Vermittlung der Parther nach Gandhāra gelangt sein. Beispiele dafür sind die Stūpas von Bhamāla bei Taxila, von Top-i-Rustam in Balḫ und der Rawak-Stūpa bei Khotan[660].

In diesem Zusammenhang ist die Existenz einer kleinen Ziqqurat in Jaṇḍiāl bei Sirkap bemerkenswert, zu der vom Ophistodomos eines griechischen Anten-Tempels eine breite Treppe führte[661]; welcher Gottheit er geweiht war, ist nicht klar[662]. Dieses einzige (nachweisbare) Beispiel eines mesopotamischen Stufenturmes sollte nicht überbewertet werden, doch ist immerhin in Erwägung zu ziehen, daß neben dem Weltbild des Zweistromlandes das bauliche Vorbild Einfluß gehabt haben könnte.

Der 7stufige Turm ist jedoch nicht nur auf buddhistische Monumente beschränkt, wenn er auch beim Hindu-Tempel seltener auftritt. Bei Zugrundelegung dieses Weltbildes sind die verschiedenen Geschosse (*vimāna*) die Wohnungen der Götter. Zwar sind Beispiele hölzerner Stufenhäuser als Abbild solch überirdischer Wohnungen naturgemäß aus alter Zeit nicht erhalten, jedoch nach Idealbildern von mehrgeschossigen Götterpalästen rekonstruierbar[663]. Zwei außergewöhnlich hohe Turmbauten mit 7 Abstufungen entstanden um 1600 in der Nāyyak-Residenz Tañjāvur[664] und bezeichnen ebenfalls den Meru. Einer dieser Türme ist der von Raghunāth Nāyyak (1600-1634) errichtete Palastturm[665]. Als eines der jüngsten Beispiele sei der Jaina-Tempel von Rājgir erwähnt, der von Jaina-Kaufleuten errichtet wurde und über dessen *garbhagṛha* ein 7stufiger Weltberg aufwächst[666]. Der Einfluß eines importierten Weltbildes auf die indische Kosmographie und quasi als Sekundärprodukt davon auf den als Abbild des Kosmos betrachteten indischen Tempel bildet aber nur eine Komponente zum Verständnis des hinduistischen Sakralbaus. Weitere Einflüsse aus westlichen Regionen — auch hier wieder unter besonderer Berücksichtigung Mesopotamiens — lassen sich bei bestimmten Kulten, aber auch bei vielen Motiven sowohl der sakralen als auch der profanen Kunst nachweisen[667]. Darauf wird an den gegebenen Stellen weiter unten eingegangen werden. Dabei spielen auch die politischen Faktoren und ihr Wandel im Lauf der Zeiten eine nicht unwesentliche Rolle.

Zunächst ist es jedoch unabdingbar, in Indien selbst nach den Wurzeln des indischen Tempelkultus zu suchen und diesen sowohl aus bestimmten, noch näher zu definierenden Entwicklungsströmen der indischen Religionswelt als auch deren Relationen zu Fremdeinwirkungen zu erklären.

KAPITEL IV

DER TEMPEL ALS BEDEUTUNGSTRÄGER IN INDIEN

Früheste indische Kosmogonien und ihre Widerspiegelung im vedischen Opferaltar

Die Indo-Arier, die seit etwa 1500 v. Chr. in einem Jahrhunderte dauernden Prozeß nach und nach Nordindien eroberten und zu ihrer Heimat machten, brachten ihre eigene Religion mit, die sich literarisch in den Veden manifestiert hat (obwohl diese gelegentlich auch schon Einflüsse nichtarischer Vorstellungen aufweisen).

Der vedische Kultus kannte noch keine Tempel. In der Hauptsache waren seine bedeutenden kultischen Zeremonien Opferhandlungen und magische Riten, die sich auf die Götter richteten, um diese zu beeinflussen, Gunst und Hilfe zu gewähren[668]. Im allgemeinen wurde das Opfer nicht zugunsten einer über die Familie hinausgehenden Gemeinschaft dargebracht, sondern für den einzelnen, der sich Sieg, Reichtum, Nachkommenschaft, langes Leben usw. oder seinem Feind das Gegenteil davon wünschte[669]. Öffentliche Riten, d.h. solche einer Kultgemeinde, kannte die vedische Religion nicht, es sei denn, man betrachtet die Königsriten, insbesondere den *aśvamedha* (Roßopfer)[670], der als der „König der Riten"[671] galt, als solche, weil sie quasi indirekt über die Person des Königs dem ganzen Reich zugute kamen. Opferplatz war entweder das Haus des Opferveranstalters oder der Opferaltar, die sogenannte *vedi*, ein Platz, auf dem sich die Götter niederließen. Bevor die Beziehung des Opferplatzes zur Kosmologie dargestellt wird, ist es notwendig, noch einen Blick auf diese selbst zu werfen. Die ältesten indischen (arischen) Vorstellungen gingen von einer Zweiteilung des Alls in Himmel und Erde aus, so in Ṛgveda I, 31, 8[672], wo diese als göttliche Wesen angesehen wurden, oder Ṛgveda I. 89, 4, wo sie das Urelternpaar allen Lebens sind[673]. Daneben existierten aber auch schon in vedischer Zeit Vorstellungen, nach denen Himmel und Erde nicht Schöpferkräfte, sonder selbst geschaffen sind: den eigentlichen Schöpfer suchte man hinter diesen kosmischen Kräften[674]. Nach dieser Konzeption dachte man sich Himmel und Erde als ein „kunstvolles Gebilde, vom Schöpfer gezimmert, gebaut, wie ein Haus, dessen Dimensionen ausgemessen werden"[675]. In einer Passage über den Bau der Welt erscheint auch der Weltenbaum, aus dessen Holz der Kosmos gebildet ist, ein Bild, das aufgrund der bei den Indern ursprünglich fast ausschließlich gepflegten

Holzbauweise, besonders naheliegt (Ṛgveda X, 31, 7): *Kíṃ svid vánaṃ ká u sá vṛkṣá āsa yāto dyā́vāpṛthivī́ niṣṭatakṣúḥ/ saṃtasthāne ajáre itáūtī áhāni pūrvīr uṣáso jarantal/*[676]: ,,Welches war denn das Holz, welches der Baum, woraus sie Himmel und Erde gezimmert haben,/ die bestehen ohne zu altern, fortdauernd (?); nur die Tage, die vielen Morgenröten werden alt''[677].

Dominierend wurde in der vedischen Zeit aber bald schon die Vorstellung von der Dreiteilung des Kosmos, die besonders in der mystischen Formel *bhūr bhuvaḥ svaḥ* zum Ausdruck kam[678]. Schon in Ṛgveda VI, 69, 8 heißt es, daß Indra und Viṣṇu das Tausendfache dreifach hervorgebracht haben, als sie kämpten[679]. In der Bṛhadāraṇyaka-Upaniṣad III, 9, 8 werden die drei Welten die drei Götter genannt, weil in ihnen alle Götter enthalten sind: *Katame te trayo lokā eṣu hīme sarve devā iti*[680]. Nach Śatapatha-Brāhmaṇa XI, 2, 3, 1 wurden bei der Schöpfung die drei Welten unter Agni (Erde), Vāyu (Luftraum) und Sūrya (Himmel) verteilt (*tád devā́n asṛjata, tád devā́nt sṛṣṭvaìṣú lokéṣu vyā́rohayad asminn evá lokè 'gniṃ vāyum antárikṣe divy èva sū́ryam*)[681].

In der Maitrāyaṇīya-Upaniṣad wird dann die Existenz eines höchsten Wesens angenommen, aus dem sich die Welt konstituiert: *tamo vā idam agra āsa / tat paścāt pareṇeritaṃ viṣamatvaṃ prayāti / etad vai rajaso rūpam / tad rajaḥ khalv īritaṃ viṣamatvaṃ prayāti / etad vai tamaso rūpam / tat sattvam everitam / tat sattvād rasaḥ saṃprāsravat / so 'ṃśo 'yaṃ yaś cetanamātraḥ pratipuruṣaṃ kṣetrajñaḥ saṃkalpādhyavasāyābhimānaliṅgaḥ prajāpatiḥ* (V, 2)[682]; an anderer Stelle (VI, 6) konstituiert sie sich aus Prajāpati: *athāvyāhṛtaṃ vā idam āsīt / sa satyaṃ prajāpatis tapas taptvānuvyāharad — bhūr bhuvaḥ svar iti / eṣaivāsya prajāpateḥ sthaviṣṭhā tanūḥ [yā lokavatīti] / svar ity asyāḥ śiro nābhir bhuvo bhūḥ pādā ādityaś cakṣuḥ*[683].

Die Form des Weltalls wird verschiedenartig angegeben. So existiert z.B. die Vorstellung von der Form einer Schildkröte (Śatapatha-Brāhmaṇa VII, 5, 1, 1, 2) oder die eines Eies, wie aus Chāndogya-Upaniṣad III, 19, 1 hervorgeht: *asad evedam agra āsīt, tat sad āsīt, tat samabhavat, tad āṇḍaṃ niravartata, tat saṃvatsarasya mātrām aśayata, tan nirabhidyata, te āṇḍakapāle rajataṃ ca suvarṇaṃ cābhavatām*[684]: ,,Anfangs war das Nichtseiende, dieses war das Seiende. Es entstand und es bildete sich ein Ei. Das lag die Spanne eines Jahres da, dann spaltete es sich. Die beiden Eierschalen waren aus Silber und Gold''.

Der Kosmos als Weltenbaum wurde schon erwähnt. In diesem Zusammenhang begegnen wir der Idee der Weltachse, die u.a. in Ṛgveda VIII, 41, 10 belegt ist: *yáḥ śvetā́n ádhinirṇijaś cakré kṛṣṇā́n ánu vratā́ / sá dhā́ma pūrvyám mame yáḥ skambhéna ví ródasī ajó ná dyā́m ádhārayan nábhantām anyaké same //*[685]: ,,Der die weißen, die schwarzen (Farben) nach seinen Gesetzen zum Mantel sich gemacht hat; er hat die erste Schöpfung ausgemessen; der mit einem Pfeiler die beiden Welten auseinander (hält) und wie der Ungeborene den Himmel festigte. — All die anderen Schwächlinge sollen entzwei gehen''[686].

Die vorstehend angeführten Weltkonzeptionen erinnern zwar mehr oder weniger stark an einige mesopotamische Kosmologien, darüber hinaus jedoch noch an die vieler anderer Kulturkreise, so daß man wohl mit Recht davon ausgehen darf, daß diese im jeweiligen Kulturkreis selbständig entstanden sind.

Die Beziehungen zum vedischen Feueraltar seien hier nur kurz umrissen. Dieser ist von drei Herdfeuern in einer genau festgelegten Anordnung umgeben[687]. Die Herdfeuer werden auf dem Opferplatz feierlich ,,gegründet'': Die rechteckige Feuerstelle des Āhavanīya bedeutet den Himmel (*dyaus*) und liegt im Osten, während im Westen in Korrespondenz dazu das runde Gārhapatya-Feuer die Erdenwelt symbolisiert und das südlich gelegene Dakṣiṇāgni mit seiner Halbmondform den Luftraum repräsentiert (Abb. 10)[688]. Nach der Bestimmung der Feuerstellen müssen der Opferveranstalter (*yajamāna*) und seine Frau baden und Leinengewänder anziehen, die als Eihaut bei ihrer bevorstehenden neuen Geburt gilt. Aus dem Hausherd des *yajamāna* wird dann ein Feuer geholt, um für die vier am Opfer beteiligten Priester einen Reisbrei unter bestimmten Zeremonien zu kochen. Dieser Brei und das Feuer sind sehr bedeutsam, bedeutet doch das Feuer die Schwängerung und soll nach Taittirīya-Brāhmaṇa I, 1, 9, 7[689] ein ganzes Jahr lang unterhalten werden, weil der Embryo in diesem Zeitraum wächst. Dabei muß der Opferer eine Reihe von Vorschriften beachten und schließlich mit seiner Frau mittels eines Feuerbohrers auf der Stelle des erloschenen Feuers ein neues bohren, was wiederum die Fortpflanzung des Feuers und damit die Fortpflanzung von Nachkommen, Vieh und Ansehen im Himmel bedeutet (Taittirīya-Brāhmaṇa I, 2, 1, 15): *prajayā paśubhir brahmavarcasena suvarge loke / anṛtāt satyam upaimi / mānuṣād daivyam upaimi*[690]; ,,mit Nachkommenschaft, Vieh und Vorrang im heiligen Wissen begebe ich mich von der Unredlichkeit zur Wahrheit, vom Menschlichen zum Göttlichen''.

Das Feuerreiben beginnt mit dem Auftreten der ersten Sonnenstrahlen am Gārhapatya-Herd, von wo es der *yajamāna* zum Āhavanīya bringt, wo das Feuer entzündet wird, wenn die Sonne halb aufgegangen ist. Denn in diesem Moment des Opfers hatte Prajāpati die Lebewesen erschaffen, und genau dies tut der Opferer jetzt auch[691].

Die kosmologische Bedeutung dieser Feuer kommt auch beim Nachlegen der Holzscheite ins Opferfeuer zum Ausdruck, denn damit soll das Aussprechen der Silben *bhūr, bhuvas* und *svar* verbunden sein, die die drei Teile des Kosmos bedeuten[692]. Die Errichtung eines Altars und der Op-

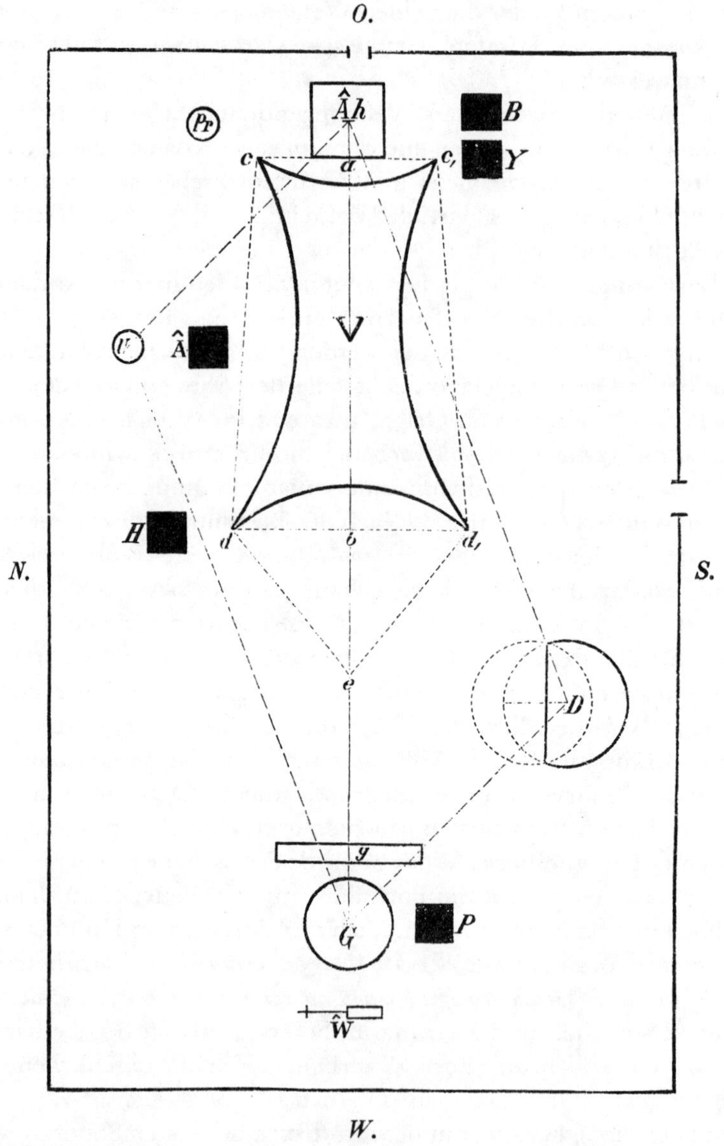

Â = Âgnîdhrasitz. G = Gârhapatyafeuer. U = Utkara.
Âh = Âhavanîyafeuer. H = Hotṛisitz. V = Vedi.
B = Brahmansitz. P = Patnîsitz. W = Wagen.
D = Daxiṇafeuer. Pr. = Praṇîtâplatz. Y = Yajamânasitz.
ab = Prâcî. c u. c, = Nord-, resp. Südaṅsa. d u. d, = Nord-, resp. Südśroṇi.
d e und d, e = d d,; e d ist der Radius, mit dem vom Mittelpunkt e aus der Bogen d d, beschrieben ist. g = Platz für die Gefässe.

10. Vedischer Opferplatz (Hillebrandt, Das altindische Neu- und Vollmondsopfer, 191)

fervorgang sind Wiederholung eines Urzeitereignisses, der Schöpfung des Universums, die Wiederherstellung des zergliederten Gottes Prajāpati (,,Herr der Geschöpfe'')[693], der das Jahr und den Kosmos repräsentiert. Der Altar ist nach dem Vorbild des Universums errichtet als der transformierte Körper Prajāpatis. Ebenso ist er Ausdruck des Jahres: ,,Built into it at the same time is another measure, that of time. Measure ist expressed by number. As many seasons as there in the year, so many layers has the altar; and further, the total number of the surrounding bricks of the requisite altars is 360. By number the year is built into the altar and is its substance''[694].

Ursprünglich wurden vor der Errichtung des Altares fünf Opfertiere getötet. In der Reihenfolge ihres Wertes waren es (nach Śatapatha-Brāhmaṇa VI, 2, 1, 18) ein Mensch, ein Pferd, ein Stier, ein Widder und ein Ziegenbock. In die erste Backsteinschicht des Altars wurden die Köpfe der Opfer eingemauert, wobei der menschliche Kopf in die Mitte plaziert wurde, rechts von Stier und Ziegenbock, links von Pferd und Widder flankiert. Der Rumpf des Ziegenbocks wurde für das Opfer bereitet, während die anderen Körper in das Wasser geworfen wurden, aus dem man später den Ton für die Ziegel entnahm. Auch das Opferblut wurde mit dem Backsteinton vermischt, so daß die Substanz der Körper mit den fünf Köpfen wiedervereinigt wurde, was dem Altarbau Festigkeit verleihen sollte[695].

In Ṛgveda X, 90, einem offenbar recht späten Schöpfungslied, wird die Einheit des Kosmos aus einem einzigen Urindividuum entstanden gedacht[696]. Dieses Urwesen ist Puruṣa, ein Mann von gigantischen Ausmaßen, der sich und damit die Welt selbst erzeugte (X, 90, 5). Die Götter bringen diesen so entstandenen Puruṣa als Opfer dar. Bei der Teilung dieses Opfers entstehen die Elemente der Natur entsprechend seinen Gliedern (X, 90, 12-14): ,,Sein Mund ward zum Brahmanen, seine beiden Arme wurden zum Rājanya gemacht, seine beiden Schenkel zum Vaiśya, aus seinen Füßen entstand der Śūdra. Der Mond ist aus seinem Geist entstanden, die Sonne entstand aus seinem Auge; aus seinem Munde Indra und Agni, aus seinem Aushauch entstand der Wind. Aus dem Nabel ward der Luftraum, aus dem Haupte ging der Himmel hervor, aus den Füßen die Erde, aus dem Ohre die Weltgegenden. So regelten sie die Welten''[697].

Auch hier begegnet uns wieder die Vorstellung der Weltschöpfung als Opfervorgang, bei dem ein Mensch zerteilt wird, analog dem Aufbau des Opferaltars, der ebenfalls Kosmos ist. Der Opferer selbst ist identisch mit der Substanz des Altares und dem eingemauerten goldenen Puruṣa, er ist eins mit ihm. Dieser goldene Mann steht in Korrespondenz zur *svarloka* durch einen Zugang in den aufeinandergeschichteten Ziegelsteinen (*iṣṭa-*

kā), von denen es drei gab. Der erste wurde auf dem goldenen Mann im Zentrum der unteren Schicht angebracht, der zweite im Zentrum der dritten Schicht und der dritte auf dem Zentrum der abschließenden fünften Schicht. Diese Ziegel waren durchlöchert und ermöglichten somit die Verbindung von *bhūrloka* und *svarloka*, denn die drei Welten wurden durch die drei Steine repräsentiert[698].

Ziel der Errichtung des Opferaltars und der Durchführung der Riten war das Streben nach persönlicher Wohlfahrt, die dadurch garantiert wurde, oder, wie Kramrisch es ausdrückt: ,,Der vedische Altar war allein für den brahmanischen Opferherrn bestimmt. Was ihn dabei ausschließlich bewegte, war die Wandlung, Verwandlung seines sterblichen Selbst zur Unsterblichkeit durch die strenge Verrichtung der architektonischen Riten, mit deren Hilfe er sich einen neuen, durch seine Symbolkraft unsterblichen und kosmischen Körper erbaute''[699].

Ein kennzeichnendes Moment der vedischen Religion ist das Fehlen eines Kultes einer größeren Gemeinde; vielmehr ist das Opfer Sache kleinerer Gemeinschaften. Dennoch ist die vedische Religion den Volksreligionen zuzurechnen, in denen ein kollektives Heil grundsätzlich gegeben ist, das der Gesamtheit zu erhalten Pflicht aller Glieder der Volksgemeinschaft ist[700]. Diese Erneuerung geschah durch kultische Handlungen. Diese wurden für alle als erforderlich angesehen, und somit ist auch hier das individuelle Wohl letztlich vom richtigen Verhalten aller abhängig, da ,,die Sonne nicht aufgehen würde, wenn man dieses Opfer nicht darbrächte'' (Śatapatha-Brāhmaṇa II, 3, 1, 5)[701].

Der indische Tempel

Das vedische Indien kannte keine Tempel und keine Bilderverehrung, sondern nur die oben teilweise beschriebenen Opferhandlungen, die auf offenen Plätzen stattfanden. Farquhar hat die Frage zu beantworten versucht, wie die Tempel- und Bilderverehrung zum allgemein verbreiteten Kult im hinduistischen Religionssystem werden und das alte Opferwesen in den Hintergrund drängen konnte[702]. Verblüffend ist dabei die Tatsache, daß diese neue religiöse Praxis etwa um 400 v. Chr. (nach Farquhar) bzw. in den ersten vorchristlichen Jahrhunderten scheinbar unvermittelt ihren Anfang nahm, d.h. ohne irgendeine vorbereitende Ankündigung in der frühen Literatur: ,,Thus the general date of the appearance of temple-and-image worship in Hinduism is known; but no authoritative pronouncement sanctioning the change is to be found in the literature anywhere nor does any law exist ordaining the practice. There is no welcome given to the new form of worship, nor is any voice raised against it''[703]. Dennoch muß ab dem 4. Jahrhundert v. Chr. das Auftreten von

Tempel- und Bilderkult konstatiert werden: Farquhar beruft sich auf brahmanische Traditionen, die besagen, daß dieser Kult unter der Kaste der Śūdras aufblühte und schließlich auch von höherkastigen Hindus angenommen wurde[704], während Coomaraswamy hierin eines der vielen Beispiele für den Sieg der unterworfenen Draviden über die erobernden Arier auf kulturellem Gebiet sieht: ,,In particular, the popular, Dravidian element must have played the major part in all that concerns the development and office of image-worship, that is of *pūjā* as distinct from *yajña*''[705].

Dennoch mag es zunächst seltsam anmuten, daß die unterste Kaste (*varṇa*) auf die drei höheren einen solchen Einfluß ausgeübt haben soll. Dazu ist zu bemerken, daß tatsächlich ein Teil der Brāhmaṇen den Bildkult ablehnte und das vedische Opferzeremoniell bis in unsere Tage beibehielt[706], während der überwiegende Teil sich offensichtlich der neuen religiösen Praxis zuwandte, bezeichnenderweise zu einer Zeit, als sich die vedische Religion in ihrer großen Krise befand. Es ist jene Zeit, in der die Vorstellungen der Upaniṣaden und die heterodoxen Strömungen des Buddhismus und Jinismus dominierten oder zumindest begannen, vorherrschend zu werden. Diese neuen Strömungen waren ihrem Charakter nach Universalreligionen, da in ihren Lehren ein ausgeprägtes Unheilsbewußtsein des Einzelnen auftrat und diese allgemeine Gültigkeit für sich in Anspruch nahmen und somit den Rahmen der bisher volksmäßig oder sozial gebundenen Religiosität sprengten. Ziel dieser heterodoxen Bewegungen — zu denen im Grunde genommen auch die Lehren der Upaniṣaden zählen, nimmt man die Kriterien des Vedismus als Maßstab für Orthodoxie — war die Beendigung des Unheilszustandes durch Erlangung des Heils, was man vornehmlich durch Erkenntnis (*jñāna*), Yoga oder *bhakti*[707] zu erreichen suchte.

In diesem historischen Kontext ist es verständlich, daß die Verehrung von Tempeln und Bildwerken auch bei den drei höheren Kasten als neue religiöse Praxis Anklang fand, nicht zuletzt durch ihre Liturgie, die emotionale Effekte auslöste[708], aber auch durch das Hervortreten des *ahiṃsā*-Gedankens und der damit verbundenen Ablehnung der Tieropfer des vedischen Ritus. Als Zeichen für die Herkunft der Bilder- und Tempelverehrung von der Kaste der Śūdras wertet Farquhar den noch immer allgemein niedrigen Status der Tempelbediensteten und der bildenden Künste sowie die Distanz der Śrauta-Brāhmaṇen (jener, die sich auf die *śruti* genannte Literatur als alleinige Quelle der Religion beruft) während vieler Jahrhunderte zu diesem nichtvedischen Ritus. In der Manusmṛti (III, 152) wird der Tempelpriester für unwürdig gehalten, an Opfern teilzu nehmen: *cikitsakān devalakān māṃsavikrayiṇas tathā vipaṇena ca jīvanto varjyāḥ syur havyakavyayoḥ*[709] ,,Ärzte, Tempelpriester, Fleischverkäufer und solche, die vom Verkauf leben, sollen von den Opfern für Götter und Manen ausgeschlossen sein''. Dieses Verbot zeigt aber gleichzeitig, daß viele Brāhmaṇen dem Tempelkultus als einer neuen Quelle ihres Unterhalts zugewandt waren[710]. Begünstigt wurde diese Entwicklung vom erstarkenden Königtum, das sich von den ,,Fesseln der buddhistischen plebejischen Hierokratie'' (Max Weber)[711] und dem Ideal eines ,,Wohlfahrtsstaates'' buddhistischer Prägung zu befreien suchte. Diese Konzeption findet sich hauptsächlich im 27. Buch des Dīgha-Nikāya. Obwohl es am Ende als ein Versuch erscheint, die vier *varṇa* in einer häretischen Art zu erklären — hauptsächlich durch phantastische Etymologien — besteht es fast ausschließlich aus einer langen Geschichte, die von einem ursprünglichen Chaos ausgeht, das eine Art stufenweiser Entwicklung der Menschheit durch wachsende Differenzierung und Entartung darstellt. Die Menschen beschließen endlich, um ihren Besitz zu schützen, einen aus ihren Reihen als Mahāsammata oder ,,Großen Erwählten'' zu wählen (Dīgha-Nikāya XXVII, 21): *Mahājana-sammato ti kho Vāseṭṭha mahāsammato, mahā-sammato tv eva paṭhamaṃ akkharaṃ upanibbattaṃ*[712]. Dieser ist mit der Überwachung der sozialen Ordnung betraut und erhält als Gegenleistung einen Teil der Früchte. Dies wird als der Ursprung des Kreises der Kṣatriya (*khattiya*) dargestellt. Der möglicherweise am meisten schlagende Aspekt dieser Geschichte ist die Tatsache, daß Gesellschaft oder Staat wie in modernen westlichen Theorien vom Vertrag mehr als eine Menge von Individuen erscheint. Dumont hat darauf hingewesen, daß das Individuum in diesem Sinne in Indien nur in dem Menschen erscheint, der das Leben in der Sozialordnung aufgegeben hat, im Entsager. Es ist klar, daß der Buddha wie die buddhistischen Mönche Weltentsager sind und der Dīgha-Nikāya ein Text dieser Weltentsager ist, der zuerst dieses individualisierte Bild der Gesellschaft einführt, das ansonsten sehr fremd im indischen Kontext erscheint[713].

Damit einher ging die Idee vom Wohlfahrtsstaat und der Unerheblichkeit aller ständischen und religiösen Unterschiede. Diese Konzeptionen suchte z.B. der Maurya-Herrscher Aśoka zu realisieren. Im Großen Felsedikt Nr. VIII kommt seine Sorge für die öffentliche Wohlfahrt zum Ausdruck (Version von Kālsi, Satz E): [*h*]*etā iyaṃ hoti samanabaṃbhanānaṃ dasane cā dāne ca vudh*[*ā*]*naṃ dasa*[*n*]*e c*[*a*] *hilamnapaṭi*[*v*]*idhāne cā* [*jā*]*napadasā* [*ja*]*n*[*a*]*sā das*[*a*]*ne dhaṃmanusathi ca dhamapalipuchā ca tatopa*[*yā*][714], ,,Hierbei findet folgendes statt: Sehen von und Schenkungen an Śramaṇas und Brāhmaṇas, Sehen von Alten und Geldzuwendung an sie, Sehen von ländlicher Bevölkerung, Dhaṃma-Unterweisung und dementsprechenden Dhaṃma-Befragung''[715]. Im Großen Felsedikt Nr. XII wird gesagt, daß der König nicht viel von Geschenken und äußerer Ehrfurcht vor der Religion hält, sondern nur, ,,daß Wachstum im Wesentlichen (ṣ[*ā*]*lāv*[*a*]*ḍhi*) bei allen Religionsgemeinschaften (*savapāṣaṃḍatiṃ*) sei''[716]. Weiterhin verfügte er den Bau von Hospitälern für Menschen und Vieh samt dem Anbau von Heilpflanzen (Großes Felsedikt Nr. II) und andere Maßnahmen, die zur allgemeinen Wohlfahrt dienen sollten[717].

All diese Maßnahmen waren jedoch auf Dauer für den Zusammenhalt des Reiches offensichtlich untauglich. Dem Maurya-Reich und auch den folgenden Großreichen wie dem der Gupta oder dem des Harṣa (606-647) gelang es eigentlich nie, unterworfene Gebiete in den eigenen Staatsverband fest zu integrieren. Solange die militärische Stärke ausreichend war, konnte über die annektierten Regionen zwar eine Oberhoheit und damit gewisse Kontrolle ausgeübt werden, die aber schlagartig zusammenbrach, wenn dieser Machtfaktor wegfiel oder auch nur schwächer wurde. Letztlich erwiesen sich damit die regionalen Bindungen stärker als die Verbundenheit gegenüber einem überregionalen Staatsverband. Eine ,,Intellektuellen-Soteriologie'' (Max Weber) wie der Hīnayāna-Buddhismus konnte nicht die Masse der Bevölkerung binden und schied als integrierender Faktor eines Reiches in der Konkurrenz zu Volksreligionen (zu denen auch populäre hinduistische Strömungen zählen) aus. So nahm denn das Königtum eher Partei für den mit starken volksreligiösen Zügen ausgestatteten Mahāyāna-Buddhismus, dann für das rein rituelle neuorthodoxe Brāhmaṇentum[718]. Ein wesentliches Moment war hierbei der hinduistische Tempelkult. Die Könige der mittelalterlichen Regionalreiche setzten im Kampf gegen die Feudalkräfte ihres Staates rituelle Machtmittel ein, die Kulke im wesentlichen in drei Punkte zusammenfaßt[719]:

1. Systematische Ansiedlung großer Gruppen von Brāhmaṇen,
2. Errichtung neuer monumentaler Reichstempel und
3. Ausbau bereits bestehender Wallfahrtszentren zu großen Tempelstädten.

Nach dieser umrißhaften Darstellung der historischen und religiösen Voraussetzungen für die Entwicklung des Tempelkultes erscheint es notwendig, die architektonische Ausformung des Tempels unter dem Aspekt seiner Funktion als religiöser Bedeutungsträger zu betrachten.

In den vorchristlichen Jahrhunderten existierten unter verschiedenen Namen (z.B. *caitya*) einfache, in Wäldern, an Teichen oder auf Bergen gelegene Steinaltäre unter Bäumen, was z.B. aus Mahābhārata XII, 69, 39 hervorgeht: *durgāṇāṃ cābhito rājā mūlacchedaṃ prakārayet / sarveṣāṃ kṣudravṛkṣānāṃ caityavṛkṣān vivarjayet*[720] ,,Der König soll alle (kleineren) Festungen zerstören und alle kleineren Bäume außer den (heiligen) Caitya-Bäumen soll er niederhauen lassen''.

In Rāmāyaṇa V, 15, 16 wird ein solcher *caitya* schon mit Zäunen (*stambha*), Treppen (*sopāna*) und einem hohen Dach (*vedika*) geschildert[721], und zweifellos ist damit ein Tempel gemeint. Allerdings waren die frühesten Tempelanlagen wohl aus Holz, jedenfalls aus vergänglicherem Material als der spätere klassische Hindu-Tempel, so daß wir von diesen nur aus Berichten wissen. So berichtet eine Steininschrift aus Ghosuṇḍi in Rājputāna, die gegen Ende des 3. Jahrhunderts v. Chr. datiert wird[722], von der Errichtung eines Steinwalles (*śilāprākāra*) zur Verehrung (*pūjā*) der Götter Saṃkarṣaṇa und Vāsudeva[723]. Patañjali (Mahābhāṣya I, 436) erwähnt die Existenz von Keśava, Rāma und Kubera geweihten Tempeln (*prāsāde dhanapati-rāma-keśavānāṃ*)[724]. Die ersten Beispiele der für uns heute noch faßbaren Sakralarchitektur des Hinduismus liegen etwa in der Gupta-Zeit (ca. 320-570 n. Chr.)[725], da beständeriges Material erst relativ spät zum Tempelbau verwandt wurde, so daß sich die Vorläufer der ältesten uns bekannten Tempel nur mühsam rekonstruieren lassen.

Die Tempelbauten wurden von Einzelpersonen oder Gemeinschaften gestiftet und dem jeweiligen Gott als Wohnstatt übergeben. Tempelland und -besitz werden in Inschriften dem Gott selbst unmittelbar übergeben[726]. Die Stiftungen wurden als Opfer an die Gottheit verstanden, woraus folgt, daß der ganze Tempel ein dem Gott dargebrachtes Opfer ist. Das kommt schon darin zum Ausdruck, daß die Plattform (*abhiṣṭhāna*), auf die der Tempel gestellt wurde, als *vedi* angesehen und auch bezeichnet wird. Die Errichtung eines Tempels brachte dem Stifter ein höheres Niveau der Selbstverwirklichung ein, nämlich den Aufenthalt im Himmel, der Welt der noch nicht erlösten Götter. Schon in der Brāhmaṇa-Literatur heißt es nämlich, daß ein Opfer ein zum Himmel führendes Schiff sei, so Śatapatha-Brāhmaṇa IV, 2, 5, 10 (*sarva eva yajño nauḥ svargyā*).

Darüber hinaus gibt es für den Gläubigen, der den Tempel besucht, noch eine weitere Bedeutung. Für ihn ist der Tempel ein *tīrtha*, d.h. ein heiliger, mit besonderer Macht geladener Ort, an dem der Gott anwesend ist und durch den er auch verkörpert wird. So ist das Grundstück, auf dem der Tempel errichtet wird, immer ein *tīrtha* (wörtlich: Furt, Übergang; später: heiliger Badeplatz)[727], wie aus Viṣṇudharmottara-Purāṇa III, 93, 25-31 hervorgeht: *nadī-tīreṣu kartavyā vaneṣūpavaneṣu ca / sarasāṃ caiva tīreṣu girīṇāṃ śikhareṣu ca* (27) ,,Sie sollen an Flußufern, in Wäldern und Hainen errichtet werden und an den Ufern von Teichen und den Gipfeln der Berge''; *tathā suragṛhaṃ kāryaṃ yathā vāme jalāśayam / purastād vā bhavet tasya nānyathā manujādhipa* (30)[728] ,,Ebenso ist ein Tempel dort zu erbauen, wo links oder vorne ein Teich vorhanden ist, an keinem anderen Platz, o König''.

Weil der Besuch eines solchen Ortes Sündenschuld tilgen kann, kommt ihm im religiösen Leben besonders des einfachen Gläubigen eine sehr große Bedeutung zu. Die Betrachtung eines Tempels soll weiterhin den Gläubigen zu einer höheren geistigen Erkenntnis (*darśana*) führen, soweit er aufgrund seiner Fähigkeiten dazu in der Lage ist[729].

Es lassen sich einige Beziehungen des Hindu-Tempels zum vedischen Opferaltar aufzeigen. So findet sich in beiden die Symbolik des Kreises für die Erdenwelt (Gārhapatya-Feuer beim Altar, vgl. Śatapatha-Brāhmaṇa VII, 1, 1, 37), im Tempel repräsentiert durch die *vedikā*, nur daß diese durch ihre Verbindung zur Perfektion der Himmelswelt in ein Viereck verwandelt wurde[730]; auch in Ṛgveda X, 58, 3 wird die Erde als viereckig bezeichnet[731]. Ebenso begegnet uns die Quadratform für die Himmelswelt im Āhavanīya-Feuer und im *uttaravedi.* Auch das *garbhagṛha*, die Cella des Tempels, lehnt sich an vedische Vorbilder an. In der vedischen Zeit war mit dem Opfer eine ,,Neugeburt'' des Opferers verbunden, der in einer Initiationshütte die Wandlung in einen neuen Menschen erfuhr. Der gleiche Vorgang wird vom gläubigen Hindu im *garbhagṛha* erlebt, worauf auch schon die Bedeutung des Wortes — Mutterschoß — hinweist[732].

Das Podest des Tempels wiederum wird *vedikā* genannt, eine Bezeichnung für den heiligen Altargrund, ebenfalls hergeleitet vom vedischen Altar, auf dem die Flamme brannte, die die Opfer zu den Göttern trug. Die Stelle der Flamme nimmt beim Tempel der Überbau auf dem Sockel ein, womit deutlich wird, daß es bei den Parallelen auf die Bedeutung, nicht auf die Form ankam. Weiterhin ist zu bemerken, daß am Sockel eines Tempels häufig Gestalten von Männern, Pferden und anderen Tieren abgebildet sind, die die im vedischen Opferaltar eingemauerten Opfertiere bedeuten[733]. Unter dem *āmalaka*-Stein, dem oberen Abschluß des *śikhara*, befindet sich nochmals ein hohes *vedi* (*uttaravedi*), also ein Opferplatz. Die Achse, um die sich der Baukörper aufrichtet, wird mit dem *yūpa*, dem Opferpfosten der vedischen Opferstätte, identifiziert, welcher nach Śatapatha-Brāhmaṇa III, 7, 1, 25 von der Unterwelt bis zum obersten Himmel aufragt[734]: ,,Den Tempel durchdringt tatsächlich oder ideell ein Pfeiler: der Weltenbaum, die Weltachse. Der Gedanke der Säule hängt als Idee und Form mit dem Yupa-Pfosten genauso zusammen wie mit der megalithischen Säule als Ehrenmal, die als Träger von Göttersymbolen ihren Platz im mittelalterlichen Tempel gefunden hat''[735].

Nach Agni-Purāṇa LXI, 19-27 ist der Tempel aber nicht nur Abbild des Makrokosmos, sondern auch Körper des kosmischen Puruṣa: *patākāṃ prakṛtiṃ viddhi daṇḍaṃ puruṣa-rūpiṇaṃ / prāsādaṃ vāsudevasya mūrtti-bhedaṃ nibodha me* (19)[736]; ,,Erkenne die Fahne als *prakṛti* [Natur, Materie, Frau des Gottes], den Stock als Zeichen des Puruṣa; höre mich! Der Tempel ist (nur) eine andere Form Vāsudevas''.

Die gesamte Tempelanlage wird im folgenden mit dem Körper des Puruṣa verglichen und identifiziert: jeder Teilbereich des Tempels entspricht dabei einem Körperteil des kosmischen Menschen. Als Beispiel dafür sei Agni-Purāṇa LXI, 25 angeführt: *mukhaṃ dvāraṃ bhaved asya pratimā jīva ucyate / tac chaktiṃ piṇḍikāṃ viddhi prakṛtiṃ ca tad ākṛtim*[736]: ,,Der Mund sei die Tür, sein Bildnis wird als Leben bezeichnet, Erkenne das Postament als Lebenskraft und seine Form als das Belebte''.

Der Tempel ist also Leib der Gottheit und gleichzeitig sein Sitz, wenn auch die Körperlichkeit eines Gottes von einigen Autoren, z.B. Jaimini und seinem Kommentator Śabara im Mīmāṃsādarśana, bestritten wird[737]. Da die Götter sich nach der indischen Mythologie besonders gern in landschaftlich reizvollen Gegenden aufhalten, werden gerade solche Regionen eigens für den Tempelbau ausgesucht. In Varāhamihiras Bṛhatsaṃhitā LVI, 4-8 findet sich eine Beschreibung der von den Göttern bevorzugten Plätze[738].

Solche Orte sind als *tīrthas* besonders beliebt und werden deshalb von Pilgern bevorzugt als Wallfahrtsorte besucht. Auch jeder Tempel ist ein solches *tīrtha*. Mit Vorliebe baute man Tempel an Orte, die schon vorher in Beziehung zu den Göttern standen. Wie jeder Ort in Indien ist aber auch der Platz, an dem ein Tempel errichtet werden soll, von Lokalgenien bewohnt, die gebeten werden müssen, ihren Platz dem Hauptgott des späteren Tempels einzuräumen: eine gewaltsame Vertreibung nämlich würde Unheil bringen[739].

Wenn die genii loci ihre frühere Wohnstätte geräumt haben, muß diese überprüft werden, und zwar auf Klang, Geruch, Geschmack, äußere Form, Farbe und Fruchtbarkeit. Dann wird der Ort rituell gereinigt und umgepflügt, danach abermals von Rindern gereinigt. Die gesamten Vorbereitungen dauern ein Jahr. Erst dann kann der Ort eingeebnet werden, was ein ganz besonders wichtiger Vorgang ist, weil nur ein ebener Platz Träger eines Heiligtums sein darf.

Nach der Hindu-Mythologie wollten die Menschen zu Beginn des Kaliyuga, des jetztigen Zeitalters, die Erde zu ihrer Wohnstätte machen, die aber in Form einer Kuh hinter den Gott Brahmā floh, der sie Pṛthu, dem ersten menschlichen König, zur Bewohnung übergab (vgl. Bhāgavata-Purāṇa IV, 17)[740]. Nachdem Pṛthu die Erde eingeebnet hatte, war sie so fest, daß sie als beständiger Wohnplatz für die Menschen dienen konnte[741]. Daher ist es beim Errichten eines Gebäudes notwendig, den vorgesehenen Platz dafür einzuebnen.

Nach der Bereitung des Bodens wird vor der eigentlichen Bautätigkeit das *vāstu-puruṣa-maṇḍala* gezeichnet, eine Art Grundplan, der den Kosmos schematisch darstellt. Dabei bezeichnet *vāstu* den Ort des Gebäudes und *puruṣa* den kosmischen Menschen: „Es ist im Tempelbereich zwischen zwei *puruṣa*s zu unterscheiden: dem im geordneten chthonischen Substrat erscheinenden Abbild des *puruṣa*, welches als materielles Gegenbild des Göttlichen notwendigerweise *asura*-Charakter hat, und dem darauf ruhenden *puruṣa* selbst [d.i. der *prāsāda-puruṣa*], der sich im Tempel manifestiert"[742]. Grundlage des Tempels ist also der *vāstu-puruṣa* oder *vāstoṣpati*, der aus *prakṛti* (Materie) besteht und dessen ursprünglich chaotische Existenz durch das geistige Prinzip, das von der Gottheit und damit dem *prāsāda-puruṣa* ausgeht, geordnet wurde.

Als vāstu-puruṣa gilt ein Ziegendämon namens Chāgāsura, der nach Īśānaśivagurudevapaddhati III, 26, 93 f.[743] aus dem Opfer des letzten Asura Bhṛgu entstanden war und solange die Götterwelt bedrohte, bis Śiva ihn unterwarf. Sein Leib bildete dann mit dem Kopf im Osten die feste Grundlage eines Bauwerkes. Eine andere Version kennt die Bṛhatsaṃhitā (LIII, 2-3): *kim api kila bhūtam amavad rundhānaṃ rodasī śarīreṇa / tad amaragaṇena sahasā vinigṛhyādhomukhaṃ nyastam // yatra ca yena gṛhīta vibudhenādhiṣṭhitaḥ sa tatraiva / tad amaramayaṃ vidhātā vāstunaraṃ kalpayām āsa*: „There was, it is said, some Being that obstructed the Earth and the Sky with its body. That was suddenly caught hold of and placed topsy-turvy by the multitude of Gods, who became the presiding deities of the several limbs of the Being that were touched by them. The creator ordained that Being to be the House-God of the nature of Gods"[744].

Der *vāstu-puruṣa* wurde auf ein *maṇḍala*, ein rituelles Diagramm magischer Essenzen gepreßt und bildet somit die Grundlage der Gebäude. Das *vāstu-puruṣa-maṇḍala* ist meist quadratisch, kann aber auch drei-, sechs- oder achteckig sein, beruht aber immer auf einem Quadrat, da dies in die Gebäude eingeschrieben sein muß[745]. Im indischen Denken kommt dem Quadrat eine sehr wichtige Rolle zu, ist es doch das Zeichen des Geordneten, Festen, Beständigen und Sicheren. Es ist das Zeichen für das Perfekte gegenüber den finiten und imperfekten Größen und bedeutet in diesem Zusammenhang auch die Himmelswelt, heißt es doch noch Mayamata III, 1: *devānāṃ tu dvijātīnāṃ caturaśrāyatāḥ śrutāḥ / vastv ākṛtir anindyā sāvāk pratyagdik samunnatā*[746] „Man sagt, für Götter und Brāhmaṇen ist ein Viereck (angemessen); ein Platz muß eine vollkommene Form haben und sich nach Süden und Westen erheben". Der Kreis, das Symbol für die Erde, ist demgegenüber ein Zeichen für die dynamische Spannkraft, die dieser mit ihrem Werden und Vergehen innewohnt.

Durch dieses Quadrat des *vāstu-puruṣa-maṇḍala* sind die Ost-West-und Nord-Süd-Punkte fixiert, wobei die Betonung auf der Achse Ost-West liegt, die die Punkte des Auf- und Untergangs der Sonne festhält. Damit ist in dieser Symbolik auch der zeitliche Aspekt festgehalten.

Das Zentrum des Quadrats, von dem alles ausgeht, ist von Brahmā, der Manifestation *brahmans*, des höchsten Seins, besetzt, in dem alles aufgeht und das vor allen Manifestationen steht. Seine Außenseiten sind von den acht Regenten der Planeten eingenommen (Bṛhatsaṃhitā LIII, 46-48)[747], während die Außenseiten des gesamten *maṇḍala* von den 32 Regenten der Nakṣatras, der Mondhäuser, besetzt sind (Bṛhatsaṃhitā LIII, 43-45)[747] (s. Abb. 11).

Der Plan, der sowohl den zyklischen als auch den geordneten, fixierten Kosmos repräsentiert und in sich begreift, liegt jedem Bauwerk zugrunde, nicht nur bei Sakralbauten, sondern auch bei profanen und der Anlage von Städten[748]. Das *vāstu-puruṣa-maṇḍala* ist aber keineswegs mit dem Tempelgrundriß noch mit dem Plan des gesamten Komplexes des Tempelbezirkes identisch, sondern nur eine schematische Darstellung des Kosmos in Linien und Flächen, die dann ins Räumliche erhoben wird.

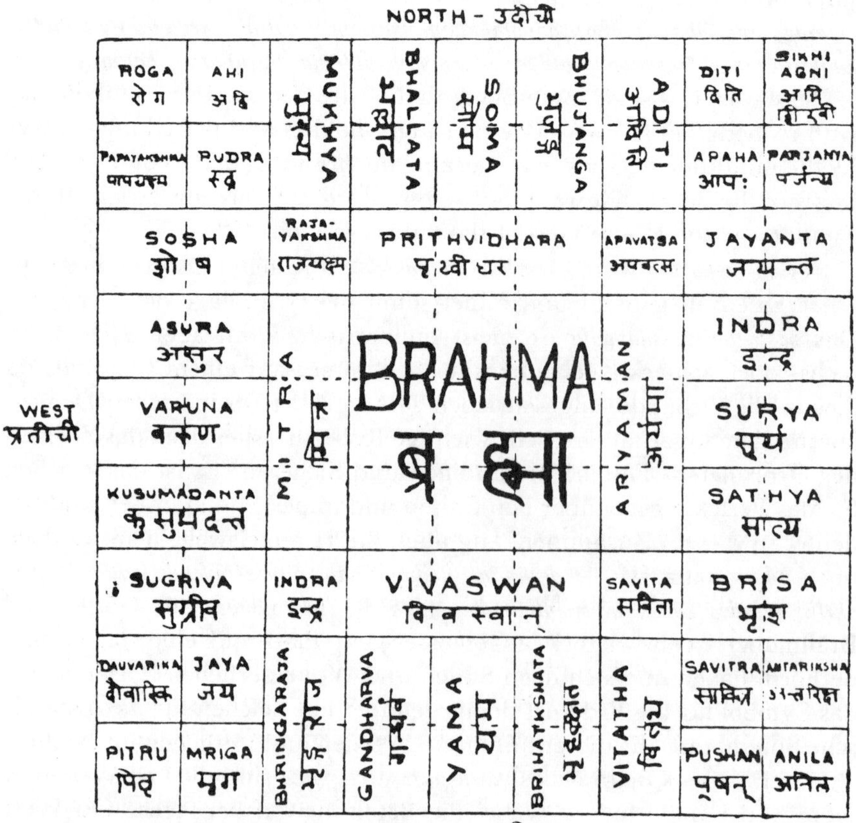

11. vāstu-puruṣa-maṇḍala (Varāhamihira, Bṛhatsaṃhitā, I, 436

Vom Tempel dürfen aber im *maṇḍala* keine lebenswichtigen Punkte (*marman*) belastet werden, etwa durch Säulen oder Wände. Als lebenswichtig gelten dabei Punkte, die für den *puruṣa* lebenswichtig sind, so z.B. das von Brahmā besetzte Zentrum, welches das Herz bedeutet[749].

Die einfachste Art eines Tempels bestand aus einer viereckigen Cella (*garbhagṛha*) mit einem flachen Steinplattendach (*bhumara*). Manchmal befindet sich davor eine offene Vorhalle mit zwei bis vier Pfeilern oder zwei Säulen zwischen zwei Seitenwänden. In seiner weiteren Entwicklung stellte man den Tempel wie die buddhistischen Stūpas auf eine breite Plattform (*medhi*), zu der auf einer oder auf allen vier Seiten Stufen hinaufführen. Mit fortschreitender Weiterentwicklung wurden diese Terrassen vermehrt und die Treppen entsprechend verlängert. Um das Kultbild im *garbhgṛha* wurde ein Umwandlungsgang, der sogenannte *pradakṣiṇāpatha* gelegt, der manchmal ein von Fenstern erleuchteter Korridor oder eine Säulenhalle ist. Meist ist das *garbhagṛha* jedoch fensterlos und liegt somit im Dunkel. Es erhebt sich auf einem Sockel (*abhiṣṭhāna pīṭha*) und ist von dicken Mauern umschlossen. Über dem *garbhagṛha* befindet sich der Überbau, der entweder kurvilinear, pyramidal oder tonnengewölbt ist. Der gesamte monumentale Komplex wird als Körper des kosmischen Puruṣa und als Haus der Gottheit verstanden[750]. Die ganze Welt der Erscheinungen aber gilt z.B. nach der Sāṃkhya-Philosophie nur als eine Form des höchsten Sein. Ebenso wurde auch der Tempel einmal als Leib der Gottheit verstanden, andererseits als sein Sitz.

Das *garbhagṛha* als Zentrum der gesamten Kultanlage erhebt sich über dem Mittelpunkt des *vāstu-puruṣa-maṇḍala*, dem *brahmāsthāna.* Von ihm dehnt sich die Tempelanlage nach allen Richtungen aus. Es bedingt geradezu diese Ausdehnung, da es die Essenz des Tempels ist, weil sich hier der Gott in seiner höchsten Form befindet. Je weiter man sich nach außen bewegt, desto mannigfaltiger werden die verschiedenen Stadien der Manifestationen des Absoluten.

Nach der epischen, vorklassischen Form der Sāṃkhya-Lehre entwickelt sich aus *brahman* oder *puruṣa*, dem Absoluten, die große Wesenheit (*mahat tattvam*) oder das große Selbst (*mahān ātman*), das aber nur deshalb entsteht, weil sich das *brahman* nur durch diese Hülle der Verfremdung manifestieren kann. Der *ātman* wiederum verhüllt sich mit Hilfe der *prakṛti* (Materie) und bewirkt auf diese Weise die Entstehung des Ich-Bewußtseins (*ahaṃkāra*), welches die weltbezogene (und damit zugleich eingeschränkte) Wahrnehmungs- und Erkenntnisfähigkeit bedeutet. Dieses Ich-Bewußtsein aber schafft sich erst einen Körper und vollzieht dadurch den Eintritt in die Erscheinungswelt. Die Trennung vom Absoluten kann nur durch die Umkehrung dieses Weges aufgehoben werden.

Mittel zur Erlösung kann der Weg der Erkenntnis (*jñānamārga*) sein, durch den die einzelnen Hüllen bzw. Verfremdungen des *brahman* im wahrsten Sinne des Wortes ,,durchschaut'' werden. Mit fortschreitender Erkenntnis wird schließlich die Auflösung aller hemmenden Form und damit die Erlösung in der Schau des Absoluten erreicht[751].

Diesen stufenweisen Schritt zum Absoluten kann der Gläubige auch im Tempel als Meditationsobjekt gehen, in dem er ebenfalls einen Endpunkt erreichen, nämlich das *garbhagṛha*, von dem die Manifestation des Tempels ausgeht. Die sehr dicken und in verwirrender Vielfalt gestalteten Mauern deuten auf die Schwierigkeit hin, die mit der Erlangung des letzten Seins verbunden sind.

Die ersten bekannten Tempel waren flachgedeckte kubische Gebäude, die sich auf einem Sockel erhoben[752], wobei das *garbhagṛha* wohl seine Bedeutung von der Initiationshütte der vedischen Zeit übernommen hatte. Außerdem erinnert die Bauweise an die auch in Indien gefundenen Dolmen, also prähistorischen Grabbauten, die aus drei Steinen gebildet wurden, um einen nur nach einer Seite hin offenen Raum abzugrenzen. Manche dieser Dolmen wurde als Schreine zur Gottesverehrung benutzt, so daß eine Verbindung zu diesen durchaus möglich wäre[753]. Flachgedeckte kubische Tempel mit einem Steinplattendach (*bhumara*) sind quasi die ältesten Beispiele hinduistischer Sakralarchitektur. Etwa seit der Mitte des 5. Jahrhunderts n. Chr. wurde dann der *śikhara*, der Tempelturm, zur Leitidee des indischen Tempels. Seine Plinthe (Basis) wurde als Altar, sein Überbau als der mythische Weltberg Meru betrachtet. Auf diesem Weltberg leben die Götter, zu denen der Gläubige durch Verehrung der sich am Tempel darstellenden Götterbilder aufsteigen kann. Bei der Betrachtung des *śikhara* wird das Auge des Gläubigen vom Boden, auf dem er steht, auf immer höhere Stufen geführt, um schließlich an der Tempelspitze mit dem Absoluten zusammenzutreffen. Dies geschah durch die Errichtung von sich nach oben verjüngenden Etagen entlang der vertikalen Achse. Auf der Spitze des *śikhara* wurde ein *āmalaka*-Stein angebracht, der ringförmig und dessen Rundung vertikal gezahnt ist. Seine Form erinnert an eine Lotosblume bzw. an die Sonne mit ihren Strahlen und bedeutet das Sonnentor an der Spitze des Weltberges Meru[754]. An dieser Stelle kann sich auch ein sogenannter ,,Hoher Tempel'' über dem *uttaravedi* an dessen oberem Abschluß befinden. Der ,,Hohe Tempel'' (*kṣudra-alpa-vimāna*) erinnert an andere Schreinformen wie solche mit Tonnengewölben, die in Felstempelformen, die ursprünglich von Buddhisten kreiert worden waren, vergrößert und konsolidiert wurden. Dieser *vimāna* besitzt nur eine gewölbte Etage[755]. Hier begegnet uns wieder das Verständnis des Tempels als Opfer, wobei durch den ,,Hohen Tempel'' über dem *uttaravedi* die eigentliche Tempelbedeutung nur verdoppelt und damit besonders betont wird. Eine weitere Ausformung war die Ausstattung der einzelnen Etagen mit einer fortlaufenden Reihe von Kapellen, durch die der pyramidalen Form des Überbaus der streng stufige Aufbau genommen wurde und daher mehr zu einer Linie anzusteigen scheint, so etwa beim sogenannten Dharmarāja Ratha von Mahabalipuram[756].

In Nordindien ist aber nicht jener pyramidale Überbau vorherrschend, sondern der kurvilineare, wo die Übergänge von einer Stufe zu anderen fast völlig verwischt sind bzw. ineinander fließen. Kramrisch hat diese Form auf den Tabernakel zurückgeführt, der bei Kulthandlungen verwendet wird. Er hat die Form einer kubischen Kammer und ist aus Ästen und Blättern gebildet. An den vier Seiten dieses Tabernakels ist je ein Bambusstab angebracht; diese Stäbe überragen die Kammer und sind an ihren Enden zusammengebunden. Während des Gottesdienstes dient dieses Gebilde als Aufenthaltsstätte der Götter, wird aber nach einmaliger Benutzung weggeworfen[757]. Noch heute dienen diese Tabernakel zur *pūjā*, ihre historischen Anfänge sind allerdings nicht auszumachen[758].

Die kurvilineare Überbauform Nordindiens trägt den Namen *śikhara*, der in Südindien nur für den krönenden Abschluß verwendet wird. Die kurvilineare Form führt das Auge des Betrachters übergangslos vom Boden bis zur Turmspitze. Dieser Effekt wird noch durch seitlich an dem Tempel angesetzte Stützpfeiler verstärkt, die aber weniger stützende Funktion besitzen, da sich kein seitlicher Druck entwickeln kann, sondern das Gewicht immer auf dem senkrecht darunterliegenden Teil ruht[759]. Der Grundriß wird durch diese Pfeiler nach allen Seiten kreuzförmig erweitert, ohne die Form des *garbhagṛha* zu verändern.

In der mittelalterlichen Tempelstadt Khajurāho, der Hauptstadt des Candella-Reiches treffen wir auf alle möglichen Spielarten des *śikhara*-Typus, angefangen von der einfachen Bauweise des Jaina-Tempels Ādinātha, der schlicht nur aus einem Turm besteht, bis hin zum Kaṇḍāriya Mahādeva, dessen *śikhara* an den drei Außenseiten miniaturhafte Wiederholungen seiner selbst besitzt. Dies sind die sogenannten *aṅgaśikhara*s oder *ūruśṛṅga*s, an die sich dann traubenartig weitere noch kleinere Gruppen dieses Motivs anschließen. Die *aṅgaśikhara*s können über die Etagen, die der *śikhara* trotz seiner durchgehenden Krümmung noch haben kann, verteilt sein bzw. sich an einem Schaft in die Höhe ziehen, ohne dabei auf die Etagen Rücksicht zu nehmen. Hier kommt deutlich der Typus des Bergmassivs (d.h. des Weltberges Meru), das über mehrere Gipfel aufsteigt, aber einen zentralen Schaft hat, zum Ausdruck[760].

Oft sind die einzelnen Etagen auch noch durch Dreiviertel-*āmalaka*s an den Ecken angedeutet. Bei späteren Typen ist auch das Spiel von Licht und Schatten in die *śikhara*-Form durch vertikale und horizontale Zurücksetzungen einzelner Teile mit einbezogen[761]. Die genannten Variationen sind aber bei den einzelnen Tempeln nicht streng getrennt, sondern treten oft in den verschiedenen Mischformen auf. Die Mannigfaltigkeit, die sich dem Betrachter bietet, ist wiederum eine Symbolisierung der verschiedenartigen Formen des Lebens, die Aspekte der göttlichen Realität sind. Der Gläubige (*bhakta*) kann die Erlösung auf direktem Weg erlangen. Dieser Weg führt vom Kultbild der im Innern liegenden Höhle (*guha*) zur genau darüber befindlichen goldenen Vase (*kalaśa*) der *stūpikā*, der Bekrönung des Tempels über dem *āmalaka*-Stein, die die Himmelswelt selbst repräsentiert. Ihr Gegenstück hat diese Vase, deren Material statt aus Gold auch aus Kupfer, Silber, Stein, Ziegel oder Stuck bestehen kann, im *nidhikalaśa*, einem mit den Schätzen der Erde angefülltem Gefäß, das sich unter dem Kultbild im Fundament befindet. Beide sind miteinander durch die Weltachse verbunden, die ,,den goldenen *kalaśa* der Tempelspitze mit dem *nidhi-kalaśa* im *garbhagṛha* verbindet. Es ist die Achse des Berges Meru im Zentrum der Welt, auf dessen Spitze die Götter wohnen, und um den sich ringförmig die sieben Kontinente und Weltmeere schließen''[762]. Die Identifikation wird aber noch weiter fortgesetzt: denn die Weltachse ist auch der *merudaṇḍa*, das Rückgrat mit der darin befindlichen subtilen Ader *suṣumṇā*, also aus der menschlichen Physiologie entnommen, wie sie sich für die tantrische Yoga-Lehre darstellte. Dies ist allerdings nicht weiter verwunderlich, da der Tempel ja auch Leib der Gottheit ist, der im *prāsādapuruṣa* Gestalt annimmt: ,,Als göttliches Gegenstück zum dämonischen *vāstupuruṣa* liegt er auf dem Rücken, mit dem Gesicht nach oben, mit dem Kopf nach Westen und bestimmt die Anordnung der Bauelemente in der Vertikalen. Auch hier liegt die Entsprechung von Tempel und Mensch nicht in der Form, sondern in den Maßen. Daher geben die *vāstu-śāstra*-Texte die Proportionen der einzelnen ‚Körperteile' des Tempels genau an, indem sie die Größe des Mundes, die Höhe der Nase, die Länge des Halses etc. im einzelnen bestimmen''[763].

Nach alter indischer Auffassung besitzt der Mensch einen subtilen Leib mit Kraftzentren (*cakras*), aus denen die Lebenskraft in vielen feinstofflichen Adern, den sogenannten *nāḍīs*, durch den Körper dringt. Durch Yoga-Praxis kann die Seele zum Absoluten gelangen so wie der Gläubige durch seinen Tempelbesuch die Gegenwart Gottes erreichen kann. Nach der Physiologie des Hatha- und Laya-Yoga existieren sechs Zentren (*cakra*). Im untersten, dem *mūlādhāra*, befindet sich die *kuṇḍalinīśakti*, die die schlafende psychische Energie darstellt. Sie muß durch Atembewegungen geweckt werden, um von einem *cakra* zum anderen über den *merudaṇḍa* schließlich zum *brahmarandhra*, dem Durchbruch in der Schädeldecke, der Sitz des Absoluten ist, zu gelangen[764].

Die *cakra*s haben ihre Entsprechungen im Tempel: so ist der *mūlādhāra*, der sich an der Öffnung des Anus befindet, im Tempel bei der Plattform für die Opferspeisen, der *svādhiṣṭhāna* an der Wurzel des Geschlechtsgliedes und beim Fahnenmast, der *maṇipūraka* beim Nabel und beim *vāhana* (Reittier) des Gottes, der *anāhata* in der Region des Herzens und im *mahāmaṇḍapa*, der großen Versammlungshalle eines mittelalterlichen Tempels, der *viśuddha* im Hals und im *antarāla*, dem kurzen Verbindungsstück zwischen *maṇḍapa* und Cella, die *ājñā* zwischen den Augenbrauen über der Nasenwurzel und beim Kultbild. *Brahmarandhra* schließlich, der Sitz des Absoluten, ist der Durchbruch des *āmalaka*[765]. Gleichzeitig befindet sich dort die Himmelswelt, was ja auch dem Sitz des Absoluten entspricht. Von daher ist es verständlich, wenn der Bauherr des Nīlakaṇṭheśvara-Tempels von Udayapura, Gwalior, der Mālava-König Udayāditya Paramāra (ca. 1059-1078), beim Tempelaufstieg dicht unterhalb des *āmalaka* abgebildet ist, also kurz vor Erreichen der Himmelswelt[766]. Denn der Tempelstifter erwirbt sich nach Bṛhatsaṃhitā LXVI, 2 besonderes Verdienst: *iṣṭapūrttena labhyante ye lokās tān bubhūṣata / devānām ālayaḥ kāryo dvayam apy atra dṛśyate*: ,,One wishing to enter the worlds attained by performing sacrifices and sinking wells and the like, should build a temple, whereby one would get the fruits of both''[767].

Im vorhergehenden wurden schon kurz einige Bauteile des Tempels beschrieben, die die ,,vollentwickelte mittelalterliche Tempelkathedrale''[768] besaß. Dieser Bautypus wurde auf einer großen Plattform, die *adhiṣṭhāna, jagatī* oder *medhi* genannt wird, errichtet. Zum Tempeleingang führt eine Freitreppe, auf die als Pfeilerbau (*nāla*), der offen, aber von einer Balustrade umgeben ist, der *ardhamaṇḍapa*, eine Neuerung gegenüber früheren Tempelbauten, folgt. Der nächstfolgende Raum ist die geschlossene, nur auf etliche Balkone sich öffnende Kulthalle (*maṇḍapa*), welcher sich die große Versammlungshalle (*mahāmaṇḍapa*) anschließt. Diese baut sich als Stufenkreuz um vier Mittelpfeiler auf. Unmittelbar vor dem *garbhagṛha* befindet sich die kurze Vorhalle *antarāla*. Das *garbhagṛha* der großen Tempel ist von einem *pradakṣiṇapatha*, dem Prozessionsumgang, umgeben; diese Tempelform mit Umgang trägt den Namen *sāndhāra-prāsāda* (Schrein mit Wandelgang). Das *garbhagṛha* ist hierbei durch kreuzförmige Ausweitungen parallel zu den Ausweitungen des *maṇḍapa* erweitert (siehe z.B. den Lakṣmaṇa-Tempel in Khajurāho, vgl. Abb. 12). Der Schrein selbst beherbergt das Kultbild (*pratimā*) des jeweiligen Gottes, das im Falle Śivas auch durch sein Symbol, das *śivaliṅga*, repräsentiert werden kann.

Vidya Prakash gibt eine Beschreibung der Verehrung des im Tempel verehrten Gottes duch die Gläubigen, wie sie sich nach Skulpturen aus Khajurāho darstellen[769]. Sie beginnen ihre Prozession an der Außenseite des Tempels, wo sie den dort figürlich dargestellten Gottheiten, die nicht notwendigerweise mit der Gottheit des *garbhagṛha* verbunden sind, ihre Verehrung zollen. Die weiträumigen *mahāmaṇḍapa*s dienten als Versammlungshallen der Gläubigen, die von dort aus einer nach dem anderen das Allerheiligste aufsuchten. Außerdem waren diese geräumigen Hallen wohl auch Tanzhallen (*nāṭamaṇḍapa*) für die Aufführungen der Tempeltänzerinnen (*devadāsī*).

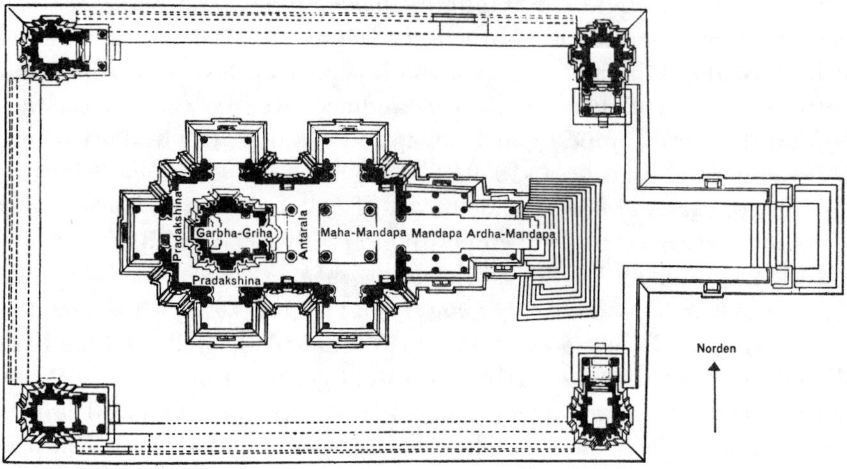

12. Khajurāho, Lakṣmaṇa-Tempel (Fischer, Schöpfungen indischer Kunst, 211)

Die Gläubigen, die zum Kultbild im *garbhagṛha* drängen, tragen verschiedene Objekte in ihren Händen: Wassergefäße, Weihrauchbehälter, Blumenkörbe und Blumengirlanden. Aus einer Darstellung[769] sind ferner Verehrende zu erkennen, die Girlanden um ein *śivaliṅga* hängen und Wasser auf es gießen. Auch sind Musikanten und eine Tänzerin auszumachen. Es dürfte kaum abwegig sein, diese Darstellungen als Widerspiegelung des kultischen Geschehens in der Zeit vom 10. bis zum 12. Jahrhundert anzusehen.

Die Pfeiler-*maṇḍapas* sind an den Außenseiten durch Sitzbänke mit schrägen Lehnen (*kakṣāsana*) abgeschlossen, über die sich geriefelte Schattendächer (*chajja*) erheben. Diese Dächer türmen sich dann weiter zu einem großen Gebirge bis zum *śikhara* auf, wodurch der ganze Gebäudekomplex eine geschlossene Einheit darstellt.

Besonders beliebt war auch ein *pañcāyatana*-Bezirk, wo auf einer gemeinsamen Terrasse in den vier Ecken kleinere Tempel um den mittleren Haupttempel gruppiert sind, die zur Verehrung von besonderen Aspekten der obersten Gottheit dienen[770]. Diese Form der Bauweise wurde in Khajurāho bei einigen Tempeln noch weiter ausgebaut. So ist dem Viśvanātha Mandir, der ebenfalls ein *pañcāyatana*-Tempel ist, auf derselben Plattform ein kleiner Nandin-Tempel gegenübergestellt, so daß auch das *vāhana* des Gottes (Viśvanātha = Śiva) mit einbezogen ist. Die gewaltigste Plattform in Khajurāho besitzt jedoch die Tempelkombination von Kaṇḍāriya Mahādeva und Devī Jagadambā, zwischen denen sich in früherer Zeit noch ein kleinerer Śiva-Tempel befunden hatte.

Die Plazierung eines Tempels auf einen bestimmten Platz hängt von dessen *vāstu-puruṣa-maṇḍala* und der Tempelgottheit ab, wobei die Himmelsrichtung eine große Rolle spielt. Dem Ort wird durch die Fixierung des *maṇḍala* in West-Ost-Nord-Süd-Richtung Festigkeit und Sicherheit gegeben. Der Gott Viṣṇu soll im *maṇḍala* bei dem Ort Varuṇas sein, Śiva im Nordosten und Brahmā im Zentrum. Die Tempeleingänge sollen dabei der aufgehenden Sonne und dem Ortszentrum zugewandt sein, jedoch nur, wenn der Gott in seinem friedlichen Aspekt dargestellt ist.

Andererseits sind aber bei der Öffnung des Tempels auch die verschiedenen Bedeutungen der Himmelsrichtungen zu beachten. Die Ostausrichtung gilt als sehr günstig, ebenfalls die nach Westen, während die Südrichtung gerade noch zulässig ist. Weil sich im Norden aber die Verbrennungsplätze befinden, ist diese Richtung zu meiden. Kann der Tempel aufgrund dieser Regeln nicht auf die Stadt blicken, wird auf die der Stadt zugewandten Seite ein Bild des Gottes gemalt[771].

Die Proportionen eines Tempels unterliegen ebenfalls strengen Regeln. Sie werden aus dem Grundquadrat des Grundrisses oder der Größe des Kultbildes abgeleitet. Die Proportionen nach dem Grundriß sind u.a. im Matsya-Purāṇa CCLXIX, 1-6 festgelegt: *evaṃ vāstubaliṃ kṛtvā bhajet ṣoḍaśa-bhāgikam / tasya madhye caturbhis tu bhāgair garbhaṃ tu kārayet*[772]: „Wenn die Spende an den Baugrund gemacht ist, soll dieser in 16 Teile geteilt werden. In seiner Mitte aber soll man das *garbhagṛha* mit 4 Teilen bedenken". Der Prāsāda soll wiederum doppelt so groß sein wie das *garbhagṛha*, der Überbau soll die vierfache Größe der Cella besitzen[773]. Mit Prāsāda ist hier die äußere Mauer und mit dem Maß deren Länge gemeint.

Als Material wurde seit der Gupta-Zeit hauptsächlich Stein für den Tempelbau verwandt, während es beim vedischen Altar Ziegel waren, die durch das Brennen die Elemente Erde und Feuer in sich enthielten. Da Ziegel die Substanz sind, aus der Prajāpati-Agni wiederhergestellt wurden, waren sie zum Tempelbau besonders geeignet. Stein gilt hingegen als Stellvertreter der Ziegel, ist hauptsächlich ein Produkt der Erde und stammt von ihrem Nabel[774]. Stein ist ein geeignetes Material für Tempel, die von Brāhmaṇen und Kṣatriyas als Anbetungsstätte benutzt werden. Infolge der größeren Dauerhaftigkeit des Steins gegenüber dem

Ziegel wird das Verdienst des Stifters größer. So heißt es in Mahānirvāṇa-Tantra XIII, 24-25:

tṛṇādi-nirmitaṃ gehaṃ yo dadyāt parameśvari /
varṣa-koṭi-sahasrāṇi sa vased deva-veśmani //
iṣṭakā-gṛha-dāne tu tasmāc chata-guṇaṃ phalam /
tato 'yuta-guṇaṃ puṇyaṃ śilā-geha-pradānataḥ //[775]

,,Wer einen aus Stroh usw. gemachten Tempel stiftete,
der soll Tausende von 10 Millionen Jahren im Haus des Gottes wohnen.
Aber 100mal mehr Verdienst als dabei ist bei der Stiftung eines Ziegeltempels,
und myriadenfacher Verdienst kommt von der Stiftung eines Steintempels''.

Für die Niedrigkastigen soll kein Stein als Baumaterial verwendet werden, da dies den hohen Kasten vorbehalten ist. Die Einfärbung der Tempel ist ebenfalls nach der Kastenzugehörigkeit differenziert und richtet sich nach der indischen Farbsymbolik, nach der für die Tempel der Brāhmaṇen die weiße, für die der Kṣatriyas die rote, die der Vaiśyas die gelbe und die der Śūdras die schwarze Farbe vorgeschrieben ist[776].

Bei einem Vergleich des indischen mit dem mesopotamischen Tempel (hier nur als religiöser Baukörper verstanden) fallen einige Gemeinsamkeiten, aber auch entscheidende Unterschiede auf. Eine bedeutende Neuerung im kosmologischen System der Inder ist ohne Zweifel die Idee vom Weltberg Meru. Zwar wird schon in Taittirīya-Āraṇyaka I, 7, 1 u. 3 der Berg Mahāmeru erwähnt, hat jedoch noch nicht die Funktion des zentralen Weltbergs. Die Vorstellung von einem gewaltigen Weltberg, der die Erde beherrscht und durch den sich die Weltachse mit dem Polarstern als Zentralangelpunkt zieht[777], begegnet uns in der indischen Literatur erst spät, nämlich in den Purāṇas und im Mahābhārata[778].

Nach der Purāṇa-Literatur ist der Kosmos in 7 Zonen unterteilt, ebenso die Welt *bhūrloka* in 7 konzentrische *maṇḍala* mit dem Zentralkontinent Jambūdvīpa. Auch dieser zerfällt wieder in 7 von Gebirgsstreifen getrennte Zonen, deren innerste Ilāvṛta ist, wo sich der Weltberg Meru erhebt[779]. Kirfel vertritt die Ansicht[780], daß die Idee des zentralen Weltberges erst mit der astronomischen Ausrichtung des Kosmos entstehen konnte. Das bedeutet aber nichts anderes als das Auftreten der Weltbergidee eben zu der Zeit, als Indien begann, das mesopotamische Weltbild zu übernehmen. Nach Kirfel wurden die Inder durch das Himālaya-Gebirge zu diesem Weltbild inspiriert: als Belegstelle führt er eine Textpassage aus Mahāvastu II, 136, 7 an (*sumeru parvatarāja bimbopadhānam abhūṣi*)[781], die fast wörtlich aus Aṅguttara-Nikāya III, 196, 2 (*himavā pab-*

batarāja bimbohanaṃ ahosi)[782] übernommen wurde, nur mit einem Unterschied, daß an Stelle des Gebirges Himavat der mythische Weltberg Sumeru getreten war[783]. Demnach scheint aber das Himālaya-Gebirge lediglich zur Verstärkung der Weltbergidee gedient zu haben. Diese Idee wurde doch gleichsam mit dem gesamten mesopotamischen Weltbild den Indern mitgeliefert und daher ist es nicht ohne weiteres einsichtig, daß sie von den Indern selbst entwickelt worden sein soll. Eine weitere Parallelität ist die Annahme der Existenz von 7 Höllen, die in Babylonien den 7 Stufen der Unterwelt entsprechen würde[784]. In Bhāskaras Siddhāntaśiromaṇi (III, 17, 18), einem Werk aus dem 12. Jahrhundert n. Chr. liegt dem Meru gegenüber der Vaḍavānala (das Höllenfeuer)[785], ebenso wie Esagila, der Palast Marduks, sich gegenüber dem Apsū, dem Reich Enki-Eas, etablierte (wenn dieser auch keine Höllenfunktion besaß).

Jedenfalls führte die Konzeption des Weltberges zu den architektonischen *śikhara*-Bergen am indischen Tempel, quasi als indirekte Folge mesopotamischen Einflusses. Diese Ausgestaltung des Weltbildes in der Architektur scheint die einzige Paralelle aufgrund historischer Abhängigkeit des indischen Tempels (als Baukörper) von der mesopotamischen Ziqqurat zu sein, jedoch eine, die man nicht unterschätzen sollte. Denn in beiden Fällen handelt es sich um gewaltige Baumassen, die entscheidend durch die Vertikale bestimmt sind. Dabei geht es nicht um den Bau eines Raumes, sondern um ein tektonisches Zeichen, das weithin den Landschaftsraum beherrschen und Verbindung zum Göttlichen herstellen soll. Andere Übereinstimmungen wie die Anschauung des Tempels als Leib der Gottheit, die in Mesopotamien nicht so explizit ausgedrückt wird (vgl. S. 149) wie in Indien, sind mit Sicherheit nicht durch historische Abhängigkeiten zu erklären, da sie gewissermaßen archetypisch sind. Außerdem läßt sich die autochthone Entwicklung dieser Ideen in Indien schon beim vedischen Opferaltar nachweisen. In die Reihe dieser Übereinstimmungen gehört sicherlich auch die Parallelität des lichtabgeschlossenen Raumes, in dem sich in Mesopotamien das Götterbild befindet, und des indischen *garbhagṛha*, der ebenfalls in Dunkel gehüllt ist. Beide bedeuten im Grunde genommen dasselbe, nämlich das Urgemach, die Urhütte, den Mutterschoß, eben die Stelle, wo alle Dinge ihren Anfang hatten.

Die Vergleiche der beiden Weltbilder lassen einen hohen Grad an Gemeinsamkeit erkennen. Ob die u.a. daraus resultierenden Weltanschauungen grundsätzlich voneinander verschieden sind, ist eine nicht eindeutig zu beantwortende Frage. Die mesopotamische Religionswelt wurde als volksreligiös eingestuft, während man gemeinhin den hinduistisch geprägten Religionen universalen Charakter zuschreibt, da sich der Mensch hier in einer Unheilssituation befinde und ,,religiös isoliert von dem numinosen Urgrund seiner Existenz''[786] ist. Mensching definierte die nachvedische Religionswelt als von *universalem Gepräge*, aber unter Beibehaltung ihrer *völkisch begrenzten Gestalt*[787]. Es scheint angebracht, hier die Akzente noch schärfer zu setzen und die Definition auf alle Universalreligionen auszudehnen. Eine solche Religion ist noch in einem ganz anderen Sinne ,,universal'', da sie unter ihrem Mantel die Anhänger einer soteriologisch ausgerichteten Hochreligion und die Vertreter einer Volksreligion aufgrund einer weitestgehenden Gleichheit von Begriffen und einer kulturellen Zusammengehörigkeit vereinigt, quasi also aufgrund einer nominalistischen[788] und emblematischen Verbundenheit, wobei die Grenzen der beiden in einem Universalkörper vereinten Religionstypen fließend sind. Denn das Ziel eines Hindu ist es, sich aus dem Kreislauf der Wiedergeburten zu befreien, wobei es zur Erreichung dieses Zieles verschiedene Mittel gab. Die erörterten Aspekte des indischen Tempels haben dessen komplexe Bedeutung in seiner Gesamtheit wie die seiner einzelnen Partien aufzuzeigen versucht. Dabei kann man als sicher voraussetzen, daß den einfachen Gläubigen die eigentliche Bedeutung des Heiligtums nicht bekannt war; diese suchten vielmehr nur die Nähe des Gottes (*sālokya, sāmīpya*) und damit die Erlösung in der kultischen Verehrung, die sie in Form einer Prozession durch die (symbolisch vorhandene) Welt der Manifestationen führte. Im Grunde genommen trägt aber dieser kultische Vollzug volksreligiöse Züge inmitten einer Universalreligion, da er im Verständnis des einfachen Gläubigen eher zur Sicherung eines begrenzten Heils diente (wie es z.B. die Erlangung einer Besseren Existenz ist) als zur Aufhebung der Unheilssituation, die zwar als solche bekannt war, aber bei vielen durchaus nicht im Zentrum ihres religiösen Denkens und Handelns stand.

Zum anderen wäre es wohl verfehlt, die Religionen des alten Mesopotamien nur unter dem Aspekt der Volksreligion zu betrachten, da es auch hier zumindestens Ansätze für die Herausbildung einer Universalreligion gab.

Die Bedeutungsinhalte eines Tempels als Baukörper sind jedoch nur ein Aspekt dieser religiösen Institution, mit der ganz bestimmte Kulte verknüpft sind, die gleichzeitig eine wirtschaftliche Bedeutung besitzt sowie als Mittel der Ritualpolitik eingesetzt wurde.

KAPITEL V

TEMPEL UND KÖNIGTUM IN INDIEN

Es wurde hervorgehoben, daß es in der hinduistischen Religionswelt kein Gemeindeleben und keine gemeinsamen Gottesdienste gab. Andererseits fanden im Jahreszyklus häufig große Tempelfeste statt, die an bedeutenden Pilgerorten zusätzlich riesige Mengen von Gläubigen aus ganz Indien anzulocken vermochten. Jakob Rösel hat darauf hingewiesen, daß in den großen Tempelstädten eine Legion von Priestern und Kultspezialisten damit beschäftigt war und vielerorts auch noch heute ist, die körperlich verstandene Gottheit des Tempels zu speisen, zu warten, zu waschen, zu amüsieren und zu bekleiden: ,,In all diesem Aufwand, den die Gottesfigur dem Priester und dem Geldgeber abfordert, stellt sie aber nur eine riesige Vergrößerung des weltlichen Herrschers dar, dessen Zeremoniell, Pomp und Luxus-Ostentation und -konsumtion sie vergrößert, fast als Karikatur zur Schau stellt''[789]. Das erhebt die Frage, ob die mittelalterliche Tempelkathedrale nur zur Verehrung des im *garbhagṛha* beherbergten großen Gottes erbaut wurde. Denn diese Kathedralen wurden nicht nur von gewöhnlichen Sterblichen besucht, sondern gerade in Residenzstätten wie Khajurāho, Puri, Tañjāvūr u.a. vom König, seinen Gemahlinnen, Ministern und dem gesamten übrigen Gefolge. Dieser Besuch hatte dann doch den Charakter eines regelrechten Gottesdienstes, ein großes Schauspiel mit Chören und Tempeltänzerinnen, bei dem dem *deva* auf Erden, dem König, genauso Verehrung gezollt wurde wie dem *deva* des *garbhagṛha.*

Besonders in der Zeit zwischen ca. 1000 und 1250 n. Chr. entstanden auf dem indischen Subkontinent eine größere Anzahl hinduistischer Großtempel, die die bisherigen Maße indischer Architektur bei weitem übertrafen. Exemplarische Beispiele sind der Kaṇḍarīya-Mahādeva-Tempel in Khajurāho um 1002, der Bṛhadīsvara-Tempel in Tañjāvūr um 1012, der Udayeśvara-Tempel in Udayapura zwischen 1059 und 1080, der Liṅgarāja-Tempel in Bhubaneśvara um 1060, der Jagannātha-Tempel in Puri um 1135 und der Tempel von Koṇārka um 1250[790].

Vergleicht man diese Monumentalbauten mit dem völligen Fehlen von Kultstätten in der vedischen Religion, stellt sich unwillkürlich die Frage, welches besondere Interesse gerade die hinduistischen Könige — sieht man von einem allgemeinen Interesse an der Förderung der eigenen Religion einmal ab — an der massiven Unterstützung des indischen Tempelkultes hatten. Das führt unmittelbar zum Verhältnis des indischen Königs und überhaupt des *kṣatriyavarṇa* zur Priesterschaft und zum Verständnis des indischen Königtums.

Die ersten drei Kasten (*varṇa*), d.h. die Priester (*brahmaṇa*), Adligen (*kṣatriya*) und Hirten-Bauern (*vaiśya*) werden als die Zweimalgeborenen (*dvija*) oder als solche, die Gaben schenken, Opfer darbringen und die Veden studieren, zusammengefaßt und in Gegensatz zur vierten Kaste, den *śūdra*, gebracht, die ohne einen direkten Bezug zur Religion sind und deren einzige Aufgabe es ist, den anderen Kasten ohne Mißgunst zu dienen (Manusmṛti I, 88-91)[791]. Unter den drei Kasten der Zweimalgeboren sind die beiden ersten der dritten gegenüber bevorzugt, da für diese der Herr der Geschöpfe nur das Rind schuf, während für die beiden anderen alle Geschöpfe gemacht wurden (Manusmṛti IX, 327): *prajāpatir hi vaiśyāya sṛṣṭvā paridade paśūn / brāhmaṇāya ca rājñe ca sarvāḥ paridade prajāḥ*[792]. Bemerkenswerterweise ist dieser Gegensatz der am wenigsten häufig vorkommende in allen Texten[793]. Der Zusammenhalt der beiden ersten Kategorien — Priester und Fürsten — gegenüber dem Rest sowie deren Unterscheidung und gegenseitige Hierarchie sind von den Brāhmaṇa-Texten an reichlich belegt. Louis Dumont hat hervorgehoben, daß die Möglichkeit der Ersetzung einer linearen hierarchischen Ordnung durch ein System der Gegensätzlichkeiten, dem es tatsächlich unterliegt, nicht nur auf das *varṇa*-Schema anwendbar ist, sondern ebenso auf das moderne *jāti*-System[794].

Die Brāhmaṇa-Texte sprechen weniger von den ersten beiden Kasten als von ihren Grundsätzen, das sind *brahman* und *kṣatra*. Diese erscheinen zusammen und sind häufig als ,,die beiden Kräfte'' apostrophiert, die einig sein sollen. Ähnlich können nach Manusmṛti IX, 322 Kṣatriyas und Brāhmaṇen nicht getrennt gedeihen, sondern nur in enger Zuammenarbeit: *nābrahmakṣatram ṛdhnoti nākṣatraṃ brahma vardhate / brahma kṣatraṃ ca saṃpṛktam iha cāmutra vardhate*[795]. In der hierarchischen Einstufung wird das *brahman* als dem *kṣatra* übergeordnet eingestuft; es fällt nicht unter die Gerichtsbarkeit des letzteren, sondern ist die Quelle bzw. der Schoß, aus dem das *kṣatra* kommt und daher höher. Das *brahman* kann ohne das *kṣatra* existieren, nicht umgekehrt. So jedenfalls stellen es die Quellen, die von Priestern verfaßt wurden dar, die jedoch in diesem Punkte nicht Tatbestände berichten, ,,sondern die Welt schildern, wie sie nach Ansicht der Verfasser sein sollte''[796]. Unbestritten ist jedoch die rituelle Überlegenhiet der Brāhmaṇen: Beide, Brāhmaṇen wie Kṣatriya, können das Opfer darbringen, doch nur der Brāhmaṇe kann es ausführen. Das Aitareya-Brāhmaṇa (VII, 19, 1) hat dafür die treffende Formel, wenn es hinter dem *brahman* die klassifiziert, die die Opfergabe essen, und hinter dem *kṣatra* diejenigen, die dies nicht tun: *brahmaivānu hutādaḥ kṣatram anv ahutāda etā vai prajā hutādo yad brāhmaṇa athaitā ahutādo yad rājanyo vaiśyaḥ śūdras*[797]. Der Gegensatz, den wir hier finden, ist nicht der zwischen zwei speziellen *varṇas*, sondern zwischen Brāhmaṇen auf der einen Seite und dem ganzen Rest auf der anderen.

Ähnlich steht das Paar Brāhmaṇe-Kṣatriya selbst nicht so sehr im Gegensatz zu den Vaiśyas allein, sondern eher zum gesamten Rest. Für das Opfer zeichnet das Aitareya-Brāhmaṇa (VII, 23, 1) die logische Konsequenz: Der König muß durch angemessene Riten während der Durchführung des Opfers mit einem Brāhmaṇen identifiziert werden: *sa ha dīkṣamāṇa eva brāhmaṇatām abhyupaiti yat kṛṣṇājinam adhyūhati yad dīkṣitavratam carati yad enam brāhmaṇā abhisamgacchante*[798]. Am Ende der Zeremonie verliert der König diese Identifizierung (Aitareya-Brāhmaṇa VII, 24, 1: *sa hodavasyann eva kṣatriyatām abhyupaiti tasya hodavasyato 'gnir eva teja ādatte gāyatrī vīryam trivṛt stoma āyur brāhmaṇā brahma yaśas kīrtim*[799]. Den Unterschied und die Hierarchie betont z.B. Śatapatha-Brāhmaṇa V, 1, 1, 12: *rā́jña evá rājasū́yam rā́jā vaì rājasū́yeneṣṭvā́ bhavati na vaí brāhmaṇó rājyā́-yālam ávaram vaí rājasū́yam páram vājapéyam*[800] „Zum König gehört das Rājasūya-Opfer; durch das Rājasūya wird er König, der Brāhmaṇe ist nicht für das Königtum (bestimmt); das Rājasūya ist das niedrigere, das Vājapeya das höhere (Opfer)". Der Brāhmaṇe scheint sich sogar zwischen die Autorität des Königs zu stellen (Śatapatha-Brāhmaṇa V, 3, 3, 12): *eṣá vo 'mī rā́jā sómo 'smā́kam brāhmaṇā́nām rājéti*[801]; „Hier ist dein König, o Volk; Soma ist der König von uns Brāhmaṇen".

Konkret hat die Beziehung zwischen den Funktionen des Brāhmaṇen und des Königs einen doppelten Aspekt. Während der Priester spirituell absolut überlegen ist, ist er zur gleichen Zeit von einem zeitlichen oder materiellen Gesichtspunkt Untertan oder Abhängiger. Umgekehrt ist der König, spirituell untergeordnet, materiell der Herr. Fast selbstverständlich richten die brāhmaṇischen Autoren ihre Aufmerksamkeit fast ausschließlich auf den ersten Aspekt. Sie verkünden (Śatapatha-Brāhmaṇa II, 2, 2, 6): *dvayā vaí devā́ devā́ḥ / áhaivá devā́ átha yé brāhmaṇā́ḥ śuśruvā́ṃso 'nūcānā́s té manuṣyadevā́s*[802] „Zwei Arten der Götter gibt es: die Götter sind die Götter, und die Brāhmaṇen, die die heilige Lehre studiert haben und sie lehren, sind die menschlichen Götter". Alle Behauptungen, die den Brāhmaṇen auch im politischen Bereich die Suprematie zusprechen oder ihre Überlegenheit auf diesem Gebiet zumindest andeuten, werden aus den Brāhmaṇa-Texten selbst zum Teil widerlegt. Nach Śatapatha-Brāhmaṇa V, 4, 2, 7 stand der Brāhmaṇe an Ansehen hinter dem König (*brāhmaṇó rā́jānam ánu yáśaḥ*)[803]. Nach der Taittirīya-Saṃhitā des schwarzen Yajurveda war der Brāhmaṇe ebenso Untertan wie Vaiśya und Śūdra (II, 5, 10, 1): *trayo vā anye rā́janyāt purúṣā brāhmaṇo vaiśyáḥ śū-dras tān evā́smā anúkān karoti*[804]; „drei andere (Arten von) Menschen gibt es neben dem Krieger: der Brāhmaṇe, der Vaiśya und der Śūdra; diese aber macht er sich untertan''. Beim *rājasūya* verehrte der Brāhmaṇe den König mit einem Fußfall, da es nichts Höheres gab als das *kṣatra* (Śatapatha-Brāhmaṇa XIV, 4, 2, 23): *brāhmaṇáḥ kṣatríyam adhástād upā́ste rājasū́ye*[805]. Wilhelm Rau ist zuzustimmen, wenn er aufgrund solcher Textstellen bezweifelt, daß die Brāhmaṇen angeblich dem irdischen Monarchen nicht untertan waren[806] und zur Demonstration ihrer Machtstellung den frisch gesalbten König symbolisch prügelten[807].

In Pañcaviṃśa-Brāhmaṇa XII, 8, 6 wird dann auch zugegeben, daß das Amt des *purohita* (oft übersetzt mit Hauskaplan), des priesterlichen Beraters eines Königs, der Lebensunterhalt der Brāhmaṇen ist: *purodhānīya āsīd annaṃ vai brahmaṇaḥ purodhānnād yasyāvaruddhe*[808].

Es muß berücksichtigt werden, daß diese gegensätzlichen Erscheinungen zwei sich ergänzende Aspekte einer tatsächlichen konkreten Beziehung zwischen König- und Priestertum ist. Dumont hat darauf hingewiesen, daß man in den heutigen indischen Dörfern eine ähnliche Beziehung zwischen den Brāhmaṇen und der vorherrschenden Kaste (*jāti*) beobachten kann. Diejenige Kaste, die sich der größten Rechte auf den Boden erfreut, ist vorherrschend und kopiert die königliche Funktion auf Dorf-Niveau[809]. Bei aller Betonung ihrer spirituellen Überlegenheit sind sich die Brāhmaṇen zugleich ihrer weltlichen Abhängigkeit bewußt: ,,From very ancient times its leaders recognised that if they were to exercise spiritual supremacy, they must renounce earthly pomp. In arrogating the priestly function, they gave up all claim to the royal office. They were divinely appointed to be the guides of nations and the counsellors of kings, but they could not be kings themselves''[810].

In Indien ist das Königtum schon seit früher Zeit eine säkulare Institution. In den meisten Gesellschaften, in denen wir ein Königtum finden, ist es religiös-magisch wie politisch. Im alten Ägypten oder in Sumer oder im Königtum des Chinesischen Reiches seit der Chou[Zhou]-Zeit z.B. ist der Herrscher mit den höchsten religiösen Funktionen bekleidet, er war der Priester schlechthin und diejenigen, die Priester genannt wurden, waren nur Spezialisten des Rituals, die ihm untergeordnet waren. Eine Ausnahme bildet bis zu einem gewissen Grade Babylonien, wo der Herrscher wie in Indien von Priestern symbolisch erniedrigt wurde (vgl. S. 66), die einen Teil der religiösen Funktionen des Königtums usurpiert hatten. Auch hier richtete sich der Anspruch der Priesterschaft keineswegs auf die Ausübung der Königsherrschaft, aber in umso stärkerem Maße auf den Erhalt ihrer spirituellen und auch materiellen Privilegien. Im Falle einer Bedrohung — sei sie nun scheinbar oder echt — waren sie wie im Falle des Königs Nabûnaʾid durchaus willens und fähig, mit dem Landesfeind zu kollaborieren, der ihnen die ungeschmälerte Geltung (samt aller damit verbundenen Privilegien) der als bedroht erschienenen Kulte garantierte.

Dumont hat die Situation in Indien folgendermaßen umrissen: der König hängt von den Priestern wegen deren religiöser Funktionen ab, er kann nicht sein eigner Opferer sein, stattdessen „stellt er vor'' sich selbst einen Priester, den *purohita* („der Vorangestellte''); dadurch verliert er seine hierarchische Überlegenheit zugunsten der Priester und behält die Macht für sich selbst. Durch diese Spaltung wurde die Funktion des indischen Königs säkularisiert. Von diesem Punkt ist die Unterscheidung zu sehen, die Teilung innerhalb der religiösen Welt in eine Sphäre oder ein Reich, das dem religiösen entgegensteht und etwa mit dem, was wir politisch nennen, in Einklang steht. Im Gegensatz zum Bereich der Werte und Normen ist es der Bereich der Macht. Im Gegensatz zum *dharma* oder der universellen Ordnung der Brāhmaṇen ist es der Bereich des Nutzens oder Gewinns (*artha*)[811].

Das hier gezeichnete Bild der Beziehung zwischen König- und Priestertum basiert auf Texten der Brāhmaṇa-Zeit, hat aber grundsätzlich bis in die Moderne keine wesentliche Änderung erfahren. Allerdings ist unbedingt zu berücksichtigen, daß zwischen der Epoche der vedischen Religion und dem Aufstieg des Hinduismus die große Zeit des religiösen Umbruchs und der heterodoxen Glaubensrichtungen lag und die hinduistische Gesellschaft ganz im Gegensatz zur vedischen den Tempel- und Idolkult zur Blüte brachte. Die enge Kooperation zwischen König und Brāhmaṇen fand aber auch in dieser Epoche ihre Fortsetzung. In dieser Zeit hatte sich aber auch die Position des Königtums gegenüber der Gesamtgesellschaft wesentlich verändert. In der vedischen Zeit war der König von einer Ratsversammlung (*samiti*) abhängig. Das kommt in dem Wunsch zum Ausdruck, die Versammlung möge immer mit dem König übereinstimmen (Atharvaveda VI, 88, 3): *dhruvāyá te samítiḥ kalpatām iha*[812]. Ein König, der das Eigentum eines Brāhmaṇen mißachtete, kann auf keine Unterstützung rechnen (Atharvaveda V, 19, 15): *nāsmai samítiḥ kalpate na mitraṃ náyate vaśám*[813]; „die Versammlung richtet sich nicht nach ihm; er gewinnt keinen Freund für seine Herrschaft''.

Seit ungefähr 500 v. Chr. können wir in Indien das Entstehen von größeren Reichen unter strenger Herrschaft beobachten. Der König gewinnt gegenüber der alten Institution der Ratsversammlung immer mehr an politischer Macht[814]. Zudem erschüttern neue, gesellschaftkritische Glaubensrichtungen und neuentstehende Kasten und Unterkasten die alte religiöse Ordnung und soziale Struktur. Diese neuen Gruppen wenden sich um Schutz an die königliche Macht. So gewinnt die herrschaftliche Autorität in den Sphären der Religion, der König wird zum Wächter der Moral und des materiellen Wohlergehens[815].

In einer Situation von territorialer Ausbreitung und politischer Machtkonzentration — und gegenüber dem Einfluß der heterodoxen Religionen und deren Verbindung mit dem Staatswesen — müssen wir vielleicht den Versuch des Verfassers des Kauṭilya-Arthaśāstra sehen, die brāhmaṇische Position zu sichern[816], nämlich durch seine Anweisungen für die Staatsführung. Das Arthaśāstra des Kauṭilya stellt nur das ideale Funktionieren eines Staates dar. Sein Wert liegt in seiner Theorie: der Regulierung aller menschlischen Angelegenheiten durch den Staat, von der Bezahlung des Wäschers bis zum Verhalten von Prinzen und Ministern. Es ist die Projektion einer idealen Herrschaftstätigkeit: ,,Comprehensive competence based on centralized control — that is the hallmark of Cāṇakya's[817] state''[818].

Bei den Erörterungen zur Frage des Königtums in Indien müssen wir eine — überall zugrundeliegende — Idee mitbedenken: die Lehre von der zyklischen Entwicklung des Universums, die auch von den beiden großen heterodoxen religiösen Bewegungen, Buddhismus und Jinismus, akzeptiert ist. Mit zu dieser Lehre gehört auch die Vorstellung, daß sich jeweils am Ende eines Zyklus schlechte Zeiten befinden. Um dann die soziale Ordnung weiterhin aufrecht zu erhalten, wird Herrschaft über den Menschen notwendig. Sie kommt zustande durch göttliche Initiative, durch gemeinsamen Beschluß der Menschen oder durch die natürliche Entwicklung der Dinge[819]. Damit der einzelne gemäß seinem *dharma* lebt, tritt als notwendige Institution mit Strafgewalt (*daṇḍanīti*) das Staatswesen — gleichsam vermittelnd — zwischen die Menschen und den Zustand der Anarchie[820].

In Texten der älteren indischen Literatur wird von den Kämpfen zwischen Göttern und Dämonen berichtet. Die Götter können erst siegen, als sie einen aus ihrer Mitte zum Anführer machen. Die militärische Notwendigkeit ist wie in Mesopotamien der Grund für die Einsetzung des Königs[821]. Unter den Menschen wurde der militärische Führer der Frühzeit aus den patriarchalisch gegliederten Gruppen der frühen Gesellschaft rekrutiert[822]. Dies ist der ,,natürliche'' Prozeß nahe dem Weltuntergang: die natürlichen Führer, die Patriarchen, treten an die Spitze. Ihre Autorität ist moralisch begründet. Diese Erklärung wird auch von den Jainas gegeben[823].

Die Theorie von der Herrschaft durch Kontrakt erscheint zuerst in Hindu-Texten, wird aber erst in der buddhistischen Literatur voll entwickelt. Nach der buddhistischen Legende droht der Weltuntergang, weil die Menschen zu gierig und unbeherrscht geworden sind. So erwählen sie einen aus ihren Reihen, den sie für den Besten halten, den Mahāsammata (Dīgha-Nikāya XXVII, 21; vgl. S. 118). Seine Aufgabe ist es, durch Androhung von Strafe für die Aufrechterhaltung der öffentlichen Ordnung zu sorgen. Dafür erhält er einen bestimmten Teil der Ernte. Hier ist die Herrschaft eine a-religiöse Konzeption, sie ist ein sozialer Kontrakt, und das Königtum ist eine menschliche Institution[824].

Nach der Hindu-Legende bitten — im Zustand der Anarchie — die Menschen die Götter um Hilfe (Mahābhārata XII, 67). Die Herrschaft über die Menschen wird Manu angeboten, der sie erst nach langen Überlegungen und dann mit der Abmachung des Ernteanteils annimmt[825].

Bei der vertraglichen Herrschaft ist die Aufgabe des Königs vor allem der Schutz von Menschen und Sachen und die Aufrechterhaltung des *dharma.* Sein wichtigstes Mittel dazu ist *daṇḍa*, die Strafgewalt. Anderenfalls droht allgemeines Chaos[826], *mātsyanyāya* (das Gesetz der Fische), wie es in Mahābhārata XII, 67, 16 formuliert ist: *rājā cen na bhavel loke pṛthivyām daṇḍadhārakaḥ / śūle matsyān ivāpakṣan durbalān balavattarāḥ*[827]; ,,Wenn es auf der Erde keinen König gibt, der *daṇḍa* (die Strafgewalt) besitzt, dann werden die Stärkeren die Schwächeren wie Fische auf einem Spieß rösten''. Für diesen Dienst erhält er die Steuerzahlungen. Bei Mißbrach der Macht droht dem König einmal, nach den heiligen Schriften der Hindus, eine schlechte Wiedergeburt, zum anderen ,,irdische Plagen''[828].

Die Mythen dienen also zur Legitimierung der Herrschaft — von zwangsweiser gesellschaftlicher Autorität. Dies geschieht auf zwei Ebenen: für das einfache Volk genügt die individuelle Verantwortlichkeit des einzelnen gegenüber der Gesellschaft — im Zusammenhang mit den orthodoxen Lehren von *karman* (die weltliche Aktivität, die in folgenden Wiedergeburten Früchte trägt) und *saṃsāra* (das Aufeinanderfolgen von Wiedergeburten). Dazu tritt noch ein paternalistisches Verständnis des Königs, das bis an eine Quasi-Göttlichkeit heranreichen kann. Für die Aufgeklärten ist der zugrundeliegende Mythos jedoch mit einem rationalen Zusatz versehen: die Herrschaft ist Bedingung für die Erfüllung bestimmter Funktionen[829].

Der mythische König Pṛthu ist der erste, der in seinem Amt bleibt, nachdem seine Vorgänger fast alle es verweigerten oder gleich zurücktraten — oder wie sein unmittelbarer Vorgänger Veṇa, es mißbrauchten[830]. Der König ist hier durch die Aktivität der Götter entstanden, um die Gefahr von *mātsyanyāya* abzuwenden. Er ist das Produkt göttlicher Energie und bezieht seine Legitimation daher. Aber das Königtum ist weniger das Ergebnis eines Abkommens, sondern ,,divine will''[831]. Es gibt kein ,,divine right'' des Hindu-Königs. Erst der gute König wird mit den Göttern verglichen: die gottgleichen Eigenschaften resultieren eher aus der Führung der Königsherrschaft, als daß die Königsherrschaft aus einer Göttlichkeit abgeleitet wird. Und Quasi-Göttlichkeit bedeutet nicht Unfehlbarkeit des Herrschers, d.h.: unverantwortliche Amtsführung kann damit nicht gerechtfertigt werden, denn immerhin gilt: ,,the king is the maker of the age''[832] (Mahābhārata XII, 69, 79: *rājā kālasya kāraṇam*).

Die Herrschaft des Hindu-Königs bewahrt die Welt vor dem Chaos (*mātsyanyāya*). Dafür widerfährt ihm eine Schätzung, die von der einer charismatischen Persönlichkeit, die von göttlicher Hand eingesetzt wurde, bis dahin reicht, daß der König selbst als ein große Gottheit betrachtet wird. In Mahābhārata XII, 59, 128 wird als Antwort auf die Frage, warum ein einzelner Mann über Gleichgestellte herrsche, geantwortet, daß dieser Mann ein Gott sei, der nach der Erschöpfung seines spirituellen Verdienstes auf der Erde als König wiedergeboren wurde und mit Viṣṇus göttlicher Majestät ausgestattet sei: *tapasā bhagavān viṣṇur āviveśa ca bhūmipam / devanan-nara-devānāṃ namate yaṃ jagan-nṛpam* ,,Durch Tapas ging der erhabene Viṣṇu in den König ein, den man als Weltenherrn verehrt, ein gottgleicher Mann bei den Göttern''.

Die Śruti-Literatur erklärt, daß ein König bei seiner Krönung Indra ist, der in der Person des Königs gekrönt wird. In der Manusmṛti VII, 3-7 wird die Entstehung des Königtums und die Verkörperung des Königs erklärt:

arājake hi loke 'smin sarvato vidrute bhayāt /
rakṣārtham asya sarvasya rājānam asṛjat prabhuḥ //
indrānila-yamārkāṇām agneś ca varuṇasya ca /
candra-vitteśayoś caiva mātrā nirtdṛtya śāśvatīḥ /
yasmād eṣāṃ surendrāṇāṃ mātrābhyo nirmitto nṛpaḥ /
tasmād abhibhavaty eṣa sarvabhūtāni tejasā //
tapaty ādityavac caiṣa cakṣūni ca manāṃsi ca /
na caiva bhuvi śaknoti kaścid apy abhivīkṣitum //
so agnir bhavati vāyuś ca so 'rkaḥ somaḥ sa dharmarāṭ
sa kuberaḥ sa varuṇaḥ sa cendraḥ svaprabhāvataḥ[833]

,,Denn als die Menschen in dieser Welt königslos waren und aus Furcht nach überallhin auseinanderstoben,
da erschuf der Herr zum Schutz der ganzen Welt den König,
indem er von Indra, dem Wind (Vāyu), Yama, der Sonne,
Agni, Varuṇa, dem Mond und dem Gott des Reichtums (Kubera) die ewigen Teilchen entnahm.
Weil der König aus den Teilchen dieser Götterfürsten
geschaffen ist, überragt er alle Wesen an Glanz.
Gleich der Sonne versengt er Augen und Herzen;
niemand auf Erden ist fähig, zu ihm aufzublicken.
Aufgrund seiner Macht ist er Agni und Vāyu, Sonne,
Soma und der Herr des *dharma* (Yama), er ist Kubera, Varuṇa und Indra.''

Der König vereint also in seinem Wesen die großen Götter des vedischen Pantheon, jene acht Götter, die — mit kleinen Modifikationen — als *lokapāla*s der vier Haupt- und der vier Neben-Himmelsrichtungen auch am als Kosmos gedachten Tempel auftreten. Der Gedanke liegt nahe, die Frage aufzuwerfen, ob der König aufgrund seiner ihm zugeschriebenen Eigenschaften schon eo ipso für den Schutz des Tempels zuständig ist, zum anderen, ob er als der alles integrierende Faktor den Tempel nicht auch als sein Haus betrachten kann.

Andererseits ist die Göttlichkeit im Hinduismus etwas beinahe alltägliches. Buddhismus und Jinismus unterstützen, wenigstens am Anfang, keine Göttlichkeitsansprüche der Herrschaft — sie ist ein notwendiges Übel, der König ist nicht mehr als ein Mensch.

Bei Wesen und Objekten, die mächtig, wunderbar oder beeindruckend sind, liegt die Göttlichkeit nicht fern. Nicht nur Götter, sondern von Brāmaṇen über Kühe und Schlangen bis zu Pflanzen — alle können göttlich sein[834]. In den meisten Texten ist die Göttlichkeit des Königs lediglich eine ,,functional resemblance''[835] zwischen dem Herrscher und den verschiedenen Göttern. Das zeigt auch ein Blick auf den Inhalt des Wortes *deva. Deva* als Bezeichnung eines Königs bedeutet nicht Gott oder Schöpfer aller Dinge und auch nicht Gottessohn oder Stellvertreter Gottes. Der Terminus drückt nur aus, daß der so Bezeichnete zu einer Klasse von mächtigen Wesen gehört, daß er als mit übernormalen Fähigkeiten begabt angesehen wird und als die Natur oder die Aktivität der menschlichen Sphäre beherrschend[836]. Doch auch als *deva* ist der König nicht unfehlbar, so wie die Götter selbst auch nicht jenseits von Gut und Böse stehen. Aber der König ist vor den Menschen die Moralnorm: deshalb soll er nicht dem Laster verfallen[837].

Durch die Ansicht, daß bestimmte Aspekte und Fähigkeiten von Göttern im König verkörpert sind, wird jedoch in Indien ein Klima geschaffen, in dem die Idee eines Gottkönigtums gedeihen kann. Seit dem 1. Jahrhundert n. Chr. finden wir unter der Kuṣāṇa-Dynastie, die zentralasiatische und chinesische Einflüsse nach Indien trägt, den Titel *devaputra* (Gottessohn). Die Ārā-Inschrift des Jahres 41 der Kuṣāṇa-Ära für einen König Kaniṣka (II.?) hat geradezu eine Häufung von Titeln: *mahārājasa rājatirājasa devaputrasa kaïsarasa*; ,,des großen Königs, des Königs der Könige, des Sohnes Gottes, des Caesar''[838]. Dabei handelt es sich offenbar um die Annahme des indischen, iranischen, chinesischen und römischen Herrschertitels[839]. Die Kuṣāṇas bauten auch Tempel zu Ehren ihrer Vorfahren, sogenannte Dynastenheiligtümer[840]. Möglicherweise sind diese Dynastenheiligtümer Erbe der hellenistischen Welt Vorderasiens: eines der bekanntesten ist das Heiligtum des Antiochos I. von Kommagene (69-34 v. Chr.) auf dem etwa 2000 m hohen osttürkischen Berg Nemrut dağı[841].

Der Typus jenes Gottkönigtums, der unter der Titulatur *devaputra* firmiert, scheint also auf außerindische Einflüsse zurückzugehen. *Devaputra* ist wohl nichts anderes als eine Übersetzung des sowohl die Arsakiden-

Herrscher als auch die chinesischen Kaiser bezeichnenden Namens *fagh-pūr* = altiranisch **baghaputhra*[842]. Auch in der übrigen Königstitulatur läßt sich eine Angleichung beobachten: vom *xšayathiya vazraka xšayathiya xšayathiyānām* der Achämeniden über das griechische *basiléōs megálu* der Arsakiden seit Mithridates I. (171-138 v. Chr.) zum indischen *rājādirājasa mahatasa* des Śaka-König Maúes (1. Jahrhundert v. Chr.), das eine direkte Übersetzung seines griechischen Titels ist[843]. In diesen Titulaturen schlägt sich die Vorstellung vom Universalherrscher in concreto nieder[844], und ihre iranischen Formen gehen direkt auf mesopotamische Vorbilder zurück: ,,Der persische Königstitel ,König der Könige' ...ist gewiß der akkadischen Königstitulatur entlehnt''[845]. Es sei nur an solche Titel wie *rubû kal šarrāni* (Tukulti-Ninurta I.)[846], *šarru ša napḫar malkē u rubê Anu Aššur Šamaš Adad u Ištar ana šēpišu ušeknišu* (Adad-nirāri I.)[847], *šar šarrāni, šar kibrāti arbaʾim* usw. erinnert[848]. Entsprechende Königstitel, die die Oberherrschaft über das Universum ausdrücken, finden sich in Inschriften hinduistischer Herrscher allenthalben.

Schwieriger ist die Frage nach vergöttlichten Königen zu beantworten, wobei ,,vergöttlicht'' hier mehr bedeuten soll als deren Zugehörigkeit zu einer Klasse von mächtigen Wesen. Mit dieser Frage wird gleichzeitig die Sphäre der religiösen Handbücher — seien sie nun mehr mythologischen oder eher juristischen Inhalts — verlassen.

Der unmittelbare Kult eines Gottkönigs (*devarāja*), wie wir ihn aus Hinterindien und Indonesien kennen[849], und der vergleichbar mit dem hellenistischen Gottkönigtum und dem *devaputra* der Kuṣāṇas wäre, läßt sich in Indien schwerlich feststellen. Doch sei auf eine Abart dieses Kultes im südindischen Cōḷa-Reich hingewiesen, wo der Kult des *dēvarāja* durch Inschriften bezeugt wird, die von Grabtempeln für Könige und Prinzen berichten[850].

So errichtete der Cōḷa-Herrscher Parāntaka I. (907-955) im Jahre 941 den Ādityeśvara-Tempel von Toṇḍamānad als Grabtempel (*paḷḷipaḍai*) für seinen Vater Āditya I. (850-907)[851], Rājarāja I. (985-1014) den Ariñjigai-Īśvara in Mēḷpāḍi für seinen Großvater Ariñjaya (um 957), der in Āṟṟūr starb (,,a resting-place for the king who fell asleep at Āṟṟūr'')[852]. Die Existenz menschlicher Gebeine unter den Cellen vieler Tempel konnte archäologisch nachgewiesen werden[853]. Eine Inschrift aus dem Jahre 1013 berichtet, daß die Prinzessin Kundavai eine Statue ihres Vaters Parāntaka II. (957-973) im Bṛhadīśvara-Tempel von Tañjāvūr aufstellte und verehren ließ, ebenso zwei weitere Statuen für ihre Mutter und sich selbst[854]. In späterer Zeit erregte das Wort *paḷḷipaḍai* Mißbehagen und wurde z.B. am Pañcavanmādēvīśvara-Tempel von Rāmanāthan Kōyil getilgt[855]. Möglicherweise hängt diese kultische Verehrung der Könige mit der Ahnenverehrung zusammen.

Die ungeheure Machtsteigerung der hinduistischen Könige des Mittelalters ging jedenfalls Hand in Hand mit dem Anspruch vieler Fürsten, ein übermenschliches Wesen zu sein. Der Cōḷa-König Rājarāja I. ist in einem Fresko des Allerheiligsten des Bṛhadīśvara (Rājarājeśvara)-Tempels zusammen mit seinem Guru abgebildet, wobei der Herrscher mit der für den Gott Śiva so typischen Haartracht (*jaṭā*) dargestellt ist[856]. Die Gupta-Könige ließen sich auf ihren Münzen seit Candragupta I. (320-335) mit einem Nimbus darstellen[857]. Samudragupta (335-376) bezeichnete sich in seiner Allāhābād-Inschrift lediglich im Befolgen der Riten der Menschheit als sterblich (*loka-samaya-kkriyānuvidhāna-mātra-manuṣya*), sonst aber als Gott, der auf Erden lebt (*loka-dhamno devasya*)[858]. Der Titel *paramabhaṭṭāraka* („der höchsten Verehrung wert''), u.a. benutzt von Harṣavardhana von Kānyakubja (606-647)[859] und Jīvitagupta II. von Magadha (um 750)[860] drückt eine ähnliche Wertsteigerung aus. Andere Titel wie *mahārājādhirāja* und *parameśvara* (''höchster Herr'') sind allenthalben anzutreffen[861]. Kulke hat in seiner Monographie über den Jagannātha-Kult in Orissa dargelegt, daß die Hindu-Könige des Mittelalters danach trachteten, die Tempel zu göttlichen Gegenstücken ihrer eigenen prunkvollen Herrschaft auszubauen; er spricht in diesem Zusammenhang von einer „Verköniglichung'' der Götter, die einen Hofstaat im Tempel mit allen Symbolen irdischer Macht erhielten[862]. Der Orissa-König Anaṅgabhīma III. (1211-1239) bezeichnete sich ab 1230 als Stellvertreter (*rāuta*)[863] des Gottes Jagannātha von Puri, unter dessen Oberhoheit (*sāṃrājya*) er vorgab, zu regieren[864].

Der Hinduismus konnte letztlich nur durch die Macht der Könige über die Heterodoxien des Buddhismus und Jinismus obsiegen. Noch unter einem Herrscher wie Harṣavardhana von Kānyakubja (606-647) wurden nach dem Hsi-yü-chi [Xiyuji] des chinesischen Pilgers Hsüantsang [Xuanzang] alle Religionsgemeinschaften gleich behandelt: Harṣa pflegte alle fünf Jahre eine große religiöse Feier durchzuführen, bei der am ersten Tage das Bild des Buddha verehrt wurde, am zweiten das des Ādityadeva (d.i. Sūrya) and am dritten das des Īśvaradeva (d.i. Śiva)[865].

Die hingebungsvolle, emotionale Hindu-Religiosität erlebte ihren Aufstieg in einer Umgebung sektarischer Streitigkeiten, die durch vielfältigen Wettbewerb mit und durch Nachahmung rivilasierender Glaubensrichtungen gekennzeichnet war. Diese Form der Religiosität forderte nicht nur Buddhismus und Jinismus heraus, sondern auch den rituellen Formalismus des alten brāhmaṇischen Hinduismus. Von ihrem Beginn an hatte diese Religiosität große Bedeutung für die Königshöfe: „It is clear that the arena of most intense conflict between the *bhakti* saints and their Buddhist and Jain rivals was the royal court''[866].

Der Wiederaufstieg des Hinduismus in seinen diversen sektarischen Ausprägungen vollzog sich keineswegs immer ohne Gewalt. In einer Inschrift aus der Zeit um 1200 n. Chr. aus Abbalūr (Dhārwār-Distrikt) wird berichtet, daß während der Regierungszeit des Königs Someśvara IV. von den westlichen Cāḷukya (1181-1189) Śivaiten der Liṅgāyat-Sekte Jaina-Tempel zerstörten und an ihrer Stelle *śivaliṅgas* errichteten[867]. Von dem Stifter einer Śiva-Sekte heißt es in einer Inschrift des westlichen Cāḷukya-Königs Jayasiṃha II. Jagadekamalla I. (1015-1043) aus dem Jahre 1035, er sei ein ,,Unterseefeuer im Ozean des Buddhismus'' (*bauddhābdhi-baḍavāmukhaṃ*), ,,ein Donnerschlag im Gebirge des Mīmāṃsā'' (*mīmāṃsaka-dhātrīdhara-vajraṃ*), ,,eine Säge, die die großen Bäume, die die Lokāyatas sind, auseinanderschlägt'' (*lokāyata-mahātaru-vidāraṇa-krakacaṃ*) usw.[868]. Dieser Stifter erhielt aufgrund seiner spirituellen Überlegenheit Schenkungen. Madhva, der Gründer einer Vaiṣṇava-Sekte des 12. Jahrhunderts, befürwortete Redekämpfe zwischen Vaiṣṇavas und Nicht-Vaiṣṇavas, wobei der König den Besiegten, wenn er kein Viṣṇuit ist, bestrafen soll: die Skala der Strafen reicht von Geldzahlungen bis zur Hinrichtung[869]. Das letzte Wort spricht aber auch hier der König, obwohl man davon ausgehen darf, daß dieser bei einer entsprechend großen ,,pressure group'' hinter dem Sektenführer dessen Aufforderung nachkam, solange davon nicht die unmittelbaren Interessen des Königreiches berührt wurden.

Es scheint an dieser Stelle angebracht, wenigstens schlaglichartig die großen konstituierenden Elemente des Hinduismus oder vielmehr seiner diversen Ausprägungen aufzuzeigen. Den Wurzelstock bildete zweifellos die in der Zeit bis etwa 400 v. Chr. entstandene Religionswelt der Veden und Upaniṣaden. In der darauf folgenden Epoche (für die der Zeitraum von 400 v. Chr. - 400 n. Chr. angesetzt werden soll) dominierten die Heterodoxien; gleichzeitig entfalteten sich die religiösen Strömungen, die aus dem Schrifttum der Purāṇas bekannt sind, und durch die bisher bedeutende Götter wie z.B. Indra in den Hintergrund gedrängt und neue Kulte kreiert wurden, die zum Teil auf Religionen der Substratvölker, zum Teil auf solche außerindischer Invasoren zurückgehen. Diese Kulte entwickelten sich in komplexen Prozessen zu den neuen Orthodoxien in ihren verschiedenen sektarischen Ausbildungen, man denke nur an die großen Obergruppen der Śaivas und Vaiṣṇavas. Im Verlaufe ihrer Ausbreitung über den indischen Subkontinent sind diese verschiedenen hinduistischen Strömungen und Sekten wiederum bei ihren Berührungen mit tribalen Kulten Wandlungen ausgesetzt. Da dieser Wandel beiderseitig ist, kann man mit gleichen Recht von einer ,,Sanskritisierung'' der tribalen oder außerindischen Kulte wie von einer Transformation der indischen Religionswelt durch ausländische und tribale Kulte sprechen.

Bei der Weitläufigkeit des indischen Subkontinents konnte es nicht ausbleiben, daß in bestimmten Regionen (besser wäre es, von Staaten zu sprechen) synkretistische Kulte (so der des Jagannātha in Orissa[870]) bzw. bestimmte Aspekte eines Gottes (z.B. Śiva-Naṭarāja im Cōḷa-Reich[871]) planmäßig gefördert wurden und jene Götter den Status von Reichsgottheiten (*rāṣṭradevatā*) erhielten.

Hermann Goetz hat in einem Aufsatz[872] einige interessante Aspekte des Einflusses außerindischer Völker, die als Invasoren nach Indien kamen, auf die Entwicklung bestimmter Kulte angesprochen. Diese Fremdvölker wie Śakas, Hunnen, Gūrjaras, Ābhīras usw. überrannten Teile Indiens, siedelten sich teilweise in den von ihnen eroberten Regionen an und begründeten eigene Herrschaften, teilweise dienten sie als Söldnertruppen für einheimische Herrscher. So sieht Goetz den Ursprung des Varāha-Avatāra des Viṣṇu im Kult des Sonnengottes Varāha-Mihira, einer sāsānidischen Identifizierung des Ebers mit dem iranischen Siegesgott Vərəθraγna[873]. Der Hunnenfürst Toramāṇa (gest. ca. 515), der erobernd in Nordindien einfiel, hat ihm in Erān in Mālava eine Inschrift gewidmet, die folgendermaßen, beginnt: *jayati dharaṇy-uddharaṇe ghana-ghoṇāghāta-ghūrṇṇita-mahīddraḥ devo varāha-mūrttis trailokya-mahāgṛha-stambhaḥ*[874] ,,Siegreich ist der Gott, der die Gestalt eines Ebers hat, der beim Hochheben der Erde die Berge durch die Schläge seiner Schnauze erzittern läßt, der die Säule des großen Hauses ist, das die drei Welten sind''. Auf die Popularität dieses Kultes im 6. Jahrhundert deuten auch die Namen des Astronomen Varāhamihira und des Hunnenkönigs Mihirakula (ca. 515-530).

Ebenso sieht Goetz im Nṛsiṃha-Avatāra des Viṣṇu eine Form des Mithras-Aion-Kultes[875]. Im Mithraskult ist die Darstellung einer mit vier Flügeln versehenen Gottheit, die einen Löwenkopf besitzt und um deren Leib oder Flügel sich eine oder mehrere Schlangen winden und die statt Füße Vogelkrallen hat, sehr verbreitet[876]. Diese Gestalt stammt ursprünglich aus Mesopotamien, wo sie auf einer Trankopfervase abgebildet ist, die Gudea von Lagaš dem Gotte Ningizzida weihte[877]. Der Gott Ningizzida selbst wird mit zwei aus seinen Schultern ragenden Drachenköpfen dargestellt[878]. Im Zylinder A 5, 19-20 des Gudea heißt es: ,,Die Sonne, die für dich über der Masse der Menschheit aufging, ist dein Gott, Ningizzida; als die aufgehende Sonne wird er dich zum Erfolg führen'' (*utu ki-šár-ra ma-ra-ta-è-a dingir-zu* ^{d}*Nin-gi-zi(d)-da utu-dìm ki-šá-ra ma-ra-da-ra-ta-è*)[879]. Hier bestehen also auch deutliche Bezüge zum Sonnenkultus. Von Mithras, der auch als Sonnengott fungierte, sind eine ganze Reihe von löwenköpfigen Figuren mit Schlangen bekannt[880]. Möglicherweise existierte in Nordwestindien eine Gruppe, die Anhänger dieses löwenköpfigen Gottes war. Im Mārkaṇḍeya-Purāṇa (LVIII, 39) wird das

Volk der Nṛsiṃha im Nordwesten Indiens erwähnt[881], und Varāhamihiras Bṛhatsaṃhitā (XIV, 22) nennt den Nṛsiṃha-Wald im Nordwesten[882]. Hsüan-tsang [Xuanzang] berichtet von einer Stadt Na-lo-seng-ho [Naluosenghe], d. i. Narasiṃha, 25 Meilen vom heutigen Lahore entfernt[883]. Einer der Guptakaiser trug den Namen Narasiṃhagupta (467-473). Es scheint kaum zweifelhaft, daß dieser Aspekt des Sonnengottes Mithra in die viṣṇuitische Avatāra-Lehre inkorporiert wurde. Überhaupt spielte der Sonnen- und Feuerkult im Nordwesten Indiens eine bedeutende Rolle und hatte auf den Subkontinent selbst einen großen Einfluß[884]. Auf den Kult des Sonnengottes sowie auf die Göttin Nanā wird noch in anderem Zusammenhang zu sprechen sein[885].

Bemerkenswert erscheint in Verbindung mit dem Sonnenkult noch Athšo, der Feuergott der Kuṣāṇas, der dem Mihira untergeordnet ist. Er wird mit Flammenbündeln, die von seinen Schultern ausgehen, auf Münzen dargestellt[886]. Auch dieses Motiv ist babylonischen Ursprungs, wird doch auch der Sonnengott Šamaš mit aus den Schultern kommenden Strahlenbündeln dargestellt[887].

Ein weiteres gutes Beispiel für die Verschmelzung zweier Gottheiten — einer indischen und einer fremdländischen — liefert der Kṛṣṇa-Kult[888], wobei das Nomadenvolk der Ābhīras durch einige Hirtenlegenden, hauptsächlich aber durch das erotisch gefärbte Liebesspiel des Hirtengottes zu den Gopīs seinen Beitrag zu dieser religionshistorisch außerordentlich komplexen Gestalt lieferte.

Diese Beispiele mögen erhellen, daß die Einführung fremder Kulte und ihre spätere Inkorporierung in die hinduistische Götterwelt auf bestimmte historische Entwicklungen zurückgeht, an denen außerindische Traditionen und Völkerschaften, vor allem aber die führenden Clans und Könige der letzteren entscheidenden Anteil hatten. Ebenso waren es die großen Dynastien und ihre Vertreter, die in ihren mehr oder weniger heterogenen Staatsgebilden bestimmte hinduistische Kulte förderten und deren Kombination mit den Gottheiten tribaler Gruppen unterstützen. Das konnte dazu führen, daß einzelne dieser früheren Stammesgottheiten in den subregionalen oder gar regionalen Bereich des Hinduismus aufstiegen[889]. Kulke liefert aus Südindien (Cōḷa-Reich) das Beispiel der Tempelstadt Cidambaram, die zwar schon sehr früh ein bedeutender südindischer Wallfahrtsort war, aber erst später durch neu eingeführte Traditionen im Text des Cidambaramāhātmya mit den epischen Traditionen Nordindiens in Verbindung gebracht werden konnte[890].

Mit Hilfe des Hinduismus und der Brāhmaṇen trachteten Hindu-Könige danach, ihre Herrschaft gerade in noch nicht von der indischen (Sanskrit-) Kultur durchdrungenen Gebieten zu festigen und zu erweitern. Kulke hat bemerkt, daß z.B. in Orissa durch den Bau von Tempeln, klösterlichen Institutionen (*maṭha*) und reichen Landschenkungen seit Ende des 6. Jahrhunderts verstreute Kerngebiete soziokulturell integriert wurden, ,,wobei das Verdienst der Brāhmaṇen und der mit ihnen verbundenen religiösen Institutionen nicht hoch genug eingeschätzt werden kann, da diese verstreuten Kerngebiete in Orissa erst durch sie in die gesamtindische Sanskrittradition eingeführt und mit der bisher unbekannten Tempelarchitektur vertraut wurden, beides wichtige Voraussetzungen späteren hinduistischen Königtums''[891].

Tempel wurden zumeist von Herrschern gestiftet, wenn auch schon aus der Gupta-Zeit durch die Praśasti eines gewissen Vatsabhaṭṭi von der Errichtung eines Sonnentempels in Daśapura (Mandasor) durch eine Webergilde aus Lāṭa (Gujarāt) im Jahre 437 unter der Herrschaft Kumāragupta I. (415-455) berichtet wird[892]. Entgegen der Behauptung von Antonova, daß die Tempel bis ins 5. Jahrhundert n. Chr. nur Gebäude, Zisternen, Brunnen, Statuen und bisweilen mit Gold und Edelsteinen geschmückte Öllämpchen u.a., aber kein Land erhielten[893], geben die Inschriften von Nāsik und Kārle aus dem 2. Jahrhundert n. Chr. darüber Auskunft, daß Uṣavadāta, der Schwiegersohn des Kṣatrapa-Königs Nahapāna (119-125) außer 300000 (!) Kühen 16 Dörfer an die Brāhmaṇen und die Götter vergab[894]. Aus der Zeit des Königs Viṣṇukaḍḍa Cuṭukulānanda Sātakarṇi II. von der späteren Śatavāhanas (3. Jh.) ist die Schenkung eines Dorfes für den Gott Maḷapaḷi bekannt[895]. Der Pallavakönig Vijayaskandavarman (4. Jh.) schenkte dem Tempel des Gottes Nārāyaṇa in Dālūra ein Feld[896]. Unter Kumāragupta I. wurden im Jahre 432-433 n. Chr. (113 der Gupta-Ära) in Bengalen Ländereien an einen Brāhmaṇen vergeben[897], weitere Schenkungen datieren ebenfalls aus dem 5. Jahrhundert[898], darunter eine Landschenkung, um den Tempel des Govindasvāmin zu reparieren und die tägliche *pūjā* ausführen zu können[899]. Aus dem gleichen Jahrhundert sind Landvergaben aus Südindien[900] und der indischen Westküste[901] bekannt.

Aus den Vergaben entwickelte sich im Laufe ein regelrechtes Lehnswesen. Der Pāṇḍya-König Varaguṇa II. (862-880) übergab z.B. dem Tempel von Tiruccendūr eine bestimmte Summe (1400 *kāśu*) Geld und beauftragte drei seiner Würdenträger, dieses Geld einigen Dorf- und einer Stadtgemeinde zu geben, wofür diese Gemeinden regelmäßig Zinsen in Form von Getreide zu zahlen haben[902]. Am 8. Januar 955 übergab eine Königin Cittralekhā aus Bayānā (Bharatpur) einem Viṣṇu-Tempel zusammen mit Ländereien auch die Marktabgaben bestimmter Dörfer: *Gograpura-Nāgapallyau dvau grāmau Cakriṇe tato datvā kṣe[ttrāṇi Haḍhapallyām* (?)][903].

In einer bestimmten historischen Epoche (10-13. Jahrhundert) konnten auch Kaufleute bzw. ihre Gilden in verstärktem Maße den Tempeln

Ländereien übereignen[904]. Diese Gilden nahmen zeitweise Dörfer, die einem Tempel verliehen wurden, unter ihre Vormundschaft, indem sie über die richtige Verwendung der Tempeleinnahmen wachten[905]. Sie übergaben auch Felder an Tempel, wie aus einer Inschrift des Kalacuri-Herrscher Bijjala (1156-1168) aus dem Jahre 1165 hervorgeht[906].

Zum anderen bemühten sich die Fürsten, selbst über die städtischen Einnahmen sowie über die Stadtbevölkerung und deren Besitz zu verfügen. Der Paramāra-Herrscher Cāmuṇḍarāja (erwähnt 1080 und 1100) von Vāgaḍa (modern: Bānswāra) verfügte in seiner Inschrift aus dem Jahre 1080 (Vikrama-Āra: 1136), daß der Tempel des Maṇḍaleśvara Mahādeva (Śiva) Zölle für jedes *bharaka* (ein bestimmtes Gewicht) Süßigkeiten und Zucker, die den Kaufleuten gehören (*vaṇijāṃ khaṃḍa-guḍayor bharakaṃ*) usw. erhalten solle, ferner Abgaben von jedem Kaufmannshaus im Marktbereich (*tatthotthapanake tena vaṇijāṃ prati maṃdiraṃ*), von den Läden der Kupferschmiede (*sā*(*śā*)*lāsu syakāraṇaṃ*), der Branntweinbrenner (*kalyapālānāṃ*), der Glücksspielhäuser (*dyūte smiṃ*(*n*)) usw.[907]. Der Feldherr Mādhava des Cāḷukya-Königs Vikramāditya VI. Tribhuvanamalla II. (1075-1126) übergab im Jahre 1102 einem Tempel die Marktabgaben für Betel in Höhe von 530 Blättern von jeder Fuhre[908].

Antonova sieht in dem Auferlegen von Steuern zugunsten von Tempeln durch den Staat und seine Funktionäre bzw. Vasallen einen Sieg der feudalen Kräfte über die Kaufleute und Handwerker, spätestens seit dem 14. Jahrhundert, da von dieser Zeit an keine Gilden mehr als handelnde Personen auftraten[909].

Ein Ergebnis der fortschreitenden Landvergaben war die Entwicklung von Tempeln und Klöstern zu halbunabhängigen Einheiten, die sich der (grundsätzlichen) Immunität religiösen Grund und Bodens erfreuten[910]. Der Umfang der übereigneten Ländereien war manchmal so groß, daß diese wieder an Individuen verpachtet wurden, so z.B. an Offiziere (*nāyakas*) im Reiche von Vijayanagar[911].

Die Unantastbarkeit der Tempelgüter wurde prinzipiell vom Königtum gewährleistet; nach dem Kauṭilya-Arthaśāstra (V, 2, 38) war es aber eben der König, der in Notzeiten das Recht für sich in Anspruch nahm, die gesamten Besitztümer eines Tempels für den Staat zu verwenden: *devatādhyakṣo durga-rāṣtra-devatānāṃ yathāsvam ekasthaṃ kośaṃ kuryāt tathaiva copaharet*[912], ,,Der Aufseher des Tempeldienstes (*devatādhyakṣa*) soll den Schatz der Tempel in den festen Städten und im Reich, jeden für sich, auf einem Platz sammeln, und ihn dann auf diese Weise bringen''. Auch die Bṛhatparāśarasmṛti erlaubt dem König, in einer Finanzkrise Tempelgüter zu benutzen, sie aber wieder zu ersetzen, wenn er auch seiner schwierigen Lage befreit ist (*nṛpasya yadi jātāni devadravyāṇi kośavat / ādāya rakṣya cātmānaṃ tatas tatra ca tat kṣipet*)[913]. Kalhaṇa berichtet in seiner Chronik der Könige von Kaśmīr, der Rājataraṅgiṇī (V, 166-176), daß der König Śaṅkaravarman (883-902) die Tempel seines Landes ausplünderte: *ārabdhair vyasanair bhūmnā kṣīṇa-kośaḥ kṣaṇe kṣaṇe / devādīnāṃ sa sarvasvaṃ jahārāvāsa-yuktibhiḥ*[914], ,,losing most of his treasure by the distractions to which he abandoned himself, he carried off again and again, by skilfully designed exactions, whatever the gods and others owned''[915]. Wie gründlich die Plünderung der Tempel vorgenommen wurde, wird in den folgenden Passagen (V, 167-170) geschildert:

karmasthāne puragṛha-grāmādi-dhana-hāriṇā /
tenāṭṭapatibhāgākhya-gṛhakṛtyābhidhe kṛte //
dhūpa-candana-tailādi-vikrayotthaṃ samādade /
draviṇaṃ devaveśmabhyaḥ kraya-mūlya-kalāc chalāt //
pratyavekṣāṃ mukhe dattvā vibhaktair adhikāribhiḥ /
catuḥṣaṣṭiṃ suragṛhān mumoṣetarad añjasā //
grāmān devagṛha-grāhyān rājā pratikareṇa saḥ /
svayaṃ svīkṛtya sotpattiṃ kṣmāṃ kārṣaka iva vyadhāt //[914]

,,Dieser Räuber dessen, was die Tempel in Städten, Dörfern usw. besaßen, gründete zwei Steuerämter, genannt Marktherrnanteil (*aṭṭapatibhāga*) und häusliche Angelegenheiten (*gṛhakṛtya*) (167). Den Göttertempeln raubte er die aus dem Verkauf von Weihrauch, Sandel, Öl u.a. Gegenständen erzielten Einnahmen unter dem Vorwand, es sei der [dem König gebührende] Anteil des Verkaufspreises (168). Unter dem Schein der Inspektion plünderte er durch hierzu entsandte Beamte 64 Göttertempel, anderes [nahm er] offen (169). Die den Tempeln gehörenden Dörfer und deren Einkünfte eignete er sich ohne Entgelt an und bestellte das Land wie ein Bauer (170).''[916]

Ähnliches berichtet Kalhaṇa dann auch von König Harṣa von Kaśmīr (1089-1101) in seiner Rājataraṅgiṇī (VII, 1090): *pūrvarājārpitān kośāṃs tataḥ sa bhuvanādbhūtān / sarvagīrvāṇaveśmabhyo lubdhabuddhir apāharat*[917]; ,,der habgierige [König] plünderte dann aus allen Tempeln die wunderbaren Schätze, die die früheren Könige geschenkt hatten.'' Er ernannte sogar einen ,,Oberaufseher zur Zerstörung der Götterbilder'' (*devotpāṭananāyaka*).

Diese beiden Beispiele illustrieren am besten, daß letztlich der König auch über die Heiligtümer im negativen Sinne verfügen konnte. Man mag argumentieren, daß es sich hierbei um Ausnahmefälle handelte, da Tempelplünderungen durch den eigenen, hinduistischen Souverän sonst nicht bekannt sind, doch ist zu bedenken, daß die Rājataraṅgiṇī das einzige hinduistische Geschichtswerk ist, das diesen Namen verdient[918], und man aus Inschriften zwar über Tempelgründungen und Stiftungen an Tempel und Brāhmaṇen erfährt, aber nicht erwarten darf, daß Souveräne die Beschlagnahmung von Tempelgütern erwähnen. Somit darf man durchaus in Rechnung stellen, daß die Konfiskation von Tempelgütern auch in anderen Regionen vorgekommen sind, uns darüber nur keine schriftlichen Quellen vorliegen. Der ganze Komplex der Landvergabe und anderer Schenkungen an Tempel führt zwangsläufig zu der Frage, wem dieses Land nun rechtlich gehörte und wer de facto aus ihm und anderen Gaben Nutzen zog. Dieses Problem hat schon einer der Kommentatoren der Manusmṛti, der im 9. Jahrhundert n. Chr. lebende[919] Medhātithi angesprochen, der zu Manusmṛti II, 189 u.a. bemerkt: *evaṃ mṛdaṃ gāṃ daivataṃ pradakṣiṇāni kurvīteti dakṣiṇācāratā vidhīyate / dakṣiṇena daivāni karmāṇi kartavyāni / na hi mṛdādi tad devatāyā dakṣiṇena mārgeṇa sthānam amūrtatvād*[920], ,,auch ,man soll Lehm, die Kuh, die Gottheit zu seiner Rechten haben' legt den Gebrauch der rechten Hand fest: alle Handlungen zu Ehren Gottes sollen mit der rechten Hand ausgeführt werden; denn es bedeutet nicht, daß von der Gottheit Lehm usw. mit der Rechten plaziert werden soll, weil diese keine physische Gestalt besitzt''. Weiter fährt er an gleicher Stelle fort: *evaṃ devasvaṃ devapaśavo devadravyam ity ādayo vyavahārās tādarthyenopakalpiteṣu paśvādiṣu draṣṭavyāḥ*[920], ,,solche Ausdrücke wie ,Besitz der Götter', ,Vieh der Götter', ,Substanz der Götter' usw. bedeuten Vieh usw., von dem unterstellt wird, es sei für die Götter bestimmt.'' Den Götterbildern, denen der Charakter von Göttern gegeben sei, hätten Eigentumsrecht im übertragenen Sinne. Denn es gilt: *na hi devatānāṃ sva-svāmi-bhāvo 'sti mukhyārthāsaṃ-bhavād gauṇa evārtho grāhyaḥ*[920], ,,tatsächlich haben Götter keine Besitzrechte, da dies im primären Sinne nicht statthaft ist, lediglich im sekundären (*gauṇa*) ist dies akzeptabel''.

Sontheimer betont allerdings, daß alle Schenkungen für Götter, die wir aus Inschriften kennen, keineswegs den Eindruck vermitteln wollen, als sei die Schenkung nicht zur ,,Nutzung'' durch den Gott bestimmt[921]. In einigen Inschriften ist die Schenkung in verschiedene Anteile aufgeteilt, so z.B. in einer Inschrift aus dem Jahre 975 kurz nach dem Tode von Mārasiṃha III. (960-974), eines Herrschers der Dynastie der westlichen Gaṅgas, wo festgelegt wird, wieviel Kulturland an die einzelnen mit dem Tempel verbundenen Institutionen und Personen vergeben wird; darunter befinden sich u.a. 14 Landanteile für den Trommler, 20 Anteile für die 5 Tempelprostituierten (*ayvar-ssūḷeya*[*r*]*gg*[*e*]) usw.[922].

Obwohl der Gott offensichtlich unfähig ist, vom Besitztum selbst Gebrauch zu machen und die Schenkung von Personen genutzt wird, die der Gottheit dienen, wird der Besitz primär als zum Nutzen der Gottheit unterstellt, sowohl nach den Absichten des Schenkers als auch nach dem Wissen des Tempelpriesters, der für die richtige Verwendung der Stiftung verantwortlich ist. Welche Motive der Stifter bei der Schenkung auch immer gehabt haben mag, gibt es doch kein Anzeichen dafür, daß das Eigentumsrecht auf die Priesters übertragen wurde, es sei denn, dies ist ausdrücklich festgelegt (*brahmadeya*). Auch fehlen solche Formeln wie ,,Übertragung im Namen des Gottes zum Zwecke der Durchführung von Opfern und ähnlichem''. Es besteht die eindeutige Absicht, die Gottheit zum Nutznießer zu machen, auch wenn diese nicht selbst handeln kann; zu ihrem Nutzen treten ihre Diener in Aktion. Zu sagen, daß die Gottheit nur in einem übertragenen Sinn Besitzer ist und die Schenkung nur zum Zwecke des Opfers usw. übertragen wurde, ist eine Ableitung, die vom Geist und Inhalt der Inschriften nicht bestätigt wird[923].

Es gab Fälle, in denen Geld in den ,,Schatz des Gottes'' für die Kosten von Festen usw. niedergelegt wurden. In einer Inschrift des Cāhamāna-Herrschers von Jābālipura, Udayasiṃha (ca. 1205-1262), aus dem Jahre 1249 wurden neben anderen Schenkungen eine bestimmte Summe für den Schatz des Gottes Jagatsvāmin festgelegt (*śrījagatsvāmi-devīya-bhāṇḍāgāre ātmana [śre]yārthaṃ kṣepita dra 15 dramā*)[924]. Die Verwaltung der Schenkungen geschah in der Absicht, den Besitz des Gottes ständig zu vermehren. Die Steininschrift von Ahar[925] berichtet, daß mit Geld, welches der Göttin Kanakaśrīdevī gehört, ein Laden mit drei Räumen gekauft wurde; neben dem Ertrag aus diesem Besitz wurden Fonds für Safran, Blumen, Weihrauch, Lampen, Flaggen, für die ständige Reinigung, den Verputz, das Waschen und Reparaturarbeiten angelegt. In einer Inschrift eines Vizekönigs[926] des Cōḷa-Herrschers Rājendra I. (1012-1044) namens Jaṭāvarman Sundara Cōḷa Pāṇḍyadēva aus dem Jahre 1033/34 wird vom Verkauf von Land an den Rājendra-Cōḷa-Viṇṇagar (einen Viṣṇu-Tempel) durch eine Körperschaft von Brāhmaṇen berichtet: ,,Wir, die Mitglieder der Versammlung des Śrī-Rājarāja-Caturvedimaṅgalam gaben das Land dem Höchsten Herrn von Rājendra-Cōḷa-Viṇṇagar, nachdem wir es vollständig verkauft und den ganzen Preis bekommen und die Verkaufsurkunde ausgefüllt haben''[927]. Sontheimer führt aus, daß die Erwähnung der Gottheit als Empfänger des Eigentums genügt, um Besitztum zu übertragen, und was auch immer an sekundären Einflüssen und Rechten die Diener der Gottheit beanspruchen, die Gottheit hat das legale Eigentumsrecht[928]. Eine Inschrift des Jahres 1223 berichtet von der Übergabe eines Hauses an eine Person, die einen Tempel ausgebaut hatte: das Haus kam aus dem Besitzstand des Tempels und wurde ausgehändigt, nachdem die Bewohner die Gottheit darum gebeten und ihre Zustimmung erhalten hatten[929].

Es wurde als Aufgabe des Königs angesehen, die Besitztümer der Gottheit zu schützen. Dies geschah ohne Zweifel in den meisten Fällen, solange die Stellung des regierenden Königs sicher war, doch erinnern wir uns auch an die Berichte von Tempelplünderungen durch kaśmīrische Könige. Zu gewissen Zeiten kam es vor, daß das ganze

Reich der Gottheit übereignet wurde und diese als der legale Eigentümer des Reiches bzw. als de-jure-Souverän betrachtet wurde. Bekannt ist die Übergabe der Souveränitätsrechte des Orissa-Königs Anaṅgabhīma III. an den Gott Puruṣottama[930], unter dessen Namen ab sofort die Regierungsjahre gezählt wurden[931]. Auch im Falle des Reiches von Vijayanagar, das von den Brüdern Hukka (Harihara I.) und Bukka im Jahre 1336 gegründet wurde, gingen die Souveränitätsrechte auf einen Gott, nämlich Virūpākṣa von Hampi, über. Es scheint, daß Harihara das Territorium dem Haupt des lokalen Advaita-Maṭha und Vertreter des Gottes Virūpākṣa aushändigte, der die beiden Brüder, die unter dem Druck Tuġluq Šāhs zum Islam übergetreten waren, wieder zum Hinduismus zuließ. Dieser Vidyāraṇya gab das Reich Harihara zurück und beauftragte ihn, es im Namen von Virūpākṣa zu verwalten[932]. In diesen Fällen erstreckte sich also das Besitztumsrecht der Gottheit auf den gesamten Staat samt seiner Einwohnerschaft. Die rechtliche Stellung des Königs als Stellvertreter der Gottheit auf Erden bzw. in seinem unmittelbaren Machtgebiet bedeutete aber keine Schwächung der königlichen Gewalt, sondern eher das Gegenteil. Der Kult einer bestimmten Gottheit wurde damit in dynastische Bahnen gelenkt, die Gottheit fungierte als persönliche Schutzgottheit der Dynastie (*iṣṭadevatā*). Wie sein Vorgänger Anaṅgabhīma III. bezeichnete sich auch König Bhānudeva II. (1306-1328) als Statthalter (*rāutta*) des Gottes Jagannātha (Puri-Inschrift von 1312)[933].

Mit dem Staatsstreich des Kapilendra (1434-1467) wurde dann der letzte Schritt zur Reichsgottheit (*rāṣṭradevatā*) vollzogen, da dieser nunmehr angab, der ,,Auserwählte'' Jagannāthas zu sein, dazu bestimmt, die Ordnung im Reiche, die durch seinen Vorgänger Bhānudeva IV. (1414-1434) gefährdet schien, wiederherzustellen[934]. Allen Gegnern seines Regimes bedeutete Kapilendra, daß jeder Widerstand gegen seine Anordnungen ein verräterischer Angriff (*droha*) auf Jagannātha sei[935]. Es ist allerdings zu beachten, daß der König sich im Jahre 1460, also auf dem Höhepunkt seiner Macht, in einer Inschrift auch als Viṣṇu-Verehrer (*paramavaiṣṇava*), Verehrer des Śiva (*paramamāhēśvara*) und Sohn der Göttin Durgā (*durgāputra*) bezeichnete[936], was Kulke wohl zutreffend als das Bestreben Kapilendras, sich dem zu starken Einfluß der Priester Puris zu entziehen, interpretiert[937]. Rösel ist demnach zuzustimmen, der in Tempelgründungen und dem Bevorzugen des einen oder anderen Kultes politische Akte sieht, weil damit Schenkungen verbunden sind, durch die bestimmte Brāhmaṇenzirkel mit Pfründen und Ländereien versehen werden und diese ihrerseits dem König wiederum als Gegenleistung dafür als ,,Minister, Lehrherrn, Zauberer und Ideologen dienen''[938]. Einerseits ist die Tempelgründung Rechtfertigung zur Ausstattung eines sozialen Standes mit dem ihm zukommenden Status, andererseits dient sie zur Legitimation der Herrschaft des *rājan*, dem wiederum die theologische Idee vom Weltherrn zugrunde liegt. Wie schon früher ausgeführt, ist die Tempelgottheit eine Art gewaltiger Gott-Körper, die ,,stets gefüttert, gewartet, gewaschen, amüsiert und bekleidet werden muß''[939]. Sie ist gewissermaßen eine riesige Karikatur des weltlichen Herrschers und stellt dessen Zeremoniell, Luxus etc. vergrößert zur Schau: ,,Die legitimatorische Wirkung eines solchen Gottes liegt denn auch in dem einfachen Analogieschluß begraben, dem er seine Existenz und Wirkung verdankt: Wenn der Weltbeherrscher dem säkularen so ähnlich ist, ihn aber in der Verhaltensanalogie durch schiere Masse soweit überragt, so ist dieses Verhalten der weltlichen Macht eo ipso legitim oder naturgesetzlich. Denn der König handelt ja nur als Kopie des Gottes. Jede Kritik an ihm ist eine Gotteslästerung, jeder soziale Protest letztlich häretisch''[939]. In diesem Sinne gibt es keine Konkurrenz von Tempel und Palast, da der Tempel realiter eine Erweiterung des Palasthaushaltes ist. Die Priester sind zugleich Palastdiener, die Ärzte des Gottes auch die des *rājas*; die Speise des Idols darf vom König gegessen werden. Auch Rösel kommt zu der Ansicht, daß dem König die Verfügungsgewalt über den Tempel stets erhalten blieb; er bezeichnet dieses Recht als vielleicht abstrakt, aber mit der nötigen Skrupellosigkeit und Machtfülle als durchsetzbar[940].

Dabei ist zu berücksichtigen, daß die großen Reichstempel ein schier unübersehbares Kultpersonal beschäftigten, angefangen von den Tempelbrāhmaṇen über Musikanten, Tänzer, Kultprostituierte, Wäscher bis hin zu Blumenbesorgern, Köchen und Reinigungspersonal. Dieses Personal sorgte durch seinen täglichen Kult und die großen periodischen Feste und Prozessionen dafür, daß das emotionale Interesse der Massen lebendig blieb. Das Götterbild wurde und wird noch heute wie ein menschliches Wesen behandelt, präziser gesagt, wie ein königliches Wesen, da es den ganzen Tag über vom Kultpersonal bedient wird, angefangen vom Wecken, Waschen und Bekleiden am Morgen über die notwendigen Adorationen und Opfer bis hin zur Speisung zu den Hauptmahlzeiten.

Die Attraktivität der großen Reichstempel und der dort praktizierten Kulte zu erhalten und zu fördern mußte eines der Hauptanliegen der Hindū-Rājas sein, da dies als Bindemittel des mittelalterlichen Staates diente. Zum Bau solcher Tempel wurden oft Riesensummen verwandt. So schrieb der muslimische Hofbiograph des Muġul-Kaisers Akbar (1556-1605), Abū'l-Faḍl ᶜAllāmī (1551-1602) in seinem Āᶜīn-i Akbari über die Erbauung des Sonnentempels von Koṇārka im 13. Jahrhundert: ,,Near Jagannāth is a temple dedicated to the Sun. [at Konārak] Its cost was defrayed by twelve years revenue of the province. Even those whose judgement is critical and who are difficult to please stand astonished at its sight''[941].

Häufig bekamen bestimmte regionale Ausprägungen der großen Hindū-Gottheiten in einzelnen Hindūreichen eine hervorragende Stellung zugewiesen und fungierten quasi als Protektoren dieser Region. Die in Gesamtindien verehrten großen Gottheiten wie Viṣṇu und Śiva spielten dann in der konkreten kultischen Verehrung dieses Staates nur eine untergeordnete Rolle, wenn auch ihr prinzipieller Status niemals in Frage gestellt wurde. Häufig galten die Staatsgottheiten außerdem als bestimmte Aspekte dieser Götter.

Es war das Bestreben der Könige, durch möglichst monumentale Sakralbauwerke rituelle Zentren zu schaffen und dadurch gleichzeitig die Dynastie zu festigen. Kulke führt aus, daß der Cōḷa-König Rājarāja I. (985-1014) auf dem Höhepunkt seines Kampfes um die Vorherrschaft in Südindien im Jahre 1003 mit dem Bau des bisher höchsten Tempels in Indien, des Bṛhadīśvara in Tañjāvūr, begonnen hatte[942].

Dieser erreichte eine Höhe von 216 Fuß und blieb in seinen Ausmaßen über 100 Jahre ohne Konkurrenz in Indien. Seit 1135 ließ jedoch König Anantavarman Coḍagaṅga (1078-1150) aus dem mit den Cōḷas rivalisierenden Staat Orissa ein ähnlich monumentales Werke erbauen: den Jagannātha-Tempel von Puri, der auffälligerweise ebenfalls die Höhe von 216 Fuß erreichte[943], offensichtlich mit dem Anspruch, ein den imperialen Cōḷas ebenbürtiger Herrschaft zu sein.

Die Einsetzung des Tempelkultes als Waffe in der Politik ist — wie schon mehrfach betont — ein nicht zu unterschätzender Faktor. Die Interessen von Tempel und Königtum waren weitestgehend deckungsgleich. Spannungen ergaben sich lediglich — und dann zumeist verdeckt — wenn die Priesterschaft eines Kultes zu mächtig zu werden drohte; meist war dann der König darauf bedacht, andere Kulte mehr in den Vordergrund zu rücken, um somit das Gleichgewicht in seinem Reich zu bewahren oder wiederherzustellen.

Ein Beispiel hierfür finden wir in dem Bericht des englischen Reverend Samuel Purchas (1577-1628), der uns Kenntnis davon gibt, daß Kṛṣṇappa, der Nāyak von Śeñji (Gingee) und Vasall des Vijayanagara-Königs Venkaṭa II. (1585-1614), im Jahre 1598 in der Tempelstadt Cidambaram mit Gewalt den Kult des Gottes Perumāḷ (= Viṣṇu) einführte[943a]. Gerade dadurch, daß dieser Bericht eher zufällig auf uns gekommen ist, gewinnt die Vermutung an Wahrscheinlichkeit, solches könnte häufiger vorgekommen sein und uns dies nur nicht bekannt ist, da die Herrscher solche Praktiken gewiß nicht gern inschriftlich festhielten.

KAPITEL VI

DIE SAKRALE PROSTITUTION IN MESOPOTAMIEN UND INDIEN

Eine bedeutende Rolle im Kultus sowohl der Sumerer als auch der Akkader spielte die sakrale Prostitution. Aber auch in Indien erreichte diese eng mit dem Tempelkult verbundene Institution zeitweise eine beachtliche Popularität. Nun trifft man auch in vielen anderen Kulturen auf Formen der sakralen Prostitution, aber nur in diesen beiden Kulturkreisen und ihren Einflußgebieten erreichte sie solche Ausmaße.

An anderer Stelle (vgl. S. 54f.) wurde schon kurz das Heiligtum auf einer Ziqqurat (*gegunnû*) und seine Funktion als Wohnung des Gottes und Ort der ,,Heiligen Hochzeit'' erwähnt, von dem auch Herodot (I, 181) berichtete. Die klassischen Vertreter der ,,Heiligen Hochzeit'' in Mesopotamien sind in sumerischer Zeit das Paar Inanna und Dumuzi. Aufgrund von Liedern ist nachweisbar, daß in historischer Zeit der König beim Neujahrsfest mit der Hohepriesterin der Inanna als Verkörperung der Göttin eine rituelle Vereinigung durchführte; der König selbst galt als Dumuzi[944]. So heißt es in einem Lied für Ellil-bāni von Isin (1797-1774 v. Chr.): *^{d}inanna-ke$_4$ é-an-na-[ka] ta šà-ḫúl-la giš-šub-ba-za mi-ni-in-gar ki-ná-kù-ga-ni-šè gal-bi mi-ri-in-túm-mu gíg-ù-na u$_4$ mi-ni-íb-zal-zal-e-dè* ,,Inanna hat dir im Eanna Herzensfreude als dein Los gesetzt, bringt sich dir zu ihrem heiligen Lager herrlich dar, die Nachtzeit zu verbringen''[945].

Helck hat ganz richtig ausgeführt, daß Dumuzi wohl kaum ein historischer König war, der dann später vergöttlicht wurde, auch wenn in der vorsintflutlichen Königsliste von Uruk ein König Dumuzi als Vorgänger Gilgamešs genannt wird[946]. Dieser war wohl eher eine rituelle Inkarnation des mythischen Hirten Dumuzi. Schmökel hat die Ansicht vertreten[947], daß die *en*-Priesterin der Inanna und der König als Vertreter des Dumuzi durch die Feier der Heiligen Hochzeit symbolisch die Erneuerung des Lebens in Natur und Staat garantieren.

Die Heilige Hochzeit war aber wohl weniger ein Fruchtbarkeitsritus als eine Garantie der rechten Ordnung. Sowohl Inanna als auch Dumuzi sind keine Vegetationsgottheiten[948]. Inanna ist vielmehr Freudenmädchen und Kurtisane, also Göttin der sexuellen Liebe, die von einer Muttergottheit streng zu unterscheiden ist, da sie keine Kinder hat. Ebenso ist Dumuzi in seiner Eigenschaft als Hirte schwerlich als Fruchtbarkeitsgottheit zu bezeichnen. Sinn der Heiligen Hochzeit scheint vielmehr die

Vermittlung von *me*, der ,,numinosen Macht''[949] gewesen zu sein, die Inanna nach einer Königshymne für Iddin-dagan von Isin (1910-1890 v. Chr.) im *abzu* von ihrem (zweiten) Vater Enki erhielt[950], und kraft derer sie in der Lage war, die rechte Ordnung und das Schicksal zu bestimmen. Denn im Lied für Iddindagan heißs es: *zi-kur-kur-ra èn-tar-re-dè u*$_4$*-sag-zi-dè-igi-guru*$_6$*-dè u*$_4$*-ná-a me šu-du*$_7$*-du*$_7$*-dè zà-mu u*$_4$*-garza-ka nin-mu-ra ki-ná mu-na-an-gar* ,,daß sie sich ums Leben aller Fremdländer kümmere, den guten ersten Tag inspiziere, am Schwarzmondtag die göttlichen Kräfte [*me*] vollkommen mache, stellte man am Neujahrstag, am Tag der Kultfeier, meiner Herrin das Lager auf''[951]. In einem Lied für König Šulgi von Ur wird diesem nach der Vereinigung mit der Gottin (*ki-nú-a mí mà-ni-du*$_{11}$*-ga-gim* ,,sobald er mich auf dem Bett geherzt hat'') das Herrschaftsschicksal bestimmt: *na-ám-sipa-kur-kur-ra na-ám-šè du*$_{10}$*-mu-ni-ib-tar*^{ar} ,,ich bestimme die Herrschaft der Länder ihm zum Schicksal''[952].

Somit hat die Heilige Hochzeit auch den Aspekt der Erlangung der *me*s durch den menschlichen König und dient zur Begründung des Königtums mit all seinen Implikationen. Die rituelle geschlechtliche Vereinigung war jedoch keineswegs auf den Kult der Inanna (Ištar) oder anderer weiblicher Gottheiten beschränkt. In Ur übten z.B. im Tempel des Nanna (Sîn) ,,Ober-Hierodulen'' (Böhl), die *nin-dingir* (akkad. *entum*) ihr Amt als Gemahlin des Gottes aus. Dieser wurde vom König vertreten. Böhl hat dargelegt, daß diese Priesterin zumeist die Schwester oder (älteste) Tochter des regierenden Königs war: belegt wird dies durch eine Liste von Königstöchtern bzw. -schwestern, angefangen mit Enḫeduanna, der Tochter Šarrukīns von Akkad (2276-2220 v. Chr.) bis zu Enanedu, der Schwester Rīmsîns von Larsa (1758-1698 v. Chr.)[953].

Neben diesen beiden bekanntesten Beispielen gehörte die sakrale Hochzeit auch zu den Kulten fast aller anderen großen Götter des sumerisch-akkadischen Pantheons[954]. Häufig war der Vollzug der Hochzeit jedoch nur ein symbolischer, da der König zu den Priesterinnen der Tempel der weiter entfernten Städte nur seine heiligen Gewänder sandte[955]. Bei den Festlichkeiten zur Heiligen Hochzeit wurden die *nin-dingir* vielleicht in eine Spezialunterkunft (das *é-gi*$_4$*-a*, akk. *bīt kallātu*, ,,Brauthaus'') überführt[956].

Neben dieser kultischen geschlechtlichen Vereinigung auf quasi höchster Ebene existierten außerdem nicht so hoch stehende Klassen von Priesterinnen, die teilweise die sakrale Prostitution mit den Bürgern der Stadt oder Reisenden ausübten. Böhl bezeichnet z.B. die *nadītum* (Pl. *nadiātum*) als Hierodulen, die hauptsächlich zum Šamaštempel Ebabbar in Sippar gehörten[957]. Sie lebten dort in einem klosterähnlichen Gebäude (*gagûm*) und waren zwar nicht zur Ehe-, aber zur Kinderlosigkeit verpflichtet. Renger bezweifelt für die altbabylonische Zeit die Funktion der *nadītum* als Kultprostituierte, wenn er auch eine Textstelle anzuführen weiß (*awīlum kīma nadītim iltapassi* ,,der Mann hat sie wie eine *nadītum* berührt''), die darauf hindeuten könnte, daß diese Priesterinnen sich kultisch prostituierten[958].

Die assyrische Beschwörungsserie Maqlû rückt die *nadītum* aber in die Nähe der Kultprostituierten und schreibt all diesen Frauen (wohl aufgrund ihrer Funktionen?) auch Kräfte zu, die diese negativ verwenden (Maqlû III, 44-53):

qadištum nadītum
ištarītum kulmašītum
bajjartum ša mūši
ṣajjāditum ša kal [*ūmi*]
mulāʾitum ša šamê
mulappitum ša erṣetim
kamītum ša pî ilāni
kasītum ša birkī ištarāti
dajjiktum ša eṭlē
lā pādītum ša sinnišāti[959]

,,Hierodule, *nadītum*,
Ištargeweihte, *kulmašītum*,
die in der Nacht fängt,
den ganzen [Tag] jagt,
die den Himmel beschmutzt,
die Erde anrührt,
den Mund der Götter bindet,
die Kniee der Göttinnen fesselt,
die die Männer tötet,
die Frauen nicht schont.''

Die *qadištum* (sumer. *nu-gig*) hatte — wie Renger sich vorsichtig ausdrückt — einen Bezug zum Sexuellen[960]. Eine andere Klasse, die erst seit altbabylonischer Zeit nachweisbar ist, sind die *ištarītum*, die man nicht heiraten darf, da sie einem Gott versprochen sind[960].

Einer niedrigeren Klasse gehört die *kulmašītum* (sumer. *nu-bar*) an, die ebenfalls erst seit altbabylonischer Zeit nachweisbar ist. Renger zitiert einen sumerischen Text, in dem es heißt, daß die Göttin ,,Nininsina der *nu-bar* die ,sieben' Brüste reichlich fließen läßt'' (*nu-bar-ra ubur-imin-e si-sá*[*sá-*]*-e*)[961].

Die kultische Prostitution fand bei den großen religiösen Festen, aber auch bei anderen Gelegenheiten im *bīt aštammi* (assyr. *bīt altammi*) statt. Auch von dieser Einrichtung berichtet Herodot (I, 199), übertreibt aber, wenn er behauptet, jede Babylonierin müsse sich einmal in ihrem Leben prostituieren[962], doch scheint die sakrale Prostitution im Laufe der Geschichte immer größere Ausmaße angenommen zu haben. Die Göttin der Liebe schlechthin war Inanna oder Ištar, zugleich aber auch Kriegsgöttin. In einem Hymnus wird sie über alle Maßen gepriesen als

...bēlet bēleti ilat ilāti
Ištar šarrati kullat dadme muštēšerat tenēšēti
Irnini muttallāti rabit Igīgi
gašrāti malkāti šumuki ṣīru
attīma nannarat šamê u erṣetim mārat Sîn qaritti
muttabbilat kakkê šākinat tuqunti (1-6)...
lēʾât kalīšunu malku ṣābitat ṣerret šarrāni
pitāt pusumme ša kalīšina ardāti (32.33)[963]

„...Herrin der Herrinnen, Göttin der Göttinen,
o Ištar, Königin der gesamten Menschheit, Lenkerin der Menschheit,
o Irnini, die du fürstlich bist, du Große der Igīgi,
du Mächtige, du bist Königin, dein Name ist erhaben.
Du bist die Himmelsleuchte von Himmel und Erde, die kriegerische Tochter des Sîn,
Stütze der Waffen, du, die du Kampf schaffst...
Macht hast du über alle Fürsten, du hälst das Leitseil der Könige,
du, die die Schleier aller jungen Frauen öffnet."

Als Ištar während ihres Ganges in die Unterwelt zeitweise von der Welt abwesend war, ruhte dort alles Geschlechtsleben: *ardatum ina sūqi ul ušarra eṭlu*[964] „der junge Mann beschlief das Mädchen nicht (mehr) auf der Straße".

Das der Ištar zugeeignete Tier war der Löwe. König Nūr-Adad von Larsa (1800-1785 v. Chr.) beschreibt ein Bildnis der Göttin wie folgt: *^{d}inanna-zabala^{ki}-ra ^{giš}gúza-maḫ-nam-nin-a-ka-na guškin kù-babbar ^{na}4gug ^{na}4za-gìn ḫé-bí-in-dím maḫ-bi ḫé-em-(mi)-in-tuš ur-maḫ-gal-gal [gìr]i-d[i]b gìri-d[i]b kisal-maḫ-ba ḫé-bí-in-su*$_8$ „für Inanna von Zabala erbaute er einen majestätischen Thron ihres Königtums aus Gold, Silber, Kornalin und Lapislazuli und ließ sie darauf majestätisch sitzen. Zwei große Löwen stellte er auf jeder Seite in vollem Lauf in seinen großen Vorhof"[965].

Auch auf einer Stele des Nabûnaʾid (555-539 v. Chr.) wird von den Löwen (*labbu*, altakk. *lābum*) der Ištar berichtet. Sie erscheinen im Zusammenhang mit der Nachricht, daß während der Regierung des babylonischen Königs Erība-Marduk (795-763 v. Chr.) im Kult der Ištar eine Änderung vorgenommen wurde; möglicherweise erfuhr die sakrale Prostitution eine Einschränkung. Doch wurde der ursprüngliche Kult wiederhergestellt[966]: Sidney Smith mutmaßt, daß dies durch Nabû-kudurri-uṣur II. (605-562 v. Chr.) geschehen sei; da die Stele nicht den Namen des Restaurators nennt, kann nur die Aussage gemacht werden, daß die Wiederherstellung in die neubabylonische Zeit fiel[967].

Es war aber Nabûnaʾid, der den Kult der Gottesbraut (*en-tum*) des Mondgottes Nanna-Sîn von Ur erneuerte, indem er diesem seine Tochter Bēl-erēšti-Nannar vermählte[968]. Jedenfalls dürfte die sakrale Prostitution — was auch durch den Bericht des Herodot bestätigt wird — in neubabylonischer und achämenidischer Zeit eine große Blüte erlebt haben[969]. Ausgrabungen in Uruk haben erbracht, daß der Kult der Ištar und der ihrem Wesen nach verwandten Nanā in seleukidischer Zeit keineswegs erloschen oder in ihrer Bedeutung geringer geworden waren[970]. In der Folgezeit wurde dann die Göttin Nanā oder Nanāja immer bekannter. Sie war ebenfalls eine Göttin des Geschlechtslebens, die seit der Ur-III-Zeit (21. Jahrhundert v. Chr.) in Mesopotamien bezeugt ist und viele verwandte Züge zu Ištar aufweist[971]. Ein Hymnus an diese Göttin für König Samsuiluna von Babylon (1685-1649 v. Chr.) hob sie unter allen Göttinnen hervor[972]. In der Seleukidenzeit genoß sie besondere Verehrung in der Elymais, dem alten Elam[973], ihrer ursprünglichen Heimat. Bis in die späte Partherzeit bezeugen aramäische Inschriften aus Aššur den Kult der Göttin Nanā. Eine Beischrift zu einer bildlichen Darstellung spricht gar von ,,Bild der Nanai, des (!) Königs (!), unserer Herrin, der Tochter des Bēl, des Götterherrn''[974].

In den ersten nachchristlichen Jahrhunderten erscheint die Göttin Nanā oder Nanāja dann auch in einem ganz anderen Kulturkreis, der eine ganze Reihe fremder Kulturgüter aus West und Ost adaptierte: dem Staate der Kuṣāṇas[975]. Diese Tatsache berührt aber gleichzeitig den Komplex der sakralen Prostitution in Indien und soll deshalb im Zusammenhang mit diesem im folgenden abgehandelt werden.

Eine aus dem mittelalterlichen Hindu-Tempel nicht wegzudenkende Institution war die der Tempeltänzerinnen. Diese *devadāsī* oder Gottessklavinnen dienten in mehr oder weniger großer Zahl in jedem Tempel[976]. Zu ihrem Dienst im Tempel gehörte neben dem Tempeltanz, dem Gesang und der Instrumentalmusik die heilige Prostitution[977]. Die *devadāsī* waren dazu bestimmt, die Götter und deren Repräsentanten wie Priester, aber auch Gläubige zu unterhalten. Sie übten den Geschlechtsverkehr als fromme magische Handlung der Verehrung aus, um die Fruchtbarkeit des Volkes, der Tiere und des Ackerlandes zu steigern[978].

Seit dem 6. Jahrhundert n. Chr. wurden die *devadāsī* zusammen mit der wachsenden Bedeutung des Tempelkultus zu einer allgemein akzeptierten Einrichtung. Der Status der *devadāsī* wurde der einer mächtigen, wohlhabenden und angesehenen sozialen Gruppe, die zur öffentlichen und privaten Unterhaltung diente, obwohl die *devadāsī* nominell für das Vergnügen des göttlichen Gatten reserviert waren[979]. Sie und andere berufsmäßige Prostituierte (*veśyā*) wurden als ,,fünfte Kaste'' (*pañcamī jā-*

ti) bezeichnet[980], die unter den bekannten vier und über den Unberührbaren rangierte, weil auf dieser Basis jeder ,,reine'' Mann rechtmäßigen Verkehr mit ihnen haben konnte[981].

Die Bedeutsamkeit der *devadāsī* in dieser Zeit bis hinauf ins 20. Jahrhundert steht in auffälligem Kontrast zum völligen Fehlen der sakralen Prostitution in der vedischen Religion. Auch in der Jātaka-Literatur und bei den griechischen Historiographen wird diese nicht erwähnt[982]. Das Bedeutet jedoch nicht das Fehlen jeglicher Prostitution in der älteren Zeit. Im Ṛgveda werden allenthalben ,,Huren'' (*yóṣā*, *sā́dhāraṇī*, *púṃscalī́*), ,,Söhne von Mädchen'' (*kumārī́-putrá*), ,,Söhne von unverheirateten Mädchen'' (*agrū́*) usw. erwähnt[983]. In der Vājasaneyi Saṃhitā scheint es eine Berufsbezeichnung zu sein[984]. Dabei handelt es sich offensichtlich um die indische Klasse von Hetären, und Pischel weist darauf hin[985], daß die Hetären (*kanyāḥ kalyāṇyaḥ*) des Mahābhārata schon ihre Entsprechung in Ṛgveda IV, 58, 8 haben, wo es heißt: *abhí pravanta sámaneva yóṣāḥ kalyāṇyàḥ smáyamānāso Agníṃ ghṛtásya dhā́rāḥ* ,,Die Fettgüsse strömten zu Agni wie Hetären zu den Festversammlungen''.

Eine andere Bezeichnung der Hetären im vedischen Schrifttum ist *vrā́*, was soviel wie ,,Weib'', ,,Geliebte'' bedeutet und als Synonym für den wohl am häufigsten gebrauchten Terminus *gaṇikā* anzusehen ist[986]. Für die Tolerierung und sogar Förderung der säkularen Prostitution gibt es auch in der epischen Literatur zahlreiche Belegstellen[987].

Eine *devadāsī* wird zum erstenmal im 2. Jahrhundert n. Chr. in einer Inschrift der Jogīmārā-Höhle bei Rāmgaṛh in Zentralindien erwähnt: ihr Name ist Sutanukā und wird im Zusammenhang mit einem Bildhauer (*rūpadakṣa*) namens Devadinna aus Bārāṇasī, der sie liebt, genannt[988].

Das wirft unweigerlich die Frage auf, ob die sakrale Prostitution nicht auch ihren Platz in der Religionswelt des frühen Indien hatte, wenn auch nicht unbedingt in der vedischen Religion. Aufgrund der schlechten Quellenlage ist es sehr schwierig, darüber Aussagen zu machen. Möglicherweise spielten schon zu dieser Zeit die *tīrtha*s eine bedeutsame Rolle, jene Stätten, die in der klassischen Zeit die Bedeutung von heiligen Badeplätzen hatten. Cakravarti und Thomas erwähnen in diesem Zusammenhang die sogenannten *tīrthīgā* oder Prostituierte, die zu einem *tīrtha* gehören und dort den Pilgern zu Diensten sind[989].

Bonaudo hat in seiner Dissertation über die *tīrtha*s darauf hingewiesen, daß es sich bei diesen um Stätten handele, die nicht von übernatürlichen Wesen belebt oder in den Rang von Gottheiten erhoben sind, sondern ihre Heiligkeit der reinigenden Wirkung des Wassers verdanken[990]. Nach einer Definition von Gonda sind *tīrtha*s ,,Steige zum Wasser, Tränken, Badeplätze, besondere Orte an Flüssen, die von mächtigen Wesen besucht worden sind, wo Wunder geschehen, die Fußspuren göttlicher

Wesen zu sehen sind usw. und wo deshalb das Baden Sünde oder Unglück vernichtet''[991].

Das *tīrtha* scheint in der vedischen Religion keine große Bedeutung gehabt zu haben. Der Name kommt nur achtmal im Ṛgveda vor[992] und hat nur an drei Belegstellen eine gewisse religiöse Bedeutung als ,,Stätte, an der man (göttlichen Trank) trinkt'' (X, 40, 13), als ,,erfolgverleihende (*āpnāna*) Furt'' (X, 114, 7), die der Kommentator Sāyana als *tīrthaṃ pāpottāraṇasamartham* (*tīrtha*, das Sündenaufhebung bewirkt) deutet, und als ein zur Läuterung (*pavā*) dienendes *tīrtha* (IX, 97, 53). Diese spärlichen Hinweise deuten zwar darauf hin, daß in der vedischen Epoche *tīrtha*s existierten, die möglicherweise einen religiösen Hintergrund hatten, aber wohl nicht die Funktion von Badeplätzen besaßen[993]. Der Brauch der Pilgerreise zu einem *tīrtha* (*tīrthayātrā*) ist womöglich in Aitareyabrāhmaṇa VII, 15 schon angedeutet:

puṣpinyau carato jaṅghe bhūṣṇur ātmā phalagrahiḥ
śere 'sya sarve pāpmānaḥ śrameṇa prapathe hatāś[994]

,,Wie Blumen sind die Füße eines Wanderers,
sein Selbst wächst und ist fruchtbringend,
Verschwunden sind alle Sünden, vernichtet
durch die Ermüdung beim Wandern.''[995]

Nach wie vor ist auch ungeklärt, ob das große Bad von Mohenjo-Daro[996] eventuell als Prototyp eines *tīrtha* anzusehen ist. Es dürfte zwar außer Zweifel sein, daß die Religion und materielle Kultur der sogenannten Industalkultur noch in späteren Epochen wirksam war, doch werden präzise Aussagen durch die bisherige Unentschlüsselbarkeit der Industalschrift immer noch verhindert. Dies trifft auch für die Einordnung früher Fruchtbarkeitskulte, Typen einer Muttergottheit und mögliche Formen einer sakralen Prostitution zu. In der Industalkultur finden sich z.B. Figuren von Muttergottheiten[997], und aus der chalkolithischen Periode, Phase III, ist uns aus Daimābād im Distrikt Ahmednagar (Mahārāṣtra) ein Topf erhalten, der einen Sexualakt darstellt, bei dem die menschlichen Figuren nicht naturalistisch, sondern stilisiert und linear wiedergegebens ind[998].

Das Schweigen über sakrale Prostitution in der frühen Literatur der Arier kann nur bedeuten, daß diese in deren Religionen keinen oder zumindest keinen offiziell anerkannten Platz hatte.

Mit der wachsenden Macht des Königtums seit etwa 500 v. Chr. entfaltete sich auch die Hofhaltung und der äußere Pomp. Zusammen damit entstand eine urbane Kultur und trotz Mißbilligung in den religiösen Rechtsbüchern[999] breitete sich die öffentliche Prostitution aus. In den beiden großen Epen Mahābhārata und Rāmāyaṇa werden an zahlreichen Stellen Freudenmädchen in den Lusthäusern (*veśa*) der Städte, im Gefolge der Heere und in den Palästen der Könige erwähnt[1000]. Aus diesem Grunde wird auch in den lehrhaften Teilen des Mahābhārata, die von Brāhmaṇen beeinflußt sind und deren moralische, rechtliche und philosophische Anschauungen wiedergeben[1001], gegen die Prostitution geeifert. So heißt es in Mahābhārata XIII, 125, 9:

daśa-sūna-samaṃ cakraṃ daśa-cakra-samo dhvajaḥ /
daśa-dhvaja-samā veśyā daśa-veśyā-samo nṛpaḥ //

,,So schlimm wie zehn Schlachthäuser ist ein Ölmüllersrad [wegen der Vernichtung von Lebewesen], so schlimm wie zehn Ölmüllersräder ein Wirtshausschild, so schlimm wie zehn Wirtshausschilder eine Hure, so schlimm wie zehn Huren ein König'' (Übers. Meyer)[1002].

Diese negative Bewertung des Königs ist wohl nur dadurch zu erklären, daß er als letztlich verantwortlich für die zuvor aufgezählten Institutionen gemacht wird; es ist die Stimme der orthodoxen religiösen Opposition. In diese Zeit des politischen und religiösen Umbruchs fällt auch die wachsende Beliebtheit des Tempelkultes und der Verehrung von Götterbildern. Die *devadāsī* aber gehören zum Tempelkultus, und ihre Blütezeit begann mit der wachsenden Bedeutung der Tempel. Die frühesten Erwähnungen von *devadāsī* geben nur sehr spärliche Auskünfte. Nach der schon erwähnten Inschrift der Jogīmārā-Höhle aus dem 2. Jh. n. Chr. werden *devadāsī* erst wieder im Kauṭilya-Arthaśāstra II, 23, 2 genannt:

ūrṇāvalka-kārpāsa-tūla-śaṇa-kṣaumāṇi ca vidhavāny
aṅgā-kanyā-pravrajitā-daṇḍa-pratikāriṇibhī
rūpajīva-mātṛkābhir vṛddharājadāsībhir
vyuparatopasthāna-devadāsībhiś ca kartayet[1003]

,,Und Faden aus Wolle, Bast, Baumwolle von der Baumwollstaude, Baumwolle vom Wollbaum usw., Hanf und Flachs, soll er durch Witwen, verkrüppelte Frauen, Mädchen, Büßerinnen und Frauen, die eine Geldstrafe abarbeiten, durch die ,Mütterchen' von Freudenmädchen, durch alte Sklavinnen des Königs, und durch Tempeldienerinnen, die vom Dienst der Götter abgelegt sind, drehen und spinnen lassen'' (Meyer)[1004].

Mit ,,er'' ist der *sūtrādhyakṣa* oder Spinnereiaufseher der staatlichen Textilmanufakturen gemeint; wir erfahren aber nichts über die Art des Tempeldienstes der *devadāsī*[1005]. Überhaupt ist dies die einzige Stelle im Arthaśāstra, wo *devadāsī* erwähnt werden[1006]. Das Arthaśāstra ist wahrscheinlich nach 300 n. Chr. zu datieren[1007], erweist sich aber in der hier interessierenden Fragestellung als ebenso unergiebig wie Kālidāsa in seinem Meghadūta (I, 34-35), der von *veśyā*s beim Tempel des Mahākāla in Ujjayinī berichtet, deren Hände durch das Halten von *cāmara*s (Fliegenwedel) schmertzen und die ihre Nägelmale mit dem ersten Regen lindern wollten[1008]. Ob diese *veśyās devadāsī* waren, muß offen bleiben. Die Spärlichkeit der Quellenangaben und die Unsicherheit in Bezug auf ihre Funktionen scheinen anzuzeigen, daß die *devadāsī* in der ersten Hälfte des 1. Jahrtausends n. Chr. höchstenfalls eine kleine und unbedeutende Gruppe waren.

Das steht in auffälligem Kontrast zur allgemeinen Verbreitung der *devadāsī* als Institution im Tempel seit etwa dem 6. Jahrhundert n. Chr. Ein weiteres Phänomen ist hierbei, daß zunächst besonders die Sonnentempel *devadāsī* beherbergten. So berichtet der chinesische Pilger Hsüantsang [Xuanzang] in seinem Reisebericht Hsi-yü chi [Xiyu ji], daß er im Jahre 641 während seines Besuches in der Stadt Mu-lo-san-p'u-lo [Muluosanpuluo] im dortigen Sonnentempel eine große Anzahl von Tänzerinnen gesehen habe, die außerdem auch musizierten[1009]. Mu-lo-san-p'u-lo ist die chinesische Wiedergabe von Mūlasthānapura, dem heutigen Multān, dessen Sūrya-Tempel weithin berühmt war und die Pilger von überall her anzog[1010].

Im Bhaviṣyapurāṇa I, 93, 67 wird behauptet, der beste Weg zur Erlangung des *sūryaloka* sei es, einem Sonnentempel eine Schar von Prostituierten zu übergeben:

veśyā-kadambakaṃ yas tu dadyāt sūryāya bhaktitaḥ
sa gacchet paramaṃ sthānaṃ yatra tiṣṭhati bhānumān[1011]

Stietencron hat in seiner Studie über das Aufblühen des indischen Sonnenkultes seit etwa Mitte des 1. Jahrtausends und seiner bedeutenden Heiligtümer Mūlasthānapura (Mūltān), Kālapriya an der Yamunā und Koṇārka in Orissa einen weiteren bedeutenden Beitrag zu dem Nachweis geleistet, daß diese Sonnenverehrung nur noch wenig mit dem vedischen Sūrya gemein hat, sondern vielmehr außerindischen Ursprungs ist. Quellen hierfür sind Teile des Sāmba- und des Bhaviṣya-Purāṇa[1012], die uns folgende Legende von Sāmba, dem Sohne Kṛṣṇas, berichten: ,,Sāmba ... sei auf Grund eines Fluches leprakrank geworden und habe vergeblich bei Ärzten und durch Heilkräuter Heilung gesucht. Schließlich habe er seine Zuflucht zum Sonnengott genommen und sei durch dessen Gnade gesund geworden. Zum Dank baute er einen Tempel und stellte ein Bildnis der Sonne darin auf, das vom Werkmeister der Götter, von Viśvakarman selbst, erschaffen worden war. Nun fehlten noch Priester zum Dienste in diesem Tempel und zur vorschriftsmäßigen Verehrung des Sonnengottes, doch in ganz Jambūdvīpa waren keine geeigneten Brahmanen dafür zu finden. Da erfuhr er vom Sonnengotte, daß dessen eigene Söhne, die Maga, als Sonnenpriester in Śākadvīpa leben. Er erhielt von seinem Vater den göttlichen Vogel Garuḍa, bestieg ihn und flog nach dem vom Milchozean umgebenen Śakadvīpa, von wo er 18 Familien der Maga holte. Sie alle flogen auf Garuḍa nach Indien zurück und führten ihren Sonnenkult in Sāmbas neuen Tempel ein''[1013].

Śākadvīpa weist aber auf das Land der Saken (Śakas) hin, die Magas erinnern an die Magoi Herodots (I, 101), und drei Worte iranischen Ursprungs sind mit dem Bericht über diese Priester verbunden: *avyaṅga* bezeichnet den Gürtel der Sonnenpriester und hat seine Entsprechung im Avestischen *aiwyā̊ŋhana*, *patidāna* kann mit Avestisch *paiti.dāna*, dem Mundtuch der Zarathustrier, gleichgesetzt werden, und *varśman* ist Av. *barəsman*, das kultische Zweigbündel. Sāmbas erster Sonnentempel war der von Mitravana an der Candrabhāgā in relativer Nähe zu Mūlasthānapura, aber nicht mit dessen Sonnentempel identisch[1014].

Im 5. und 6. Jahrhundert n. Chr. erlebte dieser Sonnenkult im Nordwesten Indiens tatsächlich eine Blüte. Die Praśasti des Vatsabhaṭṭi aus dem Jahre 472 berichtet von der Errichtung eines Sonnentempels in Daśapura im Jahre 437 durch eine Webergilde[1015]; zur Zeit des Guptakönigs Skandagupta (455-467) wird auf eine Kupferplatte aus dem Jahre 464 ein Tempel des Āditya in Indrapura (Indor) erwähnt[1016]. Der Hūṇa- oder Hephtaliten-Fürst Mihirakula (ca. 515-530) ließ um 530 in Gopādri (Gwalior) durch einen gewissen Mātṛceṭa einen Sonnentempel errichten[1017].

Zwar gab es auch in der vedischen Zeit die Verehrung der Sonne, doch keine anthropomorphen Darstellungen derselben. Diese gelangten erst mit dem iranisch beeinflußten Sonnenkultus nach Indien[1018]. So waren besonders die Śakas, deren politischer Einfluß auf Indien von der ersten Hälfte des 1. Jahrhunderts v. Chr. bis zum Zusammenbruch der westlichen Kṣatrapa-Dynastie im 4. Jahrhundert bedeutend war, Anhänger des Sonnenkultes. Die östlichen Parther verehrten den Sonnengott unter dem Namen Myhr (Mithra). Im Kuṣāṇa-Reich wurde der Sonnengott Mihira verehrt, dessen Name sich ebenfalls vom iranischen Gott Mithra ableitet. Als MIIRO erschien er in griechischen Buchstaben auf Münzen der Kuṣāṇas[1019].

Mit den vielen Fremdvölkern gelangte der Kult des Sonnengottes Mihira (des iranischen Mithra) nach Indien, ,,der, obwohl äußerlich einige Formen des Zoroastrismus entlehnend, doch eine größere Verwandtschaft zur indischen Gottesvorstellung besaß, als zur Religion des Zarathustra. Er konnte ohne Schwierigkeiten vollkommen mit der indischen Sonnenverehrung verschmelzen. Da aber die herrschenden Volksstämme einerseits ihre eigenen Priester mitbrachten und mehrere Jahrhunderte lang protegierten und andererseits auch die anthropomorphe Darstellung des Sonnengottes einführten, konnten sich in den äußeren Formen von Kult und Sonnenstatue iranische Elemente fest einwurzeln''[1020].

Stietencron hat auch nachgewiesen, daß die dem Sonnengott zugeordneten Göttinnen Śrī und Mahāśvetā, die vor seiner Statue stehen[1021], die iranischen Begleiterinnen Mithras sind: Aši, die Göttin des Glücks, die das gute Los zuteilt und den Wagen des Mithra lenkt, und Čistā oder Razišta Čistā, das richtigste oder wahrste Wissen, die in Mihr Yašt 126 als ,,weiß, in weiße Gewänder gekleidet'' (*spaēta vastrå vaŋhaiti spaēta*) bezeichnet wird[1022]. Der iranische Gott Mithra, der im Laufe der Geschichte die Funktion des Sonnengottes angenommen hatte, wird bei Herodot (I, 131) als weibliche Gottheit geschildert:

καλέουσι δὲ 'Ασσύριοι τὴν 'Αφροδίτην Μύλιττα,
'Αράβιοι δὲ 'Αλιλάτ, Πέρσαι δὲ Μίτραν.[1023]

Vermutlich verwechselte Herodot Mithra jedoch nur mit der Göttin Anāhitā, die möglicherweise Gattin und Páredros des Mithra war. Andererseits war das Geschlecht der iranischen Götter und besonders des Mithra im östlichen Iran unbestimmt[1024]. Es gibt zwar keine eindeutigen Zeugnisse für die Partnerschaft zwischen Mithra und Anāhitā, doch hat Widengren mit Recht gefragt, ob man sich nicht zu sehr vom Namen und zu wenig von der Gestalt und dem Wesen der Göttin hat leiten lassen[1025]. Eine gewisse Affinität der Göttin Anāhitā zu Mithra ist jedenfalls nicht zu leugnen. Schon unter dem Achämeniden Artaxšathra II. (Artaxerxēs II. Mnēmōn, 405-359 v. Chr.) wurden nach dem dritten Buch des Berossos (Anmerkung bei Clemens Alexandrinus, Protreptikos V, 65, 3) der Göttin Anāhitā im ganzen Reich Statuen errichtet[1026]:

Μετὰ πολλὰς μέντοι ὕστερον περιόδους ἐτῶν ἀνθρωποειδῆ ἀγάλματα σέβειν αὐτοὺς Βηρωσσὸς ἐν τρίτῃ ,,Χαλδαικῶν'' παρίστησι, τοῦτο 'Αρταξέρζου τοῦ Δαρείου τοῦ "Ωχου εἰσηγησαμένου, ὃς πρῶτος τῆς 'Αναΐτιδος τὸ ἄγαλμα ἀναστήσας ἐν Βαβυλῶνι καὶ Σούσοις καὶ 'Εκβατάνοις Πέρσαις καὶ Βάκτροις καὶ Δαμασκῷ καὶ Σάρδεσι ὑπέδειξε σέβειν.

Besonders bemerkenswert ist hierbei, daß der Kult der Anāhitā auch in Baktrien verbreitet war. Sie galt hier als Flußgöttin des Flusses Oxus[1027] und wurde zu einer Fruchtbarkeitsgöttin bzw. zu einer Göttin des Gschlechtslebens nach babylonischem Modell wie ihr dortiges Vorbild Ištar[1028].

Strabōn berichtet in seiner Geōgraphika XI, 14, 16 von der Praxis der Tempelprostitution im Dienste der Anāhitā:

"Απαντα μὲν οὖν τὰ τῶν Περσῶν ἱερὰ καὶ Μῆδοι καὶ 'Αρμένιοι τετιμήκασι, τὰ δὲ τῆς 'Αναΐτιδος διαφερόντως 'Αρμένιοι, ἔν τε ἄλλοις ἱδρυσάμενοι τόποις καὶ δὴ καὶ ἐν τῇ 'Ακιλισηνῇ. ἀνατιθέασι δ'ἐνταῦθα δούλους καὶ δούλας· καὶ τοῦτο μὲν οὐ θαυμαστόν, ἀλλὰ καὶ θυγατέρας οἱ ἐπιφανέστατοι τοῦ ἔθνους ἀνιεροῦσι παρθένους, αἷς νόμος ἐστὶ καταπορνευθείσαις πολὺν χρόνον παρὰ τῇ θεῷ μετὰ ταῦτα δίδοσθαι πρὸς γάμον, οὐκ ἀπαξιοῦντος τῇ τοιαύτῃ συνοικεῖν οὐδενός·

> „Alle Kulte der Perser haben zwar die Meder und Armenier geehrt, aber den der Anāhitā ganz speziell die Armenier, die ihr sowohl in anderen Gebieten wie in Akilisēnē Heiligtümer gewidmet haben. Dort weihen sie Sklaven und Sklavinnen (dem Dienst der Göttin). Und dieses ist gar nicht bemerkenswert, sondern daß die Vornehmen des Landes ihre Töchter als Jungfrauen weihen, für welche das Gesetz besteht, daß sie, nachdem sie sich lange Zeit bei der Göttin prostituiert haben, nachher in die Ehe gegeben werden, ohne daß jemand es verschmäht, mit einer solchen Frau sich zu verheiraten."[1029]

Zwar spricht Strabōn an dieser Stelle nur von armenischen Verhältnissen, doch ist der Fruchtbarkeitscharakter der Anāhitā (hinter der sich womöglich die babylonische Göttin Anāt verbirgt) im allgemeinen nicht wegzuleugnen.

Die synkretistische Religionswelt Baktriens zur Zeit der Griechen, Śakas und Kuṣāṇas kannte nicht nur den Kult der Anāhitā, sondern auch den anderer weiblicher Gottheiten wie Nanā, Tychē, Ambā, Ardoxšo und Hāritī[1030]. Unter ihnen verdient besonders Nanā besondere Beachtung, die auf Kuṣāṇa-Münzen häufig als auf einem Löwen stehend abgebildet wurde[1031]. Es steht außer Zweifel, daß es sich hierbei um den Import der elamisch-babylonischen Göttin gleichen Namens handelt. Deren Funktionen und sogar Teile der Ikonographie sind offensichtlich auf die Göttin Nanā der Kuṣāṇa-Zeit übergegangen, so z.B. die Hörnerkrone (*cornucopia*, akkad. *agê qarnī* oder auch *agâ rabûm*) der Ištar[1032]. In einem Klima des Synkretismus wurden lokale Göttinnen wie Ardoxšo mit Nanā und Anāhitā kombiniert. In der Kuṣāṇa-Zeit wurde Nanā dann auch mit Umā oder Parvatī, der Gattin Śivas, identifiziert, und nicht zuletzt leitet sich von ihrer Ikonographie Durgā Siṃhavāhinī her[1033]. Auch Śiva spielte unter dem Namen OESHO keine unbedeutende Rolle im Kult der Kuṣāṇas[1034]. Auf Münzen des Kuṣāṇa-Königs Vāsudeva II. wird er mit einem Strahlenkranz dargestellt, auf kuṣāṇa-sāsānidischen mit Flammen über seinem Haupt[1035]. Mit dem Dominieren des Sonnenkultes wurden andere Hindugottheiten lediglich Aspekte des Sūrya: Brahmā, Viṣṇu und Śiva galten als seine Söhne[1036]. Seine zweite Frau Rājñī entspricht der avestischen Aši und der Kuṣāṇa-Göttin Ardoxšo[1037].

Es ist nicht zu übersehen, welch bedeutende Rolle einerseits die verschiedenen Göttinnen der Fruchtbarkeit und des Geschlechtslebens, andererseits der Sonnenkult in Indoskythien spielte. Gleichzeitig ist es bemerkenswert, daß die sakrale Prostitution in Indien zugleich mit dem Auftreten des aus dem Sakenland importierten Sonnenkultes eine Blüte erlebte, auffälligerweise zunächst in Sonnentempeln. Dabei liegt der Gedanke nahe, daß in Indien schon vorhandene Formen der sakralen Prostitution, die bisher ein Schattendasein neben offiziell anerkannten Kulten führten, hier ihre Rechtfertigung und damit Hoffähigkeit fanden.

Denn in den folgenden Jahrhunderten wurden die Gottessklavinnen (*devadāsī*) zu einer festen Institution des indischen Tempelkultes. Im Padmapurāṇa (Sṛṣṭikhaṇḍa 52, 97) wird empfohlen, schöne Mädchen für die Zueignung zu einem Tempel zu kaufen:

krītā devāya dātavyā dhīreṇākliṣṭa-karmaṇā
kalpa-kālaṃ bhavet svargo nṛpo vāsau mahādhanī[1038].

Kinderlose Eltern machten oft ein Gelübde, ihr erstgeborenes Kind einem Tempel zu übergeben[1039].

Die Einführung der *devadāsī* in den Tempeldienst führte aber auch zur Lockerung der Moral. Viele Tempelbesucher richteten ihr Hauptaugenmerk nicht so sehr auf die Verehrung der Gottheiten als vielmehr auf ihre Liebesaffären mit den Tanzmädchen. Einen guten Eindruck davon vermittelt das Kuṭṭanīmatam des Dāmodaragupta (8. Jahrhundert), das uns Nachricht von *devadāsī* im Gambhīreśvara- oder Viśvanātha-Tempel zu Vārāṇasī (Verse 743 ff.)[1040] gibt. Hier wird von der Aufführung des die Sinne anregenden Spiels Ratnāvalī des Harṣa im Umkreis des Tempels berichtet, um einen Prinzen aus Mahārāṣṭra für die Kurtisane Mañjarī zu gewinnen. Nachdem der Prinz, der sich auf Pilgerreise in der Stadt befand, seine *pūjā* für Śiva im Tempel beendet hatte, setzte er sich in das *nāṭyamaṇḍapa*. Ihm gegenüber saßen Tänzerinnen, Flötenspieler, Sänger, *veśyā*, Bürger und Kaufleute mitten unter Blüten und süßriechenden Gegenständen. Der Prinz bekam Betel angeboten, und der *vaitālika* (Lobsänger eines Fürsten) sang ein Loblied auf den Prinzen. Danach präsentierte der *nṛtyācārya* das Tanzdrama Ratnāvalī, in dem die Kurtisane Mañjarī die Heroine spielte und durch ihre schauspielerischen Künste den Prinzen gewann.

Abū Zaid (um 916) berichtet von Kurtisanen und speziellen Rasthäusern für Reisende, die beide zum Tempel gehörten[1041]. Die Zahl der *devadāsī* war zeitweise beträchtlich. Der Tempel von Somanātha soll zur Zeit seiner Zerstörung durch den turko-afġanischen Eroberer Maḥmūd von Ġaznī (999-1030) im Jahre 1026 350 Tanzmädchen beherbergt haben[1042]. Chao Ju-kua [Zhao Rugua] berichtet in seinem 1226 erschienen Werk Chu-fan chih [Zhufan zhi], daß Gujarāt 4000 Tempel besaß, in denen über 20000 Tanzmädchen lebten, deren Aufgabe es war, zweimal täglich zu singen, während sie den Göttern Speise anboten und Blüten reichten[1043]. Der Cōḷa-König Rājarāja I. (985-1014) berichtet in einer Inschrift aus dem Jahre 1004 von der Verlegung von 400 Tempelfrauen aus anderen Tempeln des Cōḷa-Landes in den großen Bṛhadīśvara-Tempel in Tañjāvūr und die Höhe ihrer Vergütungen[1044]. Auf diese Weise nahmen die großen Tempel mehr und mehr den Charakter von Bordellen an. Daher wurde das Devadāsītum von allen Vertretern der sozialen und religiösen Reinheit wie Brāhmaṇen und Asketen heftig bekämpft. In seinem Kitāb fī taḥqīq mā li'l-Hind berichtet al-Bīrūnī (973-1048) von solch einer Opposition, die aber keinen Erfolg hatte, da die sakrale Prostitution vom König und Mitgliedern der Aristokratie begünstigt wurde[1045], die Patrone vieler Heiligtümer waren und durch ihre Beamten auch in den die Tempelwirtschaft betreffenden Gremien präsent waren[1046]. Bestätigt wird dies durch eine Inschrift des Cāhamāna-Herrschers von Nāḍol, König Jojaladeva, aus dem Jahre 1090, der seine Nachkommen angewiesen hatte, Proteste von Brāhmaṇen und Asketen gegen Tanzmädchen auf keinen Fall zu berücksichtigen, sondern die „Menge der Kurtisanen" (*pramadākula*) zu bewahren[1047]. Man darf wohl daraus schließen, daß die Mehrheit der Brāhmaṇen und Asketen gegen diese Neuerung eingestellt war, sich aber letztlich gegen das Königtum und seinen Anhang nicht durchsetzen konnte[1048].

Das Matsyapurāṇa (LXX, 28 f.)[1049] legte sogar eine Liste der Rechte und Pflichten der Prostituierten (*veśyādharma*) nieder, wo auch festgelegt wird, daß deren Aufenthaltsplätze entweder Tempel oder die Paläste der Könige sein sollen.

In Orissa wurde die Wichtigkeit des Tempeldienstes der *devadāsī* dadurch dokumentiert, daß der von dem Gaṅga-König Narasiṃha I. (1238-1264) erbaute Sūryatempel zu Koṇārka noch einen zusätzlichen *nāṭamandira* (Tanzhalle) neben dem *jaganmohana* oder *vimāna* erhielt. Dieser *nāṭamandira* (oder *nāṭyamaṇḍapa*) ist voll von Skulpturen von Tänzerinnen inmitten von Fruchtbarkeitsmotiven wie *śālabhañjika*, *nāginī* usw.[1050].

Die *devadāsī* wurde anläßlich von Festlichkeiten mit dem Gott oder seinem Symbol verheiratet. Dabei wurde die ausführliche Zeremonie des Umbindens des *tāli* oder *maṅgala-sūtra* beobachtet, die nur verheiratete Frauen oder die *saubhāgyavatī* tragen[1051]. Als „Ehefrau des Gottes" bestand die Hauptrolle der *devadāsī* im Tempel im Tanzen und Singen vor dem „göttlichen Bräutigam". Sie nahmen an wichtigen Tempelfesten oder *utsava* wie dem Schaukelfest (*dolotsava*), *vasantotsava*, *makarasaṃkrānti* usw. teil, während denen häufig Götter- und Wagenprozessionen (*devayātrā* und *rathayātrā*) durchgeführt wurden. Bei den Prozessionen der Heiligtümer Orissas und Südindiens tanzten die *devadāsī* und sangen obszöne Lieder.

Besondere Förderung erfuhren die Tanzmädchen vom Königtum. Kalhaṇa berichtet in seiner Rājataraṅgiṇī (I, 151) von dem allerdings halblegendären König Jalauka von Kaśmīr, daß dieser einen Tempel des Śiva erbaute und diesem einhundert Frauen des königlichen Haushaltes übergab, damit diese zur dafür geeigneten Zeit tanzen und singen konnten[1052].

Der Cāḷukya-König Vikramāditya VI. (1076-1126), der 1112 in Iṭṭage einen Tempel zum Andenken seiner Eltern errichtete, fügte eine Residenz für öffentliche Frauen (*sūḷeyar*) hinzu; sie wird beschrieben als ,,Krone des Kāma'', und die Damen wurden als die ,,wahren Nachkommen von König Kāma und Rati und Rambhā'' bezeichnet[1053]. Das System des Devadāsītum ist ebenfalls in den Inschriften des Megheśvara- und Svapneśvara-Tempels von Bhuvaneśvara belegt. In einer der Inschriften heißt es ,,Durch ihn wurden Śiva schöne Mädchen, die wie Himmelsfeen waren, übergeben; in ihren Augen war der Liebesgott, in ihrem Mund und ihren Hüften und anderen Körperteilen lagen Festigkeit (*stambhana*) und Betörung (*mohana*) und anderer Liebreiz, und sie waren mit Schmuck ausgestattet''[1054].

Durch Stifter erhielten die *devadāsī* sogar Land, wie z.B. aus der schon zitierten Inschrift des Cōḷa-Königs Rājarāja I. hervorging; im 12. Jahrhundert erhielt die *devadāsī* Karpūraśrī vom Somavaṃśī-König Karṇa ein Dorf geschenkt[1055].

Nebeneffekte der sakralen Prostitution berichtet die Rājataraṅgiṇī. Ein König, der eine verheiratete Frau begehrte, konnte dies ohne gesellschaftliche Mißbilligung erreichen, wenn der Ehemann bereit war, sie dem Tempel als *devadāsī* zu übergeben (IV, 36)[1056]. König Harṣa von Kaśmīr (1089-1101) sah einst ein schönes Tanzmädchen und nahm sie als Konkubine in seinen Palast (VII, 858)[1057]. Diese Beispiele zeigen, daß im gegebenen Falle der König die letzte Verfügungsgewalt über die ,,Frauen des Gottes'' hatte.

Als erster Europäer berichtete der Venezianer Marco Polo (1254-1324), der angeblich[1058] um 1290 die Küste Malabars besuchte, in seinem Reisebericht (,,Il Milione'') von den Tempeltänzerinnen der ,,Provinz Maabar''[1059]:

> ,,Und ich berichte Dir, daß sie viele Götzenbilder in ihren Klöstern haben, männliche und weibliche, und diesen Götzenbildern sind viele Mädchen geweiht, um zu dienen. Ihre Mütter und Väter bringen sie zu den Götzenbildern, die ihnen am meisten gefallen, und dann leben sie in den Häusern ihrer Väter. Und wenn sie ihnen geweiht sind, kommen die Mädchen unverzüglich zu jeder Zeit, wenn die Mönche des Klosters eines Götzenbildes sie rufen, damit sie das Götzenbild unterhalten; und sie singen, machen Musik, tanzen und veranstalten ein großes Fest. Es gibt eine große Zahl dieser Mädchen, und sie bilden ansehnliche Scharen. Diese bringen Speisen zu ihren Götzenbildern, wo sie häufig in der Woche und im Monat erscheinen; und ich sage Dir, auf welche Weise sie die Speisen dorthin bringen und behaupten, das Götzenbild habe gegessen. Ich sage Dir, daß viele dieser Mädchen, von denen ich gesprochen habe, für Speisen Fleisch und andere gute Dinge vorbereiten, ins Kloster zu ihrem Götzenbild gehen und vor es

einen Tisch mit einer weißen Decke stellen, auf dem sie alle Speisen, die sie gebracht haben, zubereiten und in diesen großen Raum lassen. In der Zwischenzeit singen und tanzen all diese Mädchen, machen Musik und die größte Unterhaltung der Welt. Und wenn sie diese Unterhaltung beendet haben, die in Spielen und Singen besteht, wie ich sagte, und so lange dauert, so scheint es, wie ein vornehmer Mann zu seiner Mahlzeit brauchen würde, dann behaupten diese Mädchen, daß der Geist des Götzenbildes die gesamte Substanz der Speise gegessen habe, nehmen sie für sich selbst und essen alles mit großen Vergnügen und Freude in Gegenwart der Götzenbilder zusammen mit den Priestern. Dann geht jede zu ihrem Haus. Diese Länder sind voll von diesen Mönchen und Priestern. Diese Mädchen führen dieses Ritual zusammen mit den Priestern bis zu ihrer Verheiratung aus. Und warum machen sie diese Unterhaltung für die Götzenbilder? Weil die Priester dieser Götzenbilder oft behaupten, daß der Gott über die Göttin erzürnt sei, keinen Umgang mit ihr habe und nicht mit ihr spreche. Und solange sie verärgert und zornig sind bis zu ihrer Versöhnung und ihrem Friedensschluß werden alle Angelegenheiten mißlingen und vom Schlechten zum Schlimmeren geraten, weil sie nicht ihre Gnade und ihren Segen verleihen. Und auf diese Weise gehen die genannten Mädchen zum Kloster und sind alle nackt bis auf ein Tuch um die Hüfte und singen vor dem Gott und der Göttin. Der Gott steht auf der einen Seite unter einem Baldachin und die Göttin auf der anderen unter einem anderen Baldachin, und diese Leute sagen, daß der Gott sich oft mit ihr vergnügt habe und sie vereinigt waren, und daß sie sich bei gegenseitiger Verärgerung nicht begegnen. Und dann kommen die obengenannten Mädchen und stiften Frieden unter ihnen, und wenn sie dort sind, [beginnen sie] zu singen, zu tanzen, zu springen, zu taumeln und veranstalten verschiedene Unterhaltungskünste, um den Gott und die Göttin zu erfreuen und zu versöhnen, und so sprechen sie, als würden sie sich unterhalten: ‚O Herr, warum bist Du verärgert über die Göttin und beachtest sie nicht? Ist sie nicht schön, gefällt sie Dir nicht? Mögest Du doch wahrlich zufrieden und mit ihr versöhnt sein und Dich mit ihr vergnügen, denn sie ist wahrlich angenehm.' Und dann wird jene, die dies sagte, ihr Bein über ihr Genick heben und zum Vergnügen von Gott und Göttin herumwirbeln. Und wenn sie diese genug besänfigt haben, gehen sie nach Hause. Und am Morgen verkünden die Priester des Götzenbildes als eine große Freude, daß sie den Gott und die Göttin vereint gesehen haben und der Friede wiederhergestellt sei, und dann freuen sich alle und sind dankbar. Diese Mädchen sind, während sie Mädchen sind, so fest im Fleisch, daß niemand sie ergreifen oder an irgendeinem Körperteil kneifen kann. Und für eine kleine Münze erlauben sie einem Mann, sie zu kneifen, soviel er kann. Wenn sie verheiratet sind, sind sie fast ebenso fest im Fleisch. In dem Bericht über ihre Festigkeit heißt es, daß ihre Brüste nicht herabhängen, sondern aufrecht stehen und hervorragen. Und Mädchen wie diese gibt es viele im ganzen Königreich, die alle die Dinge ausführen, die ich Dir berichtete."

Offensichtlich hat Marco Polo hier zwei Dinge mißverstanden: den Tempeltänzerinnen war es nicht erlaubt zu heiraten und sie tanzten nicht nackt vor der Gottheit.

Aus dem Jahre 1522 stammt der Bericht des Portugiesen Domingo Paes über die *devadāsī* von Vijayanagar in seiner ,,Chronica dos reis de Bisnaga'': ,,They feed the idol every day, for they say that he eats; and when he eats women dance before him who belong to that pagoda [im Portugiesischen: *baylhadeiras*], and they give him food and all that is necessary, and all girls born of these women belong to the temple. These women are of loose character, and live in the best streets that there are in the city; it is the same in all their cities, their streets have the best rows of houses. They are very much esteemed and are classed amongst those honoured ones who are the mistresses of the captains.''[1060]

Einige der interessantesten Informationen über Tanzmädchen gibt uns der vom Ende des 18. Jahrhunderts stammende Bericht des Abbé Jean Antoine Dubois (1765-1848): ,,They are called *devadasis* (servants or slaves of the gods), but the public call them by the more vulgar name of prostitutes. And in fact they are bound by their profession to grant their favours, if such they be, to anybody demanding them in return for ready money. It appears that at first they were reserved exclusively for the enjoyment of the Brahmins. And these lewd women, who make a public traffic of their charms, are consecrated in a special manner to the worship of the divinities of India. Every temple of any importance has in its service a band of eight, twelve or more. Their official duties consist in dancing and singing within the temple twice a day, morning and evening, and also at all public ceremonies. The first they execute with sufficient grace, although their attitudes are lascivious and their gesture indecorous. As regards their singing, it is almost always confined to obscene verses describing some licentious episode in the history of their gods. Their duties, however, are not confined to religious ceremonies... These women are also present at marriages and other solemn family meetings. All the time which they have to spare in the intervals of the various ceremonies is devoted to infinitely more shameful practices; and it is not an uncommon thing to see even sacred temples converted into mere brothels. They are brought up in this shameful licentiousness from infancy, and are recruited from various castes, some among them belonging to respectable families... The courtesans are the only women in India who enjoy the privilege of learning to read, to dance and to sing... The *deva-dasis* receive a fixed salary for the religious duties which they perform; but as the amount is small they supplement it by selling their favours in as profitable a manner as possible''[1061]. Mit der politischen Herrschaft der Briten über Indien begann auch der Einfluß der europäischen Missionare gerade auf dem Erziehungs- und Bildungssektor immer größer zu werden, der sich u.a. auch gegen die Institution der *devadāsī* richtete. An der Wende vom 19. zum 20. Jahrhundert wurde in Südindien eine Anti-*nāc*-Kampagne gestartet, um den Tempeltanz und die Zueignung von Mädchen zu Tempeln zu beseitigen[1062]. Diese Bewegung kann nur als eine von europäischen Moralvorstellungen inspirierte verstanden werden, die deshalb von den neuen herrschenden sozialen Schichten akzeptiert wurde. Das Ergebnis war schließlich das gesetzliche Verbot der *devadāsī* in Madras und Bombay[1063]. Für den nicht europäisch gebildeten Hindu muß der Gedanke, daß es einer *devadāsī* nun gestattet sei, zu heiraten, widerwärtig sein und sein religiöses Gefühl verletzten.

Das Phänomen der Bekämpfung und Beseitigung des Devadāsītums durch die herrschenden politischen und sozialen Schichten des modernen Indien ist religionssoziologisch insofern interessant, wenn wir es mit der Einführung der Tempeltänzerinnen in die Religionswelt vergleichen, als die damaligen herrschenden Schichten Indiens in Form des Königtums und des ihn tragenden Adels sowie der diesen ergebenen Brāhmaṇen diese Institutionen gegen die Opposition großer Teile der brāhmaṇischen Orthodoxie durchsetzte. Der Vergleich wird um so brisanter, wenn wir dabei berücksichtigen, daß latent vorhanden gewesene Formen der sakralen Prostitution lange Zeit nur ein Schattendasein führten und erst durch ursprünglich nicht in Indien beheimatete Praktiken und Kulte einen unerhörten Aufschwung nahmen, gefördert durch das Engagement mächtiger Könige, die in den Tempeln ein religiöses Pendent zu ihrem Palast mit seinen Frauenhäusern sahen. Gleichzeitig gibt es ein anschauliches Beispiel dafür, daß religiöse Praktiken nicht frei von Überformungen durch fremde Einflüsse und politische Entscheidungen sind und bisher geltende Normen in die Opposition oder gar ins Verbot gedrängt werden.

SCHLUSSBETRACHTUNG

Beim Vergleich der Tempel Mesopotamiens und Indiens wurden als bedeutende Gemeinsamkeiten die kosmologischen Vorstellungen, die in diese Sakralbauten transponiert wurden, herausgearbeitet.

Über die teilweise historische Abhängigkeit des indischen Tempelbaus vom mesopotamischen Weltbild ist schon ausgiebig diskutiert worden, wobei die Annahme berechtigt sein dürfte, daß ohne diese Übernahme die gewaltigen *śikhara*-Bauten als Abbild des Weltberges Meru wohl kaum entstanden wären.

Bei der Betrachtung der verschiedenen Religionsformen war festzustellen, daß der Tempel und seine ihm angegliederten Bauten in beiden Kulturkreisen als Bühne für die großen Tempelfeste diente, zu denen sich immer beträchtliche Scharen von Gläubigen versammelten.

Nicht nur in Mesopotamien wurden Regionalgottheiten häufig zu Reichsgottheiten und zu persönlichen Patronen von Herrscherhäusern erklärt. In den zahlreichen Staatsgebilden des indischen Subkontinents spielten keineswegs immer die großen Götter wie Viṣṇu und Śiva schlechthin eine dominierende Rolle; vielmehr handelte es sich im Einzelfall immer um bestimmte regionale Aspekte dieser Götter.

Diese Reichs- oder Dynastengottheiten verliehen dem Staat ihren Schutz und verdienten daher ganz besondere Aufmerksamkeit seitens der Bewohner des geschützten Reiches und vor allen Dingen seitens der Herrschaftsspitze. In Mesopotamien wurden politische Umstürze theologisch als Entzug des Wohlwollens der Gottheit — die meist ins Exil ging — gewertet, während in Indien die betreffende Gottheit bei politischen Desastern entweder nur einer Dynastie ihren Schutz versagte und einer anderen gewährte oder im Falle der Eroberung durch eine Dynastie, die eine andere Gottheit des hinduistischen Pantheons bevorzugte, in ihrer bisher dominierenden Rolle verdrängt wurde, ohne daß ihr Kult ganz beseitigt wurde. Dies zeigt aber, daß der Inklusivismus in Indien sehr viel intensiver war als in Mesopotamien, wo die Götter eines bestimmten Reiches im Grunde genommen an ihre Heimatstadt gebunden waren. Erst in der Spätzeit — sieht man vom universalen Ellil ab — zeigen einige Götter imperialen Charakter. Ištar hat ihren Sitz nicht nur in Uruk, sie wird vielmehr mit anderen Göttinnen mit ähnlichen Funktionen identifiziert, und auch beim Mondgott Sîn läßt sich das Bestreben erkennen, ihn mit anderen Mondgottheiten in Verbindung zu bringen. Marduk gar und seine altehrwürdigen Stätten sind Zentren eines nationalen Zusammengehörigkeitsgefühls geworden. Zieht man in Betracht, daß auf dem

Boden Mesopotamiens mehrere Nationen beheimatet waren, hat er gewissermaßen sogar eine supranationale Stellung errungen.

Im Grunde genommen war diese Stellung von ihrem Einfluß her mit dem der großen Götter Indiens vergleichbar. Das bedeutet, daß sie im Prinzip durch innere politische und religiöse Rivalitäten nicht mehr angefochten werden konnte. In der Tat konnte Marduk nur durch äußere politisch-religiöse Unterdrückung und einen jahrhundertelangen Prozeß der religiösen Neuorientierung Mesopotamiens, zu dem der Schwund der politischen Macht Marduks ein nicht geringes Maß beigetragen hatte, seine bedeutende Stellung einbüßen. Aber auch in Indien mußten die großen Götter das Feld räumen, wenn eine andere Religion wie etwa der Islam ihnen keinen Platz mehr ließ.

Der Rolle des Königs in seiner Beziehung zur Religion und zum Tempel wurde in beiden Kulturkreisen ausführlich Rechnung getragen. Die Stellung des Königs in Babylonien und Indien weist mehr Parallelen auf, als es auf den ersten Blick scheinen mag. Das Fehlen einer ganzen Gattung priesterlicher religiöser Literatur in Mesopotamien, wie wir sie aus Indien in den Brāhmaṇas, Dharmasūtras und Smṛtis kennen, hat möglicherweise dazu beigetragen, den Blick für die Parallelen etwas zu verstellen. Festzuhalten ist aber, daß in beiden Kulturkreisen die letzte Entscheidungsgewalt auch in religiösen Angelegenheiten, sofern sie den Staat betrafen, beim König lag. Er verfügte über die Ressourcen, die er dem Tempel nur zu reichlich zufließen ließ. Er forcierte bestimmte Kulte und dämmte den Einfluß anderer ein, wenn auch eingeräumt werden muß, daß solchen Maßnahmen nicht immer der gewünschte Erfolg beschieden war. Insofern gleicht die Stellung des indischen Königs sehr der des babylonischen. Beide treten als Sachwalter der Götter und speziell einer bestimmten Gottheit auf Erden auf. Selbst die deifizierten Könige Mesopotamiens traten im Grunde genommen nur als Verfechter der göttlichen Ideologie auf (s. S. 46). Außer in einigen sumerischen Stadtstaaten und in Assyrien hatte der König keine priesterliche Funktion, die ihm im Kult selbst auch eine alles überragende Stellung einräumte. Immerhin spielte er aber auch als Nichtpriester in Mesopotamien wie in Indien eine bedeutende Rolle in der Religion, als deren Schützer, Sachwalter und oberster nichtspiritueller Funktionär er auftrat. Das gesamte Zeremoniell seines Hofes, sein Hofstaat und die Staatshierarchie entsprach dem der Tempelgottheit. Obwohl Nichtpriester, stand er — hierin vergleichbar den protestantischen Herrschern Europas — einer Landeskirche (oder besser einem Landeskultus) als Oberhaupt vor, nur mit dem einen Unterschied, daß er Kopf einer polytheistischen Religion war, die in seinem Staat dann eine henotheistische Ausprägung erfuhr. Es soll hier jedoch keineswegs der Eindruck erweckt werden, als ob die

Monarchen die vorgefundenen Kulte beliebig lenken und verändern konnten. Radikale Änderungen geschahen äußerst selten und dann nur als Folge von Konflikten oder zu großen Einflusses eines bestimmten Kultes.

Im Zweistromland und auf dem indischen Subkontinent waren die monumentalen Tempel gleichzeitig auch Ausdruck der Machtentfaltung eines Herrschers und eines Staates. Solche gewaltigen Bauleistungen konnten nur in mehr oder weniger zentralistisch gelenkten Flächenstaaten mit entsprechenden Ressourcen entstehen, wobei die Schaffung solcher Kultzentren gleichzeitig feudale Kräfte schwächen bzw. enger an den Reichskern binden sollte.

ANMERKUNGEN

EINLEITUNG

1 Monier-Williams, *Sanskṛit-English Dictionary*, ad loc.
2 Sollberger, ,,The temple in Babylonia'', 32.
3 Amarasiṃha, *Amarakośa* II, 2, 9 b. Vgl. Acharya, *Encyclopaedia*, 343.
4 Acharya, *Summary*, 3-4; *Mānasāra*, ad loc.
5 *Mānasāra*, ad loc.
6 Kramrisch, *Hindu temple* I, 135-136.
7 Gonda, *Religionen Indiens* II, 68.
8 Labat, *Caractère religieux*, 219ff.
9 Hallo, *Royal titles*, 100ff.
10 Die hier verwendete Datierung ist die sog. Minimalchronologie, die von Albright, ,,Stratigraphic confirmation'', 26ff. und Cornelius, ,,Chronologie'', 294ff. benutzt wird. Die Mittlere Chronologie bietet dagegen Daten, die um 64 Jahre, das ist eine Venusperiode, höher liegen.
11 *Inschriften altassyrischer Könige* (Ebeling-Meissner-Weidner), 26.
12 Schroeder, ,,Über šaknu'', Sp. 176.
13 Albrektson, *History and the gods*, 49.
14 Kulke, *Jagannātha-Kult*, 71-72.
15 Kapelrud, ,,Temple building'', 56.
16 ANET, 68.
17 ANET, 69.
18 Barton, *Royal inscriptions*, 204-255.
19 Gonda, *Religionen Indiens*, I, 327.
20 CII, III, 81-88; Bühler, *Die indischen Inschriften*, 91-96.
21 *Babylonian historical texts* (Smith), 83-97. Smith wertet völlig korrekt die Neuheiten in der religiösen Praxis zwar als Änderungen, aber nicht als Häresie (63): ,,that these changes were highly unwelcome to certain priests or schools of priests, who willingly lent themselves to the vilification of his memory in accordance with the political aims of Cyrus, and represented him as a kind of heretic, which he certainly was not''. Dies erhellt auch aus den zahlreichen Inschriften des Nabûnaʾid, publ. in: *Die neubabylonischen Königsinschriften* (Langdon), 219-297.
22 AOR III, 110.
23 *Viṣṇupurāṇa* I, 13, 7-23; Muir, *Sanskrit texts*, I, 298-301; Dumont, *Religion/politics*, 70.
24 HCIP VI, 62, 272, 321.
25 Rau, *Staat und Gesellschaft*, 61-62 weist daraufhin, daß die von der Brāhmaṇen-Kaste behauptete höchste Stellung in der Gesellschaft nicht Tatbestände berichten, sondern die Welt schildern, wie sie nach Ansicht der Verfasser sein sollte. Einige Passagen weisen auf das genaue Gegenteil des Behaupteten hin: der Brāhmaṇe erscheint hier ebenso als Untertan des Königs wie *vaiśya* und *śūdra*.
26 Windisch, *Buddha's Geburt*, 221.
27 Werner Eichhorn, *Kulturgeschichte Chinas*, Stuttgart 1964, 264-265.
28 J[ohn] O[tway] P[ercy] Bland / E[dmund Trelawny] Backhouse, *China unter der Kaiserwitwe.* Die Lebens- und Zeit-Geschichte der Kaiserin Tzu Hsi [China under the empress dowager. Being the history of the life and times of Tzu Hsi, deutsch]. Zusammengestellt aus Staats-Dokumenten und dem persönlichen Tagebuch ihres Oberhofmarschalls. Ins Deutsche übertr. v. F. v. Rauch, Berlin 1912, 110.
29 John Whitney Hall, *Das Japanische Kaiserreich.* (Aus dem Amerikan. übers. v. Ingrid Schuster) (Frankfurt 1968) (FWG Bd 20), 259.
30 Dayānand Sarasvatī, *Ṛgvedādibhāṣyabhūmikā* (8. saṃsk.), Ajmer 1951, 217-227.

31 [Friedrich] Max Müller, *Biographical essays*, II, 170 London 1884.
32 Vgl. dazu für Indien besonders das Standardwerk von Stella Kramrisch, *The Hindu temple*.
33 Weber, *Wirtschaft und Gesellschaft*, 17-18, 26, 29.
34 Dumont, *Religion/politics*, 83.

KAPITEL I

BEZIEHUNGEN ZWISCHEN MESOPOTAMIEN UND INDIEN

35 Rawlinson, *Intercourse*, 1.
36 Gajjar, *Ancient Indian art*, 1-48.
37 Gadd, ,,Seals'', 191-210.
38 Fábri, ,,A Sumero-Babylonian inscription discovered at Mohenjodaro'', 663-674.
39 Jairazbhoy, *Foreign influence*, 3.
40 Barton, *Royal inscriptions*, 108.
41 *Op. cit.*, 142.
42 *Op. cit.*, 180, 184, 220.
43 Oppenheim, ,,Seafaring merchants'', 7; Mallowan, ,,Mechanics of ancient trade'', 2; vgl. auch Bibby, *Looking for Dilmun*, passim.
44 Oppenheim, ,,Seafaring merchants'', 9-17.
45 Herzfeld, *The Persian Empire*, 63.
46 Anmerkung von Wilhelm Eilers bei Leemans in JESHO III, 1 (1960), 29.
47 Hansman, ,,A Periplus of Magan and Meluḫḫa'', 29.
48 Benedict/Voigtlander, ,,Darius' Bisitun inscription, Babylonian version, Lines 1-29'', 3.
49 Kent, *Old Persian grammar*, 117, 136, 141, 151.
50 Herodot, *Historien*, I, 448-449.
51 Herzfeld, *The Persian Empire*, 300.
52 Leemans, *Foreign trade*, 159-166.
53 Wheeler, in: *Antiquity* 32 (1958), 246.
54 Wheeler, *The Indus civilization*, 60.
55 Wheeler, *op. cit.*, 60, 92; Mackay, *Early Indus civilizations*, 131; Oppenheim, ,,Seafaring merchants'', 12.
56 Leemans, *Foreign trade*, 159ff.
57 Mallowan, ,,Mechanics of ancient trade'', 5.
58 UET V 678, 12: s. Leemans, *op. cit.*, 26.
59 UET V 678, 9: s. Leemans, *op. cit.*, 25.
60 Mackay, *op. cit.*, 106f.
61 Arrian, *Alexanders des Großen Zug durch Asien*, 343-344.
62 Watt, *A dictionary of the economic products of India*, II, 261.
63 Leemans, *Foreign trade*, 125.
64 Lambert, *Babylonian wisdom literature*, 272.
65 Weidner, ,,Das Reich Sargons von Akkad'', 5, Zeile 30: 2 UŠ bērē ši-id-du ištu KUN ^{nār}Pu-rat-ti adī pāṭ ^{māt}Me-luḫ-ḫa Má-rí^{ki}.
66 Hansman, ,,A Periplus'', 578-579.
67 *Śatapathabrāhmaṇa* (ed. Weber), 235; Übers. Eggeling, II, 32.
68 Bailey in Hansman, ,,A Periplus'', 584.
69 Mayrhofer, *Wörterbuch des Altindischen*, II, 699.
70 Varāhamihira, *Bṛhatsaṃhitā*, I, 163; vgl. auch Bailey in Hansman, ,,A Periplus'', 584-585.
71 Hansman, ,,A further note on Magan and Meluḫḫa'', 609.
72 Alle Entzifferungsversuche haben sich letztlich als untauglich erwiesen, s. Parpola [u.a.], *Decipherment* und *Progress*, beide Copenhagen 1969; Kinnier Wilson, *Indo-Sumerian*, Oxford 1974.

73 Jairazbhoy, *Foreign influence*, 9.
74 Siehe zu diesem Themenkomplex Jairazbhoy, *op. cit.*, 11-29, der in diesem Kapitel die sprachliche und kulturelle Verwandtschaft jener Indoeuropaër in Vorderasien mit den Indo-Ariern diskutiert und reichlich bibliographiert.
75 Tukulti-apil-Ešarra III., *Keilschrifttexte*, II, 9: Pl. XVI (Lay 50b + 67a): iṣ-ṣur šamê (AN-e) mut-tap-ri-šu-ti šá a-gap-pi-šu-nu a-na ta-kil-tí ṣar-pu [Transkription u. Übers. in I, 26-27 vom Verf. leicht verbessert].
76 Meissner, ,,Haben die Assyrer den Pfau gekannt'', Sp. 292-293; Laufer, ,,Der Pfau in Babylonien'', Sp. 539-540; Meissner, *Babylonien und Assyrien*, I, 223, 353.
77 Quintus Curtius, *Historiae* (Rolfe), II, 368.
78 Meissner, ,,Haben die Assyrer den Pfau gekannt'', Sp. 293.
79 Jākata Nr. 339 in: *The Jākata* (ed. Fausbøll), III, 126ff.
80 Bühler, *On the origin of the Indian Brāhma alphabet*, 84.
81 Fabricius, *A dictionary Tamil and English*, ad loc.
82 Jātaka No 442: Fausbøll, IV, 15-22; Übers. Dutoit, IV, 18-24.
83 Lévi, ,,Maṇimekhalā'', 595-614.
84 No 190: Fausbøll, II, 111-113; Dutoit, II, 131-132.
85 No 463: Fausbøll, IV, 137-143; Dutoit, IV, 162-168.
86 Delbrueck, ,,Südasiatische Seefahrt'', 41-42.
87 Agatharchides 103 (Woelk, *Agatharchides von Knidos*, 83-84).
88 Agatharchides 84 (Woelk, *op. cit.*, 72).
89 Agatharchides 83 (Woelk, *op. cit.*, 68).
90 Strabon, *Geographica* (Meinecke), III, 1080.
91 Bühler, *On the origin*, 84-85.
92 *Baudhāyanadharmaśāstra* (Hultzsch), 40.
93 *Ibid.*, 2.
94 *Ibid.*, 30.
95 *Gautamadharmaśāstram* (Stenzler), 13.
96 Sîn-aḫḫē-erība, *The annals* (Luckenbill), 106, 110.
97 Herzfeld, *The Persian Empire*, 70.
98 Sîn-aḫḫē-erība, *The annals*, 106.
99 Thompson, *A dictionary of Assyrian botany*, 342-343.
100 Hansman, ,,A Periplus'', 565.
101 *Ibid.*, 569.
102 Bailey in Hansman, ibid., 586.
103 Soden, *Akkadisches Handwörterbuch*, II, 1046.
104 Thompson, *A dictionary of Assyrian botany*, 252.
105 *Atharvavedasaṃhitā* (Roth/Whitney), 88.
106 Tilak, ,,Chaldean and Indian Vedas'', 34-35.
107 Ist hier Bēl Igigi gemeint?
108 Mayrhofer, *Wörterbuch des Altindischen*, III, 220.
109 Zimmer, *The art of Indian Asia*, I, 42-44.
110 ERE II, 311.
111 Diodor, *Bibliotheca historica* (Vogel), I, 185.
112 Lukian, *Opera*, III, 356.
113 Macrobius, *Saturnalia*, 127.
114 Puri, in: IC 7, 492-493.
115 Mukherjee, *Nanā on lion*, 10.
116 *Götter und Mythen im Vorderen Orient*, 108; King, *The seven tablets of creation*, I, 222f.
117 Soden, ,,Altbabylonische Dialektdichtungen'', 32ff.
118 Gopinatha Rao, *Hindu iconography*, I, Pt. 2, 358.
119 Banerjea, *The development of Hindu iconography*, 135.
120 Die Geschichte ist in das Mahābhārata (III, 110, 23-113, 25), das Rāmāyaṇa (I, 8-10) und andere Sanskritliteratur inkorporiert. Pāli-Versionen bietet das Alambusa- und das Naḷinikā-Jātaka (No 523 u. 526). Vgl. dazu Lüders, *Die Sage von Ṛṣyaśṛṅga*, Göttingen 1897.

121 Albright, ,,Gilgames and Engidu'', 327; Hinweis auf den Parallelismus: 329-330.
122 Gurney, ,,Two Gilgamesh fragments'', 92, 94.
123 Schlingloff, ,,Die Einhorn-Legende'', 58; Hofstetter, *Der Herr der Tiere im alten Indien*, 126-127.
124 *Śatapathabrāhmaṇa* (ed. Weber), 75-80; Übers. Eggeling, I,216-230.
125 Weber, *Indische Streifen*, I, 11.

KAPITEL II

DER TEMPEL ALS BEDEUTUNGSTRÄGER IN MESOPOTAMIEN

126 Falkenstein, *The Sumerian Temple City*, 7.
127 Edzard in AOR I, 69.
128 Jensen, *Kosmologie der Babylonier*, 170.
129 Jensen, *op. cit.*, 165.
130 Jensen, *op. cit.*, 171.
131 Hehn, *Siebenzahl und Sabbat*, 7-8.
132 Hehn, *op. cit.*, 8.
133 Delitzsch, *Wo lag das Paradies?*, 218-219.
134 Chvol'son, *Die Ssabier und der Ssabismus*, II, 382ff., 647ff.
135 *Dīghanikāya* (Rhys Davids/Carpenter), II, 170.
136 Niẓāmī, *The Haft Paikar* (Wilson), I, 113-114.
137 Moortgat, *Die Kunst des alten Mesopotamien*, 9.
138 Oberhuber, *Die Kultur des Alten Orients*, 42.
139 Der zentrale Kultraum wird durch die Wölter *kiṣṣum*, *kummum* (sum. *agrun*) und *watmānum*, vielleicht auch *ajjakum* (sum. *é-an-na*) bezeichnet, die als pars-pro-toto-Ausdrücke aber auch im Sinn von ,,Tempel, Heiligtum'' gebraucht werden. Nur jungbabylonisch belegt ist das Wort *maštaku* für Cella; s. dazu Soden, ,,Le temple: Terminologie lexicale'' [in deutscher Sprache], 134-135, 142.
140 Andrae, *Das Gotteshaus*, 14ff.
141 *Kulturgeschichte des Alten Orient* (Schmökel), 237.
142 Kilmer, ,,The first tablet of ,malku = šarru' '', 443, 444.
143 Moortgat, *Die Kunst des alten Mesopotamien*, 27.
144 Dietz Otto Edzard in AOR I, 74-75.
145 Jacobsen, ,,Primitive democracy in ancient Mesopotamia'', 159-172; *Frühlicht des Geistes*, 140; Klíma, ,,Der altorientalische Despotismus'', 663.
146 AOR I, 75; Frankfort, *Kingship and the gods*, 226.
147 Barton, *Royal inscriptions*, 4-5.
148 Barton, *op. cit.*, 28-29.
149 Andrae, *Das Gotteshaus*, 25.
150 Hirsch, ,,Die Inschriften der Könige von Agade'', 74 (UET I, Nr. 275, Vs. Kol. 2); Jean Bottéro in AOR I, 109; Frankfort, *Kingship and the gods*, 224.
151 Andrae, *Das Gotteshaus*, 3-4.
152 CT XIII, 36, 17-18: ^{d}Marduk (AMAR.UTU) a-ma-am ina pa-an me-e ir-ku-us (17), e-pe-ri ib-ni-ma it-ti a-mi iš-pu-uk (18).
153 CT XIII, 37, 31-34: be-lum ^{d}Marduk (AMAR.UTU) ina pa-aṭ tam-tim tam-la-a u-mal-li (31) [...-n]a a-pa na-ma-la iš-ku-un (32) ....uš-tab-ši (33) [qa-na-a ib-t]a-ni i-ṣa ib-ta-ni (34).
154 Vgl. auch die nicht mehr völlig genügende Übersetzung in AOTAT, 131.
155 Während meiner Reise durch den ʿIrāq im Sommer 1972 konnte ich solche Röhrichthütten als Unterkünfte von Bauarbeitern bei Restaurationen des Xosrau-Palastes in Ktesiphon beobachten.
156 *Frühlicht des Geistes*, 137-138.
157 Dijk, ,,Sumerische Religion'', 451.
158 Hall/Woolley, *Excavations at Ur*, I, 61.

159 Lenzen, *Die Entwicklung der Zikurrat*, 55-57.
160 Heinrich, *Kleinfunde aus den archaischen Tempelschichten in Uruk*, 16, Taf. 2-3.
161 Andrae, *Die archaischen Ischtartempel*, Taf. 27a u. 28b, c; Moortgat, *Die Entstehung der sumerischen Hochkultur*, 90.
162 Lenzen, *Entwicklung der Zikurrat*, 57-58; die Texte wurden von Falkenstein, *Topographie von Uruk* I, 28-29 veröffentlicht.
163 *The Epic of Gilgamish* (Thompson), Pl. 12, 1-9:
[^{d}Nin-sun ina maš-ta-ki-šá] i-ru-ub
......^{ú}tu-lal
[il-tab-biš]....si-mat p[ag]-ri-šá
[il-tab-biš]....si-mat ir-te-šá
......-[k]ab(?)-ma a-ga-šá ap-rat
....^{MEŠ}qaq-qa-ra i-pi-ra-ni
iš....i-te-li a-na u-ri
i-li a-[na]...^{d}Šamaš (UTU) qut-rin-na iš-kun
iš-kun sur-q[i-ni a-na m]a-ḫar ^{d}Šamaš (UTU) i-di-šú iš-ši.
Eine Transliteration befindet sich auf S. 30.
164 in Anlehnung an die Übers. von Schott und Soden, *Das Gilgamesch-Epos*, 40.
165 Oberhuber, *Die Kultur des Alten Orients*, 96.
166 Nach Oberhuber, ibidem. Leider konnte die Textquelle nicht ermittelt werden, da Oberhuber in seinem Werk gänzlich auf Anmerkungen verzichtet hat, was überhaupt das große Manko dieses Buches ist.
167 *Frühlicht des Geistes*, 141.
168 Universalgott hier verstanden aufgrund der Allmacht des Gottes, die unbeschränkt ist, als im Prinzip nicht an nationale Grenzen gebundenes supranormales Wesen.
169 Falkenstein in AOR I, 33.
170 Oberhuber, *Die Kultur des Alten Orients*, 42.
171 Dijk, ,,Sumerische Religion'', 459-460.
172 Falkenstein in AOR I, 34.
173 Moortgat, *Kunst des alten Mesopotamien*, 10, AOR I, 40.
174 Moortgat, *Die Entstehung der sumerischen Hochkultur*, 62 ff.
175 Frankfort, *Kingship and the gods*, 215.
176 Jacobsen, ,,Primitive democracy'', 168.
177 Frankfort, *Kingship and the gods*, 216.
178 Alfred Boissier in RA 16 (1919), 163: i-na Ugār (A-GÀR) ^{d}En-líl bi-ri-it É-sa-bad bīt (É) ^{d}Gu-la Kiši (KIŠ^{ki}) ip-hu-ur-ma ^{m}Ip-hur-kiši (KIŠ)^{ki} awīl (A) Kiši (KIŠ^{ki}) ...a-na ša[r]-ru-[t]im iš-šu-ma; vgl. Jacobsen, ,,Primitive democracy'', 165.
179 Kramer, ,,New light on the early history'', 156ff.
180 Wittfogel, *Die Orientalische Despotie*, 339; Altekar, *State and government*, 124-125, berichtet von Versammlungen in den indischen Adelsrepubliken, die sehr umfangreich waren: bei den Yaudheyas 5000 Mann, bei den Licchavīs 7707 Leute; die Kṣudrakas sandten 150 ihrer Führer, um mit Alexander über den Frieden zu verhandeln.
181 zitiert bei Jacobsen, ,,Primitive democracy'', 165.
182 Boas, ,,Mythology and folklore'', 610.
183 Jacobsen, ,,Primitive democracy'', 159-160.
184 Jacobsen, ibid., 160.
185 Kramer, ,,New light on the early history'', 162.
186 Wittfogel, *Orientalische Despotie*, 341.
187 Landsberger, ,,Die babylonischen Termini für Gesetz und Recht'', 220; Lautner, *Die richterliche Entscheidung*, 78-83; vgl. Jacobsen, ,,Primitive democracy'', 162.
188 Cuq, *Études sur le droit Babylonien*, 361.
189 *Ibid.*, 358; unter Ḫammurapi (1728-1686) sind die Ältesten in Dilbat bezeugt (*Hammurabi's Gesetz* Nr 755; III, 207), die Ältesten und die Männer der Pforte unter Samsuiluna (1685-1649) in HG Nr 725 (III, 196), der akil tamkāri und drei Personen als Rechtsvertreter unter Ḫammurapi in HG Nr 714 (III, 192-193).

190 Oluf Krückmann in RiA I, 446.
191 Leemans, *Old-Babylonian merchant*, 43, 47, 94.
192 Leemans, *Old-Babylonian merchant*, 98.
193 Renger, ,,Untersuchungen zum Priestertum'', II, 117.
194 Renger, *op. cit.*, I, 128-130.
195 Frankfort, *Kingship and the gods*, 217-218.
196 Hallo, ,,A Sumerian Amphictyony'', 89-92.
197 Jacobsen, ,,Primitive democracy'', 170.
198 *Chronicles concerning early Babylonian kings* (King), II, 3: ^{m}Šarru (LUGAL)-kin šàr A-ga-dè^{ki} ina palê (BALA) ^{d}Iš-tar i-lam-ma.
199 Hallo, ,,A Sumerian Amphictyony'', 88.
200 ,,Fluch über Akkade'', 50-51 (Text), 65 (Übers.).
201 *Enmerkar and the lord of Aratta* (Kramer), 14-15.
202 *Frühlicht des Geistes*, 149.
203 *Enuma eliš* (Lambert/Parker), 13-14:
šum-ma-ma a-na-ku mu-ter gi-mil-li-ku-un
a-kam-mì Ti-amat-ma ú-bal-laṭ ka-a-šú-un
šuk-na-ma pu-uḫ-ra šu-te-ra i-ba-a šim-tí
ina ub-šu-ukkin-na^{ki} mit-ḫa-riš ḫa-diš tiš-ba-ma
ip-šú pi-ia ki-ma ka-tu-nu-ma ši-ma-ta lu-šim-[ma]
la ut-tak-kar mim-mu-ú a-ban-nu-u a-na-ka
ajja(A.A) i-tur ajja(A.A) in-nin-na-a sì-qar šap-ti-ia.
Die Ausgabe ist eine Sammlung aller Textbruchstücke.
204 Matouš, ,,Zur Datierung von Enūma eliš'', 33; Elena Cassin in AOR II, 69.
205 Dijk, ,,Sumerische Religion'', 450.
206 Meissner, *Babylonien und Assyrien*, I, 7.
207 Dijk, *La Sagesse Sumero-Accadienne*, 67ff., 71.
208 Wittfogel, *Orientalische Despotie*, 55-56.
209 Deimel, *Sumerische Tempelwirtschaft*, 83.
210 Salonen, *Agricultura Mesopotamica*, 319ff.
211 Labat, *Le caractère religieux*, 287ff.
212 Falkenstein, ,,Sumerische religiöse Texte'', 112, 114.
213 SAHG Nr 22, 6-12, 110.
214 *Neubabylonische Königsinschriften* (Langdon), Nebukadnezar Nr 13, 18 (S. 104): gú-gal-lum qá-ar-dam mu-ma-ak-ke-er qá-ar-ba-a-tim.
215 Fauth, ,,Der königliche Gärtner'', 23.
216 Sackville-West, ,,Persian gardens'', 262.
217 Herzfeld, *Vorgeschichtliche Töpfereien*, 24 nr 33.
218 SAK, 4.
219 Streck, *Assurbanipal* II, 300.
220 *Neubabylonische Königsinschriften*, 86, 106.
221 Frankfort, *Kingship and the gods*, 218.
222 Edzard in AOR I, 74; Frankfort, *Kingship*, 226; der Text ist überliefert auf dem Feldstein A des Eannatum (5, 23-6,5): s. SAK, 23:
é-an-na-túm en(PA.TE)-si šir-la-pur-ra ^{d}ninni-gè
ki-an-na-àg-gá-da nam-en(PA.TE)-si
šir-pur-la^{ki}-ta nam-lugal kiš^{ki} mu-na-ta-sum.
223 Falkenstein, *Temple City*, 10.
224 Edzard in AOR I, 74.
225 Renger, ,,Untersuchungen'' I, 118-121.
226 D'jakonov, ,,Rise of despotic state'', 174-176, diskutiert den Anteil des Landbesitzes des Tempels bzw. der Tempel in Lagaš und kommt zu dem Ergebnis, das dieser ein Viertel bis die Hälfte des gesamten Landes umfaßte.
227 Edzard in AOR I, 81; vgl. Tjumenev, ,,State economy'', 70-87, und ders., ,,Working personal'', 88-126.
228 *Frühlicht des Geistes*, 208.

229 Tjumenev, ,,State economy'', 71.
230 Dijk, ,,Sumerische Religion'', 444-446.
231 *Frühlicht des Geistes*, 208.
232 Erich Ebeling in RlA I, 115.
233 Dijk, ,,Le motif cosmique'', 17-18.
234 Dijk, ,,Le motif cosmique'', 40-41.
235 Dijk, ,,Le motif cosmique'', 36-37.
236 Thureau-Dangin, ,,L'exaltation d'Ištar'', Z. 31-32:
a-šá-riš ^{d}Iš-tar a-na šar-ru-tu nap-ḫar-šú-nu
ru-tab-bi-ma, ^{d}Innin$^{(II)}$ at-ti lu-ú na-biṭ-su-nu-ma
^{d}Iš-tar kakkabe (MUL) liq-bu-ki.
237 Erich Ebeling in RlA I, 115.
238 Paffrath, *Zur Götterlehre*, 7.
239 Schott, ,,Das Werden der babylonisch-assyrischen Positionsastronomie'', 307, hat schon darauf hingewiesen, daß bereits Schiaparelli und Thureau-Dangin hervorgehoben haben, daß uns kein Beispiel eines sumerischen astrologischen und astronomischen Textes außer einigen Mondfinsternisomina erhalten sei. Auch Oberhuber, *Kultur des Alten Orients*, 327, vertritt diese Ansicht und folgert daraus: ,,Es erhebt sich somit der Verdacht, daß Astronomie und Astrologie durch die semitische Bevölkerung entfaltet wurden. Diese Tatsache fände ihre plausible Erklärung in dem Umstande, daß die Semiten ursprünglich ein Volkstum der Steppe darstellen mit zentraler Position des Mondes und des Nachthimmels, während die Sumerer, wie auch die sumerischen Heldenlieder mehrfach zeigen, sich an der Sonne orientierten.''
240 RlA II, 375.
241 Dijk, ,,Sumerische Religion'', 450.
242 *Frühlicht des Geistes*, 188.
243 Dijk, ,,Sumerische Religion'', 443.
244 Damaskios, *Áporíai kaì lýseis* (Knopp), 384.
245 *Enūma eliš*, 1: ^{d}Làḫ-mu ^{d}La-ḫa-mu uš-ta-pu-ú šu-mé iz-zak-ru.
246 *Enūma eliš*, 2: Apsū (ZU.AB) pa-a-šu i-pu-šam-[ma] (35) a-na Ti-amat el-le-tú-ma i-zak-kar-ši (36) im-[tar]-ṣa-am-ma al-kat-su-nu e-li-ia (37) ur-ri-iš lạ šu-up-šu-ḫa-ku mu-ši la ṣa-al-la-ku (38) lu-uš-ḫal-liq-ma al-kat-su-nu lu ša-ap-pi-iḫ (39) qu-lu liš-šá-kin-ma i ni-iṣ-lal ni-i-ni (40).
247 Peter Jensen in RlA I, 124.
248 Moortgat, *Kunst des alten Mesopotamien*, 13.
249 *Sumerian religious texts* Nr 1; Übers.: SAHG Nr 18, 90-99.
250 Meissner/Oberhuber, *Keilschrift*, 153-154.
251 RlA II, 382.
252 RlA II, 383: ,,In der großen Götterliste ... bildet der Gott von Nippur den Mittelpunkt einer ausgedehnten Gruppe von Gottheiten, die unmittelbar auf die Anugruppe folgt. Dieses künstliche genealogische Schema, das vielfach kosmologische und politische Verhältnisse widerspiegelt, ist aber nicht einheitlich und feststehend, sondern befindet sich wie auch bei anderen Gottheiten im Fluß. Ellil verfügt danach über 42 Ahnen, deren älteste Enki und Ninki sind.''
253 *Enlil und Ninlil* (Behrens), 21, 214.
254 *Enlil und Ninlil*, 221.
255 *Ibid.*, 45, 219.
256 *Ibid.*, 227.
257 Kirk, *Myths its meaning*, 101.
258 ,,Fluch über Akkade'' (Falkenstein), 48.
259 *Ibid.*, 58, 70.
260 ,,Fluch über Akkade'', 48; Jean Bottéro in AOR I, 114-115.
261 *Lamentation over Ur* (Kramer), 32-33.
262 *Ibid.*, 38-39.
263 Dijk, ,,Sumerische Religion'', 464.

264 Paffrath, *Götterlehre*, 19.
265 Gudea, *Great Cylinder inscriptions* (Price), 70.
266 *Ibid.*, 28.
267 SAK, 41: Entemena, Kegel V, 22-23.
268 Edzard in AOR I, 85; Vaseninschriften des Lugalzaggisi in SAK, 152-55.
269 SAK, 155: Lugalzaggisi I, 42-II, 11; Frankfort, *Kingship*, 227-228.
270 AOR I, 104; Frankfort, *Kingship*, 228.
271 Jensen, *Kosmologie*, 173; Hehn, *Siebenzahl*, 13.
272 SAK, 169.
273 Seibert, *Hirt, Herde, König*, 14.
274 Frankfort, *Kingship*, 224-225.
275 AOR I, 109-110.
276 RlA II, 383.
277 Engnell, *Studies in divine kingship*, 31.
278 Witzel, *Keilinschriftliche Studien*, V, 24.
279 Engnell, *Studies*, 31.
280 Lenzen, ,,Die Tempel Archaisch IV in Uruk'', 20.
281 Thureau-Dangin, ,,L'exaltation d'Ištar'', 141-158.
282 Moortgat, *Kunst des alten Mesopotamien*, 15.
283 *Ibid.*, 20.
284 Lenzen, ,,Mesopotamische Tempelanlagen'', 1-36.
285 Lenzen, ,,Mosopotamische Tempelanlagen'', 6.
286 *Ibid.*, 15.
287 Andrae, *Gotteshaus*, 18.
288 AOR I, 64.
289 Van Buren, *Foundation figurines and offerings*, 1-10.
290 Mesalim war ein König von Kiš, ca. 2550 v. Chr.
291 Moortgat, *Kunst*, 27; Andrae, *Gotteshaus*, 8.
292 Christian, *Altertumskunde*, I, Tf. 151, 2.
293 Lenzen, ,,Tempelanlagen'', 16ff.; Moortgat, *Kunst*, 29.
294 Lenzen, ,,Tempelanlagen'', 16.
295 Lloyd, ,,Tell Uqair'', 142-143.
296 Heinrich, ,,Stellung der Uruktempel'', 39.
297 Moortgat, *Kunst*, 30.
298 Oberhuber, *Kultur*, 98.
299 D'jakonov, ,,The rise of despotic state'', 191-193.
300 En-ḫé-du$_7$-an-na; s. Hirsch, ,,Inschriften'', 9, Anm. 76.
301 UET I, 5; vgl. Böhl, ,,Tochter des Königs Nabonid'', 152, 154, u. Hirsch, ,,Inschriften'', 9.
302 Böhl, ,,Tochter'', 155.
303 Sollberger, ,,Sur la chronologie'', 27.
304 Die Göttin Ištar leitet sich von der Form ᶜAṯtar her, die eine maskuline Gottheit in Ugarit und Südarabien bezeichnet, und von der weiblichen Form ᶜAṯtart/ᶜAštart, die im Ugaritischen, Hebräischen, Phönizischen und präakkadischen Mari bezeugt ist. Offensichtlich bezeichneten diese beiden Namen den Planeten Venus unter seinen zwei Aspekten als Morgenstern (männlich, ᶜAṯtar) und Abendstern (weiblich, ᶜAṯtart). Die ostsemitischen Akkader übernahmen ᶜAṯtar entgegen seinem grammatischen Geschlecht als Göttin. S. dazu: Roberts, *The earliest Semitic Pantheon*, 37ff.
305 AOR I, 101.
306 Hirsch, ,,Inschriften'', 34.
307 Soden, ,,Le temple'', 138.
308 Edzard, ,,Einrichtung eines Tempels'', 158.
309 Gudea B XVI, 17: ^{giš}*gu-za gú-en-na gub-ba-bi*, s. Gudea, *Cylinder inscriptions*, 53; Edzard, ,,Einrichtung'', 159.
310 Soden, ,,Le temple'', 139.

311 A. Jeremias, *Altorientalische Geisteskultur*, 397; Edzard, ,,Einrichtung'', 162.
312 Soden, ,,Le temple'', 142; Jeremias, *Geisteskultur*, 397.
313 Edzard, ,,Einrichtung'', 156.
314 Jeremias, *Geisteskultur*, 397.
315 AOR I, 132-134.
316 SAK, 228.
317 AOR I, 141.
318 Verschiedene Inschriften Urnammus; s. SAK, 186ff.
319 Wilcke, ,,Zum Königtum in der Ur III-Zeit'', 182-183; die zitierten Texte scheinen mir doch mehr Topoi zu sein und keine reale Macht der Versammlung widerzuspiegeln. Auch im kaiserlichen Rom wurden Beschlüsse immer noch im Nahmen des Senats und des Volkes von Rom gefaßt und in der Sowjetunion werden im Politbüro getroffene Entscheidungen pro forma nochmals von einem (Schein-) Parlament gebilligt.
320 AOR I, 137.
321 Moortgat, *Kunst des alten Mesopotamien*, 62.
322 Strommenger/Hirmer, *Ur*, 29.
323 Herodot, *Historien* I, 166.
324 *Tablettes d'Uruk*, Nr 32 (Pl. LIX): eršu (^{giš}NÚ) 9 ammate (KÙŠ) šiddu (UŠ) 4 ammaṭe (KÙŠ) pūtu (SAG) eršu (^{giš}NÚ) u k[us]sû (^{giš}[GU].ZA) tar-ṣu eršu (^{giš}NÚ) šanī(2)-ta [ina] kisalli (KISAL) na-da-a-ti. Vgl. Wetzel/Weissbach, *Hauptheiligtum des Marduk*, 54.
325 Ghirshman, ,,Troisième campagne â Tchoga-Zanbil près Suse'', 91-93; Hinz, *Das Reich Elam*, 144.
326 Schott, ,,Das Werden der Positions-Astronomie'', 305.
327 Martiny, ,,Zur astronomischen Orientation'', 41-45.
328 Schnabel, ,,Kidenas, Hipparch, Präzession'', 16, 2.
329 Hehn, *Siebenzahl*, 9.
330 A. Jeremias, *Altorientalische Geisteskultur*, 115.
331 Oppenheim, *Ancient Mesopotamia*, 204.
332 Tallqvist, *Akkadische Götterepitheta*, 104.
333 A. Jeremias, *Geisteskultur*, 135.
334 Warren, ,,The Babylonian universe'', 977-983; Jeremias, *Geisteskultur*, 177-184.
335 AOTAT, 207ff.
336 Jensen, *Kosmologie*, 175; seiner Ansicht hat sich auch Warren, ,,The Babylonian universe newly interpreted'', 979, angeschlossen, während Hehn, *Siebenzahl*, 15, die Ansicht vertritt, daß die Zahl 7 hier einfach ,,Gesamtheit'' bedeutet, was ohne Zweifel richtig ist, aber hier wohl nicht den Kern trifft, da sich die Bedeutung ,,Gesamtheit'', ,,Fülle'', ,,Kosmos'' für 7 ja von den Planeten,,räumen'' herleitet, diese also primär sind und hier voll ihre Funktion erfüllen. Die Verwendung des Ausdrucks ,,7'' in der Bedeutung ,,Fülle'', ,,Gesamtheit'' etc. für alles mögliche ohne zwingende Inhärenz der ursprünglichen Konzeption ist wohl sekundär.
337 Rawlinson, ,,On the Birs Nimrûd'', 1-34.
338 A. Jeremias, *Geisteskultur*, 178.
339 Herodot, *Historien*, I, 96-98.
340 Polybios, *Historiai* (Büttner-Wobst) III, 92.
341 Wetzel/Weissbach, *Hauptheiligtum*, 54-55.
342 Jensen, *Kosmologie*, 173; Hehn, *Siebenzahl*, 3.
343 A. Jeremias, *Geisteskultur*, 185.
344 Hehn, *Siebenzahl*, 13.
345 Hehn, *op. cit.*, 15: ,,Wenn man die Welt bloß nach vier Richtungen abteilt, so ist der auf der Höhe eines vierstufigen Turmes thronende Gott der Herr der Welträume''.
346 Jensen, *Kosmologie*, 226: ,,Mythenforscher machen wohl kosmische Systeme zurecht, die Volksphantasie aber tut das nicht und kümmert sich daher auch nicht immer oder selten darum, wenn zwei Anschauungen einander diametral entgegen-

laufen.'' Dazu führt er S. 257 noch treffender bezüglich eines von der Forschung erstellten kosmologischen Gesamtbildes aus: ,,Es versteht sich, daß ein Gesamtbild aller dieser Vorstellungen kaum je im Kopfe eines Babyloniers existierte. Schon die sich teilweise widersprechenden, noch mehr die unklaren Ideen über manche Gegenden der Welt verhinderten dies.''

347 J. Jeremias, *Der Gottesberg*, 46; Jensen, *op. cit.*, 226.

348 Jensen, *Kosmologie*, 201ff.

349 *Ibid.*, 207.

350 Winckler, *Himmels- und Weltenbild*, 24.

351 *Annals of the Kings of Assyria* (Budge/King), 31: ta-qi-ša-šu ši-mat bēlu(EN)-ti-šu a-na kiš-šu-ti u zēr (NUMUN) šangû (SANGA)-ti-šu a-na man-za-az É-ḫar-sag-kur-kur-ra a-na da-riš taš-qu-ra.

352 Die Götter Aššur, Bēl, Sîn, Šamaš, Adad, Ninib und Ištar.

353 Streck, *Assurbanipal* II, 146, 147: É-ḫar-sag-gal-kúr-[kúr-ra ag-m]u-ra bīt (É) ^{d}Aššur bēli(EN)-ia ú-šak-lil.

354 RlA I, 122.

355 Jensen, *Kosmologie*, 40-41.

356 *Enuma eliš*, 26: iḫ-pi-ši-ma ki-ma nu-un maš-ṭe-e a-na ši-ni-šu (137) mi-iš-lu-uš-ša iš-ku-nam-ma šá-ma-mi uṣ-ṣal-lil (Var.: ú-ṣa-al-lil) (138) iš-du-ud maš-ka ma-aṣ-ṣa-ra ú-šá-aṣ-bit (139) me-e-ša la šu-ṣa-a šu-nu-ti um-ta-ʾi-ir.

357 J. Jeremias, *Gottesberg*, 48. Er zeigt an dieser Stelle auch Parallelen zu Israel auf: ,,Der Salomonische Tempel ist nach dem Gesetz der himmlischen Entsprechung gebaut worden. Nach 1. Chron. 28, 11ff. lag ein Modell (*tabnīt*) vor, das dem Bau zugrunde gelegt wurde. Die Dreiteilung des Tempelgebäudes entspricht der Dreiteilung des Kosmos. Das eherne Meer im Vorhof ist Abbild des Himmelsozeans, die zwölf Stiere, auf denen es ruht symbolisieren den Tierkreis... Im Heiligen ist der Räucheraltar ein Abbild des Gottesberges, er wird dementsprechend Ez. 43, 15 *har-ʾel* genannt. Die siebenarmigen Leuchter sind Abbilder der Planetensphären... Im Allerheiligsten ist die Bundeslade (*ʿaron ha-elohim*) Symbol des Gottessitzes''.

358 Langdon, ,,The legend of Etana'', Pl. VII: i-na u_4-mi-šu-ma [la ka-aṣ-rat ku-ub-šum me-a-nu] (14) ù ^{giš}ḫaṭṭum (GIDRU) ^{na4}uqniam (ZA-GÌN) [la ṣa-ap-rat] (15) la ba-na-a kib-ra-a-ti ištēniš (1-niš) (16) ^{d}si-bit-tum eli (UGU) um-ma-ni ú-di-lu [bābāni] (17) eli (UGU) da-ád-me ú-di-lu (18) āla (URU) ^{d}Í-gì-gì šu-tas-ḫu-ru (19) ^{d}Iš-tar re-é-a-[am] (20) ù šarram (LUGAL) i-še-'i-i (21).

359 ,,Urnammu: Three religious texts'' (Castellino) [II], 106, 108.

360 Seibert, *Hirt, Herde, Königtum*, Berlin 1969.

361 Genge, ,,Zum ,Lebensbaum''', 324: Weder im sumerischen noch im akkadischen Schrifttum ist der Terminus ,,Lebensbaum'' nachzuweisen. Dieses Fehlen des Begriffes ,,Lebensbaum'' trifft noch für viele andere Kulturen zu. Lediglich in Genesis 2, 9 wird der ,,Baum des Lebens'' (*ʿeṣ ha-hajim*) erwähnt.

362 König in: *Archiv für Völkerkunde* 9 (1954), 41ff. (zitiert nach Genge, ,,Zum ,Lebensbaum''', 328).

363 ,,Sumerische religiöse Texte'' I (Falkenstein), 108.

364 SAHG 21, 30-32, S. 106.

365 Gudea, *Cylinder inscriptions*, 26; SAHG, 158.

366 Langdon, *Sumerian liturgical texts*, 181, Pl. 40.

367 SAHG 19, 23-25, S. 100.

368 Kramer, *Sumerian mythology*, 33-34.

369 CT XVI, 46, 184.

370 Gössmann, *Era-Epos*, 15 [teilweise neu transliteriert]: šá ^{giš}mēsu (MES) el-me-ši a-šar-šú-un ú-nak-kir-ma ul ú-... (147) en-na áš-šú šip-ru šá-a-šú šá taq-bu-u qu-ra-du [^{d}Èr-ra] (148) a-li ^{giš}mēsu(MES) šir ilāni (DINGIR.MEŠ) si-mat šarri (LUGAL) kīma (GIM) (149) iṣ-ṣu el-lu it-qu ṣi-i-ru šá šu-lu-ku ana be-[lu-ti] (150) šá i-na tam-tim rapāštim(DAGAL-tim) mê (me.MEŠ) 1 me (*100*) bēru (DANNA) i-šud-su(!)...šu-pul a-ra-al-[le-e] (151) qim-mat-su ina e-la-a-ti em-de-tu šamê (AN-e) šá [^{d}A-nim].

371 Gemeint ist die Zeit von Išbi-erra von Isin bis zu Samsuditana von Babylon (1953-1530 v. Chr.).
372 Kraus, ,,Das altbabylonische Königtum'', 240-241.
373 Pettinato, *Das altorientalische Menschenbild*, 21-29.
374 Jacobsen, ,,Early political development'', 126f., Anm. 80.
375 Pettinato, *Das altorientalische Menschenbild*, 33.
376 *The epic of Gilgamish* (Thompson), 53: ^{d}Gilgameš (GIŠ) e-eš ta-da-a-al (1) ba-la-ṭám ša ta-sa-aḫ-ḫu-ru la tu-ut-ta (2) i-nu-ma ilāni (DINGIR.MEŠ) ib-nu-ú a-wi-lu-tam (3) mu-tam iš-ku-nu a-na a-wi-lu-tim (4) ba-la-ṭám i-na qá-ti-šu-nu iṣ-ṣa-ab-tu (5).
376a Soden, ,,Die erste Tafel des altbabylonischen Atram-ḫasīs-Mythus'', 64-65, bietet die Lesung *Geštu(PI)-e i-la* an.
377 *Atra-ḫasīs* (Lambert/Millard), 58: [ši]p-ra ta-aq-bi-a-nim-ma (237) ú-ša-ak-li-il (238) i-lam ta-aṭ-bu-ḫa qá-du ṭe$_{4}$-mi-šu (239) ka-ab-tam du-ul-la-ku-nu ú-ša-as-sí-ik (240) šu-up-ši-ik-ka-ku-nu a-wi-[l]am e-mi-id (241).
378 Soden, *Akkadisches Handwörterbuch*, 1386: ṭēmu 1.
379 *Enuma eliš* (Lambert), 35: ik-mu-šu-ma maḫ-riš ^{d}é-a ú-kal-lu-šú (31) an-nam i-me-du-šu-ma da-me-šú ip-tar-'u-u (32) ina da-me-šú ib-na-a a-me-lu-tam (33) i-mid dul-li ilī (DINGIR.DINGIR)-ma ilī (DINGIR.DINGIR) um-taš-šèr (34).
380 Meissner, *Babylonien und Assyrien* I, 49.
381 Gudea, Zyl. A XX, 25-26 in: *Cylinder inscriptions*, 25.
382 Pettinato, *Das altorientalische Menschenbild*, 37.
383 ABL 450, rev. 8-9: u$_{4}$-mu u warḫu (ITI) la ni-ib-ṭi-li ša la dul-lu u né-pe-ši; vgl. Oppenheimer, ,,Idiomatic Accadian'', 253.
384 CT VI, 36a; nach Meissner, *Babylonien und Assyrien* II, 52.
385 Pallis, *The Babylonian akîtu festival*, 141.
386 Zimmern, ,,Das babylonische Neujahrsfest'', 12.
387 *Rituels accadiens* (Thureau-Dangin), 154, V (vgl. 144): mê (A.MEŠ) qātē (ŠU^{II}) šarri (LUGAL) ušbâ'u (DIB-'u)-nim-ma [ana é-sag]-il ušerribū (KU$_{4}$.MEŠ)-šú.
388 Das Wort ist nicht klar: vielleicht von *šaṭāpu*, ,,Leben erhalten''; vgl. Thureau-Dangin, ,,Les fêtes d'Akitu'', 143, n4.
389 *Tablettes d'Uruk*, No 9, 16-19: [šumma] šarru (LUGAL) qāt (ŠU) ili (DINGIR) iṣbat (DAB)-ma lu ina aṣê (UD-DU)-šú lu ina erēbi (KU$_{4}$)-šú iz-kìr amāt (INIM) lemuttim (ḪUL-tim) itti (KI) šarri (LUGAL) šiṭ-pa-at šarru (LUGAL) ajja (A.A.)-ab-šú ikaššad (KUR-ád).
390 *Chronicles concerning early Babylonian kings* II, 77: ina ^{iti}Nisannu(BÁR) šá šattu(MU) XV^{KAN} ^{d}Bēl (EN) ul u-ṣa-a.
391 *Ibid.* II, 80-81: ina ^{iti}Nisannu(BÁR) šá šattu (MU) VII^{KAN} ^{lú}A-ra-mu na-kir šarru(LUGAL) ana Bābili (TIN.TIR^{ki}) la el-l[a-a]m-ma ^{d}Nabû(AG) la il-li-ku.
392 Pallis, *The Babylonian akîtu festival*, 19-24.
393 ABL VII, 667: šarru (LUGAL) be-lí ṭè-e-mu liš-kun [^{túg}]gu-zip-pi lid-d[in-u-n]i [is]-si-ia lu-[bi-lu-ni] eršaḫungû (ÉR.ŠÀ.ḪUN.GÁ) ina [muḫ-ḫi] [ip]-pa-aš a-na šarri (LUGAL) [be-lí-iá] i-kar-[rab] ba-laṭ na-pi[š-ti] u$_{4}$-me ru-q[u]-ti a-na šarri (LUGAL) be-lí-iá i-da-an ^{lú}qur-bu-te [is]-si-ia [liš]-pu-ru [ana] pa-an [r]e-šu-te.
394 *Rituel accadiens*, 100: I 6, 16-17, 23.
395 Soden, ,,Ersatzkönigsriten'', 100.
396 Soden, ,,Ersatzkönigriten'', 106, führt ABL I 46 an, wonach es nach dem Tode eines Oberrichters unnötig sei, weitere Kulte durchzuführen.
397 *Chronicles* (King) II, 12-13: Rs 8-13: ^{md}Èr-ra-imittī (ZAG.LU) šarru (LUGAL) ^{md}Ellil (EN.LÍL)-bāni (DÙ) ^{lú}nukarribu (NU.^{giš}KIRI$_{6}$) a-na ṣalam (NU) nīgsagilê (NÍG.SAG.GIL-e) ina ^{giš}kussî (GU.ZA)-šú ú-še-šib agâ (AGA) šarru (LUGAL)-ti-šú ina qaqqadi (SAG.DU)-šú iš-tá-kan. ^{md}Èr-ra-i-mit-ti ina ekalli (É.GAL)-šú pap-pa-su em-me-tu ina sa-ra-pi-šú im-tu-ut. ^{md}Ellil (EN.LÍL)-bāni (DÙ) šá ina ^{giš}kussî (GU.ZA) ú-ši-bi ul it-bi a-na šarru (LUGAL)-ú-ti-(šú) it-taš-kan.
398 Soden, ,,Ersatzkönigriten'', 106.
399 Hruška, ,,Die Reformtexte Urukaginas'', 157-158.
400 Hirsch, ,,Inschriften der Könige von Agade'', 40.

401 D'jakonov, ,,Rise of despotic state'', 191.
402 Hirsch, ,,Inschriften der Könige von Agade'', 5: Der Ur-III-König Šusîn (1972-1964 v. Chr.) berichtet von einem Opfer für Šarrukīn: 1. *UDU.ŠE(?)* ^{d}*sar-ru-gin*^{in} ,,1 Mastschaft(?) für den vergöttlichten Šarrukīn''. Noch unter Kuruš (553-530 v. Chr.) werden Šarrukīn Opfer dargebracht: *Inschriften des Cyrus* (Strassmaier) Nr 256: *x mašīḫi adī ša* ^{d}*Sîn ša šamê u ALAN LUGAL.GIN* ,,x Maßeinheit für Sîn šamê und die Statue des Šarrukīn''.
403 In Klammern gebe ich bei chinesischen Namen die in der Volksrepublik China gebräuchliche Hanyu-Pinyin-Umschrift.
404 Wilcke, ,,Drei Phasen des Niedergangs des Reiches von Ur III'', 57-58.
405 Wilcke, ibid., 59.
406 Wilcke, ibid., 59, Anm. 17a.
407 Wilcke, ,,Drei Phasen'', 60.
408 Edzard in AOR I, 152.
409 Harris, ,,Secularization under Hammurapi'', 118.
410 Harris, ,,Secularization under Hammurapi'', 118.
411 Nach Meissner, *Babylonien und Assyrien*, I, 125.
412 Edzard in AOR I, 197.
413 D'jakonov, ,,Socio-economic classes in Babylonia'', 43.
414 D'jakonov, ,,The rise of despotic state'', 197.
415 Klengel, ,,Drei altbabylonische Urkunden'', 124-129.
416 Renger, ,,Flucht als soziales Problem'', 171.
417 Borger, ,,Gott Marduk und Gott-König Šulgi'', 22.
418 René Labat in AOR III, 10.
419 Garelli, ,,Les temples et le pouvoir royale'', 116.
420 Müller, ,,Das assyrische Ritual'' I, 8: Kol. I, 29: Aššur šarru(LUGAL) Aššur šarru(XX) [a-di] bāb(KÁ) ^{d}A-zu-e i-q[a]-bi.
421 Müller, ibid. I, 12: Kol. II, 30-36: ma-a ku-lu-li ša qaqqadi (SAG.DU)-ka ma-a Aš-šur ^{d}[N]in-líl bēlē (EN.MEŠ) ša /30/ ku-lu-li-ka 100 šanāte (MU.MEŠ) li-t[ep-p]i-ru-ka /31/ šēp (GÌR)-ka ina É-kur ù qātē (ŠU.MEŠ)-ka [i-n]a irat (GAB) Aš-šur ili (DINGIR)-ka lu ṭāb (DÙG.GA) /32/ i-na ma-ḫar Aš-šur ili (DINGIR)-ka ša-an-g[u-ut]-ka ù ša-an-gu-ta /33/ ša mārē (DUMU.MEŠ)-ka lu ṭa-ba-a[t] i-na e-šar-te /34/ ^{giš}ḫaṭṭi (PA)-ka māt (KUR) ra-pi[š] [q]a-ba-a še-ma-a ma-ga-ra /35/ ki-it-ta ù sa-[li]-ma Aš-šur lid-di-na-ku /36/.
422 *Annals of the kings of Assyria*, 258: šá šangû (SANGA)-su eli (UGU) ilu (DINGIR)-ti-ka rabîti (GAL-ti) i-ṭí-bu-ma.
423 KAH I, Nr 16, 3-4: šangû (SANGA) Aš-šur šarru (XX) šá ep-še-tu-šu eli (UGU) ilāni (DINGIR.MEŠ) šá šamê (AN) erṣetim (KI) i-ṭí-bu-ma.
424 *Annals*, 262: rubû (NUN-ú) ke-e-nu šá a-na šu-te-šur parṣī (PA.AN.MEŠ) ekurrāte (É.KUR.MEŠ) māti (KUR)-šu pit-qu-du ka-ia-nu šá ep-šet qa-ti-šu ù na-dan zi-bi-šu ilāni (DINGIR.MEŠ) rabûti (GAL.MEŠ) šá šamê (AN-e) erṣetim (KI-tìm) i-ra-mu-ma šangû (SANGA)-su ina ekurrāte (É.KUR.MEŠ) a-na da-riš ú-kín-nu.
425 Müller, ,,Das assyrische Ritual'' I, 37.
426 KAH I, No 13.
427 Müller, ,,Das assyrische Ritual'' I, 56.
428 *Annals of the kings of Assyria*, 7: VS. 34: mu-ra-piš mi-iṣ-ri ù ku-du-ri.
429 *Annals*, 33-34: ^{d}A-šur ilāni (DINGIR.MEŠ) rabûti (GAL.MEŠ) mu-šar-bu-ú šarru (XX)-ti-ia ša kiš-šu-ta ù da-na-na a-na iš-qi-ia iš-ru-ku-ni mi-ṣir māti (KUR-ti)-šu-nu ru-up-pu-ša iq-bi-ú-ni.
430 *Annals*, 268: mātāti (KUR.KUR.MEŠ) hur-šá-ni dannūti (KAL.MEŠ) ana pe-le šuk-nu-še ù šá-pa-ri ag-giš u-ma-ʾa-ra-ni ina túkul-ti Aššur bēli (EN)-a.
431 Delitzsch, *Assyrische Lesestücke*, 16: mār (DUMU) māri (DUMU) šá ^{m}Aššur-naṣir (PAḆ)-aplu (A) ardu (ÌR) qar-du mu-ra-piš da-ád-mi pér-ʾe ^{m}Adad(U)-nirāri (ERÍN.TÁḪ) rubû (NUN) na-aʾ-du šá Aššur ^{d}Šamaš (UTU) ^{d}Adad (IŠKUR) u ^{d}Marduk (AMAR.UTU) ri-ṣu-u i-li-ku-ma ú-ra-pi-šú māssu (KUR-su).
432 Garelli, ,,Les temples et le pouvoir royal'', 118-119.

433 Tukulti-apil-Ešarra III., *Keilschrifttexte Tiglat-Pilesers III.*, II, Pl. X, 3-4 (vgl. I, Ann. 46-47, S. 10): sīsî (ANŠE.KUR.RA.MEŠ) alpī (GU$_4$.MEŠ) ṣe-e-ni ^{na4}uqnû (ZA.GÌN) ṭí-ib šadî (KUR-i) ... [ana ilāni (DINGIR.MEŠ)] rabûti (GAL.MEŠ) bēlī (EN.MEŠ)-ia aq-qí.

434 Garelli, ,,Les temples'', 120.

435 *Annals*, 62-63: i-na u$_4$-mi-šu-ma 25 ilāni (DINGIR.MEŠ-ni) ša mātāti (KUR.-KUR.MEŠ) ši-na-ti-na ki-ši-ti qa-ti-ia ša al-qa-a a-na ú-tu-ʾu-ut bīt (É) ^{d}Nin-líl ḫi-ir-te rabî (GAL)—te na-mad-di ^{d}A-šur bēli (EN)-ia ^{d}A-nim ^{d}Adad (IŠKUR) ^{d}Ištar (INANNA) áš-šu-ri-te ekurrāt (É.KUR.MEŠ-at) āli (URU)-ia ^{d}A-šur ù ištarāt (^{d}INANNA.MEŠ-at) mātīja (KUR-ti-ia) lu-ú áš-ru-uk.

436 Šulmānu-ašarēd III., ,,Die Assur-Texte Salmanassars III. (858-824)'' (Michel), WO I, 269.

437 Garelli, ,,Les temples'', 120.

438 *Annals*, 90: pu-ḫa-de-e immerē (UDU.MEŠ) nab-ni-it lìb-bi-šu-nu a-na bi-ib-lat lìb-bi-ia it-ti niqêja (UDU.SISKUR.MEŠ-ia) ebēbete (KÙ.MEŠ-te) šatti (MU)-šam-ma a-na ^{d}A-šur bēli (EN)-ia lu at-ta-qi.

439 Weidner, ,,Säulen aus Nahur'', 146 u. Pl. V, 29-30: niqê (UDU.SISKUR. MEŠ) ša ūmi (UD) 5^{kám} a-na šal-lu-m[e] a-na ^{URU}lìb-bi āli (URU) e-be-ra-a[n]-ni.

440 *Inschriften Tukulti-Ninurtas I.* (Weidner), 25: ina ḫi-ṣi-ib mê (A.MEŠ) pa-at-ti šu-a-ti gi-na-a ana ilāni (DINGIR.MEŠ) rabûti (GAL.MEŠ) bēlē (EN.MEŠ)-ia ana da-ri-iš lu ar-ku-us.

441 *Ibid.*, 25.

442 *Annals*, 245: rēšēte (SAG.MEŠ-te) ana Aššur bēli (EN)-ia ù ekurrāt (É.KUR.MEŠ) māti (KUR)-ia a-qi.

443 KAJ 192, 15-16 = Ebeling, ,,Urkunden des Archivs von Assur'', 33: 1 immeru (UDU) a-na pa-an ^{d}Še-ru-a niqû (UDU.SISKUR) ša ^{md}Ninurta (MAŠ)-tukulti (^{giš}TUKUL)-Aššur.

444 KAV 78, 1-3 = Ebeling, *Stiftungen und Vorschriften*, 21: dām (ÚŠ) e-ri-nu...ša ša-li-mu-te ša ^{md}Šúl-ma-nu-ašarēdu (SAG) šar (XX) kiššati (KIŠ) šar (XX) māt (KUR) Aššur bīt (É) ^{d}A-šur ekurrāti (É.KUR.MEŠ)-š[u].

445 KAH II, No 84, 85-86: biltu (GUN) ma-da-tu a-na Aššur bēli (EN)-ia ik-lu-ú.

446 *Annals*, 35 (Zyl. Inschr. I, 65-66): na-áš bilti (GUN) ù ma-da-at-te ša ^{d}A-šur bēli (EN)-ia iṣ-ba-tu-ni.

447 Ebeling, *Stiftungen und Vorschriften*, 12-18.

448 Šulmānu-ašarēd III., ,,Die Assur-Texte'', WO IV, 30-33.

449 Garelli, ,,Les temples'', 123.

450 Šulmānu-ašarēd III., ,,Die Assur-Texte'', WO IV, 32: ana ^{URU}bāb (KÁ)-ili (DINGIR) u $^{[U]RU}$bár-sip$_4^{ki}$ ṣābē (ÉRIN.MEŠ) kidenni (UBARA) šu-ba-re-e šá ilāni (DINGIR.MEŠ) rabûti (GAL.MEŠ) qē-ri-ti iš-kun-ma akalē (NINDA.há) ku-ru-na i-din-šú-nu-ti ^{túg}bir-me-e ú-lab-biš.

451 Streck, *Assurbanipal* II, 226, Anm. 7.

452 Meissner, ,,Assyriologische Studien'' I, 90-93.

453 Šarrukīn II., *Die Keilschrifttexte Sargons* (Winckler) II, Pl. 28 (vgl. I, 42): ṣi-bit alpē (GU$_4$.MEŠ)-šú-nu ṣe-e-ni-šú-nu a-na ^{d}Bēl (EN) amēl (LÚ) Bēl (EN) ú-ki-in šat-ti-šam.

454 Sîn-aḫḫē-erība, *The annals of Sennacherib*, 166 (vgl. 26): ištēn (1-en) alpu (GU$_4$) 10 immerē (LU.ARAD.MEŠ) 10 emār (ANŠE) ^{giš}karāni (GEŠTIN) 20 emār (ANŠE) suluppi (ZÚ.LUM.MA) re-še-ti-šú a-na ilāni (DINGIR.MEŠ-ni) māt (KUR) Aššur^{ki} bēlē (EN.MEŠ)-ia ú-kin dà-ri-šam.

455 Sîn-aḫḫē-erība, *The annals*, 180 (vgl. 42): bīt (É) makkūri (NÍG.GA) ša É-sag-íla ip-tu-ma ḫurāṣa (KÙ.GI) kaspa (KÙ.BABBAR) ša ^{d}Bēl (EN) ù ^{d}Ṣar-pa-ni-tum bušâ (NÍG.ŠU) bīt (É) ilāni (DINGIR.MEŠ)-šú-nu ú-še-ṣu-ni a-na ^{m}Um-man-me-na-nu šar (LUGAL) māt (KUR) Elamti (ELAM.MA^{ki}) ša la i-šu-ú ṭ-è-e-mu ù mil-ku ú-še-bi-lu-uš ṭa-aʾ-tu.

456 *Ibid.*, 83: ilāni (DINGIR.MEŠ) a-šib lìb-bi-šú qātā (ŠU^{II}) nišē (UN.MEŠ)-ia ik-šu-su-nu-ti-ma ú-šab-bi-ru-ma [bušâ(NÍG.ŠU)]-šú-nu makkūra (NÍG.GA)-šú-nu il-qu-ni.

457 Aššur-aḫa-iddina, *Die Inschriften Asarhaddons*, 13.
458 Garelli, „Les temples", 123.
459 *Contrats néo-babyloniens 1*, No 73: eš-ru-ú šá ^{d}Bēlet (GAŠAN) šá Uruk (UNUG^{ki}) šá ul-tu Uruk (UNUG^{ki}) a-di Bābili (TIN.TIR^{ki}) ul-tu muḫ-ḫi nār (ÍD) šarri (LUGAL) a-di muḫ-ḫi ^{íd}Pu-rat-ti eqlu (A.ŠÀ) šá ^{d}Bēlet (GAŠAN) šá Uruk (UNUG^{ki}) šá ina Dūr (BÀD)-šá-Bīt (É)-Da-ku-ru; vgl. Moore, *Neo-Babylonian documents*, 76.
460 Cocquillerat, *Palmeraies et cultures de l'Eanna d'Uruk (559-520)*, Berlin 1968.
461 *Contrats néo-babyloniens 1*, No 40; vgl. Moore, *Neo-Babylonian documents*, 48-49.
462 René Labat in AOR III, 107.
463 Coquillerat, *Palmeraies*, 108-109, 37.
464 Röllig, „Erwägungen zu neuen Stelen Nabonids", 236.
465 Röllig, „Erwägungen", 219-220: ^{d}Sîn (EN.ZU) a-na šarru (LUGAL)-ú-ti [i]-b-ba-an-ni ina šá-at mu-ši šutta (MAŠ.GE$_6$) ú-šab-ra-an-[ni] um-ma É-ḫul-ḫúl bīt (É) ^{d}Sîn (EN.ZU) šá ^{uru}Ḫarrāni (KASKAL$^{II ki}$) ḫa-an-tiš e-pu-uš mātāte (KUR.MEŠ) ka-la-ši-na a-na qātē (ŠU^{II})-ka lu-mál-la.
466 Röllig, ibid., 224.
467 Röllig, ibid., 220: nišē (UN.MEŠ) mārē (A.MEŠ) Bābili (TIN.TIR^{ki}) Bár-sip^{ki} Nippuri (EN.NUN^{ki}) Uri (ŠEŠ.UNUG^{ki}) Uruk (UNUG^{ki}) Larsa (UD.UNUG^{ki}) ^{lú}šangê (SANGA.MEŠ) nišē (UN.MEŠ) ma-ḫa-zi ^{kur}Akkadî (URI^{ki}) a-na ilu (DINGIR)-ti-šu rabîti (GAL-ti) iḫ-ṭu-ʾi-i-ma i-še-ṭì-u ú-gal-li-lu la i-du-u e-zi-is-su gal-tu šá šàr ilāni (DINGIR.MEŠ) ^{d}Nannari (ŠEŠ.KI-ri).
468 Röllig, ibid., 224.
469 *Babylonian historical texts* (Smith), Pl. IX (vgl. S. 86): i-bal-lal par-ṣi -i-dal-la-aḫ te-re-e-ti.
470 *Ibid.*, Pl. VI: la ip-ti-qu ^{d}E-a mu-um-mu ul i-di zi-kir-šú úm-ma-^{d}a-num A-da-pà.
471 Berger, „Der Kyros-Zylinder", 194-195.
472 Berger, ibid., 196-197: 13.
473 Hacker, „Religiöse Toleranz und Intoleranz im Hinduismus", 177-178.
474 *Archives royales de Mari* X, Pl. 24: i-na šu-ut-ti-ia a-na bīt (É) ^{d}Bēlet (NIN)-é-kál-lim e-ru-ub-ma ^{d}Bēlet (NIN)-é-kál-lim ú-ul wa-aš-ba-at ù ṣalmānu (ALAM.ḪÁ) ša ma-aḫ-ri-ša ú-ul i-ba-šu-ú.
475 *Ibid.*, Pl. 24.
476 Ellermaier, *Prophetie in Mari und Israel*, 146.
477 Elena Cassin in AOR II, 86.
478 Borger, „Gott Marduk und Gott-König Šulgi", 21.
479 Hecker, *Untersuchungen zur akkadischen Epik*, 204, Anm. 4.
480 Gössmann, *Das Era-Epos*, 88-90.
481 Soden, „Gibt es ein Zeugnis", 162.
482 Zimmern, „Zum babylonischen Neujahrsfest. Zweiter Beitrag".
483 Soden, „Gibt es ein Zeugnis", 161-163.
484 Soden, ibid., 158.
485 CT XXIV, 50; vgl. Meissner, *Babylonien und Assyrien* II, 48.
486 Aššur-aḫa-iddina, *Die Inschriften Asarhaddons*, 13: i-gu-ug-ma ^{d}Ellil (EN.LÍL) ilāni (DINGIR.MEŠ) ^{d}Marduk (AMAR.UTU) a-na sa-pan māti (KUR) ḫul-lu-qu niše (UN.MEŠ) (-šá) ik-ta-pu-ud lemuttim (ḪUL-tim).
487 Aššur-aḫa-iddina, *Die Inschriften Asarhaddons*, 15: 70 šanāti (MU.MEŠ) mi-nu-ut ni-du-ti-šu iš-ṭur-ma re-me-nu-ú ^{d}Marduk (AMAR.UTU) sur-riš lìb-ba-šu i-nu-uḫ-ma e-liš a-na šap-liš uš-bal-kit-ma a-na 11 šanāti (MU.MEŠ) a-šab-šú iq-bi. Wörtlich bedeutet *eliš ana šapliš ušbalkitma* „Vom Anfang zum Schluß gewechselt hat": 70 (vertikaler Keil + Winkelhaken) wird in 11 (Winkelhaken + vertikaler Keil) umgewechselt.
488 CT XV, 44, 8-9: immeru (UDU.ARAD) ina muḫḫi (UGU) kinūni (KI.NE) innaddu (ŠUB-ú) ina girri (NE.GI) i-qa-mu-šu ^{d}Kin-gu šu-ú ki-i ina išāti (IZI) i-qa-mu.
489 AOTAT, 330.

490 Schnabel, *Berossos*, 255.
491 Opitz, ,,Der geschlachtete Gott'', 88-89.
492 Opitz, ibid., Tafel XI, Abb. 2.
493 Pallis, ,,History of Babylon'', 278; Wetzel/Schmidt/Mallwitz, *Das Babylon der Spätzeit*, Zeittafel, 70.
494 Herzfeld, ,,Xerxes' Verbot des Daiva-Cultus'', 61.
495 Widengren, *Religionen Irans*, 138.
496 Ein ähnliches Phänomen begegnet uns bei der Zerstörung der Jagannātha-Figur durch die Afġānen im 16. Jahrhundert; vgl. Kulke, *Jagannātha-Kult*, 118.
497 Soden, ,,Gibt es ein Zeugnis'', 135.
498 Fohrer, *Geschichte der israelitischen Religion*, 386.
499 Lambert, ,,An adress of Marduk to the demons'', 315: [šá]-niš šá ina bīt (É) bakî (ÉR) amēlu (LÚ) ina qab-ri-šú la i-kar-ra-bu.
500 Lambert, ibid., 318.
501 Strabon, *Strabonis Geographica* (Meinecke), III, 1029.
502 Aelian, *Varia Historia* (Dilts), ad loc.: Ξερξης, ὁ Δαρείου παῖς τοῦ Βήλου τοῦ ἀρχαίου διασκάψας τὸ μνῆμα, πύελον ὑελίνην εὗρεν, ἔνθα ἦν κείμενος ὁ νεκρὸς ἐν ἐλαίῳ. Οὐ μὴν πεπλήρωτο ἡ πύελος, ἐνέδει ἀπὸ τοῦ χείλους εἰς παλαιστήν. Παρέκειτο δὲ τῇ πυέλῳ καὶ στήλη βραχεῖα, ἔνθα ἐγέγραπτο τῷ ἀνοίξαντι τὸ μνῆμα καὶ μὴ ἀναπληρώσαντι τὴν πύελον, οὐκ ἔστιν ἄμεινον.
503 König, *Die Persika des Ktesias von Knidos*, 70.
504 Maurice Meuleau in *Griechen und Perser*, 349.
505 Cumont, *Die orientalischen Religionen*, 168-169.
506 Windisch, *Die Orakel des Hystaspes*, Amsterdam 1929.
506a Vgl. dazu besonders: Geo Widengren, *Iranisch-Semitische Kulturbegegnung in parthischer Zeit*, Köln, Opladen 1960 (Arbeitsgemeinschaft f. Forschung d. Landes Nordrhein-Westfalen, Geisteswissenschaften, H. 70) und Geo Widengren, ,,Iran and Israel in Parthian times with special regard to the Ethiopic book of Enoch'', in *Temenos*, Studies in Comparable Religion, Vol. 2 (1966), 139-177.
507 Albrektson, *History and the gods*, 91.
508 Meuleau, ,,Mesopotamien in der Perserzeit'', 347.
509 Vernachlässigt werden sollte auch nicht die enge Verquickung von babylonischer und iranischer Religion besonders in der parthischen Periode; s. Widengren, *Die Religionen Irans*, 229.

KAPITEL III

DIE ENDPHASE DER BABYLONISCHEN KULTUR UND IHR EINFLUSS AUF INDIEN

510 Lukian, *Opera* I, 221.
511 *Babylonian historical texts*, Pl. XIII: šu-lum ana āli (URU) šá-kin ^{m}Ku-raš šu-lum ana Bābili (TIN.TIR^{ki}) gab-bi-šú qi-bi.
512 Pallis ,,History of Babylon'', 276.
513 Pallis, ibid., 276.
514 Ausgehend von alttestamentlichen Buch Judit bringt Schedl, ,,Nabuchodonosor, Arpakšad und Darius'', 242-254, einen interessanten Beitrag.
515, 516 Pallis, ,,History of Babylon'', 277.
517 Xenophon, *Opera omnia* (Marchant), T. 4, ad loc.
518 Kent, *Old Persian*, 116.
519 Chattopadhyaya, *The Achaemenids in India*, 6.
520 Herodot, *Historien* I, 534.
521 Chattopadhyaya, *The Achaemenids in India*, 6.
522 Ojha, *The history of foreign rule*, 17.
523 Fischer, ,,Zur Lage von Kandahar'', 204.

524 Bailey, ,,Indian síndhu-, Iranian hindu-'', 610.
525 Wie in *bhed-*: *bhid-*, *bhind*; s. Bailey, ibid., 610.
526 Śatapathabrāhmaṇa (Weber), 965.
527 Bailey, ibid., 610; vgl. dazu die Übersetzung Geldners (*Ṛgveda*, T. 1, 485), der die Namen unübersetzt wiedergibt.
528 Kinnier Wilson, *Indo-Sumerian*, 5.
529 Herodot, *Historien* I, 448.
530 Herodot, *Historien* II, 922.
531 *Contrats néo-babyloniens* 2, Pl. 218, 20: ^{m}Iddina (SUMU-na)-aplu (A) māru (DUMU) šá ^{m}Mušēzib (KAR)-^{d}Nabû (AG) apil (A) ^{m}Nūr (ZÁLAG)-^{d}Sîn (XXX) ina bīt (É) ^{MUNUS}Bu-sa-sa ^{lú}ḫi-in-du ita nu-mi-dum ina Kiš^{ki}; der Text ist transliteriert und übers. in Moore, *Neo-Babylonian documents*, 222-223.
532 Das CAD gibt statt *ita nu-mi-dum* die Lesung *da-nu-mi-tum* unter dem Stichwort *ḫindu*; *dannu* bedeutet ,,Krug, Behälter''; könnte damit ein Wirtshaus gemeint sein? Das CAD verzeichnet kein Wort *dannumitum.* Rührt von daher die Behauptung von Olmstead, *History of the Persian Empire*, 145, diese Inderin habe einen Gasthof unter Polizeiaufsicht(?) geführt? Das CAD äußert sich vorsichtig zu *ḫindu*: ,,a profession or social class''.
533 BE IX, 75: ^{m}Ar-táḫ-šá-as-su šarru (LUGAL) ^{giš}qaštu (PAN) šá ^{m}Qa-ad-du-šu māru (A) šá ^{m}La-ba-ši šá ina āl (URU) ^{lú}ḫi-in-[d]a-a-a. Übersetzung s. HAR, 53-54.
534 Cardascia, *Les archives de Murašû*, 7.
535 Arrian, *Anabasis* (Robson), I, 274.
536 Arrian, *Anabasis*, II, 260-262.
537 Pallis, ,,History of Babylon'', 280-282.
538 *Babylonian historical texts*, Pl. XVII: bi-kit u si-ip-du ina māti (KUR) iššakkan (GAR-an).
539 *Ibid.*, Pl. XVII: ultu (TA) Bābili (E^{ki}) ūṣi (È) ḫubut (SAR-ut) āli (URU) u ṣeri (EDIN) iḫbut (SAR) būšu (NÍG.ŠU).
540 Diodor, *Bibliothḗkē historikē* (Vogel) V, 142.
541 Diadochen-Chronik, Rs. 39-40.
542 Diodor, *Biblithḗkē historikē*, V, 156.
543 Strabon, *Geographica* (Meinecke), III, 1009.
544 Iustin, *Epitoma Historiarum Philippicarum* (Seel), 143.
545 Altheim, *Weltgeschichte Asiens* I, 258.
546 Altheim, *ibid.,* 257-264.
547 Plinius, *Naturalis historiae* (Semi), III, 470.
548 Pausanias, *Pausaniae Graeciae descriptio* (Spiro), I, 40-41.
549 *Babylonian historical texts*, Pl. XVIII: ^{URU}Si-lu-ku-ʾa-a āl (URU) šarru (LUGAL)-tu šá ina eli (UGU) ^{íd}Idiq-lat (IDIGNA).
550 *Keilinschriften der Achämeniden*, 132.
551 Schnabel, *Berossos*, 7-8.
552 *Babylonian historical texts*, Pl. XVIII: 20 pīrē (AM.SI.MEŠ) šá ^{lú}mu-[ma]-ʾi-ir ^{URU}Ba-aḫ-tar ana šarri (LUGAL) ú-še-bil.
553 Hultzsch in CII, Vol. I, XXXIV.
554 Eggermont, *The reign of Asoka Moriya*, und ders., ,,New notes''.
555 CII, I, 210.
556 CII, I, 210, Q.
557 Strabon, *Geographica*, III, 999.
558 Bühler, *On the origin of the Indian Brāhma alphabet*, 94.
559 Bühler, *ibid.*, 84; Tarn, *The Greeks in Bactria and India*, 162; vgl. Tabelle in Monier-Williams, *Sanskṛit dictionary*, XXVII.
560 Bühler, *ibid.*, 95.
561 Bodde, *China's first unifier*, 175-178.
562 Waddell, *Report on the excavations at Pāṭaliputra*; Spooner, ,,The Zoroastrian period of Indian history'', 64-71.

563 Tarn, *The Greeks*, 72; Altheim, *Weltgeschichte Asiens*, I, 286-287.
564 Altheim, *Weltgeschichte Asiens* I, 288.
565 Transliteration nach der Transkription von Sarkisjan, ,,City land in Seleucid Babylonia'', 321: Addaru ūmu 8 šattu 75 Siluku šarru ša Nergal-ušēzib-šurrû šatam [Esagil] aplu ša Bēl-bāni Bābilājja šurrû ša Esagil iqbū um[mā] Antiʾuksu šarru ṣibûta damiqta ītepša anna š[ū] mimma ša Antiʾuksu abušu Siluku abu abišu šarru išaṭṭ[arū] zērē ša bīt ramānišu ša(?) ana lemet Bābili u Barzip ša ina 15, 12, 30 ša Puratti u zērē ša ana kūmu ṣibtum ša bīt šarri u mimma ša ina(?) [zērē šuātunu] suqurā ana Ludakē aššatušu Siluku u Antiʾuksu aplēšu iddinu Ludakē aššatušu Siluku u Antiʾuksu aplēšu ana Bābilājja Barsippājja Kutājja iddinū u išṭurū.
566 Sarkisjan, ,,City land'', 322, 327.
567 Falkenstein, *Topographie von Uruk* I, 4-5; Rostovcev, *Hellenistic world*, I, 435.
568 Falkenstein, *Topographie* I, 6-7.
569 Rostovcev, *Seleucid Babylonia*, 6.
570 Strabon, *Geographica* (Meinecke), III, 1030.
571 Plinius, *Naturalis historiae* (Semi), III, 488.
572 Rostovcev, *Hellenistic world* I, 458.
573 Altheim, *Weltgeschichte Asiens* I, 289, 291.
574 Strabon, *Geographica* II, 725.
575 Tarn, *The Greeks*, 147; Altheim, *Weltgeschichte* I, 324.
576 *Periplus des Erythräischen Meeres* (Fabricius), 82-83.
577 *Periplus*, 88-89.
578 Altheim, *Weltgeschichte Asiens* I, 325.
579 *Yugapurāṇam* (Mankad), 33; der von Jayaswal, ,,Historical data in Garga-Samhita'' benützte Text hat *yavanā duṣṭavikrāntāḥ* (S. 402, Z. 23).
580 *Yugapurāṇam* (Mankad), 34; Mankad bezweifelt die Gleichsetzung Dharmamīta-Demetrios.
581 Tarn, *The Greeks*, 455.
582 Delbrück, ,,Südasiatische Seefahrt'', 48.
583 Polybios, *Historiai*, IV, 302.
584 Koldewey, *Das wiedererstehende Babylon*, 193ff.
585 Strabon, *Geographica* III, 1069: Παραπλεύσαντι δὲ τῆς 'Αραβίας εἰς δισχιλίους καὶ τετρακοσίους σταδίους ἐν βαθεῖ κόλπῳ κεῖται πόλις Γέρρα, Χαλδαίων φυγάδων ἐκ Βαβυλῶνος οἰκούντων γῆν ἁλμυρίδα καὶ ἐχόντων ἁλίνας τὰς οἰκίας. ἐπεὶ δὲ λεπίδες τῶν ἁλῶν ἀφιστάμεναι κατὰ τὴν ἐπίκαυσιν τὴν ἐκ τῶν ἡλίων συνεχεῖς ἀποπίπτουσι, καταρραίνοντες ὕδασι πυκνὰ τοὺς τοίχους συνέχουσι. διέχει δὲ τῆς θαλάττης διακοσίους σταδίους ἡ πόλις· πεζέμποροι δ' εἰσὶν οἱ Γερραῖοι τὸ πλέον τῶν 'Αραβίων φορτίων καὶ ἀρωμάτων. 'Αριστόβουλος δὲ τοὐναντίον φησὶ τοὺς Γερραίους τὰ πολλὰ σχεδίαις εἰς τὴν Βαβυλωνίαν ἐμπορεύεσθαι, ἐκεῖθεν δὲ τῷ Εὐφράτῃ τὰ φορτία ἀναπλεῖν εἰς Θάψακον, εἶτα πεζῇ κομίεζσθαι πάντῃ.
586 Altheim, *Weltgeschichte Asiens* II, 45.
587 Altheim, *Weltgeschichte Asiens* II, 47.
588 Pallis, ,,History of Babylon'', 287.
589 Appian, *Historia Romana* (Mendelssohn), I, 148.
590 Iustin, *Epitoma* (Seel), 246.
591 Flavius Josephus, *Opera* (Dindorf) I, 496.
592 Rostovcev, *Seleucid Babylonia*, 45, 53; Taf. 6, 1-2.
593 Pallis, ,,History of Babylon'', 287.
594 Iustin, *Epitoma*, 282.
595 Altheim, *Weltgeschichte Asiens*, II, 60.
596 Pallis, ,,History of Babylon'', 287-288.
597 Ibid., 288.
598 Zitiert nach Pallis, ,,History'', 288-289.
599 Iustin, *Epitoma*, 283.
600 Diodor, *Bibliothecae historicae* (Dindorf) II, 544.
601 Athenaios, *Naucratitae* (Kaibel), III, 15.

602 Pallis, ,,History of Babylon'', 289.
603 Ibid., 290.
604 Ibid., 290.
605 Ssu-ma Ch'ien, *Records* (Watson), II, 268: ,,To the west lies T'iao-chih [Mesopotamia] and to the north Yen-ts'ai and Li-hsüan [Hyrcania]. T'iao-chih is situated several thousand *li* west of An-hsi and borders the Western Sea [Persian Gulf?]. It is hot and damp, and the people live by cultivating the fields and planting rice... The people are very numerous and are ruled by many petty chiefs. The ruler of An-hsi gives orders to these chiefs and regards them as his vassals.''
606 Ssu-ma Ch'ien, *Records*, II, 275.
607 Pallis, ,,History of Babylon'', 290.
608 Strabon, *Geographica*, III, 1029.
609 Pausanias, *Graeciae descriptio* (Spiro), II, 339.
610 Die Arsakiden-Ära fällt aus, da wir damit Jahresdaten von 263/64-291/92 n. Chr. gewönnen, die Partherherrschaft aber 226-228 durch Sasaniden beendet wurde.
611 Jensen in: Andrae/Jensen, ,,Aramäische Inschriften'', 12-22.
612 Jensen, ibid., 28.
613 Jensen, ibid., 23.
614 Kirfel, *Kosmographie der Inder*, 91.
615 Röck, ,,Die Platonische Zahl'', 321.
616 Weber, ,,Analyse der in Anquetil du Perron's Uebersetzung enthaltenen Upanishad'', 285-286.
617 Röck, ,,Die Platonische Zahl'', 325.
618 CT XXV, 50.
619 A. Jeremias, *Handbuch*, 302-303.
620 Waerden, ,,History of the Zodiac'', 218-219.
621 Waerden, ibid., 219-220.
622 ,,Obliquitatem eius intellexisse, hoc est rerum foris aperuisse, Anaximander Milesius traditur primus olympiade quinquagesima octava [548-545 v. Chr.] signa deinde in eo Cleostratus, et prima arietis ac sagittarii''.
623 Waerden, ibid., 225.
624 Waerden, ,,History of the Zodiac'', 226.
625 Varāhamihira, *Bṛhajjātaka*, 7-8.
626 Billard, *L'astronomie indienne*, 15.
627 Billard, *ibid.*, 69.
628 *Agnipurāṇa* (Āpṭe), 90.
629 Kirfel, *Kosmographie der Inder*, 29*.
630 Kirfel, *ibid.*, 29*: ,,Wir finden nur Resultate [des Weltbildes], aber nicht die Lösung für dieselben. Infolgedessen ist schon aus inneren Gründen die Annahme berechtigt, daß die Hauptideen in Indien nicht selbständig entstanden, sondern von außenher importiert und von den Indern in der ihnen charakteristischen Weise verarbeitet worden sind.''
631 Jensen, *Kosmologie der Babylonier*, 182.
632 Jensen, *ibid.*, 182-183.
633 Gonda, *Vedic literature*, 429: ,,Being the largest of its class, it consists of ten chapters (*prapāṭhaka*), VII to IX constituting the Taittirīya Upaniṣad, and X the Mahānārāyaṇa Upaniṣad, which is a late addition''.
634 *Taittirīya-Āraṇyaka* (Mitra), 801-802: sapta prāṇāḥ prabhavanti tasmāt saptārciṣaḥ samidhaḥ sapta jihvāḥ/Sapta ime lokā yeṣu caranti prāṇā guhāśayān nihitāḥ sapta sapta//
635 TĀ. X, 27 (Mitra, 828): oṃ bhūḥ/ oṃ bhuvaḥ / oṃ suvaḥ / oṃ mahaḥ / oṃ janaḥ / oṃ tapaḥ / oṃ satyaṃ /
636 Deussen, *Allgemeine Geschichte der Philosophie* I, 2, S. 22.
637 Vgl. Winternitz, *Geschichte der indischen Litteratur*, I, 205.
638 Gonda, *Religionen Indiens*, I, 302.
639 Weber, ,,Die Verbindungen Indiens mit den Ländern im Westen'', 108.

640 Patañjali, *Mahābhāṣya* (Kielhorn), I, 9.
641 *Ṛgveda* (Aufrecht), I, 91: yád indrāgnī avamásyām pṛthivyām madhyamásyām paramásyām utá stháḥ / átaḥ ,,Wenn ihr, Indra und Agni, im untersten Erdteil, im mittleren, wenn ihr im obersten seid, so kommt doch'' usw. (Nach: *Der Rig-Veda*; übers. Geldner, I, 141).
642 Bhandarkar, *The date of Patañjali*, 16ff.; Radha Kumud Mookerji in HCIP II, 96.
643 *Dīghanikāya* (Rhys Davids/Carpenter), II, 170.
644 Kirfel, *Kosmographie der Inder*, 35*.
645 Jensen, *Kosmologie der Babylonier*, 254-255.
646 Pinnow-Harder, ,,Altindische Bergnamen'', 43.
647 Lorimer, *Burushaski language*, III, 424.
648 Pinnow-Harder, ,,Altindische Bergnamen'', 43-44.
649 Agrawala, ,,Some foreign words'', 151-152.
650 Shah, *Studies in Jaina art*, 123-126.
651 Shah, *Studies in Jaina art*, 56.
652 Agrawala, ,,Terracotta figurines of Ahichchhatrā'', 167.
653 *Viṣṇudharmottara-Purāṇa*, 3. Khaṇḍa (Shah), 220: eḍūkarūpanirmāṇaṃ śṛṇuṣva gadato mama/ eḍūkapūjanāt pūja kṛtāsya jagato bhavet// bhadrapīṭha budhaḥ karyāt sopānauḥ śobhanair yutam/ caturbhir yādavaśreṣṭha yathādiśam arindama// usw.
654 *Mahābhārata*, Āraṇyakaparvan (Sukthankar), 660-661.
655 Fischer, *Indische Baukunst*, 19.
656 Paranavitana, *The Stūpa in Ceylon*, Pl. XXI, S. 98-101.
657 Paranavitana, *ibid.*, 99-100.
658 *Travels of Fah-Hian and Sung-yun* (Beal), 202-203.
659 *Papers on the date of Kaniṣka*, Leiden 1968.
660 Seckel, *Kunst des Buddhismus*, 103-104.
661 Marshall, *A guide to Taxila*, 88: ,,For a tower, in the form of a ziggurat, rising above the roof of the temple would have been wholly appropriate in a temple designed for the fire-worship of Magians or Zoroastrians.''
662 Goetz, *Indien; fünf Jahrtausende indischer Kunst*, 68.
663 Fischer, *Indische Baukunst islamischer Zeit*, 21.
664 Fischer, *ibid.*, 77-78.
665 Fischer, *Dächer, Decken und Gewölbe*, Bild 294.
666 Fischer, *Indische Baukunst*, 94.
667 Fabri, ,,Mesopotamian and early Indian art: comparisons'', 203-253.

KAPITEL IV

DER TEMPEL ALS BEDEUTUNGSTRÄGER IN INDIEN

668 Gonda, *Religionen Indiens*, I, 104.
669 Hillebrandt, *Ritual-Litteratur*, 14.
670 Hillebrandt, *ibid.*, 149ff.
671 *Śataphatha-Brāhmaṇa* XIII, 2, 2, 1 (Weber): rājā vā eṣa yajñānāṃ yad aśvamedha/ (dho) yajamāno vā aśvamedho yajamāno yajño yad aśve paśūn niyunakti yajña eva tad yajñam ārabhate//. Übersetzung von Eggeling in SBE 44, 298: ,,Verily — this — to wit, the Asvamedha — is the king of sacrifices. But, indeed, the Asvamedha is the Sacrificer, (for) the sacrifice is the Sacrificer: when he (the priest) binds victims to the horse (or, at the horse-sacrifice), he then, indeed, takes hold of the sacrifice at the sacrifice.''
672 tváṃ no agne sanáye dhánānāṃ yaśásaṃ kārúṃ kṛṇuhi stávānaḥ/ ṛdhyāma kármāpásā návena devaír dyāvāpṛthivī právataṃ naḥ// (Aufrecht, 22). ,,Du Agni mach, gepriesen, unseren Dichter geehrt, daß er Reichtümer gewinne! Möchte uns durch das neue Machwerk die Opferhandlung gelingen. Himmel und Erde, helfet uns mit den Göttern weiter!'' (Geldner I, 35).

673 mātā́ pṛthivī tát pitā́ dyauḥ (Aufrecht, 73).
674 Geldner, *Zur Kosmogonie des Rigveda*, 2-4.
675 Geldner, *Zur Kosmogonie des Rigveda*, 3.
676 *Ṛgveda* (Aufrecht) II, 310.
677 *Rigveda* (Geldner) III, 178.
678 Kirfel, *Kosmographie der Inder*, 3.
679 Aufrecht I, 459; Geldner II, 173.
680 *Bṛhadāraṇyaka-Upaniṣad* (Böhtlingk), 32.
681 Kirfel, *Kosmographie*, 3.
682 *Maitrāyaṇīya Upaniṣad* (Buitenen), 106; Übers. (133): ,,Darkness was here at the beginning. Thereupon (?) it was impelled by the supreme and unbalanced. This imbalance was the form of rajas. This rajas was impelled and unbalanced. This was the form of sattva. This sattva was impelled. From the sattva the essence flowed forth, that portion which is the kṣetrajña in every person, pure intelligence, marked by will, resolution and presumption, Prajāpati''.
683 *Ibid.*, 107-108; Übers. (136): ,,The world was (at first) unuttered. Prajāpati, who is the True, having performed tapas, uttered one after the other bhūḥ, bhuvaḥ, svaḥ. This is Prajāpati's most solid body [i.e. the body consisting in worlds.] Svaḥ is the head, bhuvaḥ the navel, bhūḥ the feet, the sun the eye of this body''.
684 *Chāndogya-Upaniṣad* (Röer), 228-231.
685 *Ṛgveda* (Aufrecht) II, 140.
686 *Rigveda* (Geldner), II, 355.
687 s. dazu: Hillebrandt, *Das altindische Neu- und Vollmondsopfer*, Jena 1880.
688 Kramrisch, *The Hindu temple* I, 23.
689 *Taittirīya-Brāhmaṇa* (Mitra), I, 22.
690 *Ibid.*, I, 30.
691 Gonda, *Religionen Indiens* I, 139-140.
692 Hillebrandt, *Das altindische Neu- und Vollmondsopfer*, 3.
693 Śatapatha-Brāhmaṇa X, 4, 2, 2, ed. Weber, 785: ,,saṃvatsaraḥ prajāpatiḥ sarvāṇi bhūtāni sasṛje yac ca prāṇi yac cāprāṇam ubhayān devamanuṣyānt sa sarvāni bhūtāni sṛṣṭvā riricāna iva mene sa mṛtyor bibhayāṃ cakāra''. Übers. (nach Kramrisch, *Hindu temple* I, 68): ,,Prajāpati, the year has created all living beings and things, gods and men; having created all he felt like one emptied out and was afraid of death''.
694 Kramrisch, *Hindu temple*, I, 69.
695 Stietencron, *Gaṅgā und Yamunā*, 84-85.
696 *Rigveda* (Geldner), III, 286ff.
697 *Ibid.*, III, 288.
698 Kramrisch, *Hindu temple* II, 350.
699 Kramrisch, *Indische Kunst*, 19.
700 Mensching, *Volksreligion und Weltreligion*, 21ff.
701 Gonda, *Religionen Indiens*, I, 141.
702 Farquhar, ,,Temple-and-image worship in Hinduism'', in JRAS 1928, 15-23.
703 Farquhar, ibid., 16.
704 Farquhar, ibid., 17.
705 Coomaraswamy, *History of Indian and Indonesian art*, 5. Die Formulierung ,,Dravidian element'' ist etwas problematisch, da Draviḍa hier offenbar als ein Sammelbegriff für alle südindischen bzw. nichtarischen Völker verwandt wird, ohne zu berücksichtigen, daß auch andere ethnische Gruppen wie die Austro-Asiaten eine bedeutende Rolle spielten.
706 Farquhar, ,,Temple-and-image worship'', 18.
707 Nach der Definition von Gonda, *Religionen Indiens* I, 244 ist *bhakti* ,,eine liebende, treue Verehrung und Hingabe, eine inbrünstige persönliche Gewogenheit, eine tiefe affektionierte und mystische Ergebenheit, verbunden mit der Begierde, mit dem Objekt seiner Verehrung — einem persönlichen Gott, an dessen geistiges Wesen man glaubt — eins zu werden''.

708 Farquhar, ibid., 19: ,,It must be frankly acknowledged that, while for monotheists idolatry is impossible, *among people whose outlook is polytheistic, no form of worship is so attractive and so helpful as temple-and-image worship.* The vivid sense of the living presence of the gods in the temple, the charm of the ritual, the liturgy and occasional hymnsinging on the hearts of the spectators, all combinate to create eager worship and to inspire deep devotion''.
709 *Manusmṛti* (Gharpure), 251.
710 Sontheimer, ,,Religious endowments in India'', 49.
711 Weber, *Hinduismus und Buddhismus*, 318.
712 *Dīgha-Nikāya* (Carpenter) III, 93.
713 Dumont, *Religion/politics and history in India*, 74-75.
714 CII I, 36-37.
715 *Die großen Felsedikte Aśokas* (Schneider), 111.
716 *Ibid.*, 115.
717 Weber, *Hinduismus und Buddhismus*, 256-259.
718 Weber, *Hinduismus und Buddhismus*, 318.
719 Kulke, ,,Tempelstädte und Ritualpolitik'', 69.
720 *Mahābhārata* XIII, 330.
721 *Rāmāyaṇa* V, 68.
722 Bhandarkar, *Vaiṣṇavism, Śaivism*, 3.
723 Lüders, *List of Brahmi inscriptions*, No 6.
724 Agrawala, *India as known to Pāṇini*, 360.
725 In diese Datierung sind auch die letzten unbedeutenden Gupta-Herrscher miteinbezogen.
726 Sontheimer, ,,Religious endowments'', 71.
727 Mayrhofer, *Etymologisches Wörterbuch* I, 507.
728 *Viṣṇudharmottara-Purāṇa*, 3. Khaṇḍa (Shah), 263.
729 Gonda, *Religionen Indiens* I, 326-327.
730 Kramrisch, *Hindu temple*, I, 25.
731 *Rigveda* (Geldner), III, 222.
732 Kramrisch, *Hindu temple*, I, 158.
733 Kramrisch, *Hindu temple*, I, 146-147.
734 Vgl. Stietencron, *Gaṅgā und Yamunā*, 87.
735 Fischer, *Schöpfungen indischer Kunst*, 51.
736 *Agnipurāṇa* (Apṭe), 90-91.
737 Sontheimer, ,,Religious endowments'', 49-53.
738 Varāhamihira, *Bṛhatsaṃhitā* I, 492-493: ,,Gods dwell with pleasure in (near) the lakes where the rays of the Sun are warded off by the parasol of lotus, which have clear water containing avenues of white lotuses tossed by the shoulders of swans, which resound with the notes of swans, flamingoes, Kraunchas and ruddy geese, and which have the aquatic animals resting in the shade of the Nichula trees on their bank. Likewise do they dwell in places where the rivers have large girdles of Krauncha birds, sweet voice in the form of the melodious notes of the royal swans, silken saree of the water, belts made of fishes, the floral ear-decorations in the form of the trees in bloom on the banks, round buttocks of confluences, lofty bosoms of sand-dunes, and merry laughter of the swans. They sport always in the vicinity of forests, rivers, mountains and cataracts; and in towns with pleasure-gardens.''
739 Kramrisch, *Hindu temple*, I, 13.
740 Huntington, ,,The legend of Pṛithu'', 191-192.
741 Kramrisch, *Hindu temple*, 16.
742 Stietencron, *Gaṅgā und Yamunā*, 80.
743 Kramrisch, *Hindu temple* I, 75.
744 Varāhamihira, *Bṛhatsaṃhitā* I, 422.
745 Kramrisch, *Hindu temple* I, 21.
746 *Mayamata* (Dagens), I, 41.
747 Varāhamihira, *Bṛahtsaṃhitā* I, 435.

748 Kramrisch, *Hindu temple*, I, 223.
749 Stietencron, *Gaṅgā und Yamunā*, 81.
750 Vgl. die bereits zitierten Stellen Ṛgveda X, 90 und Agnipurāṇa LXI, 19-27.
751 Frauwallner, *Geschichte der indischen Philosophie*, I, 309-310.
752 Kramrisch, *Hindu temple*, I, 150-152.
753 Kramrisch, *ibid.*, I, 151.
754 Rowland, *The art and architecture of India*, 289.
755 Kramrisch, *Hindu temple*, I, 195-196.
756 Kramrisch, *ibid.*, I, 185.
757 Kramrisch, *Hindu temple*, I, 207.
758 *Ibid.*, I, 156.
759 *Ibid.*, I, 156.
760 Kramrisch, *Hindu temple*, II, Pl. I.
761 So beim Mukteśvara-Tempel in Bhūbaneśvara.
762 Stietencron, *Gaṅgā und Yamunā*, 87.
763 Stietencron, *Gaṅgā und Yamunā*, 88.
764 Dasgupta, *History of Indian philosophy*, II, 356.
765 Nach Stietencron, *Gaṅgā und Yamunā*, 92-94.
766 Siehe Kramrisch, *Hindu temple*, II, Pl. XLIII u. XLV.
767 Varāhamihira, *Bṛhatsaṃhitā*, I, 491-492.
768 Goetz, *Indien*, 158.
769 Prakash, *Khajuraho*, 143.
770 Rowland, *The art and architecture of India*, 290.
771 Kramrisch, *Hindu temple*, I, 233-236.
772 *Matsyapurāṇa*, Blatt 292.
773 Kramrisch, *Hindu temple*, I, 228.
774 Kramrisch, *Hindu temple*, I, 119.
775 *Mahānirvāna Tantra*, 402.
776 Kirfel, *Symbolik des Hinduismus und Jinismus*, 25.
777 Kirfel, *Kosmographie der Inder*, 14*.
778 Eine ausführliche Angabe von Textstellen findet sich bei Kirfel, *Kosmographie*, 92 bei der Behandlung der Zone Ilāvṛta des Kontinentes Jambūdvīpa.
779 Siehe auch Fischer, *Indische Baukunst*, 21.
780 Kirfel, *Kosmographie*, 14*.
781 *Mahāvastu* (Senart), II, 136.
782 *Aṅguttara-Nikāya* (Hardy), III, 240.
783 Kirfel, *Kosmographie*, 15*.
784 *Ibid.*, 167-173.
785 Bhāskara, Siddhantaśiromani, in: *Sūryasiddhānta* (Sastri/Wilkinson), 115: ,,Sumeru is situated to the North (under the North Pole) and Vadavánala to the South of Lanká (under the South Pole) ... at Meru reside the Gods and the Siddhas, whilst Vadavánala are situated all the hells and the Daityas''.
786 Mensching, *Volksreligion und Weltreligion*, 35.
787 *Ibid.*, 22-23.
788 Hier verstanden als Verwendung gleicher oder doch ähnlicher Namen und Begriffe für total unterschiedliche religiöse Anschauungen. Der Gottesbegriff führender intellektueller Kreise (falls diese theistisch ausgerichtet waren) mit seiner Neigung zur Abstraktion, philosophischer Vertiefung und Erlangung mystischer Erfahrung eines einheitlichen Göttlichen ist grundsätzlich von dem einfacher Gläubiger zu unterscheiden.

KAPITEL V

TEMPEL UND KÖNIGTUM IN INDIEN

789 Rösel, *Der Palast des Herrn der Welt*, XIX. Diese Ansicht mag zunächst einseitig anmuten, da sie scheinbar die kognitiven und allgemein psychischen Vorgänge derer, die als Offizianten oder Gläubige am Kultus teilhaben, vernachlässigt und die Heilserwartung der Gläubigen nicht berücksichtigt. Im folgenden macht Rösel aber klar, daß die Erwartung der Masse der Gläubigen — hier meist Pilger — zu einem Großteil eben aus der angeführten ,,Zur-Schau''-Stellung des Gottes und seiner Macht im Ritual besteht.
790 Kulke, ,,Tempelstädte und Ritualpolitik'', 68.
791 *Manusmṛti* (Gharpure), 40.
792 *Manusmṛti*, 796.
793 Dumont, *Religion/politics*, 63.
794 *Ibid.*, 63.
795 *Manusmṛti*, 795.
796 Rau, *Staat und Gesellschaft im alten Indien*, 61.
797 *Aitareya-Brāhmaṇa* (Haug), I, 184 (Übers.: II, 472).
798 *Ibid.*, I, 186 (Übers.: II, 476).
799 *Ibid.*, 187 (Übers.: II, 477).
800 *Śatapatha-Brāhmaṇa* (Weber), 422.
801 *Ibid.*, 450.
802 *Ibid.*, 146.
803 *Śatapatha-Brāhmaṇa* (Weber), 461.
804 *Sanhita of the Black Yajur Veda*, II, 641.
805 *Śatapatha-Brāhmaṇa*, 1053.
806 Rau, *Staat und Gesellschaft*, 62.
807 *Śatapatha-Brāhmaṇa* V, 4, 4, 7 (Weber, 465): áthainaṃ pṛṣṭhatás tūṣṇím evá daṇḍaír ghnanti taṃ daṇḍair ghnánto daṇḍabadham átinayanti tásmād rā́jā́daṇḍo yád enaṃ daṇḍabadhám atináyanti.
808 *Tāṇḍya-Mahābrāhmaṇa* I, 799.
809 Dumont, *Religion/politics*, 66.
810 Hunter, *The Indian Empire*, 136.
811 Dumont, *Religion/politics*, 68.
812 *Atharvedasaṃhitā* (Roth/Whitney), 128.
813 *Ibid.*, 93.
814 Altekar, *State and government*, 106, 98-99.
815 Sinha, *Development of Indian polity*, 93, 99.
816 Drekmeier, *Kingship and community*, 171.
817 Ein anderer Name für Kauṭilya.
818 Sinha, *Development of Indian polity*, 108.
819 Basham, *Studies in Indian history and culture*, 58.
820 Altekar, *State and government*, 72-73.
821 Rau, *Staat und Gesellschaft*, 84-85.
822 Altekar, *State and government*, 76.
823 Basham, *Studies in Indian history and culture*, 62.
824 Dumont, *Religion/politics*, 74.
825 *Ibid.*, 75; Basham, *Studies*, 61.
826 Dumont, *Religion/politics*, 77.
827 *Mahābhārata*, Vol. 13, 314.
828 Drekmeier, *Kingship and community*, 249.
829 *Ibid.*, 255.
830 Huntington, ,,The legend of Pṛithu'', 188-190.
831 Drekmeier, *Kingship and community*, 137-138.
832 *Ibid.*, 251.

833 *Manusmṛti* (Gharpure), 494.
834 Basham, *Studies*, 62-63.
835 Altekar, *State and government*, 91-92.
836 Gonda, *Ancient Indian kingship*, 24.
837 Gonda, *Ancient Indian kingship*, 33.
838 CII, II, P. 1, 165.
839 *Ibid.*, LXXX, 163.
840 Altekar, *State and government.*
841 Rosenfield, *The dynastic arts of the Kushans*, 165-167.
842 Kuhn, ,,Zu den arischen Anschauungen vom Königtum'', 219.
843 Kuhn, ,,Zu den arischen Anschauungen'', 218-219.
844 Der indische *cakravartin* erscheint eher in der Literatur denn als konkreter Titel eines Herrschers.
845 Tallqvist, *Der assyrische Gott*, 54-55.
846 KAH II, No 60, 11.
847 *Annals of the kings of Assyria*, I, 5, 10-12.
848 McEwan, *The Oriental origin*, 32-34.
849 Hall, *History of South-East Asia*, 98-99.
850 Nilakanta Sastri, *The Cōḷas*, 453.
851 Balasubrahmanyam, *Early Chola temples*, 102-103.
852 SII, III, 1, No 16 (S. 25).
853 Nilakanta Sastri, *The Cōḷas*, 453.
854 SII, II, No 6.
855 Nilakanta Sastri, *The Cōḷas*, 453.
856 Sivaramamurti, *The Chola temples*, Taf. V.
857 Allan, *Catalogue of the coins of the Gupta Dynasties*, LXV-LXVII; vgl. Abb.
858 CII, III, No 1, 28 (S. 8).
859 EI, I, 72.
860 CII, III, No 46 (S. 215).
861 S. z.B. EI, V, 157; VII, 230.
862 Kulke, *Jagannātha-Kult*, 67.
863 *rāuta* ist abgeleitet von *rājaputra.*
864 Kulke, *Jagannātha-Kult*, 49.
865 Hsüan-tsang, *Si-yu-ki* (Beal), I, 214, 223.
866 Spencer, ,,Religious networks'', 48.
867 EI, V, 258.
868 EI, V, 227.
869 Hacker, ,,Religiöse Toleranz und Intoleranz'', 173.
870 Kulke, *Jagannātha-Kult*, 27-48.
871 Kulke, ,,Tempelstädte und Ritualpolitik'', 71.
872 Goetz, ,,The crisis of the migration period'', in: Goetz, *Studies in the history, religion and art*, 64-86.
873 Goetz, ,,The crisis of the migration period'', 68.
874 CII, III, No 36 (S. 159).
875 Goetz, ,,The crisis'', 73.
876 Scheftelowitz, *Die Zeit als Schicksalsgottheit*, 42.
877 Jastrow, *Bildermappe zur Religion Babyloniens*, Nr 92 u. Text.
878 Jastrow, *Bildermappe*, Nr 82 u. Text.
879 Gudea, *Great Cylinder inscriptions* (Price), 9.
880 Dussaud, ,,Le dieu mithraique léontocéphale'', 253-260.
881 *Mārkaṇḍeyapurāṇa* (Banerjea), 328: kunyatā-laḍahāś caiva strīvāhyā balikās tathā / nṛsiṃhā veṇumatyāñ ca valāvasthās tathāpare //
882 Varahamihira, *Bṛhatsaṃhitā* I, 164: diśi paścimottarasyāṃ māṇḍavyā-tuṣāra-tāla-hala-madrāḥ / aśmaka-kulūta-halaḍāḥ strīrājya-nṛsiṃhavana-khasthāḥ //
883 Hsüan-tsang, *Si-yu-ki* (Beal), I, 166.
884 S. dazu Stietencron, *Indische Sonnenpriester*; Srivastava, *Sun-worschip in ancient India*; Gail, ,,Der Sonnenkult im alten Indien'', 333-348.

885 Im Kapitel über die sakrale Prostitution.
886 Rosenfield, *The dynastic arts of the Kushans*, 76; Münzen Nr. 85-87.
887 Jastrow, *Bildermappe*, Nr. 170, 171, 173.
888 Vgl. Mitra, ,,The Ābhīras and their contributions'', 91-100.
889 Kulke, *Jagannātha-Kult*, 18.
890 Kulke, *Cidambaramāhātmya*, 215-216.
891 Kulke, *Jagannātha-Kult*, 15-16.
892 CII, III, 81-88.
893 Antonova, ,,Zur Entwicklung des Feudalismus in Indien'', 2.
894 EI, VIII, 78; VII, 58.
895 Lüders, *List of Brahmi inscriptions*, No 1195.
896 EI, VIII, 146.
897 EI, XVII, 345-348.
898 EI, XV, 114-140; XXIII, 53-55.
899 EI, XXI, 78-83.
900 EI, XXIII, 56-57; XXVII, 33-36; XXIV, 216-301.
901 EI, X, 34-38; XIV, 331-336; XIX, 261-262.
902 EI, XXI, 103.
903 EI, XXII, 124.
904 Antonova, ,,Zur Entwicklung des Feudalismus'', 7-8.
905 EI, XV, 93; XV, 97.
906 EI, V, 25.
907 EI, XVI, 302, 309.
908 EI, XVI, 35.
909 Antonova, ,,Zur Entwicklung des Feudalismus'', 10.
910 Sharma, ,,The origins of feudalism in India'', 317.
911 Karashima, ,,Nāyakas as lease-holders'', 228.
912 *Kauṭilīya Arthaśāstra* (Kangle), I, 155.
913 Zitiert nach Kane, *History of Dharmaśāstra*, III, 198.
914 Kalhaṇa, *Rājataraṅgiṇī* (Vishva Bandhu), I, 208.
915 Kalhaṇa, *Rājataraṅgiṇī* (transl. Stein), I, 208.
916 Die Übersetzung geschah in Anlehnung an die von Jolly, ,,Rechtshistorisches aus der Rājataraṅgiṇī'', 86, gegebene.
917 Kalhaṇa, *Rājataraṅgiṇī* (Vishva Bandhu), I, 397.
918 Winternitz, *Geschichte der indischen Litteratur*, III, 86.
919 Winternitz, *Geschichte der indischen Litteratur*, III, 494.
920 *Manusmṛti* (Gharpure), 165.
921 Sontheimer, ,,Religious endowments'', 71.
922 EI, IV, 355.
923 Sontheimer, ,,Religious endowments'', 73.
924 EI, XI, 57.
925 EI, XIX, 52ff.
926 Nilakanta Sastri, *The Cōḷas*, 203.
927 EI, XI, 297-298.
928 Sontheimer, ,,Religious endowments'', 74.
929 Nilakanta Sastri, *The Cōḷas*, 514.
930 EI, XXX, 235.
931 Sircar, ,,Two Liṅgarāja temple inscriptions'', 72-73.
932 Nilakanta Sastri/Venkataramanayya, *Further sources of Vijayanagara*, III, 6-7.
933 Sircar, ,,Purī copperplate inscription of Gaṅga Bhānu II. of Orissa'', 25; vgl. Kulke, *Jagannātha-Kult*, 64.
934 Kulke, *Jagannātha-Kult*, 71.
935 *Ibid.*, 72.
936 EI, XXXVI, 76, 79.
937 Kulke, *Jagannātha-Kult*, 72.
938 Rösel, *Der Palast des Herrn der Welt*, XVIII.

939 *Ibid.*, XIX.
940 Rösel, *Der Palast des Herrn der Welt*, XX.
941 Abū'l-Faḍl ᶜAllāmī, *The Āᶜīn-i Akbarī*, II, 140.
942 Kulke, ,,Tempelstädte und Ritualpolitik'', 69.
943 Kulke, *Jagannātha-Kult*, 48.
943a *Early travels in India* (Wheeler), 142-143: ,,Anno 1598. there was a great contention, whether the signe of Perimal should bee erected in the Temple of *Cidambacham.* This signe was a gilded Mast, with an Ape at the foot thereof. Many Embassadors were there about this quarrell; some vrging, some resisting this deed. But the Prince (called the *Naicho* of Gingi) would haue it set up, nothwithstanding the Priests greatest vnwillingnesse. The Priests therefore (which are the *Iogues*) and secular *Bramenes* ascended vp the roofe of the Church, and thence threatned to hurle downe themselues, which twenty of the *Iogues* did, and the rest threatned to follow. But the *Naicho* caused Gunnes to be discharged at them, which slue two, and caused the rest to retire and breake their couenant (rather then their necks) with their fellowes. A woman also of this faction cut her owne throat for zeale of this new superstition.''

KAPITEL VI

DIE SAKRALE PROSTITUTION IN MESOPOTAMIEN UND INDIEN

944 Helck, *Betrachtungen zur großen Göttin*, 81.
945 ,,Ein Lied auf Enlilbāni von Isin'' (Kapp), 79, 82.
946 Helck, *Betrachtungen zur großen Göttin*, 81.
947 Schmökel, *Heilige Hochzeit und Hoheslied*, 12.
948 Dijk, ,,Sumerische Religion'', 476-484.
949 *me* hat die Bedeutung von ,,numinoser Wirkkraft, numinoser Macht, Numen''. Es ist das, was das Wesen der Dinge ausmacht; vgl. Oberhuber, *Der numinose Begriff Me im Sumerischen*, Innsbruck 1963.
950 SAHG No 18, 20-21 (S. 91).
951 *Sumerische ,,Königshymnen'' der Isin-Zeit* (Römer), 141.
952 Zitiert nach Helck, *Betrachtungen*, 82.
953 Böhl, ,,Tochter des Königs Nabonid'', 154.
954 Böhl, ibid., 155.
955 Schmökel, *Heilige Hochzeit*, 13, Anm. 8.
956 Pallis, *The antiquity of Iraq*, 682.
957 Böhl, ,,Tochter König Nabonids'', 156.
958 Renger, ,,Untersuchungen zum Priestertum'', I, 159.
959 *Maqlû* (Meier), 23 [neu transliteriert]: ^{MUNUS}qadištum (NU-GIG) ^{MUNUS}nadītum (LUKUR) ^{d}ištar(INNIN)-i-tum kul-ma-ši-tum ba-a-a-ar-tum šá mu-ši ṣa-a-a-di-tum šá kal [u$_4$-mi] mu-la-ʾi-i-tum šá šamê (AN-e) mu-lap-pit-tum šá erṣetim (KI-tim) ka-mi-tum šá pî (KA) ilāni (DINGIR.MEŠ) ka-si-tum šá bir-ki ^{d}ištarāti (INNIN.MEŠ) da-a-a-ik-tum šá eṭlē (GURUŠ.MEŠ) la pa-di-tum šá sinnišāti (MUNUS.MEŠ).
960 Renger, ,,Untersuchungen zum Priestertum'', I, 184.
961 Renger, ,,Untersuchungen zum Priestertum'', I, 187.
962 Pallis, *The antiquity of Iraq*, 682.
963 King, *Seven tablets of creation*, II, Pl. 75ff.; eine Transliteration u. Übers. d. Textes ist in I, 222-237 gegeben [hier verbessert]:... be-let be-le-e-ti i-lat i-la-a-ti ^{d}Iš-tar šar$_5$-ra-ti kul-lat da-ád-me muš-te-še-$_{20}$-rat te-né-še-e-ti ^{d}Ir-ni-ni mut-tal-la-a-ti ra-bít ^{d}Í-gì-gì gaš-ra-a-ti ma-al-ka-a-ti šu-mu-ki ṣi-ru at-ti-ma na-an-na-rat šamê (AN-e) u erṣetim (KI-tim) ma-rat ^{d}Sîn (XXX) qa-rit-ti mut-tab-bi-la-at ^{giš}kakkê (TUKUL.MEŠ) šá-ki-na-at tu-qu-un-ti...le-eʾ-a-at ka-li-šú-nu ma-al-ku ṣa-bi-ta-at [Lücke] ṣer-ret šarrāni (LUGAL.MEŠ) pi-ta-a-at pu-su-um-me šá ka-li-ši-na ardāti (KI-SIKIL.MEŠ).

964 CT XV, 46, Rs. 8: ar-da-tum ina sūqi (SILA) ul ú-šá-ra [eṭ]-lu.
965 Dijk, ,,Une insurrection générale au pays de Larša avant l'avènement de Nūradad'', 9-10.
966 Nabûnaʾid, *Inschrift der Stele Nabunaids*, 27-28.
967 *Babylonian historical texts* (Smith), 58.
968 Böhl, ,,Tochter des Königs Nabonid'', 162-169.
969 Meissner, *Babylonien und Assyrien*, II, 69.
970 Falkenstein, *Topographie von Uruk*, 30-39.
971 *Götter und Mythen im Vorderen Orient*, 108; King, *The seven tablets of creation*, I, 222-223.
972 Soden, ,,Altbabylonische Dialektdichtungen'', 32ff.
973 Tarn, *The Greeks in Bactria and India*, 463-466.
974 Andrae/Jensen, ,,Aramäische Inschriften'', 21.
975 Rosenfield, *The dynastic arts of the Kushans*, 85-91.
976 Thomas, *Indian women*, 236.
977 Altekar, *Position of women*, 182-183; vgl. dazu Penzer's Essay ,,Sacred prostitution'', 131-184.
978 Cakravarti, *Sex life*, 98.
979 Derrett, *Religion, law*, 176.
980 Kommentar Mitākṣarā des Vijñāneśvara (11.Jh.) zur Yājñavalkyasmṛti II, 290; s. *Yājñavalkya* (KHISTE), 743.
981 Derrett, *Religion, law*, 176.
982 Altekar, *Position of women*, 182.
983 Penzer, ,,Sacred prostitution'', 132; Fišer, *Indian erotics*, 84.
984 s. Pischel/Geldner, *Vedische Studien*, I, 196, wo erwogen wird, ob Uṣas das Urbild der Hetären sein könnte; II, 120 wird Ṛgveda I, 92, 4 zitiert, wo es von Uṣas heißt: *ádhi péśāṃsi vapate nṛtū́r iva* ,,sie trägt Farben auf wie eine Tänzerin''.
985 Pischel/Geldner, *ibid.*, II, 120.
986 Pischel/Geldner, *Vedische Studien*, II, 121, 123; Sternbach, ,,Legal position of prostitutes'', 27.
987 S. dazu: Meyer, *Das Weib im altindischen Epos*, 198-205.
988 EI, XXII, 31.
989 Das Wort *tīrthīgā* war lexikalisch nicht auszumachen; doch vgl. Thomas, *Indian women*, 237 u. Cakravarti, *Sex life*, 98: ,,The women practising these acts [d.i. sakrale Prostitution] in pilgrimage centres were known as Tīrthīgās or Pravrājikās''.
990 Bonaudo, *Die Tīrtha's*, 26-27.
991 Gonda, *Religionen Indiens*, I, 320.
992 Bonaudo, *Die Tīrtha's*, 4-5, gibt als Belegstellen Ṛgveda X, 31, 3; I, 173, 11; I, 46, 8; I, 169, 6; VIII, 67, 7; X, 40, 13; X, 114, 7; IX, 97, 53 an, wobei die ersten fünf nur den einfachen Sinn von Furt haben.
993 Hillebrandt, *Vedische Mythologie*, II, 304: ,,Ob es heilige Badeplätze gab, wissen wir nicht. Aber die weite Verbreitung und das Ansehen der Tīrtha's in der späteren Zeit — man vergleiche das Anuçāsanaparvan (Mbh. XIII, 25) macht es nicht unwahrscheinlich, daß auch in der vedischen Zeit an den Ufern der damals besonders gepriesenen Ströme bevorzugte heilige Orte bestanden.''
994 *Aitareyabrāhmaṇa* (Haug), I, 180.
995 Bhardwaj, *Hindu places of pilgrimage*, 3-4, führt in diesem Zusammenhang an, daß im vorhergehenden Vers der Mann, der sich unter Menschen aufhält, negativ bewertet wird.
996 Marshall, *Mohenjo-Daro*, I, 24-26.
997 Marshall, *ibid.*, I, 52, 54-55, 59; Pl. XII, 17, 18, 22; XIII, 17; XIV, 284; XCV, 13; Banerjea, *Development of Hindu iconography*, 489.
998 Desai, *Erotic sculpture of India*, 10.
999 *Manusmṛti* IX, 259; IV, 209, 211, 219, 220; V, 90; *Yājñavalkyasmṛti* II, 290ff.
1000 Penzer, ,,Sacred prostitution'', 132-133; Meyer, *Das Weib im altindischen Epos*, 200ff.

1001 Winternitz, *Geschichte der indischen Litteratur*, I, 348.
1002 Meyer, *Das Weib im altindischen Epos*, 204.
1003 *Kauṭilīya Arthaśāstra* (Kangle), I, 75.
1004 *Kauṭilya-Arthaśāstra* (Meyer), 174-175.
1005 Chunder, *Kauṭilya on love and morals*, 111.
1006 Sternbach, ,,Legal position'', 48.
1007 Zur Frage der Datierung s. Raychaudhuri, ,,Note on the date of Arthaśāstra'', 285-287 und Scharfe, *Untersuchungen zur Staatsrechtslehre*, 1-16.
1008 Desai, *Erotic sculpture*, 107.
1009 Hsüan-tsang, *Si-yu-ki* (Beal), II, 274; Watters, *On Yuan Chwang's travels*, II, 254.
1010 Stietencron, *Indische Sonnenpriester*, 226.
1011 *Bhaviṣyapurāṇa*, 145; Altekar, *Position of women*, 183; Thomas, *Indian women*, 237-238; Desai, *Erotic sculpture*, 107.
1012 Stietencron, *Indische Sonnenpriester*, 29-120.
1013 Stietencron, *ibid.*, 13.
1014 Stietencron, *Indische Sonnenpriester*, 229-230.
1015 CII, III, 81ff.
1016 CII, III, 70.
1017 CII, III, 162.
1018 Gail, ,,Der Sonnenkult im alten Indien'', 335-339; er setzt sich auch kritisch mit den gleichlautenden Werken von Pandey und Srivastava, *Sun-worship in ancient India*, auseinander, deren Ansatzpunkte nicht haltbar sind.
1019 Rosenfield, *The dynastic arts of the Kushans*, 80-81.
1020 Stietencron, *Indische Sonnenpriester*, 233.
1021 śrī-mahāśvetayoḥ sthānaṃ purastād aṃśumālinaḥ (*Bhaviṣyapurāṇa*, I, 130, 51b; S. 193).
1022 Stietencron, *Indischer Sonnenpriester*, 253.
1023 Herodot, *Historien*, I, 126.
1024 Widengren, *Die Religionen Irans*, 121.
1025 Widengren, *ibid.*, 226.
1026 Schnabel, *Berossos*, 275.
1027 Roscher, *Ausführliches Lexikon*, Sp. 330-331.
1028 Tarn, *The Greeks in Bactria and India*, 115.
1029 Widengren, *Die Religionen Irans*, 179.
1030 Mukherjee, *Nanā on lion*, 13ff.
1031 Mukherjee, *ibid.*, 10; Rosenfield, *Kushans*, 88-91.
1032 Mukherjee, *ibid.*, 27; Pl. 1 (Nanā mit Hörnerkrone).
1033 Rosenfield, *Kushans*, 88; Mukherjee, *Nanā*, 19.
1034 Rosenfield, *Kushans*, 93.
1035 Rosenfield, *Kushans*, 92.
1036 Rosenfield, *Kushans*, 194.
1037 Scheftelowitz, ,,Die Mithra-Religion der Indoskythen'', 303.
1038 Padmapurāṇa, III; Altekar, *Position of women*, 183.
1039 Altekar, *ibid.*, 183.
1040 Dāmodaragupta, ,,Kuṭṭanīmatam''; in: Kāvyamālā III, 95; Desai, *Erotic sculpture*, 107, 162-163.
1041 HIED, I, 11.
1042 HCIP, V, 495.
1043 Chao Ju-kua, *Chu-fan chih* (Hirth/Rockhill), 92.
1044 SII, II, P. 3, No 66.
1045 al-Bīrūnī, *Alberuni's India* (Sachau), II, 157.
1046 Sontheimer, ,,Religious endowments'', 77.
1047 EI, XI, 27-28.
1048 Altekar, *Position of women*, 184.
1049 Kantawala, *Cultural history from the Matsyapurāṇa*, 100.
1050 Desai, *Erotic sculpture*, 108.

1051 Penzer, ,,Sacred prostitution'', 163; Desai, *Erotic sculpture*, 108.

1052 Kalhaṇa, *Rājataraṅgiṇī*, I, 19: hlādodayān nṛtta-gīta-kṣaṇe narttitum utthitam / pradadau jyeṣṭharūdrāya so varodha-vadhū-śatam.

1053 EI, XIII, 47, 56.

1054 Patnaik, ,,Śobhaneśwar inscription'', 132; Desai, *Erotic sculpture*, 161-162.

1055 EI, XXXIII, 263, 272.

1056 Kalhaṇa, *Rājataraṅgiṇī*, I, 120: evan ukto 'pi nādatse tāṃ cet tat sā surās padāt / gṛhyatāṃ nartakībhūtā nṛtya-jñatvān mayārpitā.

1057 *Ibid.*, I, 372: sāpi hi dyusado veśma-nartakī nāṭyamaṇḍape / dṛṣṭvā tenāvaruddhātvaṃ ninye rājavadhūḥ purā.

1058 Stange hegt berechtigte Zweifel, ob Marco Polo jemals über Persien hinausgekommen ist; vgl. Stange, ,,Where was Zayton actually situated?'', 122.

1059 Nach: Polo, *Description of the world* (Moule/Pelliot) I, 393-394 (enthält auch die lateinische Version).

1060 Sewell, *A forgotten empire*, 234.

1061 Dubois, *Hindu manners, customs*, 585-586.

1062 Singer, *When a great tradition modernizes*, 172.

1063 Madras Devadasis (Prevention of Dedication) Act, 31 of 1947; Madras Devadasis (Prevention of Dedication) (Andhra Amendment) Act, 19 of 1956; Bombay Devadasis Protection Act, 10 of 1934; Bombay Devadasis Protection (Extension) Act, 1957, 34 of 1958 (zitiert nach Derrett, *Religion, law*, 451-452).

BIBLIOGRAPHIE

I. QUELLEN
(Textausgaben und Übersetzungen)

A. Mesopotamische Quellen

Altorientalische Texte zum Alten Testament. Hrsg. v. Hugo Gressmann. 2. unveränd. Nachdr. d. 2. Aufl. Berlin 1970.

Ancient Near Eastern Texts relating to the Old Testament. Ed. by James B[ennett] Pritchard, (2. ed.) Princeton 1955.

Annals of the kings of Assyria. The cuneiform texts with translations, transliterations, etc., from the original documents in the British Museum. Ed. by E[rnest] A[lfred] Wallis Budge and L[eonard] W[illiam] King. Vol. 1. London 1902.

Archives royales de Mari. Publiées par G[eorges] Dossin. P. 10. Paris 1967 (Textes cunéiformes. T. 31).

Aššur-aḫa-iddina: *Die Inschriften Asarhaddons, Königs von Assyrien.* Von Riekele Borger. Neudr. d. Ausg. 1956. Osnabrück 1967 (AfO. Beih. 9).

Assyrian and Babylonian letters. Belonging to the Kouyunjik Collections of the British Museum. By Robert Francis Harper. P. 1-14. Chicago 1892-1914.

Atra-ḫasīs. The Babylonian story of the flood. By W[ilfred] G[eorge] Lambert and A[lan] R[alph] Millard. With the Sumerian flood story. By M[iguel] Civil. Oxford 1969.

Babylonian historical texts. Relating to the capture and downfall of Babylon. Transl. by Sidney Smith. London 1924.

Barton, George A[aron]: *The royal inscriptions of Sumer and Akkad.* New Haven [usw.] 1929.

Behrens, Hermann: *Enlil und Ninlil.* Ein sumerischer Mythos aus Nippur. Roma 1978 (Studia Pohl. Ser. Maior: 8).

Berger, P[aul]-R[ichard]: „Der Kyros-Zylinder mit dem Zusatzfragment BIN II Nr. 32 und die akkadischen Personennamen im Danielbuch"; in: ZA 64 (1975), 192-234.

Borger, Rykle: „Gott Marduk und Gott-König Šulgi als Propheten. Zwei prophetische Texte."; in: BiOr 28 (1971), 3-24.

Bussiness documents of Murashû sons of Nippur. Dated in the reign of Artaxerxes I. (464-424 B.C.). By H[ermann] V[ollrath] Hilprecht. And rev. by A[lbert] T[obias] Clay. Philadelphia 1898 (BE. Ser. A, Vol. 9).

Chronicles concerning early Babylonian kings. Including records of the early history of the Kassites and the country of the Sea. Ed. by L[eonard] W[illiam] King. Vol. 1.2. London 1907 (Studies in Eastern History: 2.3).

Contrats néo-babyloniens. Publiées par G[eorges] Contenau. 1.2. Paris 1927-29 (Textes cunéiformes. T. 12.13).

Delitzsch, Friedrich: *Assyrische Lesestücke.* Mit den Elementen der Grammatik und vollständigem Glossar... 5., neu bearb. Aufl. Leipzig 1912.

Ebeling, Erich: *Stiftungen und Vorschriften für assyrische Tempel.* Berlin 1954 (Deutsche Akad. d. Wiss. zu Berlin. Inst. f. Orientforschung. Veröff. Nr 23).

Ebeling, Erich: „Urkunden des Archivs von Assur aus mittelassyrischer Zeit"; MAOG 7, H.1/2 (1933).

Enmerkar and the lord of Aratta. A Sumerian epic tale of Iraq and Iran. By Samuel Noah Kramer. Philadelphia 1952 (Museum Monographs).

Enuma eliš. The Babylonian epic of creation. The cuneiform text. Text established by W[ilfred] G[eorge] Lambert and copied out by Simon B[ruce] Parker. (Reprinted.) Oxford 1969.

"Fluch über Akkade. Bearbeitet von A[dam] Falkenstein"; in: ZA 57 (1965), 43-124.

Gössmann, Felix: P[ater] F[elix] Gößmann OESA: *Das Era-Epos.* Würzburg [1956].

Gudea: *The great Cylinder inscriptions A and B of Gudea (about 2450 B.C.).* To which are added his statues as Part II. With transliteration, translation, notes, full vocabulary and signlists. By Ira Maurice Price. Leipzig 1927 (Assyriologische Bibliothek. Bd 26).

Hammurabi's Gesetz. Von J[osef] Kohler, A[rthur] Ungnad. Bd 1-6. Leipzig 1904-23.

Hirsch, Hans: ,,Die Inschriften der Könige von Agade''; in: AfO 20 (1963), 1-82.

Hundert ausgewählte Rechtsurkunden. Aus der Spätzeit des babylonischen Schrifttums von Xerxes bis Mithradates II. (485-93 v. Chr.). Von J[osef] Kohler, A[rthur] Ungnad. Leipzig 1911.

Die Inschriften der altassyrischen Könige. Von Erich Ebeling, Bruno Meissner und Ernst Weidner. Leipzig 1926.

Die Inschriften Tukulti-Ninurtas I. und seiner Nachfolger. Bearbeitet von Ernst Weidner. Mit einem Beitrag v. Heinrich Otten. Neudr. d. Ausg. 1959. Osnabrück 1970 (AfO. Beih. 12).

Kabti-ilāni-Marduk: *Šar gimir dadmē* [Erra-Epos]. s. Gössmann, Felix: Das Era-Epos.

Die Keilinschriften der Achämeniden. Bearbeitet von F[ranz] H[einrich] Weissbach. Leipzig 1911 (VAB: 3).

Keilschrifttexte aus Assur historischen Inhalts. H. 1: Autographien v. Leopold Messerschmidt. H. 2: Autographien v. Otto Schroeder. Leipzig 1911-12.

Keilschrifttexte aus Assur juristischen Inhalts. Autographiert von Erich Ebeling. Leipzig 1927.

Keilschrifttexte aus Assur verschiedenen Inhalts. Autographiert, mit Inhaltsübersicht und Namenlisten versehen v. Otto Schroeder. Leipzig 1920.

Lambert, W[ilfred] G[eorge]: *Babylonian wisdom literature.* (Reprinted.) Oxford 1975.

Lamentation over the destruction of Ur. By Samuel N[oah] Kramer. Chicago 1940 (Assyriological Studies. No 12).

Langdon, Stephen: ,,The legend of Etana and the eagle or The epical poem ,The city they hated' ''; in: *Babyloniaca* 12 (1931), 1-56.

Langdon, Stephen: *Sumerian liturgical texts.* Philadelphia 1917.

,,Ein Lied auf Enlilbāni von Isin. Bearbeitet v. A. Kapp''; in: ZA 51 (1955), 76-87.

Maqlû: Die assyrische Beschwörungssammlung Maqlû. Neu bearb. v. Gerhard Meier. Neudr. d. Ausg. 1937. Osnabrück 1967 (AfO. Beih. 2).

Moore, Ellen Whitley: *Neo-Babylonian business and administrative documents.* With transliteration, translation and notes. Ann Arbor 1935.

Nabûnaʾid: *Die Inschrift der Stele Nabunaʾid's, Königs von Babylon.* Enthaltend die erste inschriftliche Nachricht über den Fall Ninives. Von L[eopold] Messerschmidt. Berlin 1896 (MVAG 1/1).

Die neubabylonischen Königsinschriften. Bearb. v. Stephen Langdon. Aus dem Engl. übers. v. Rudolf Zehnpfund. Leipzig 1912 (VAB:4).

Rituel accadiens. Par F[rançois] Thureau-Dangin. Paris 1921.

Šarrukīn II. *Die Keilschrifttexte Sargons.* Nach den Papierabklatschen und Originalen. Neu hrsg. v. Hugo Winckler. Bd 1.2. Leipzig 1889.

Sîn-aḫḫē-erība: *The annals of Sennacherib.* By Daniel David Luckenbill. Chicago 1924.

Sîn-leqe-unnini: *The epic of Gilgamish* [Ša naqba īmuru]. Text, transliteration, and notes by R[eginald] Campbell Thompson. Oxford 1930.

Sîn-leqe-unnini: *Das Gilgamesch-Epos* [dt.]. Neu übers. u. mit Anmerkungen versehen v. Albert Schott. Durchgesehen u. ergänzt v. Wolfram von Soden. Stuttgart 1966.

Šulmānu-ašarēd III. ,,Die Assur-Texte Salmanassars III. (858-824). Von Ernst Michel''; in: WO I (1947-52), 5-20, 57-71, 205-222, 255-271, 385-396, 454-475, WO II (1954-59), 27-45, 137-157, 221-232, 408-415, WO III (1964-66), 146-155, WO IV (1967-68), 29-37.

Sumerian religious texts. By Edward Chiera. Upland, Pa. 1924 (Crozer Theological Seminary Babylonian Publications: 1).

Sumerische und akkadische Hymnen und Gebete. Eingeleitet und übertragen v. A[dam] Falkenstein und W[olfram] von Soden. Zürich, Stuttgart 1953.

Sumerische ,,Königshymnen'' der Isin-Zeit. Door Willem Hendrik Philibert Römer. Leiden 1965.

,,Sumerische religiöse Texte. Bearb. v. A[dam] Falkenstein''; in: ZA 49 (1950), 80-150.

Die sumerischen und akkadischen Königsinschriften. Bearb. v. F[rançois] Thureau-Dangin. Leipzig 1907 (VAB:1, 1).

Tablettes d'Uruk à l'usage des prêtres du Temple d'Anu au temps des Séleucides. Publiées par F[rançois] Thureau-Dangin. 105 planches. Paris 1922 (Textes cunéiformes, T. 6).

Tukulti-apil-Ešarra III. *Die Keilschrifttexte Tiglat-Pilesers III.* Nach den Papierabklatschen und Originalen des Britischen Museums neu hrsg. v. Paul Rost. Bd 1.2. Leipzig 1893.

,,Urnammu: Three religious texts. By G[iorgio Raffaele] Castelloni''; in: ZA 52 (1957), 1-57 [I] u. ZA 53 (1959), 106-132 [II].

B. Indische Quellen

Agnipurāṇam. [Ed.:] Mahādev Cimaṇājī Āpṭe. [Puṇa] 1957 (Ānandāśramasaṃskṛtagranthāvaliḥ. Granthāṅkaḥ 41).

Aitareya-Brāhmaṇa: The Aitareya Brahmanam of the Rigveda. Containing the earliest speculations of the Brahmans on the meaning of the sacrificial prayers, ...Ed., transl. and explained by Martin Haug. (1. Indian Repr. [First publ. 1863.]). Vol. 1.2. Delhi [usw.] 1976-77.

Amarasiṃha: *Amarakośa.* With the unpubl. South Indian commentaries Amarapadavivṛti of Liṅgayasūrin and the Amarapadapārijāta of Mallinātha. Crit. ed. with introd. by A. A. Ramanathan. Adyar'1971 (The Adyar Library Ser. Vol. 101).

Aṅguttaranikāya: The Aṅguttara-Nikāya. Ed. by Richard Morris (1.2), E[mund] Hardy (3-5), Mabel Hunt (6). Vol. 1-6. London 1885-1910.

Aśoka: *Die großen Felsen-Edikte Aśokas.* Kritische Ausgabe, Übersetzung und Analyse der Texte. Von Ulrich Schneider. Wiesbaden 1978 (Freiburger Beiträge zur Indologie. Bd. 11).

Artharvavedasaṃhitā. Hrsg. v. R[udolf] Roth und W[illiam] D[wight] Whitney. Bd. 1: Text. Berlin 1856.

The Baudhāyanadharmaśāstra. Ed. by E[ugen] Hultzsch. Leipzig 1884.

Bhaviṣyapurāṇa: Bhaviṣya Mahāpurāṇa. Saṭippaṇī mūlamātrā. Bambaī 1959.

Bṛhadāraṇyaka-Upaniṣad: Bṛhadāraṇjakopanishad in der Mādhjaṁdina-Recension. Hrsg. u. übers. v. O[tto] Böhtlingk. St. Petersburg 1889.

Chāndogya-Upaniṣad: The Chhándogya Upanishad. With the commentary of Sankara Achárya, and the gloss of Ánanda Girí. Ed. by E[duard] Röer. Calcutta 1850 (Bibliotheca Indica. Vol. 3).

Corpus Inscriptionum Indicarum. Vol. 1- . Calcutta [u.a.] 1877-.

Dāmodaragupta: ,,Kuṭṭanīmatam'', in: *Kāvyamālā*, P. 3, Bombay 1887, 32-110.

The Dīghanikāya. Ed. by T[homas] W[illiam] Rhys Davids and J[oseph] Estlin Carpenter. Vol. 1-3. London 1889-1911.

Epigraphia Indica. A collection of inscriptions supplementary to The Corpus Inscriptionum Indicarum of the Archaeological Survey, transl. by several Oriental scholars. Ed. by Ja[me]s Burgess (1.2), E[ugen] Hultzsch (3-9) [u.a.]. Vol. 1- . Calcutta, Delhi 1892-.

Gautamadharmaśāstram. The institutes of Gautama. Ed. with an index of words by Adolf Friedrich Stenzler. London 1876.

The Jātaka. Together with its commentary. Being tales of the anterior births of Gotama Buddha. For the first time ed. in the orig. Pāli by V[iggo] Fausbøll. (Repr. First publ. 1877-97.) Vol. 1-7. London 1962-64.

Jātakam [dt.]. Das Buch der Erzählungen aus früheren Existenzen Buddhas. Aus dem Pāli zum ersten Male vollständig ins Deutsche übers. v. Julius Dutoit. Bd 1-7. München-Neubiberg 1908-21.

Kalhaṇa: *Rājataraṅgiṇī of Kalhaṇa.* Ed., crit., and annotated with text-comparative data from original manuscripts and other available materials. By Vishva Bandhu. P. 1.2. Hoshiarpur 1963-65 (Vishveshvaranand Vedic Res. Inst. Public.: 273, 357. Woolner Indological Ser.: 5, 6).

Kalhaṇa: *Kalhaṇa's Rājataraṅgiṇī* [engl.]. A chronicle of the kings of Kaśmīr. Transl., with an introd., commentary, and appendices. By M[arc] A[urel] Stein. [Nachdr. d. Ausg. v. 1900.] Vol. 1.2. Delhi [usw.] 1961.

The Kauṭilīya Arthaśāstra. [By] R. P. Kangle. P. 1-3. Bombay 1960-65.

Kauṭilya-Arthaśāstra [dt.]: *Das altindische Buch vom Welt- und Staatsleben.* Das Arthaçāstra des Kauṭilya. Aus dem Sanskrit übers. u. m. einer Einleitung u. Anmerkungen versehen. Von Johann Jacob Meyer. Leipzig 1926.

Mahābhārata: The Mahābhārata for the first time crit. ed. by Vishnu S[itaram] Sukthankar [u.a.]. Vol. 1-15. Poona 1933-59.

Mahānirvāna Tantra. With the comm. of Hariharananda Bharatī. Madras 1929 (Tantrik Texts. Vol. 13).

Le Mahāvastu. Texte sanscrit publié pour la première fois et accompagné d'introductions et d'un commentaire. Par E[mile] Senart. T. 1-3. Paris 1882-1907.

The Maitrāyaṇīya Upaniṣad. A critical essay, with text, transl. and commentary. By J[ohannes] A[drianus] B[ernadus] van Buitenen. 's-Gravenhage 1962 (Disputationes Rheno-Trajectinae: 6).

Mānasāra on architecture and sculpture. Sanskrit text with crit. notes. Ed. by Prasanna Kumar Acharya. London [usw.] 1934.

Manusmṛti. With the Bhāshya of Bhaṭṭa Medhātithi. Ed. by J[agannāth] R[aghunāth] Gharpure. Bombay 1920 (The Collections of Hindu Law Texts. No 9).

Mārkaṇḍeyapurāṇa: *The Márcaṇḍeya Purána.* In the original Sanskrit ed. by K[rishna] M[ohan] Banerjea. Calcutta 1862 (Bibliotheca Indica: 29).

Matsyapurāṇa: *Śrīmatsyapurāṇa.* Bombay o. J.

Mayamata. Traité sanskrit d'architecture. Éd. critique, traduction et notes par Bruno Dagens. P. 1.2. Pondichéry 1970-76 (Public. de l'Inst. Franç. d'Indologie. No 40).

Muir, J[ohn]: *Original Sanskrit texts* on the origin and history of the people of India, their religion and institutions. Collected, transl., and illustrated. 2. ed. Vol. 1-5. London 1868-73.

Padmapurāṇa: *Vyāsapraṇītaṃ Padmapurāṇam.* Bhāgaḥ 1-4. Puṇyapattane 1893-94.

Pañcaviṃśa-Brāhmaṇa: s. *Tāṇḍya-Brāhmaṇa.*

Patañjali: *The Vyākaraṇa-Mahābhāṣya of Patañjali.* Ed. by F[ranz] Kielhorn. 3. ed. rev. and furnished with additional readings, references and select critical notes. By K[ashinath] V[asudev] Abhyankar. Vol. 1-3. Poona 1962-72.

Rāmāyaṇa: *Srimad Vālmiki Rāmāyana.* A critical ed. With the commentary of Sri Govindaraja and extracts from many other commentaries and readings. Ed. and publ. by T[onape] R[amacharya] Krishnacharya, T[onape] R[amacharya] Vyasacharya and T[onape] R[amacharya] Srinivasacharya. 1-7. Bombay 1911-13.

Ṛgveda: *Die Hymnen des Ṛgveda.* Hrsg. v. Th[eodor] Aufrecht. Th. 1.2. Berlin 1861-63.

Ṛgveda [dt.]: *Der Rig-Veda.* Aus dem Sanskrit ins Deutsche übersetzt und mit einem laufenden Kommentar versehen. Von Karl Friedrich Geldner. T. 1-4. Cambridge, Mass. [usw.] 1951-57.

Śatapathabrāhmaṇa: *The Çatapatha-Brāhmaṇa* in the Mādhyandina-Çākhā with extracts from the commentaries of Sāyaṇa, Harisvāmin and Dvivedaganga. Ed. by Albrecht Weber. Varanasi 1964 (Chowkhamba Sanskrit Ser. Work No 96).

Śatapathabrāhmaṇa [engl.]: *The Satapatha-Brāhmana.* According to the text of the Mādhyandina school. Transl. by Julius Eggeling. P. 1-5. Oxford 1882-1900 (The Sacred Books of the East: 12, 26, 41, 43, 44).

South Indian Inscriptions. Tamil and Sanskrit. Ed. and translated by E[ugen] Hultzsch [u.a.]. Vol. 1- Madras 1890-.

Sūryasiddhānta [engl.]: *The Súrya Siddhánta* or An ancient system of Hindu astronomy. Followed by the Siddhánta Śiromani. Transl. into Engl. with explanatory notes. By Bapu Deva Sastri and Lancelot Wilkinson. Repr. Amsterdam 1974.

Taittirīya-Āraṇyaka: *The Taittirīya Āraṇyaka of the Black Yajur Veda.* With the commentary of Sāyaṇāchārya. Ed. by Rājendralāla Mitra. Calcutta 1872 (Bibliotheca Indica. No 52).

Taittirīya-Brāhmaṇa: *The Taittiriya Brahmana of the Black Yajur Veda.* With the comm. of Sayanacharya. Ed by Rajendralala Mitra. Vol. 1-3. Calcutta 1859-90 (Bibliotheca Indica. No 31).

Taittirīya-Saṃhitā: *The Sanhita of the Black Yajur Veda.* With the comm. of Mádhava

Ácházrya. Ed. by E[dward] Röer and E[dward] B[yles] Cowell [u.a.]. Vol. 1-6. Calcutta 1860-99 (Bibliotheca Indica. No 26).
Tāṇḍya-Brāhmaṇa: *Táṇḍya Mahábráhmaṇa* [d.i. Pañcaviṃśa-Brāhmaṇa]. With the comm. of Sáyaṇa Áchárya. Ed. by Ánandachandra Vedántavágíśa. Vol. 1.2. Calcutta 1870-74 (Bibliotheca Indica. No 62).
Varāhamihira: *Bṛhajjātakam.* Varahamihira's Brihat Jataka. With an Engl. transl. and copious explanatory notes and examples. By V[enkatarama] Subrahmanya Sastri. Mysore 1929.
Varāhamihira: *Varahamihira's Brihat Samhita. Bṛhatsaṃhitā.* With an Engl. transl. and notes. By V[enkatarama] Subrahmanya Sastri and M. Ramakrishna Bhat. Vol. 1.2. Bangalore 1947.
Viṣṇudharmottara-Purāṇa. Third Khaṇḍa. Vol. 1: Text, critical notes. Crit. ed. by Priyabala Shah. Baroda 1958 (Gaekwad's Oriental Ser. No 130).
Viṣṇupurāṇa: *Śrīviṣṇupurāṇa.* Mūl ślok aur Hindī-anuvādsahit. Anuvādak: Lāl Gupta. Gorakhpur saṃv. 1990.
The Yajñavalkya Smṛti. With Viramitodaya — the comm. of Mitra Misra and Mitaksara — the comm. of Vijnanesvara. Ed. by Nārāyaṇa Śāstrī Khiste. Benares 1930 (The Chowkhamba Sanskrit Ser. Nos 322, 335, 344, 348, [etc.]).
Yugapurāṇam. Ed. with the help of a new ms. By D[olarray] R[angildas] Mankad. Vallabhvidyanagar 1951.

C. Griechische und lateinische Quellen

Aelianus, Claudius: *Claudii Aeliani Varia Historia.* Ed. Mervin R[obert] Dilts. Leipzig 1974 (Bibliotheca scriptorum Graecorum et Romanorum Teubneriana).
Appian: *Appiani Historia Romana* [Rōmaïka]. Ed. Ludovicus Mendelssohn. Vol. 1.2. Lipsiae 1878-81.
Arrianus, Flavius: [*Anabasis Alexandru*, griech. u. engl.] Arrian with an English translation. By E[dgar] Iliff Robson. In 2 vols. London [usw.] 1949-54.
Arrianus, Flavius: *Alexanders des Großen Siegeszug durch Asien* [Anabasis Alexandru, dt.]. Eingel. u. neu übertr. v. Wilhelm Capelle. Zürich 1950 (Bibliothek d. Alten Welt. Griech. Reihe).
Athenaios: *Athenaei Naucratitae* (Deipnosophistōn). Recensuit Georgius Kaibel. Vol. 1-3. Lipsiae 1887-90.
Damaskios: *Damaskiu diádochou Áporíai kaì lýseis perì tōn prōtōn archōn.* Damascii... Ed. Jos[eph] Knopp. Francofurti ad Moenum 1826.
Diodorus Siculus: *Diodoru Bibliothḗkē historikē.* Ed. primam curavit Imm[anuel] Bekker alteram Ludovicus Dindorf. Recognovit Fridericus Vogel (4.5: Curtius Theodorus Fischer). Vol. 1-5. Lipsiae 1888-1906.
Diodorus Siculus: *Diodoru tu Sikeliōtu Bibliothēkēs historikēs ta leipsana.* Diodori Siculi Bibliothecae historicae quae supersunt. Ex nova recensione Ludovici Dindorfii... Vol. 1.2. Parisiis 1855.
Herodot: *Historien* (Historiai). Griechisch-deutsch. Hrsg. v. Josef Feix. (2. durchgesehene Aufl.) Bd 1.2. München 1977.
Iosephus, Flavius: *Phlaviu Iōsepu ta Euriskomena.* Flavii Josephi Opera. Graece et Latine. Recognovit Guilelmus Dindorfius. Vol. 1.2. Parisiis 1929.
Iustin, Marcus Iunianus: *M[arci] Iuniani Iustini Epitoma Historiarum Philippicarum Pompei Trogi.* Accedunt prologi in Pompeium Trogum. Post Franciscum Ruehl ed. Otto Seel. Lipsiae 1935.
König, Friedrich Wilhelm: *Die Persika des Ktesias von Knidos.* Graz 1972 (AfO. Beih. 18).
Lukian von Samosata: *Luciani Samosatensis Opera.* Ex recognitione Caroli Iacobitz. Vol. 1-3. Lipsiae 1886-88.
Macrobius, Ambrosius Theodosius: *Ambrosii Theodosii Macrobii Saturnalia.* Apparatu critico instruxit... Iacobus Willis. (2. Aufl.) Leipzig 1970.

Pausanias: *Pausaniae Graeciae descriptio* (Pausaniu Hellados perihēgēseōs). Recensuit Fridericus Spiro. Vol. 1-3. Stutgardiae 1959.

Plinius Secundus, C[aius]: *Naturalis historiae.* Libri VI-IX. Curante Francisco Semi. [Vol.] 3. Pisa 1977 (Scriptorum Romanorum quae extant omnia: 279-282).

Der Periplus des Erythräischen Meeres [Anōnymu Períplus tēs Erythrās thalássēs, griech. u. dt.]. Von einem Unbekannten. Griechisch und Deutsch mit kritischen und erklärenden Anmerkungen nebst einem vollständigen Wörterverzeichnisse. Von B. Fabricius [d.i. Heinrich Theodor Dittrich]. Leipzig 1883.

Polybios: *Polybiu Historiai.* Polybii Historiae. Ed. a Ludovico Dindorfio curatam retractavit Theodorus Büttner-Wobst. Vol. 1-4. Lipsiae 1882-1904.

Quintus Curtius: (*Historiae Alexandri Magni Macedonis.*) With an Engl. transl. by John C[arew] Rolfe. (Reprinted.) In 2 vols.: Vol. 1.2. London [usw.] 1962.

Strabon: *Strabonis Geographica* [Geōgraphika]. Hrsg. v. A(ugust) Meinecke. (Unveränd. Nachdr. d. Ausg. Leipzig 1877.) 1-3. Graz 1969.

Woelk, Dieter: *Agatharchides von Knidos*: Über das Rote Meer [Perì tēs Erythrās thalássēs, dt.]. Übersetzung u. Kommentar. Bamberg 1966 (Phil. Diss.).

Xenophon: [Kyru paideia] *Xenophontis Operia omnia.* Recognovit brevique adnotatione critica instruxit E[dgar] C[ardew] Marchant. T. 4: Institutio Cyri. (Repr. First ed. 1910.) Oxonii 1960.

D. Sonstige Quellen

Abū'l-Faḍl ᶜAllāmī: *The Āᶜīn-i Akbarī* [engl.]. By Abū'l-Faẓl ᶜAllāmī. Transl. from the original Persian by H[enry Ferdinand] Blochmann, H[enry] S[ullivan] Jarrett [u.a.]. (Repr. from the 2. ed. 1927-49.) Vol. 1-3. New Dehli 1977-78.

al-Bīrūnī, Abū'r-Raiḥān Muḥammad: *Alberuni's India* [Kitāb fī taḥqīq mā li'l-Hind, engl.]. An account of the religion, philosophy, literature, geography, chronology, astronomy, customs, laws and astrology of India about A.D. 1030. Ed. with notes and indices by Edward C. [Carl Eduard] Sachau. 2. vols. in one. (First Indian Repr.) Delhi [usw.] 1964.

Chao Ju-kua: *Chau Ju-kua: His work on the Chinese and Arab trade in the twelfth and thirteenth centuries, entitled Chu-fan-chï* [Chu-fan chih, engl.]. Transl. from the Chinese and annotated by Friedrich Hirth and W[illiam] W[oodville] Rockhill. St. Petersburg 1912.

Early travels in India (16th & 17th centuries). Reprints of rare and curious narratives of old travellers in India, in the sixteenth and seventeenth centuries. Ed. by J[ames] Talboys Wheeler: ,,Purchas's pilgrimage'' and the ,,Travels of van Linschoten.'' [Repr. First publ. 1864.] (Delhi) 1974.

Fa-hsien: *Travels of Fah-hian* [Fo kuo chi, engl.] *and Sung-yun, Buddhist pilgrims, from China to India (400 A.D. and 518 A.D.).* Transl. from the Chinese. By Samuel Beal. (First publ. 1869.) London [usw.] 1964.

History of India, as told by its own historians. The Muhammadan period. Ed. from the posthumous papers of the late Sir H(enry) M(iers) Elliot by John Dowson. Vol. 1-8. London 1867-77.

Hsüan-tsang: *Si-yu-ki* [Hsi-yü-chi, engl.]. Buddhist records of the Western world. Transl. from the Chinese of Hiuen Tsiang (A.D. 629). By Samuel Beal. 2 vols. in one. London [1884]. (Trübner's Oriental Ser.)

Niẓāmī, Muḥammad Ilyās ibn-i Yūsuf: *The Haft Paikar* [engl.] (The seven beauties). Containing the life and adventures of King Bahrām Gūr, and the seven stories told him by his seven queens. By Niẓāmī of Ganja. Transl. from the Persian, with a commentary, by C[harles] E[dward] Wilson. Vol. 1.2. London 1924.

Polo, Marco: *The description of the world* [Il Milione, engl.]. [Transl. and annotated by] A[rthur] C[hristopher] Moule and Paul Pelliot. Vol. 1.2. London 1938.

Ssu-ma Ch'ien: *Records of the grand historian of China.* Transl. from the Shih chi of Ssu-ma Ch'ien by Burton Watson. (3. printing.) Vol. 1.2. New York [usw.] 1968.

II. SEKUNDÄRLITERATUR

Acharya, Prasanna Kumar: *An encyclopaedia of Hindu architecture.* London [usw.] 1946 (Mānasāra Ser. Vol. 7).

Acharya, Prasanna Kumar: *A summary of the Mānasāra.* A treatise on architecture and cognate subjects. Acad. thesis. Leiden 1918.

Agrawala, V[asudev] S[aran]: *India as known to Pāṇini.* (A study of the cultural material in the Ashṭādhyāyī.) Lucknow 1953.

Agrawala, V[asudev] S[aran]: ,,Some foreign words in ancient Sanskrit literature''; in: JUPHS 23 (1950).

Agrawala, V[asudev] S[aran]: ,,Terracotta figurines of Ahichchatrā, District Bareilly, U.P.''; in: *Ancient India* 4 (1947-48), 104-179.

Albrektson, Bertil: *History and the gods.* An essay on the idea of historical events as divine manifestations in the ancient Near East and in Israel. Lund 1967.

Albright, W[illiam] F[oxwell]: ,,Gilgames and Engidu, Mesopotamian genii of fecundity''. in: JAOS 40 (1920), 307-335.

Albright, William Foxwell: ,,Stratigraphic confirmation of the low Mesopotamian chronology''; in: BASOR 144 (1956), 26ff.

Allan, John: *Catalogue of the coins of the Gupta Dynasties and of Śaśāṅka, King of Gauḍa.* With 24 plates. First publ. 1914. Repr. London 1967.

Altekar, A[nant] S[adashiv]: *The position of women in Hindu civilization.* From prehistoric times to the present days. 2. ed. Banaras 1956.

Altekar, A[nant] S[adashiv]: *State and government in ancient India.* 3. ed., rev. and enl. Delhi 1958.

Altheim, Franz: *Weltgeschichte Asiens im griechischen Zeitalter.* Bd. 1.2. Halle 1947-48.

Die Altorientalischen Reiche. Hrsg. v. Elena Cassin, Jean Bottéro, Jean Vercoutter. 1-3. Frankfurt 1965-67 (FWG 2-4).

Ancient Mesopotamia. Socio-economic history. A collection of studies by Soviet scholars. Moscow 1969.

Andrae, W[alter]: ,,Aramäische Inschriften aus Assur und Hatra aus der Partherzeit. Von W[alter] Andrae u. P[eter] Jensen''; in: MDOG 60 (1920), 1-51.

Andrae, Walter: *Die archaischen Ischtartempel.* Leipzig 1922.

Andrae, Walter: *Das Gotteshaus und die Urformen des Bauens im Alten Orient.* Berlin 1930 (Studien z. Bauforschung. H. 2).

Antonova, Koka Aleksandrovna: ,,K. A. Antonowa: ,,Zur Entwicklung des Feudalismus in Indien (an Hand von epigraphischen Angaben)'' [K voprosu o razvitij feodalizma v Indij, dt.]; in: *Die ökonomische und soziale Entwicklung Indiens.* Sowjetische Beiträge zur indischen Geschichte. Hrsg. v. Walter Ruben. Bd 1, Berlin 1959, 1-12.

The Assyrian dictionary of the Oriental Institute of the University of Chicago. Ed. board: Ignace J[ay] Gelb [u.a.]. Vol. 1-10.16.21. Chicago 1956-77.

Bailey, H[arold] W[alter]: ,,Indian síndhu-, Iranian hindu-''; in: BSOAS 38 (1975), 610-611.

Balasubrahmanyam, S[irkali] R[amaswamy]: *Early Chola temples*: Parantaka I to Rajaraja I (A.D. 907-985). Bombay [usw.] 1971.

Banerjea, Jitendra Nath: *The development of Hindu iconography.* (2. ed. rev. and enl.) Calcutta 1956.

Basham, A[rthur] L[lewellyn]: *Studies in Indian history and culture.* Calcutta 1964.

Benedict, W[arren] C[heney]: ,,Darius Bisitun inscription, Babylonian version, lines 1-29. By W. C. Benedict, Elizabeth von Voigtlander.''; in: JCS 10 (1956), 1-10.

Bhandarkar, R[amkrishna] G[opal]: *The data of Patañjali.* A reply to Prof. Peterson. o. O. [1873].

Bhandarkar, R[amkrishna] G[opal]: *Vaiṣṇavism, Śaivism and minor religious systems.* Straßburg 1913 (Grundriß der indo-arischen Philologie u. Altertumskunde. Bd 3, 6).

Bhardwaj, Surinder Mohan: *Hindu places of pilgrimage in India.* (A study in cultural geography.) Berkeley [usw.] 1973.

Bibby, Geoffrey: *Looking for Dilmun.* London 1970.

Billard, Roger: *L'astronomie indienne.* Investigation des textes sanskrits et des données numériques. Paris 1971 (Public. de l'École Franç. d'Extrême-Orient. Vol. 83).
Boas, Franz: ,,Mythology and folklore''; in: *General Anthropology*, Boston [usw.] 1938, 609-626.
Bodde, Derk: *China's first unifier.* A study of the Ch'in Dynasty as seen in the life of Li Ssŭ (280?-208 B.C.). Leiden 1938.
Böhl, F[ranz] M[arius] Th[eodor]: ,,Die Tochter des Königs Nabonid''; in: *Symbolae ad iura Orientis antiqui pertinentes*, 151-178.
Bonaudo, Rolf: *Die Tīrtha's oder heiligen Badeplätze in den Purāṇa's.* Diss. Bonn 1942 [maschinenschriftl. Exemplar].
Borger, Rykle: *Assyrisch-babylonische Zeichenliste.* Von Rykle Borger. Unter Mitarb. v. Friedrich Ellermaier. Kevelaer, Neukirchen-Vluyn 1978 (Alter Orient u. Altes Testament. Bd 33).
Bühler, G[eorg]: *Die indischen Inschriften und das Alter der indischen Kunstpoesie.* Wien 1890 (Sitzungsber. d. Kais. Akad. d. Wiss. in Wien. Philos.-hist. Cl. Bd 122).
Bühler, Georg: *On the origin of the Indian Brāhma alphabet.* 2. rev. ed. of Indian Studies, No 3. Straßburg 1898.
Cakravarti, Candra: *Sex life in ancient India.* An explanatory and comparative study. Calcutta 1963.
Cardascia, Guillaume: *Les archives de Murašû.* Une famille d'hommes d'affaires babyloniens a l'époque perse (455-403 av. J.C.). Paris 1951.
Chattopadhyaya, Sudhakar: *The Achaemenids in India.* Calcutta 1950.
Christian, Viktor: *Altertumskunde des Zweistromlandes.* Bd 1.2. Leipzig 1940.
Chunder, Pratap Chandra: *Kauṭilya on love and morals.* Calcutta 1970.
Chvol'son, Daniil Abramovič: *Die Ssabier und der Ssabismus.* Von D. Chwolson. Bd 1.2. St. Petersburg 1856. Nachdr. Amsterdam 1965.
Chwolson, D.: s. *Chvol'son*, Daniil Abramovič.
Cocquillerat, Denise: *Palmeraies et cultures de l'Eanna d'Uruk (559-520).* Berlin 1968 (Ausgrabungen d. Deutschen Forschungsgemeinschaft in Uruk-Warka. Bd 8).
Coomaraswamy, Ananda K[entish]: *History of Indian and Indonesian art.* London 1927.
Cornelius, Friedrich: ,,Die Chronologie des vorderen Orients im 2. Jahrtausend v. Chr.''; in: AfO 17 (1956), 294ff.
Cumont, Franz: *Die orientalischen Religionen im römischen Heidentum* [Les religions orientales dans le paganisme romain, dt.]. Vorlesungen am Collège de France. Autorisierte deutsche Ausgabe v. Georg Gehrich. 2., verb. u. verm. Aufl. Leipzig, Berlin 1914.
Cuq, Edouard: *Études sur le droit Babylonien.* Les lois assyriennes et les lois hittites. Paris 1929.
Dasgupta, Surendranath: *A history of Indian philosophy.* Vol. 2. Repr. Cambridge 1952.
Deimel, Anton: *Šumerische Tempelwirtschaft zur Zeit Urukaginas und seiner Vorgänger.* Abschluß der Einzelstudien und Zusammenfassung der Hauptresultate. Roma 1931.
Delbrueck, Richard: ,,Südasiatische Seefahrt im Altertum''; in: BJB 155/56 (1955-56), 8-58, 229-308.
Delitzsch, Friedrich: *Wo lag das Paradies?* Eine biblisch-assyriologische Studie; mit zahlreichen assyriologischen Beiträgen zur biblischen Länder- und Völkerkunde und einer Karte Babyloniens. Leipzig 1881.
Derrett, J[ohn] Duncan M[artin]: *Religion, law and the state in India.* London 1968.
Desai, Devangana: *Erotic sculpture of India.* A socio-cultural study. New Delhi 1975.
Deussen, Paul: *Allgemeine Geschichte der Philosophie mit besonderer Berücksichtigung der Religionen.* Bd 1, Abt. 1-3. Leipzig 1894-1908.
Dijk, J[ohannes Jacobus Adrianus] van: ,,Le motif cosmique dans la pensée sumérienne''; in: AcOr 28 (1964-65), 1-59.
Dijk, J[ohannes Jacobus Adrianus] van: ,,Une insurrection générale au pays de Larša avant l'avènement de Nūradad''; in: JCS 19 (1965), 1-25.
Dijk, J[ohannes] J[acobus] A[drianus] van: *Le sagesse sumero-accadienne.* Leiden 1953.
Dijk, J[ohannes Jacobus Adrianus] van: ,,Sumerische Religion''; in: *Handbuch der Religionsgeschichte* (Illustreret Religionshistorie [dt.]), Bd 1, Göttingen 1971, 431-496.

D'jakonov, Igor Michailovič: ,,I. M. Diakonoff: The rise of the despotic state in ancient Mesopotamia'' (Voznikovenie despotičeskogo gosudarstva v drevnem Dvureč'e, engl.); in: *Ancient Mesopotamia*, 173-203.

D'jakonov, Igor Michailovič: ,,Socio-economic classes in Babylonia''; in: *Gesellschaftsklassen im Alten Zweistromland*, 41-52.

Drekmeier, Charles: *Kingschip and community in early India.* Stanford 1962.

Dubois, J[ean] A[ntoine]: *Hindu manners, customs and ceremonies* (Mœurs, institutions et cérèmonies des peuples de l'Inde, engl.). Transl. from the author's later French ms. and ed. with notes, corrections, and biography. By Henry K[ing] Beauchamp. (Repr. of) 3. ed. Oxford 1953.

Dumont, Louis: *Religion/politics and history in India.* Collected papers in Indian sociology. Paris [usw.] 1970 (Le Monde d'Outre-Mer passé et présent. Sér. 1, Ét. 34).

Dussaud, René: ,,Le dieu mithriaque léontocéphale''; in: *Syria* 27 (1950), 253-260.

Edzard, D[ietz] O[tto]: ,,Die Einrichtung eines Tempels im älteren Babylonien. Philologische Aspekte''; in: *Le Temple et le culte*, 156-163.

Eggermont, P[ierre] H[erman] L[eonard]: *The chronology of the reign of Asoka Moriya.* A comparison of the data of the Asoka inscriptions and the data of the tradition. Leiden 1956.

Eggermont, P[ierre] H[erman] L[eonard]: ,,New notes on Aśoka and his successors. [1]-4''; in: *Persica* 2 (1965-66), 27-70; 4 (1969), 77-120; 5 (1970-71), 69-102; 8 (1979), 55-93.

Ellermaier, Friedrich: *Prophetie in Mari und Israel.* Herzberg 1968 (Theologische u. Oriental. Arbeiten: 1).

Engnell, Ivan: *Studies in divine kingship in the ancient Near East.* 2. ed. Oxford 1967.

Fábri, C[harles] L[ouis]: ,,Mesopotamian and early Indian art: comparisons'', in: *Études d'Orientalisme publiées par le Musée Guimet à la mémoire de Raymonde Linossier*, Paris 1932, 203-253.

Fábri, C[harles] L[ouis]: ,,A Sumero-Babylonian inscription discovered at Mohenjodaro''; in: IC 3 (1937), 663-674.

Fabricius, Johann Philip: *A dictionary Tamil and English.* Based on Johann Philip Fabricius's ,,Malabar-English dictionary''. Tranquebar 1933.

Farquhar, J[ohn] N[icol]: ,,Temple-and-image worship in Hinduism''; in: JRAS 1928, 15-23.

Falkenstein, Adam: *Topographie von Uruk.* T. 1: Uruk zur Seleukidenzeit. Leipzig 1941 (Ausgrabungen d. Deutschen Forschungsgem. in Uruk-Warka. Bd 3).

Falkenstein, Adam: *The Sumerian temple city.* Los Angeles 1974 (Monographs in History: Ancient Near East 1/1).

Fauth, Wolfgang: ,,Der Königliche Gärtner und Jäger im Paradeisos. Beobachtungen zur Rolle des Herrschers in der vorderasiatischen Hortikultur''; in: *Persica* 8 (1979), 1-53.

Fischer, Klaus: *Dächer, Decken und Gewölbe indischer Kultstätten und Nutzbauten.* Wiesbaden 1974.

Fischer, Klaus: *Indische Baukunst islamischer Zeit.* Baden-Baden 1976.

Fischer, Klaus: ,,Zur Lage von Kandahar an Landverbindungen zwischen Iran und Indien''; in BJB 167 (1967), 129-232.

Fischer, Klaus: *Schöpfungen indischer Kunst.* Von den frühesten Bauten und Bildern bis zum mittelalterlichen Tempel. Köln 1959.

Fišer, Ivo: *Indian erotics of the oldest period.* Praha 1966 (Acta Univ. Carolinae. Philol. Monographia 14).

Fohrer, Georg: *Geschichte der israelitischen Religion.* Berlin 1969.

Frankfort, Henri: *Kingship and the gods.* A study of ancient Near Eastern religion as the integration of society and nature. (7. impr.) Chicago [usw.] 1971.

Frauwallner, Erich: *Geschichte der indischen Philosophie.* Bd 1. Salzburg 1953.

Frühlicht des Geistes (The intellectual adventure of ancient man [dt.]). Wandlungen des Weltbildes im alten Orient. Von Henri und H[enriette] A[ntonia] Frankfort, John A[lbert] Wilson, Thorkild Jacobsen, William A[ndrew] Irwin. Stuttgart 1954 (Urban-Bücher: 9).

Gadd, C[yril] J[ohn]: ,,Seals of ancient Indian type found at Ur''; in: *Proceedings of the British Academy* 18 (1932), 191-210.

Gail, Adalbert J[ohannes]: ,,Der Sonnenkult im alten Indien — Eigengewächs oder Import?''; in: ZDMG 128 (1978), 333-348.

Gajjar, Irene N[avin]: *Ancient Indian art and the West.* A study of parallels, continuity and symbolism from protohistoric to early Buddhist times. Bombay 1971.

Garelli, Paul: ,,Les temples et le pouvoir royal en Assyrie du XIVe au VIIIe siècle''; in: *Le Temple et le culte,* 116-124.

Geldner, Karl F[riedrich]: *Zur Kosmogonie des Rigveda.* Mit besonderer Berücksichtigung des Liedes 10, 129. Marburg 1908.

Geldner, Karl F[riedrich]: *Vedische Studien.* s. *Pischel,* Richard.

Genge, H[einz]: ,,Zum ,Lebensbaum' in den Keilschriftkulturen''; in: AcOr 33 (1971), 321-334.

Gesellschaftsklassen im Alten Zweistromland und in den angrenzenden Gebieten. XVIII. Rencontre assyriologique internationale, München, 29. Juni bis 3. Juli 1970. Hrsg. v. D[ietz] O[tto] Edzard. München 1972.

Ghirsman, Roman: ,,Troisième campagne à Tchoga-Zanbil près Suse''; in: *Arts Asiatiques* 1 (1954).

Götter und Mythen im Vorderen Orient. Hrsg. v. Hans Wilhelm Haussig. Stuttgart 1965 (Wörterbuch d. Mythologie. Abt. 1: Die alten Kulturvölker. Bd 1).

Goetz, Hermann: ,,The crisis of the migration period and other key problems of Indian history''; in: Goetz, *Studies in the history, religion and art of classical and mediaeval India.* Ed. by Hermann Kulke, Wiesbaden 1974, 64-86.

Goetz, Hermann: *Indien.* Fünf Jahrtausende indischer Kunst. 5. Aufl. Baden-Baden 1964.

Gonda, J[an]: *Ancient Indian kingship from the religious point of view.* Reprinted from NUMEN 3 and 4 with addenda and index. Leiden 1966.

Gonda, Jan: *Die Religionen Indiens.* 1.2. Stuttgart 1960-63.

Gonda, Jan: *Vedic literature (Saṃhitās and Brāhmaṇas).* Wiesbaden 1975 (A History of Indian Literature. Vol. 1, 1).

Gopinatha Rao, T. A.: *Elements of Hindu iconography.* 2. vols. in 4 pts. Madras 1914-16.

Gurney, O[liver] R[obert]: ,,Two fragments of the epic of Gilgamesh from Sultantepe''; in: JCS 8 (1954), 87-95.

Hacker, Paul: ,,Religiöse Toleranz und Intoleranz im Hinduismus''; in: *Saeculum* 8 (1957), 167-179.

Hall, D[aniel] G[eorge] E[dward]: *A history of South-East Asia.* 2. ed. London [usw.] 1966.

Hall, H[arry] R[eginald]: *Excavations at Ur.* Vol. 1: Al ʿUbaid. By H. R. Hall, C[harles] Leonard Woolley. London 1927 (Joint Expedition of the British Museum and of the Museum of the Univ. of Pennsylvania to Mesopotamia).

Hallo, William W[olfgang]: *Early Mesopotamian Royal titles.* A philologic and historical analysis. New Haven 1957 (AOS 43).

Hallo, William W[olfgang]: ,,A Sumerian Amphictyony''; in. JCS 14 (1960), 88-114.

Hansman, John: ,,A Periplus of Magan and Meluḫḫa. (Annexe by H[arold] W[alter] Bailey.)''; in: BSOAS 36 (1973), 554-587.

Hansman, John: ,,A further note on Magan and Meluḫḫa''; in: BSOAS 38 (1975), 609-610.

Harris, Rivkah: ,,On the process of secularization under Hammurapi''; in: JCS 15 (1961), 117-120.

Hecker, Karl: *Untersuchungen zur akkadischen Epik.* Kevelaer 1974 (Alter Orient und Altes Testament. Sonderreihe. Veröff. z. Geschichte u. Kultur d. Alten Orients. Bd 8).

Hehn, Johannes: *Siebenzahl und Sabbat.* Leizig 1907 (Leipziger Semitistische Studien: 2, 5).

Heinrich, Ernst: *Kleinfunde aus den archaischen Tempelschichten in Uruk.* Berlin 1936. (Ausgrabungen d. Deutschen Forschungsgem. in Uruk-Warka: 1).

Heinrich, E[rnst]: ,,Die Stellung der Uruktempel in der Baugeschichte''; in: ZA 49 (1950), 21-44.

Helck, Wolfgang: *Betrachtungen zur großen Göttin und den ihr verbundenen Gottheiten.* München,

Wien 1971 (Religion und Kultur der alten Mittelmeerwelt in Parallelforschungen. Bd 2).
Herzfeld, Ernst: *The Persian Empire.* Studies in geography and ethnology of the ancient Near East. Ed. from the posthumous paper by Gerold Walser. Wiesbaden 1968.
Herzfeld, Ernst: *Die vorgeschichtlichen Töpfereien von Samarra.* Berlin 1930.
Herzfeld, Ernst: ,,Xerxes' Verbot des Daiva-Cultes''; in: *Archäologische Mitteilungen aus Iran* 8 (1937), 56-77.
Hillebrandt, Alfred: *Das altindische Neu- und Vollmondsopfer in seiner einfachsten Form.* Jena 1880.
Hillebrandt, Alfred: *Ritual-Litteratur.* Vedische Opfer und Zauber. Straßburg 1897 (Grundriß der indo-arischen Philologie u. Altertumskunde: 3, 2).
Hillebrandt, Alfred: *Vedische Mythologie.* 2. Aufl. Bd 1.2. Breslau 1927-29.
Hinz, Walter: *Das Reich Elam.* Stuttgart 1964.
Hirmer, Max: *Ur.* s. *Strommenger,* Eva.
The History and Culture of the Indian People. Gen. ed.: R[amesh] C[handra] Majumdar. Vol. 1-11. London (2ff.: Bombay) 1951-77.
Hofstetter, Erich: *Der Herr der Tiere im alten Indien.* Wiesbaden 1980 (Freiburger Beiträge z. Indologie: 14).
Hruška, Blahoslav: ,,Die Reformtexte Urukaginas. Der verspätete Versuch einer Konsolidierung des Stadtstaates von Lagaš''; in: *Le Palais et la royauté,* 151-161.
Hunter, William Wilson: *The Indian Empire.* Its peoples, history, and products. New and rev. ed. (3.). London 1892.
Huntington, Ronald M[eredith]: ,,The legend of Pṛthu, a study in the process of individuation''; in: *Purāṇa* 2 (1960), 188-210.
Jacobsen, Thorkild: ,,Early political development in Mesopotamia''; in: ZA 52 (1957), 91-140.
Jacobsen, Thorkild: ,,Primitive democracy in ancient Mesopotamia''; in: JNES 2 (1943), 159-172.
Jairazbhoy, R[afique] A[li]: *Foreign influence in ancient India.* London 1963.
Jastrow, Morris: *Bildermappe zur Religion Babyloniens und Assyriens.* Gießen 1912.
Jayaswal, K[ashi] P[rasad]: ,,Historical data in the Garga-Samhita and the Brahmin Empire''; in: JBORS 14 (1928), 397-421.
Jensen, P[eter]'; ,,Aramäische Inschriften aus Assur und Hatra aus der Partherzeit''. s. *Andrae,* W[alter].
Jensen, P[eter]: *Die Kosmologie der Babylonier.* Studien und Materialien. Mit einem mythologischen Anhang und 3 Karten. Straßburg 1890.
Jeremias, Alfred: *Handbuch der altorientalischen Geisteskultur.* 2., völlich erneuerte Aufl. Berlin, Leipzig 1929.
Jeremias, Johannes: *Der Gottesberg.* Ein Beitrag zum Verständnis der biblischen Symbolsprache. Gütersloh 1919.
Jolly, Julius: ,,Rechtshistorisches aus der Rājataraṅgiṇi''; in: *Gurupūjākaumudī.* Festgabe zum fünfzigjährigen Doktorjubiläum Albrecht Weber dargebracht von seinen Freunden und Schülern. Leipzig 1896, 84-88.
Kane, Pandurang Vaman: *History of Dharmaśāstra (ancient and mediaeval religious and civil law).* Vol. 1-5. Poona 1930-62.
Kantawala, S[ureshachandra] G[ovindlal]: *Cultural history from the Matsyapurāṇa.* Baroda 1964.
Kapelrud, Arvid S[chou]: ,,Temple building, a task for gods and kings''; in: *Orientalia* N.S. 32 (1963), 56-62.
Karashima, Noburu: ,,Nāyakas a lease-holders of temple lands''; in: JESHO 19 (1976), 227-232.
Kent, Roland G[rubb]: *Old Persian grammar.* 2. ed. rev. New Haven 1953.
Kilmer, Anne Draffkorn: ,,The first tablett of malku = šarru together with its explicit version''; in: JAOS 83 (1963), 421-446.
King, L[eonard] W[illiam]: *The seven tablets of creation* or The Babylonian and Assyrian legends concerning the creation of the world and mankind. Vol. 1.2. London 1902 (Luzac's Semitic Text and Translation Ser. Vol. 12).

Kinnier Wilson, J[ames] V[incent]: *Indo-Sumerian.* A new approach to the problems of the Indus script. Oxford 1974.
Kirfel, W[illibald]: *Die Kosmographie der Inder nach den Quellen dargestellt.* Mit 18 Tafeln. Bonn, Leipzig 1920.
Kirfel, Willibald: *Symbolik des Hinduismus und des Jinismus.* Stuttgart 1959.
Kirk, G[eorge] S[tephen]: *Myths its meaning and functions in ancient and other cultures.* Berkeley [usw.] 1970.
Klengel, Horst: ,,Drei altbabylonische Urkunden betreffend Felder von ugbabtum-Priesterinnen''; in: JCS 23 (1970), 124-129.
Klíma, Josef: ,,Der altorientalische Despotismus unter neuen Streiflichtern''; in: ArOr 25 (1957), 660-670.
Koldewey, Robert: *Das wieder erstehende Babylon.* Die bisherigen Ergebnisse der deutschen Ausgrabungen. Leipzig 1913.
Kramer, S[amuel] N[oah]: *Sumerian mythology.* A study of spiritual and literary achievment in the 3rd millenium B.C. Philadelphia 1947 (Memoirs of the American Philosophical Soc. Vol. 21).
Kramer, Samuel Noah: ,,New light on the early history of the ancient Near East''; in: AJA 52, 1, 156-164.
Kramrisch, Stella: *The Hindu temple.* Vol. 1.2. Calcutta 1946.
Kramrisch, Stella: *Indische Kunst.* London 1955.
Kraus, F[ritz] R[udolf]: ,,Das altbabylonische Königtum''; in: *Le Palais et la royauté*, 235-261.
Kuhn, Ernst: ,,Zu den arischen Anschauungen vom Königtum''; in: *Festschrift Vilhelm Thomson*, Leipzig 1912, 214-221.
Kulke, Hermann: *Cidambaramāhātmya.* Eine Untersuchung der religionsgeschichtlichen und historischen Hintergründe für die Entstehung der Tradition einer südindischen Tempelstadt. Wiesbaden 1970 (Freiburger Beiträge z. Indologie.Bd 3).
Kulke, Hermann: *Jagannātha-Kult und Gajapati-Königtum.* Ein Beitrag zur Geschichte religiöser Legitimation hinduistischer Herrscher. Mit 2 Ktn u. 27 Abb. Wiesbaden 1979.
Kulke, Hermann: ,,Tempelstädte und Ritualpolitik: Indische Regionalreiche''; in: *Stadt und Ritual.* Beiträge eines internationalen Symposiums zur Stadtbaugeschichte Süd- und Ostasiens, 2.-4. Juni 1977 ([Beiheft zu]AARP), 68-73.
Kulturgeschichte des Alten Orient. Hrsg. v. Hartmut Schmökel. Stuttgart 1961.
Labat, René: *Le caractère religieux de la royauté assyro-babylonienne.* Paris 1939 (Études d'Assyriologie: 2).
Lambert, W[ilfred] G[eorge]: ,,An adress of Marduk to the demons'', in: AfO 17 (1954-56), 310-321.
Landsberger, B[enno]: ,,Die babylonischen termini für Gesetz und Recht''; in: *Symbolae ad iura Orientis antiqui pertinentes*, 219-234.
Laufer, B[erthold]: ,,Der Pfau in Babylonien''; in: OLZ 16 (1913), Sp. 539-540.
Lautner, Julius Georg: *Die richterliche Entscheidung und die Streitbeendigung im altbabylonischen Prozeßrechte.* Leipzig 1922 (Leipziger rechtswiss. Studien: 3).
Leemans, W[ilhelmus] F[rançois]: *The Old-Babylonian merchant.* His business and his social position. Leiden 1950 (Studia et documenta ad iura Orientis antiqui pertinentia. Vol. 3).
Leemans, W[ilhelmus] F[rançois]: ,,The trade relations of Babylonia and the question of relations with Egypt in the Old Babylonian period''; in: JESHO 3 (1960), 21-37.
Leemans, W[ilhelmus] F[rançois]: *Foreign trade in the old Babylonian period.* As revealed by texts from Southern Mesopotamia. Leiden 1960 (Studia et documenta. Vol. 6).
Lenzen, Heinrich J[akob]: *Die Entwicklung der Zikurrat.* Von ihren Anfängen bis zur Zeit der III. Dynastie von Ur. Leipzig 1941 (Ausgrabungen d. Deutschen Forschungsgem. in Uruk-Warka: 4).
Lenzen, H[einrich] J[akob]: ,,Die Tempel der Schicht Archaisch IV in Uruk''; in: ZA 49 (1950), 1-20.
Lenzen, H[einrich] J[akob]: ,,Mesopotamische Tempelanlagen von der Frühzeit bis zum zweiten Jahrtausend''; in: ZA 51 (1955), 1-36.

Lévi, Sylvain: ,,Maṇimekhalā, a divinity of sea''; in: IHQ 6 (1930), 595-614.
Lloyd, Seton: ,,Tell Uqair. Excavations by the Iraq Government Directorate of Antiquities in 1940 and 1941. By Seton Lloyd and Fuad Safar''; in: JNES 2 (1943), 131-158.
Lorimer, D[avid] L[ockhart] R[obertson]: *The Burushaski language.* Vol. 1-3. Oslo 1935-38.
Lüders, H[einrich]: *A list of Brahmi inscriptions from the earliest times to about A.D. 400 with exception of those of Asoka.* (Appendix to EI 10.1909/10) Calcutta 1912.
Lüders, Heinrich: *Die Sage von Ṛṣyaśṛṅga.* Aus d. Nachr. d. K. Ges. d. Wiss. zu Göttingen. Philol. hist. Kl. 1897, H. 1.
McEwan, Calvin W[ells]: *The Oriental origin of Hellenistic kingship.* Chicago 1934.
Mackay, Ernest: *Early Indus civilizations.* 2. ed. London 1948.
Mallowan, M[ax] E[dgar] L[ucien]: ,,The mechanics of ancient trade in Western Asia. Reflections on the location of Magan and Meluḫḫa''; in: *Iran* 3 (1965), 1-7.
Mallwitz, Alfred: *Das Babylon der Spätzeit.* s. *Wetzel,* Friedrich.
Marshall, John: A guide to Taxila. 4. ed. Cambridge 1960.
Marshall, John: *Mohenjo Daro and the Indus civilization.* Being an official account of archeological excavations at Mohenjo-daro carried out by the Govt. of India between the years 1922 and 1927. Vol. 1-3. London 1931.
Martiny, Günter: ,,Zur astronomischen Orientation altmesopotamischer Tempel''; in: *Architektura* 1 (1933).
Matouš, Lubor: ,,Zur Datierung von Enūma eliš''; in: ArOr 29 (1961), 30-34.
Mayrhofer, Manfred: *Kurzgefaßtes etymologisches Wörterbuch des Altindischen.* A concise etymological Sanskrit dictionary. Bd 1-4. Heidelberg 1956-80.
Meissner, B[runo]: ,,Assyriologische Studien. I''; in: MVAG 8 (1903), 85-112.
Meissner, Bruno: *Babylonien und Assyrien.* Bd 1.2. Heidelberg 1920-25.
Meissner, Bruno: ,,Haben die Assyrer den Pfau gekannt?''; in: OLZ 16 (1913), Sp. 292-293.
Meissner, Bruno: *Die Keilschrift.* 3. völlig neubarb. Aufl. Von Bruno Meissner und Karl Oberhuber. Berlin 1967 (Sammlung Göschen. Bd 708/708a/708b).
Mensching, Gustav: *Volksreligion und Weltreligion.* Leipzig 1938.
Meuleau, Maurice: ,,Mesopotamien in der Perserzeit''; in: *Griechen und Perser,* Frankfurt 1965 (FWG 5), 330-355.
Meyer, Johann Jacob: *Das Weib im altindischen Epos.* Ein Beitrag zur indischen und zur vergleichenden Kulturgeschichte. Leipzig 1915.
Mitra, Debala: ,,The Ābhīras and their contributions to the Indian culture''; in: *Indian History Congress 1951,* 91-100.
Monier-Williams, Monier: *A Sanskṛit-English dictionary.* Etymologically and philologically arranged with special reference to cognate Indo-European languages. New ed. greatly enl. and impr. With the collab. of E[rnst] Leumann, C[arl] Capeller and other scholars. Oxford 1956.
Moortgat, Anton: *Die Entstehung der sumerischen Hochkultur.* Leipzig 1945 (AO 43).
Moortgat, Anton: *Die Kunst des alten Mesopotamien.* Köln 1967.
Müller, Karl Fr[iedrich]: ,,Das assyrische Ritual. T. 1: Texte zum assyrischen Königsritual''; = MVAG 41/3, Leipzig 1937.
Mukherjee, B[ratindra] N[ath]: *Nanā on lion.* A study in Kushāṇa numismatic art. Calcutta 1969.
Nilakanta Sastri, K[allidaikurichi] A[iyah Aiyar]: *The Cōḷas.* With over 100 illustr. and one in colour. 2. ed. Madras 1955.
Nilakanta Sastri, K[allidaikurichi] A[iyah Aiyar]: *Further sources of Vijayanagara history.* By K. A. Nilakanta Sastri and N[elaturi] Venkataramanayya. Vol. 1-3. Madras 1946 (Madras Univ. Historical Ser.: 18).
Oberhuber, Karl: *Der numinose Begriff Me im Sumerischen.* Innsbruck 1963 (Innsbrucker Beiträge z. Kulturwiss. Sonderheft 17).
Oberhuber, Karl: *Die Keilschrift.* s. Meissner, Bruno.
Oberhuber, Karl: *Die Kultur des Alten Orients.* Frankfurt 1972 (Handbuch der Kulturgeschichte).

Ojha, K[ailash] C[handra]: *The history of foreign rule in ancient India.* Allahabad 1968.
Olmstead, A[lbert] T[en Eyck]: *History of the Persian Empire (Achaemenid period).* Chicago 1948.
Opitz, Dietrich: ,,Der geschlachtete Gott''; in: AfO 5 (1928-29), 81-89.
Oppenheim, A[dolf] Leo: ,,Idiomatic Accadian (Lexicographical researches)''; in: JAOS 61 (1941), 251-271.
Oppenheim, A[dolf] L[eo]: ,,The seafaring merchants of Ur''; in: JAOS 74 (1954), 6-17.
Oppenheim, A[dolf] Leo: *Ancient Mesopotamia.* Portrait of a dead civilization. Chicago [usw.] 1964.
Paffrath, Tharcisius: *Zur Götterlehre in den altbabylonischen Königsinschriften.* Paderborn 1913.
Le Palais et la royauté. (Archéologie et civilisation.) XIX. Rencontre Assyriologique Internationale organisée par le groupe François Thureau-Dangin , Paris, 29 juin-2 juillet 1971. Compte rendu éd. par Paul Garelli. Paris 1974.
Pallis, Svend Aage: *The antiquity of Iraq.* A handbook of Assyriology. Copenhagen 1956.
Pallis, Svend Aage: *The Babylonian akîtu festival.* With 11 plates. København 1926 (Det Kgl. Danske Vidensk. Selskab. Hist.-filol. Medd.: 12, 1).
Pallis, Svend Aage: ,,The history of Babylon 538-93 B.C.''; in: *Studia Orientalia Ioanni Pedersen septuagenario A.D. VII Id. Nov. anno 1953 a collegis discipulis amicis dicata.* Hauniae 1953, 275-294.
Papers on the date of Kaniṣka. Submitted to the conference on the date of Kaniṣka, London, 20-22 April, 1960. Ed. by A[rthur] L[lewellyn] Basham. Leiden 1968.
Paranavitana, S[enarat]: *The Stūpa in Ceylon.* Colombo 1946 (Memoirs of the Archaeological Survey of Ceylon. Vol. 5).
Parpola, Asko [u.a.]: *Decipherment of the Proto-Dravidian inscriptions of the Indus civilization.* A first announcement. Asko Parpola, Seppo Koskenniemi, Simo Parpola and Pentti Aalto. Copenhagen 1969 (The Scandinavian Inst. of Asian Studies. Special Public. No 1).
Parpola, Asko [u.a.]: *Progress in the decipherment of the Proto-Dravidian Indus script.* Asko Parpola, Seppo Koskenniemi, Simo Parpola and Pentti Aalto. Copenhagen 1969 (The Scandinavian Inst. of Asian Studies. Special Public. No 2).
Patnaik, Sudhakar: ,,Śobhaneśwar inscription of Śrī Vaidyanāth''; in: JBORS 17 (1931), 119-135.
Penzer, N[orman] M[osley]: ,,Sacred prostitution''; in: Penzer, *Poison-damsels and other essays in folklore and anthropology,* London 1952, 131-184.
Pettinato, Giovanni: *Das altorientalische Menschenbild und die sumerischen und akkadischen Schöpfungsmythen.* Heidelberg 1971 (Abh. d. Heidelberger Akad. d. Wiss. Philos.-hist. Kl. Jg. 1971. Abh. 1).
Pinnow-Harder, Adelheid: ,,Untersuchungen zu den altindischen Bergnamen''; in: *Beiträge zur Namensforschung* 6, 36-51.
Pischel, Richard: *Vedische Studien.* Von Richard Pischel und Karl F[riedrich] Geldner. Bd. 1.2. Stuttgart 1889-97.
Prakash, Vidya: *Khajuraho.* A study in the cultural conditions of the Chandella society. Bombay 1967.
Rau, Wilhelm: *Staat und Gesellschaft im alten Indien.* Nach den Brāhmaṇa-Texten dargestellt. Wiesbaden 1957.
Rawlinson, Henry: ,,On the Birs Nimrûd or the Great Temple of Borsippa''; in: JRAS 17 (1860), 1-34.
Rawlinson, H[ugh] G[eorge]: *Intercourse between India and the Western world.* From the earliest times to the fall of Rome. 2. ed. Cambridge 1926.
Raychaudhuri, H[em] C[handra]: ,,Note on the date of Arthaśāstra''; in: HCIP II, 285-287.
Renger, Johannes: ,,Flucht als soziales Problem in der altbabylonischen Gesellschaft''; in: *Gesellschaftsklassen im Alten Zweistromland,* 167-182.
Renger, J[ohannes]: ,,Untersuchungen zum Priestertum in der altbabylonischen Zeit'', 1.2; in: ZA 58 (1967), 110-188; ZA 59 (1969), 104-230.
Roberts, J[immy] J[ack] M[cBee]: *The earliest Semitic Pantheon.* A study of the Semitic deities attested in Mesopotamia before Ur III. Baltimore [usw.] 1972.

Röck, F[riedrich]: ,,Die Platonische Zahl und der altbabylonische Ursprung des indischen Yuga-Systems''; in: ZA 24 (1910), 318-330.
Röllig, W[olfgang]: ,,Erwägungen zu neuen Stelen König Nabonids''; in: ZA 56 (1964), 218-260.
Rösel, Jakob: *Der Palast des Herrn der Welt.* Entstehungsgeschichte und Organisation der indischen Tempel- und Pilgerstadt Puri. München 1980 (Arnold-Bergstraesser-Inst. Materialien zu Entwicklung u. Politik: 18).
Roscher, Wilhelm Heinrich: *Ausführliches Lexikon der griechischen und römischen Mythologie.* Leipzig 1884-86.
Rosenfield, John M[ax]: *The dynastic arts of the Kushans.* Berkeley [usw.] 1967 (California Studies in the History of Art: 6 [vielm. 5]).
Rostovcev, Michail Ivanovič: *Seleucid Babylonia.* Bullae and seals of clay with Greek inscriptions. By M. Rostovtzeff. New Haven 1932 (Yale Classical Studies: 3).
Rostovcev, Michail Ivanovič: Michael Rostovtzeff: *The social and economic history of the Hellenistic world.* Vol. 1-3. Oxford 1941.
Rowland, Benjamin: *The art and architecture of India: Buddhist, Hindu, Jain.* (3. rev. ed.: 1. paperback ed.) Harmondsworth 1970.
Sackville-West, V[ictoria Mary]: ,,Persian gardens''; in: *The legacy of Persia.* Ed. by A[rthur] J[ohn] Arberry, Oxford 1953, 259-291.
Safar, Fuad: ,,Tell Uqair. Excavations...'' s. *Lloyd,* Seton.
Salonen, Armas: *Agricultura Mesopotamica nach sumerisch-akkadischen Quellen.* Eine lexikalische und kulturgeschichtliche Untersuchung. Helsinki 1968.
Sarkisjan, Gagik Chorenovič: ,,G. Kh. Sarkisian: City land in Seleucid Babylonia''; in: *Ancient Mesopotamia,* 312-331.
Scharfe, Hartmut: *Untersuchungen zur Staatsrechtlehre des Kautalya.* Wiesbaden 1968.
Schedl, Claus: ,,Nabuchodonosor, Arpakšad und Darius, Untersuchungen zum Buche Judit''; in: ZDMG 115 (1965), 242-254.
Scheftelowitz, Isidor: ,,Die Mithra-Religion der Indoskythen und ihre Beziehung zum Saura- und Mithras-Kult''; in: AcOr 11 (1933), 292-333.
Scheftelowitz, Isidor: *Die Zeit als Schicksalsgottheit in der indischen und iranischen Religion (Kāla und Zruvan).* Von J. Scheftelowitz. Stuttgart 1929.
Schlingloff, Dieter: ,,Die Einhorn-Legende''; in: *Christiana Albertina* 11 (1971), 51-64.
Schmidt, Erich: *Das Babylon der Spätzeit.* s. *Wetzel,* Friedrich.
Schmökel, Hartmut: *Heilige Hochzeit und Hoheslied.* Wiesbaden 1956 (Abh. f. d. Kunde d. Morgenlandes: 32, 1).
Schnabel, Paul: *Berossos und die babylonisch-hellenistische Literatur.* Leipzig 1923.
Schnabel, Paul: ,,Kidenas, Hipparch und die Entdeckung der Präzession''; in: ZA 37 (1927), 1-60.
Schott, Albert: ,,Das Werden der babylonisch-assyrischen Positionsastronomie und einige seiner Bedingungen''; in: ZDMG 88 (1934), 302-337.
Schröder, Otto: ,,Über šaknu in der assyrischen Königstitulatur''; in: OLZ 20 (1917), Sp. 176.
Seckel, Dietrich: *Kunst des Buddhismus.* Werden, Wanderung und Wandlung. Baden-Baden 1962.
Seibert, Ilse: *Hirt, Herde, König.* Zur Herausbildung des Königtums in Mesopotamien. Berlin 1969 (Deutsche Akad. d. Wiss. zu Berlin. Schriften d. Sektion f. Altertumswiss.: 53).
Sewell, Robert: *A forgotten empire: Vijayanagar.* A contribution to the history of India. First Indian ed. Delhi 1962 [Orig. 1900].
Shah, Umakant Premanand: *Studies in Jaina art.* Banaras 1955.
Sharma, R[am] S[haran]: ,,The origins of feudalism in India''; in: JESHO 1 (1958), 297-328.
Singer, Milton: *When a great tradition modernizes.* An anthropological approach to Indian civilization. London 1972.
Sinha, H[ar] N[arain]: *The development of Indian polity.* Bombay 1963.
Sircar, D[ines] C[handra]: ,,Purī copperplate inscription of Gaṅga Bhānu II. of Orissa''; in: JASB 17 (1951/52), 19-26.

Sircar, D[ines] C[handra]: ,,Two Liṅgarāja temple inscriptions''; in: IC 6 (1939/40), 71-76.
Sivaramamurti, C[alambur]: *The Chola temples.* New Delhi 1960.
Soden, Wolfram von: *Akkadisches Handwörterbuch.* Bd. 1-3. Wiesbaden 1965-81.
Soden, Wolfram von: ,,Altbabylonische Dialektdichtungen''; in: ZA 44 (1938), 26-44.
Soden, Wolfram von: ,,Beiträge zum Verständnis der neuassyrischen Briefe über die Ersatzkönigsriten''; in: *Vorderasiatische Studien. Festschrift für Prof. Dr. Viktor Christian.* Gewidmet von Kollegen und Schülern zum 70. Geburtstag. Hrsg. v. Kurt Schubert in Verb. m. Johannes Botterweck u. Johann Knobloch. Wien 1956, 100-107.
Soden, W[olfram] von: ,,Gibt es ein Zeugnis dafür, daß die Babylonier an die Wiederauferstehung Marduks geglaubt haben?''; in: ZA 51 (1955), 130-166.
Soden, Wolfram von: ,,Die erste Tafel des altbabylonischen Atramḫasīs-Mythus. ,Haupttext' und Parallelversionen''; in: ZA 68 (1978), 50-94.
Soden, Wolfram von: ,,Le temple: Terminologie lexicale'' [in deutscher Sprache]; in: *Le Temple et le culte,* 133-143.
Sollberger, Edmond: ,,Sur la chronologie des rois d'Ur et quelques problèmes connexes''; in: AfO 17 (1954-56), 10-48.
Sollberger, Edmond: ,,The temple in Babylonia''; in: *Le Temple et le culte,* 31-34.
Sontheimer, Günther-Dietz: ,,Religious endowments in India: the juristic personality of Hindu deities''; in: *Zeitschrift für vergleichende Rechtswissenschaft* 67 (1965), 45-100.
Spencer, George W[oolley]: ,,Religious networks and royal influence in eleventh century South India''; in: JESHO 12 (1969), 42-56.
Spooner, D[avid] B[rainerd]: ,,The Zoroastrian period of Indian history''; in: JRAS 1915, 405-456.
Srivastava, V. C.: *Sun-worship in ancient India.* Allahabad 1972.
Stange, Hans O[tto] H[einrich]: ,,Where was Zayton actually situated?''; in: JAOS 69 (1949), 121-124.
Sternbach, Ludwik: ,,Legal position of prostitutes according to Kauṭilya's Arthaśāstra''; in: JAOS 71 (1951), 25-60.
Stietencron, Heinrich von: *Gaṅgā und Yamunā.* Zur symbolischen Bedeutung der Flußgöttinnen an indischen Tempeln. Wiesbaden 1972.
Stietencron, Heinrich von: *Indische Sonnenpriester.* Sāmba und die Śākadvīpīya-Brāhmaṇa. Eine textkritische und religionsgeschichtliche Studie zum indischen Sonnenkult. Wiesbaden 1966 (Schriftenreihe d. Südasien-Inst. d. Univ. Heidelberg. Bd 3).
Streck, Maximilian: *Assurbanipal und die letzten assyrischen Könige bis zum Untergange Niniveh's.* T. 1-3. Leipzig 1916 (VAB 7).
Strommenger, Eva: *Ur.* Aufnahmen v. Max Hirmer. München 1964.
Symbolae ad iura Orientis antiqui pertinentes Paulo Koschaker dedicatae. Quas adiuvante Th[eunis] Folkers ediderunt J[ohannes] Friedrich, J[ulius] G[eorg] Lautner, J[ohn Charles] Miles. Leiden 1939 (Studia et documenta ad iura Orientis antiqui pertinentia. Vol. 2).
Tallqvist, Knut [Leonard]: *Akkadische Götterepitheta.* Mit einem Götterverzeichnis und einer Liste der prädikativen Elemente der sumerischen Götternamen. Helsingforsiae 1938.
Tallqvist, Knut [Leonard]: *Der assyrische Gott.* Helsingforsiae 1932 (Studia Orientalia: 4, 3).
Tarn, W[illiam] W[oodthorpe]: *The Greeks in Bactria and India.* 2. ed. Cambridge 1951.
Le Temple et le culte. Compte rendu de la XX. Rencontre Assyriologique Internationale. Org. à Leiden du 3 au 7 juillet 1972 sous les auspices du Nederlands Instituut voor het Nabije Oosten. Istambul 1975.
Thomas, P[aul]: *Indian women through the ages.* A historical survey of the position of women and the institutions of marriage and family in India from remote antiquity to the present day. Bombay [usw.] 1964.
Thompson, R[eginald] Campbell: *A dictionary of Assyrian botany.* London 1949.
Thureau-Dangin F[rançois]: ,,L'exaltation d'Ištar''; in: RA 11, 141-158.
Thureau-Dangin, F[rançois]: ,,Les fêtes d'Akitu d'après un texte divinatoire''; in: RA 19 (1922), 141-148.

Tilak, Bal Gangadhar: ,,Chaldean and Indian Vedas''; in: *R[amakrishna] G[opal] Bhandarkar Commemoration Volume.* (Repr. First publ. 1917), Delhi [usw.] 1977, 29-42.

Tjumenev, Aleksandr Il'ič: ,,A. I. Tyumenev: The state economy of ancient Sumer'' ([Engl. Exzerpt aus:] Gosudarstvennoe chozjajstvo Drevniego Šumera); in: *Ancient Mesopotamia*, 70-87.

Tjumenev, Aleksandr Il'ič: ,,A. I. Tyumenev: The working personnel on the estate of the temple of dBa-Ú in Lagaš during the period of Lugalanda and Urukagina (25th-24th cent. B.C.)'' ([Engl. Exzerpt aus:] Gosudarstvennoe chozjajstvo Drevniego Šumera); in: *Ancient Mesopotamia*, 88-126.

Van Buren, E[lizabeth] Douglas: *Foundation figurines and offerings.* Berlin 1931.

Venkataramanayya, N[elaturi]: *Further sources of Vijayanagara history.* s. *Nilakanta Sastri*, K[allidaikurichi] A[iyah Aiyar].

Voigtlander, Elizabeth von ,,Darius Bisitun inscription'' s. *Benedict*, W[arren] C[heney].

Waddell, L[aurence] A[ustine]: *Report on the excavations at Pāṭaliputra.* Calcutta 1903.

Waerden, B[artel] L[eendert] van der: ,,History of the Zodiac''; in: AfO 16 (1952-53), 216-230.

Warren, William F[airfield]: ,,The Babylonian universe newly interpreted''; in: JRAS 1908, 977-983.

Watt, George: *A dictionary of the economic products of India.* Vol. 1.2. Calcutta 1889-96.

Watters, Thomas: *On Yuan Chwang's travels in India, 629-645 A.D.* Ed. after his death by T[homas] W[illiam] Rhys Davids and S[tephen] W[ootton] Bushell. Vol. 1.2. London 1904-05 (Oriental Transl. Fund. New Ser. Vol. 14.15).

Weber, Albrecht: ,,Analyse der in Anquetil du Perron's Uebersetzung enthaltenen Upanishad''; in: *Indische Studien* 1 (1850), 247-302.

Weber, Albrecht: *Indische Streifen.* Eine Sammlung von bisher in Zeitschriften zerstreuten kleineren Abhandlungen. Bd 1-3. Berlin 1868-79.

Weber, Albrecht: ,,Die Verbindungen Indiens mit den Ländern im Westen''; in: Weber, *Indische Skizzen*, Berlin 1857, 69-124.

Weber, Max: *Buddhismus und Hinduismus.* 6. Aufl. Tübingen 1978 (Gesammelte Aufsätze zur Religionssoziologie: 2).

Weber, Max: *Wirtschaft und Gesellschaft.* Grundriß der verstehenden Soziologie. 5., rev. Aufl., besorgt v. Johannes Winckelmann. Studienausgabe. Tübingen 1976.

Weidner, Ernst: ,,Das Reich Sargons von Akkad''; in: AfO 16 (1952-53), 1-24.

Weidner, Ernst: ,,Säulen aus Naḫur''; in: AfO 17 (1954-56), 145-146.

Weissbach, F[ranz] H[einrich]: *Das Hauptheiligtum des Marduk in Babylon* s. *Wetzel*, Friedrich.

Wetzel, Friedrich: *Das Babylon der Spätzeit.* Von Friedrich Wetzel, Erich Schmidt, Alfred Mallwitz. Mit 19 Stein- u. 32 Lichtdrucktafeln. Berlin 1957 (Ausgrabungen d. Deutschen Orient-Ges. in Babylon: 8).

Wetzel, Friedrich: *Das Hauptheiligtum des Marduk in Babylon, Esagila und Etemenanki.* 1. Nach dem Ausgrabungsbefund v. Friedrich Wetzel. 2. Nach den keilschriftlichen Quellen v. F[ranz] H[einrich] Weissbach. Neudr. d. Ausg. (Leipzig) 1938. Osnabrück 1967 (Ausgrabungen d. Deutschen Orient-Ges. in Babylon: 7).

Wheeler, Mortimer: *The Indus civilization.* Cambridge 1953 (Suppl. Vol. of the Cambridge History of India).

Widengren, Geo: *Die Religionen Irans.* Stuttgart 1965 (Die religionen d. Menschheit. Bd 14).

Wilcke, Claus: ,,Drei Phasen des Niedergangs des Reiches von Ur III''; in: ZA 60 (1970), 54-69.

Wilcke, Claus: ,,Zum Königtum in der Ur III-Zeit''; in: *Le Palais et la royauté*, 177-232.

Winckler, Hugo: *Himmels- und Weltenbild der Babylonier als Grundlage der Weltanschauung und Mythologie aller völker.* Leipzig 1901.

Windisch, Ernst: *Buddha's Geburt und die Lehre von der Seelenwanderung.* Leipzig 1908 (Abh. d. Philol.-hist. Kl. d. Kgl. Sächs. Ges. d. Wiss. Bd 26. No 2).

Windisch, H[ans]: *Die Orakel des Hystaspes.* Amsterdam 1929 (Verh. d. Kkl. Akad. v. Wetensch. te Amsterdam. Afd. Letterkunde. N.R. Deel 28, No 3).

Winternitz, Moriz: *Geschichte der indischen Literatur.* Nachdr. d. Aufl. v. 1908-21. Bd 1-3. Stuttgart 1968.
Wittfogel, Karl A(ugust): *Die Orientalische Despotie* (Oriental despotism, [dt.]). Eine vergleichende Untersuchung totaler Macht. (Übers. v. Frits Kool.) Mit einem Vorwort zur Taschenbuchausgabe. Frankfurt/M, Berlin, Wien 1977 (Ullstein-Buch Nr 3309).
Witzel, Maurus: *Keilinschriftliche Studien.* 1-7. Fulda 1918-30.
Woolley, C[harles] Leonard *Excavations at Ur.* Vol. 1. s. *Hall*, H[arry] R[eginald].
Zimmer, Heinrich [Robert]: *The art of Indian Asia.* Its mythology and transformations. Completed and ed. by Joseph Campbell. With photographs by Eliot Elisofon and others. Vol. 1.2. New York 1955 (Bollingen Ser.: 39).
Zimmern, Heinrich: *Zum babylonischen Neujahrsfest.* Zweiter Beitrag (Ber. über d. Verh. d. Sächs. Ges. d. Wiss. Phil.-hist. Kl. Bd 70, H. 5, 1918).
Zimmern, Heinrich: *Das babylonische Neujahrsfest.* Leipzig 1926 (AO 25, H. 3).

REGISTER